Der Schutz des Versicherungsnehmers im deutschen Versicherungsvertragsgesetz als Leitmodell für das georgische Privatversicherungsrecht

Saarbrücker Studien
zum Privat- und Wirtschaftsrecht

Herausgegeben von Hannes Ludyga,
Michael Martinek (geschäftsführender Herausgeber),
Helmut Rüßmann und Markus Würdinger

Band 95

PETER LANG

Nino Gagua

Der Schutz des Versicherungsnehmers im deutschen Versicherungsvertragsgesetz als Leitmodell für das georgische Privatversicherungsrecht

PETER LANG

Bibliografische Information der Deutschen Nationalbibliothek
Die Deutsche Nationalbibliothek verzeichnet diese Publikation in der Deutschen Nationalbibliografie; detaillierte bibliografische Daten sind im Internet über http://dnb.d-nb.de abrufbar.

Zugl.: Saarbrücken, Univ., Diss., 2017.

D 291

ISSN 1433-8866
ISBN 978-3-631-74234-1 (Print)
E-ISBN 978-3-631-74386-7 (E-PDF)
E-ISBN 978-3-631-74387-4 (EPUB)
E-ISBN 978-3-631-74388-1 (MOBI)
DOI 10.3726/b14179

Peter Lang – Berlin · Bern · Bruxelles · New York · Oxford · Warszawa · Wien

Diese Publikation wurde begutachtet.

www.peterlang.com

Meiner Familie

Vorwort der Reihenherausgeber

Die Schriftenreihe „Saarbrücker Studien zum Privat- und Wirtschaftsrecht“ bildet in erster Linie ein Forum für rechtswissenschaftliche Doktorarbeiten der Universität des Saarlandes auf zwei juristischen Schwerpunktgebieten: Zum einen sollen Dissertationen im klassischen Privatrecht, vor allem im Bürgerlichen Vermögensrecht der ersten drei Bücher des BGB und ihrer Nebengesetze vorgestellt werden. Zum anderen findet das Wirtschaftsrecht im Sinne des Wirtschaftsprivatrechts besondere Berücksichtigung, womit namentlich die Gebiete des Handelsrechts einschließlich des Bilanzrechts, des Personen- und Kapitalgesellschaftsrechts einschließlich des Konzernrechts, des Gewerblichen Rechtsschutzes sowie des Wettbewerbs- und Kartellrechts bezeichnet sind. Es versteht sich, dass nicht nur rechtsdogmatische Studien, sondern auch rechtstatsächlich, rechtspolitisch oder interdisziplinär angelegte Arbeiten in die Schriftenreihe Aufnahme finden, denn die Rechtswissenschaftliche Fakultät der Universität des Saarlandes regt traditionell Studenten und Hochschullehrer in besonderer Weise zur fachübergreifender Lehre und Forschung an. Die Schriftenreihe steht aber nicht nur sehr guten und ausgezeichneten Dissertationen, sondern auch anderen „Studien“ zu privat- und wirtschaftsrechtlichen Themen offen, bis hin zu Materialien und Skripten des akademischen Unterrichts. Die Schriftenreihe wurde im Jahre 1996 von den Saarbrücker Universitätsprofessoren Johann Paul Bauer, Michael Martinek und Helmut Rüßmann gegründet. Im Jahre 2018 ist Prof. Bauer aus dem Herausgeberkreis ausgeschieden, während Professor Ludyga und Professor Würdinger hinzugekommen sind. Prof. Martinek ist seit Beginn der Schriftenreihe als geschäftsführender Herausgeber tätig. Die nunmehr vier Herausgeber, die zugleich stellvertretend für ihre anderen Saarbrücker Fakultätskollegen des Privat- und Wirtschaftsrechts handeln, verbinden mit den „Saarbrücker Studien zum Privat- und Wirtschaftsrecht“ den Wunsch, dass die hier veröffentlichten Arbeiten die verdiente Resonanz in der breiteren juristischen Fachöffentlichkeit finden.

Vorwort

Die vorliegende Arbeit wurde im Sommersemester 2017 an der Rechtswissenschaftlichen Fakultät der Universität des Saarlandes als Dissertation angenommen. Die mündliche Prüfung fand am 25. Juli 2017 statt.

Mein besonderer Dank gilt in erster Linie meinem Doktorvater Prof. Dr. Dr. Dr. h.c. mult. Michael Martinek für die Betreuung meiner Arbeit und die rasche Begutachtung dieser Dissertation. Außerdem möchte ich mich bei ihm dafür bedanken, dass er mir für Fragen jederzeit zur Verfügung stand. Darüber hinaus bedanke ich mich ganz herzlich bei Frau Prof. Dr. Annemarie Matusche-Beckmann für die Erstellung des Zweitgutachtens.

Mein Dank gebührt natürlich meinen Eltern, die mich mein Leben lang in jeder erdenklichen Weise unterstützt haben.

Gewidmet ist diese Dissertation in liebevoller und ewiger Erinnerung meinem Vater Prof. Dr. Revaz Gagua, der mir durch seine verständnisvolle Teilnahme und Hilfe sowohl das Studium als auch die Promotion überhaupt erst ermöglicht hat.

Literaturverzeichnis

Alexander, Christian: Verbraucherschutzrecht, München 2015.

Armbrüster, Christian: „Ewige" Widerrufsrechte und ihre Rechtsfolgen, VersR 2012, 513–523.

Armbrüster, Christian: Das allgemeine Widerrufsrecht im neuen VVG, r+s 2008, 493–504.

Armbrüster, Christian: Zu den Informationspflichten nach dem neuen VVG – Ein Vorblatt zu den AVB oder: weniger ist mehr, VersR 2007, S. 618–620.

Arnold, Dirk: Verbraucherschutz im Internet, in: CR 1997, S. 526 ff.

Bach, Peter: Vorvertragliche Informationspflichten des Versicherers nach der VAG-Novelle, in: Recht und Ökonomie der Versicherung, Festschrift für Egon Lorenz zum 60. Geburtstag, Karlsruhe 1994, S. 45–72.

Basedow, Jürgen/Fock, Till: Europäisches Versicherungsvertragsrecht, Bd.: 1, Tübingen 2002.
Zitiert: Basedow/Fock/*Bearbeiter*

Beckmann, Roland Michael/Matusche-Beckmann, Annemarie: Versicherungsrechts-Handbuch, 2. Auflage, Mönchen 2009.
Zitiert: Beckmann/Matusche-Beckmann/*Bearbeiter*

Beckmann, Roland Michael: Auswirkungen des EG-Rechts auf das Versicherungsvertragsrecht, ZEuP 1999, S. 809–833.

Bilinsky, Andreas: Das sowjetische Wirtschaftsrecht, Tübingen/Basel, 1969.

Blankenburg, Daniel: Verzicht auf Beratung und Informationsrechte nach dem neuen VVG, VersR 2008, S. 1446–1451.

Brandt, Claudia: Das Wettbewerbsrecht der Europäischen Union und der Tschechischen Republik, eine rechtsvergleichende Analyse des Kartell-, Beihilfen-und Vergaberechts, Göttingen 2004.

Bruck, Ernst/Möller, Hans: VVG-Großkommentar zum Versicherungsvertragsgesetz, Bd. 1, 9. Auflage, Berlin 2009.
Zitiert: Bruck/Möller/*Bearbeiter*

Bruck, Ernst/Möller, Hans: VVG-Großkommentar zum Versicherungsvertragsgesetz, Bd. 1, 8. Auflage, Berlin 1961.
Zitiert: Bruck/Möller/*Bearbeiter*

Buchmann, Felix/Fölisch, Carsten: Die Neuregelungen des Wertersatzes im Fernabsatzrecht. K&M 2011, 433–439.

Buchmann, Felix/Majer, Christian Friedrich: Eine „Button-Lösung" für den elektronischen Geschäftsverkehr, K&R 2010, 635/673.

Bülow, Peter/Artz, Markus: Verbraucherprivatrecht, 2. Auflage, Heidelberg 2008.

Cahlik, Thomas: Stand der UE-Harmonisierung in der Tschechischen Republik im Bereich des Kartellrechts.

Chanturia, Lado: Kommentar georgisches Zivil Gesetz Buch, III. Buch, Tbilissi 2001.

Chechelashvili, Zurab: Vertragsrecht, Tbilissi 2010.

Clausnitzer, Jochen: EU-Parlament verabschiedet Verbraucherrechterichtlinie, GmbHR 2011, R234–R235.

Claussen, Lorenz: Widerrufsrecht bei Versicherungsverträgen, JR 1991, S. 360–364.

Dauses, Manfred A. (Hrsg.): Osterweiterung der EU, Rechtsangleichung und strukturpolitischer Rahmen, Wiesbaden 1998.

Dauses, Manfred A.: Handbuch des EU-Wirtschaftsrechts, München 2000.
Zitiert: Dauses/*Bearbeiter*

Derleder, Peter/Pallas, Alexander: Vertragsschluss und AGB-Einbeziehung im Kreditwirtschaftlichen Finanzgeschäft, in: NJW 2000, S. 1050 ff.

Dörner, Heinrich/Staudinger, Ansgar: Kritische Bemerkungen zum Referentenentwurf eines Gesetzes zur Reform des Versicherungsvertragsrechts, WM 2006, 1710–1718.

Dörner, Heinrich: Rechtsfolgen einer Verletzung vorvertraglicher Aufklärungs- und Informationspflichten durch den Versicherer – Neue Aspekte, In: Wandt, Manfred/Reiff, Peter/Looschelders, Dirk/Bayer, Walter (Hrsg), Kontinuität und Wandel des Versicherungsrechts, Festschrift für Egon Lorenz 2004.
Zitiert: FS Lorenz/*Bearbeiter*

Dörner, Heinrich: Rechtsgeschäfte im Internet, in: AcP 202 (2002), S. 363 ff.

Dörner, Heinrich: Rezension zu: Der Vertrieb von Versicherungen über das Internet nach Inkrafttreten der EG-Richtlinie über den Fernabsatz von Finanzdienstleistungen von Christian Schneider, VersR 2006, S. 1621 ff.

Dshorbenadse, Sergo: Grundprobleme des zukünftigen Zivilgesetzbuches von Georgien, in: Rechtsreform in Georgien, Tbilissi 1994, S. 155.

Duden: Die deutsche Rechtschreibung, 22. Auflage. Mannheim 2000.

Duvinage Angela, Die Vorgeschichte und die Entstehung des Gesetzes über den Versicherungsvertrag, Karlsruhe 1987.

Ebnet, Peter: Widerruf und Widerrufsbelehrung, NJW 2011, S. 1029–1036.

Emmerich, Volker: Das Recht der Leistungsstörungen, 4. Auflage, 2005.

Eucken, Walter: Grundsätze der Wirtschaftspolitik, 6. Auflage, Tübingen 1990.

Farnsworth, Allan E./Mozolin, Viktor P.: Contract Law in the USSR and the United States, Vol. I, Washington 1987.

Farny, Dieter/Helten, Elmar/Koch Peter/Schmidt, E.H. Reimer (Hrsg.): Handwörterbuch der Versicherung, Karlsruhe 1988.
Zitiert: Farny/Helten/Koch/*Bearbeiter*

Föhlisch, Carsten: Endlich Vollharmonisierung im Fernabsatzrecht-Auswirkungen der geplanten Europäischen Verbraucherrechtsrichtlinie, MMR 2009, S. 75–80.

Franz, Einiko: Das Versicherungsvertragsrecht im neuen Gewand – Die Neuregelungen und ausgewählte Probleme, VersR 2008, S. 298–312.

Funck, Jörg: Ausgewählte Fragen aus dem Allgemeinen Teil zum neuen VVG aus der Sicht einer Rechtsabteilung, VersR 2008, S. 163–169.

Gamm, Susanne/Sohn, Manfred: Versicherungsvermittlerrecht, Rechtliche Auswirkungen, Lizenzausgabe, Karlsruhe 2007.

Gaul, Rudolf E.: Zum Abschluss des Versicherungsvertrages – Alternativen zum Antragsmodell, VersR 2007, 21–26.

Grabitz, Eberhard/Hilf, Meinhard (Hrsg.): das Recht der Europäischen Union, Bd. III, Loseblatt, München, Stand Februar 2002.

Grote, Joachim/Schneider, Christian: VVG 2008: Das neue Versicherungsvertragsrecht-Auswirkungen für gewerbliche Versicherungen, BB 2007, S. 2689–2702.

Grundmann, Stefan: Privatautonomie im Binnenmarkt, JZ 2000, S. 1133–1143.

Hedemann, J.W.: Einführung in die Rechtswissenschaft, 2. Auflage, 1927.

Hess, Rainer/Burmann, Michael: Die VVG –Reform: Beratung, Information, Widerruf und Kündigung, NJW-Spezial 2007, S. 111–112.

Hiller, Kinga: Rechtsangleichung und EU-Assoziierung Ungarns, in: WiRO 1997, S. 281–284.

Hoffmann, Stefan: Verbraucherschutz im deutschen Privatversicherungsrecht nach dem Wegfall der Vorabkontrolle Allgemeiner Versicherungsbedingungen, Karlsruhe 1998.

Hoppmann, Carsten: Der Vorschlag für eine Fernabsatzrichtlinie für Finanzdienstleistungen, in: VersR 1999, S. 673 ff.

Hopt, Klaus J: Anlegerschutz, in: Gerke, Wolfgang/Steiner, Manfred (Hrsg.), Handwörterbuch des Bank- und Finanzwesens, Stuttgart 2001.

Hopt, Klaus J: Kapitalanlegerschutz im Recht der Banken, München 1975.

Horn, Norbert: Der Abschluss von Aufklärung und Beratung im Anlegerschutzrecht, in: Horn, Norbert/Lwowski, Hans-Jürgen/Nobbe, Gerd (Hrsg.), Bankrecht-Schwerpunkte und Perspektiven, Festschrift für Herbert Schimansky, Köln 1999, S. 653–665.
Zitiert: FS Schimansky/*Bearbeiter*

Horn, Norbert: Die Aufklärungs- und Beratungspflichten der Banken, ZBB 1997, S. 139–152.

Huber, Peter/Faust, Florian: Schuldrechtsmodernisierung, München 2002.

Hübner, Uhrlich/Matusche-Beckmann, Annemarie: Auswirkungen des Gemeinschaftsrechts auf das Versicherungsrecht, EuZW 1995, S. 263–273.

Hübner, Ulrich: Schwerpunkte einer Koordinierung des Versicherungsvertragsrechts in der Europäischen Gemeinschaft, ZVersWiss 1982, S. 221–255.

Huckele, Christian F.: Die vorvertragliche Aufklärungs-, Beratungs-und Informationspflichten im Versicherungsrecht, Tübingen, 2005.

Hüntemann, Antonius: Der Abschluss von Versicherungsverträgen und die vorvertraglichen Pflichten des Versicherers gemäß §§ 6 und 7 VVG, 2009.

Ihle, Jörg: Der Informationsschutz des Versicherungsnehmers, Hamburg 2006.

Immenga, Ulrich/Mestmäcker, Ernst-Joachim: EG-Wettbewerbsrecht, Kommentar, Bd. 1, München 1997.
Zitiert: Immenga/Mestmäcker/*Bearbeiter*

Inzkirweli, Giwi: Zivilistische Aspekte in der zukünftigen Verfassung Georgiens, in: Tagung „Zivil- und Wirtschaftsrechtsreform in postkommunistischen Gesellschaften", WiRO 1994, S. 364.

Ipsen, Knut: Völkerrecht, 4. Auflage, München, 1999.

Kazemzadeh, Firuz: The Struggle for Transcaucasia, New York 1981.

Kemper, Rainer: Verbraucherschutzinstrumente, Baden-Baden 1994.

Kereselidze David: Der Allgemeine Teil des Georgischen Zivilgesetzbuches von 1997, Frankfurt am Main, 2005.

Kieninger, Eva-Maria: Informations-, Aufklärungs- und Beratungspflichten beim Abschluss von Versicherungsverträgen, AcP 1999, S. 190–247.

Kind, Sandra: Die Grenze des Verbraucherschutzes durch Information – aufgezeigt am Teilzeitwohnrechtegesetz, Berlin 1998.

Kirsch van de Water, Ina: Das Freihandelsabkommen mit der Europäischen Union (DCFTA), Studie, Friedrich Ebert Stiftung, 2011.

Knieper, Rolf/Chanturia, Lado/Schramm, Hans-Joachim: Das Privatrecht im Kaukasus und Zentralasien, Bestandaufnahme und Entwicklung, Berlin 2010.

Knieper, Rolf: Konzepte und Methoden der Kodifikation in Übergangsgesellschaften am Beispiel Georgien, WiRO 1994, S. 233.

Knieper, Rolf: Rechtsreformen entlang der Seidenstraße, Aufsätze und Vorträge während der beobachtenden Teilnahme an einem gewaltigen Transformationsprozess, Berlin 2006.

Koch, Peter: Das Widerrufsrecht des Antragsstellers, VersR 1991, S. 725–731.

Konschin: Gossudarstvennoe strachowanije w SSSR (Die Staatliche Versicherung in der UdSSR), 3. Auflage, Moskau 1957.

Krebber, Sebastian: Der nicht zufällige Kontakt ohne Vertragsnähe auf der Grenze zwischen vertraglicher und deliktischer Haftung, VersR 2004, S. 150–155.

Kübler, Friedrich: Anlageberatung durch Kreditinstitute, ZHR 145 (1981), S. 204–221.

Kümpel, Siegfried: Die allgemeinen Verhaltensregeln des Wertpapierhandelsgesetzes, WM 1995, S: 689–694.

Küster, Philipp: Die vorvertragliche Beratungspflicht des Versicherers nach § 6 Abs. 1 und 2 VVG, VersR 2010, S. 730–735.

Lang, David Marshall: Modern History of Georgia, London 1962.

Lang, Stephan: Georgisches Zivilgesetzbuch und deutsches BGB, WiRO 2003, S. 370 f.

Langer, Dirk/Rosenow, Jörg: Konsumentenschutz bei der Vermittlung von Versicherungsverträgen in der Schweiz und Europa, in: Liber amicorum Bernd Stauder, Droit de la consommation, Konsumentenrecht, Consumer Law, Genf 2006, S. 195–225.

Langheid, Theo/Wandt, Manfred: Münchener Kommentar zum VVG, Band 1, München 2010.
Zitiert: Langheid/Wandt/*Bearbeiter*

Larenz, Karl/Wolf, Manfred: Allgemeiner Teil des Bürgerlichen Rechts, 9. Aufl., München 2004.

Lehmann, Michael: Die zivilrechtliche Haftung der Banken für informative Angaben im deutschen und europäischen Recht, WM 1985, S. 181–187.

Lenin, W. I.: Isbrannyje proiswedenija w dwuch tomach (Ausgewählte Schriften in zwei Bänden), Moskau 1941.

Leverenz, Kent:Vertragsschluss nach der VVG-Reform, Karlsruhe 2008.

Lindig, Stefan/Podlesak, Thomas: Die Europa-Abkommen im Lichte der jüngeren Rechtsprechung des Europäischen Gerichtshofs, in: JOR 2003, Bd. 44, S. 73–101.

Loeber, Dietrich A.: Der hoheitlich gestaltete Vertrag, Berlin/Tübingen 1969.

Looschelders, Dirk/Pohlmann, Petra: VVG-Versicherungsvertragsgesetz Kommentar, 2. Auflage, Köln 2011.
Zitiert: Looschelders/Pohlmann/*Bearbeiter*

Lorenz, Egon: Zu den Informationspflichten des Versicherers und zum Abschluss von Versicherungsverträgen nach neuem Recht, ZVersWiss 1995, 103–128.

Lorenz, Richard: Sozialgeschichte der Sowjetunion, Bd. I, Frankfurt am Main, 1976.

Mariamidze, Giorgi: Zivilrecht, Tbilissi 2011.

Marlow, Sven/Spuhl, Udo: Das neue VVG kompakt, 2. Aufl. Karlsruhe 2007.

Martis, Rüdiger/Meinhof, Alexander: Voraussetzungen des Widerrufs nach § 355 BGB, MDR 2004, S. 4–11.

Marx, Karl: Das Kapital, Bd. I–III, Berlin 1961.

Maurach, Reinhart: Handbuch der Sowjetverfassung, München 1955.

Meder, Walter: Das Sowjetrecht, Frankfurt am Main/Berlin 1971.

Medicus, Dieter: Probleme um das Schuldverhältnis, 1987.

Meissner, Boris: Die große Verwaltungsreform Chruschtschows, 1963.

Meixner, Oliver/Steinbeck, Rene: Das neue Versicherungsvertragsrecht, 2. Auflage, München 2011.

Micklitz, Hans-W/Ebers, Martin: Der Abschluss von privaten Versicherungsverträgen im Internet, in VersR 2002, S. 641 ff.

Möllers, Thomas M.J./Leisch, Franz Clemens: Neuere Gesetze und Rechtsprechung zur bank- und kapitalmarktrechtlichen Informationshaftung, JZ 2000, S. 1085–1092.

Müller-Christmann, Bernd: Beck'scher Online-Kommentar BGB, 41 Edition, München 2016.
Zitiert: BeckOK BGB/*Bearbeiter*

Niederleithinger, Ernst: Zwischenbericht der VVG-Kommission vom 30. Mai 2002, in: Basedow, Jürgen u.a. (Hrsg.), Lebensversicherung – betriebliche Altersversorgung, VVG-Reform, Grenzüberschreitende Versicherungsleistungen in der Krankenversicherung, Der Handel mit gebrauchten Policen, Versicherungswissenschaftliche Studien Bd. 26., Baden-Baden, 2003, S. 101–113.

Nowitzkij: Istorija sowjetskowo grashdanskowo prawa (Geschichte des sowjetischen Zivilrechts), Moskau 1957.

Oppermann, Thomas: Europarecht, 2. Auflage, München 1999.

Oppermann, Thomas: Europarecht, 4. Auflage, München 2009.

Palandt: Bürgerliches Gesetzbuch, 68. Auflage, München 2009.
Zitiert: Palandt/*Bearbeiter*

Pellegrino, Mario: Postkommunismus und Zivilrecht. Das Obligationenrecht Georgiens, 1997.

Präve, Peter: Die Informationspflichten des Versicherers gemäß § 10a VAG, VW 1995, S. 90 ff.

Präve, Peter: Fernabsatz von Versicherungen, in: VW 1999, S. 488 ff., 1410 ff., 1511 ff.

Präve, Peter: Auf dem Weg zu einem neuen Versicherungsvertragsrecht – Anmerkungen zu den VVG-Entwürfen des Bundesjustizministeriums, VW 2002, S. 1836 ff.

Präve, Peter: Der Vorschlag für eine EG-Fernabsatzrichtlinie aus versicherungsrechtlicher Sicht, in: VersR 1993, S. 1066 ff.

Prölss, Erich R./Martin, Anton: Versicherungsvertragsgesetz, 28. Auflage, München 2010.

Prütting, Hanns/Wegen, Gerhard/Weinreich, Gerd: BGB Kommentar, 4. Auflage, Köln 2009.
Zitiert: Prütting/Wegen/Weinreich/*Bearbeiter*

Püttgen, Frank J: Europäisiertes Versicherungsvertragsschlussrecht, Baden-Baden 2011.

Pütz, Andre Agnes: Die versicherungsrechtliche Erfüllungshaftung und das allgemeine Schuldrecht nach der Schuldrechtmodernisierung, 2009.

Raabe, S./Bölling, A.K.: Europa geht auf den Osten zu, Länderbericht, Konrad-Adenauer-Stiftung 2009.

Raeschke-Kessler, Hilmar: Grenzen der Dokumentationspflicht nach § 31 II Nr. 1 WpHG, WM 1996, S. 1764–1768.

Raicher, W.K.: Obschtschestwenno-istorischeskije tipy strachowanija (Die gesellschafts-historischen Typen der Versicherung), Moskau-Leningrad, 1947, S. 279.

Reich, Norbert/Micklitz, Hans W.: Europäisches Verbraucherrecht, Baden-Baden 2003.

Reich, Norbert: Protection of the Economic Interests by Russian Legislation, in: Consumer Protection in Russia, Bourgoignie (Hrgs.), Louvain-la-Neuve 1995, S. 67.

Reich, Norbert: Sozialismus und Zivilrecht, Hamburg 1972.

Reichert-Facilides, Fritz: Informations-und Beratungspflichten des Versicherers: Privat- oder aufsichtsrechtliche Zuordnung, VersWirtsch 1994, S. 561 f.

Reiff, Peter: Versicherungsvermittlerrecht im Umbruch. Eine Untersuchung im Auftrag der Hamburger Gesellschaft zur Förderung des Versicherungswesens mbH, Karlsruhe 2006.

Reiner, Günter: Der verbraucherschützende Widerruf im Recht der Willenserklärungen, AcP 203 (2003).

Reitman, L.I.: Moderne Probleme der Entwicklung des Versicherungswesens in der Sowjetunion, in: The Geneva Papers on Risk and Insurance, 16, N. 58. January 1991.

Rieser-Angulo Garcia, Yvonne: Assoziationsabkommen der Europäischen Union. Überblick über die Auswirkungen auf das Fremdrecht der Mitgliedstaaten anhand des EWG-Türkei-Abkommens, in: SIAK-Journal-Zeitschrift für Polizeiwissenschaft und polizeiliche Praxis, Verlag NWV 2012.

Röhrich, Helena: Die Dokumentation der Beratung nach dem VVG 2008, Karlsruhe 2012.

Römer, Wolfgang: Zu ausgewählten Problemen der VVG-Reform nach dem Referentenentwurf, VersR 2006, S. 740–745.

Rott, Peter: BB-Gesetzgebungsreport: Die Umsetzung der Richtlinie über den Fernabsatz von Finanzdienstleistungen im deutschen Recht, BB 2005, S. 53–64.

Rowinskij, E.A.: Sowjetskoje finansowoe prawo (Das sowjetische Finanz-Recht), Moskau 1961.

Rudden, Bernard: Soviet Civil Law, RevSocL 1989, S. 31.

Rüffer, Wilfried/Halbach, Dirk/Schimikowski, Peter: Versicherungsvertragsgesetz-Handkommentar, 3. Auflage, 2015.

Rybnikoff S.A.: Das Versicherungswesen in der Union der sozialistischen Sowjetrepubliken, Ö-RVers, 1934, S. 225–237.

Schimikowski, Peter: Die künftigen Informations- und Beratungspflichten der Versicherungsvermittler, Rechtspolitische Anregungen zur geplanten Umsetzung der EU-Vermittlerrichtlinie, VW 2005, S. 1912–1916.

Schimikowski, Peter: Informations-, Beratungs- und Dokumentationspflichten der Vermittler, in: Müller-Peters, Horst/Arnold, Rolf/Beenken, Matthias, (Hrsg.), Die Umsetzung der EU-Vermittlerrichtlinie: Bürde oder Chance für die Assekuranz?, Schriftenreihe des Instituts für Versicherungswesen der Fachhochschule Köln Bd. 22, Karlsruhe 2006, S. 5–23.

Schimikowski, Peter: Versicherungsvertragsrecht, 4. Auflage, München 2009.

Schimikowski, Peter: Versicherungsvertragsrecht, 4. Auflage. München 2009.

Schirnding, Graf Clemens: Zur geplanten EG-Richtlinie „Fernverträge über Finanzdienstleistungen“, in: FLF 1998, S. 11 ff.

Schneider, Christian: Der Vertrieb von Versicherungen über das Internet. Berlin 2004.

Schneider, Christian: Umsetzung der Fernabsatzrichtlinie 2002/65/EG im VVG-Anmerkungen zum Regierungsentwurf und zur VVG-Reform, VersR 2004, S. 696 ff.

Scholl, Wolfgang: Verbraucherschutzaspekte bei der Umsetzung der Versicherungsvermittler-Richtlinie, in: Kollhosser, Helmut (Hrsg.), Die EU-Versicherungsvermittler-Richtlinie, Münsteraner Reihe H. 85, Karlsruhe 2003, S. 33–56.

Schröter, Helmuth/Jakob, Thinam/Mederer, Wolfgang (Hrsg.): Kommentar zum Europäischen Wettbewerbsrecht, Baden-Baden 2003.
Zitiert: Schröter/Jakob/Mederer/*Bearbeiter*

Schütte, Ehrenfried: Das Verscherungswesen der Sowjet-Union, ohne Berücksichtigung der Sozialversicherung, mit einem Rückblick auf das vorrevolutionäre Erbe, Berlin 1966.

Schwarze, Jürgen (Hrsg.): EU-Kommentar, 1. Auflage, Baden-Baden 2000.
Zitiert: Jürgen/*Bearbeiter*

Schwintowski, Hans-Peter/Brömmerlmeyer, Christoph: Praxiskommentar zum Versicherungsvertragsrecht: VVG, 2. Auflage, Münster 2011.
Zitiert: Schwintowski/Brömmerlmeyer/*Bearbeiter*

Schwintowski, Hans-Peter: Anleger- und objektgerechte Beratung in der Lebensversicherung, VuR 1997, S. 83–94.

Schwintowski, Hans-Peter: Informationspflichten in der Lebensversicherung, in: Basedow, Jürgen/Schwark, Eberhard/Schwintowski, Hans-Peter (Hrsg), Informationspflichten, Europäisierung des Versicherungswesens, Anerkannte Grundsätze der Versicherungsmathematik, Baden-Baden 1995, S. 11–38.

Schwintowski, Hans-Peter: Neuerungen im Versicherungsvertragsrecht, ZRP 2006, S. 139–142.

Serebrowskij, W.I.: Die Versicherungen in der UdSSR, OstR 1927, S. 138–154.

Stadler, Martin: VVG-Reform – Aufwand bisher unterschätzt, VW 2006, S. 1339–1343.

Stählin, Karl: Geschichte Russlands von den Anfängen bis zur Gegenwart, Graz 1961.

Stöbener, Angela Regina: Informations- und Beratungspflichte des Versicherers nach der VVG-Reform, VersWiss 2007, S. 465–483.

Streinz, Rudolf (Hrsg): EUV/EGV, Vertrag über die Europäische Union und Vertrag zur Gründung der Europäischen Gemeinschaft, Kommentar, München 2003.
Zitiert: Streinz/*Bearbeiter*

Strohmaier, Gerhard: Der Vertragsschluss im Versicherungsrecht, JA 1995, 935–940.

Tamm, Marina/Tonner, Klaus (Hrsg.): Verbraucherrechts, 2. Auflage, Baden-Baden 2016.
Zitiert: Tamm/Tonner/*Bearbeiter*

Terbille, Michael: Münchener Anwaltshandbuch Versicherungsrecht, 2. Auflage, München 2008.

Teske, Wolfgang: Neue Widerrufsrechte beim Abschluss von Versicherungs-und Verbraucherkreditverträgen, NJW 1991, 27993–2804.

Teske, Wolfgang: Verbraucherschutz beim Abschluss von Versicherungsverträgen an der Haustür, ZRP 1990, S. 412–414.

Thiel, Mathias: Das Wettbewerbs- und Kartellrecht in Osteuropa, in: Osteuroparecht 1995, S. 99–120.

Tsiskadze, Mariam: Das Versicherungsrecht, Tbilissi.

Vitzthum, Wolfgang Graf: Völkerrecht, 4. Auflage, Berlin 2007.

Von Rauch, Georg: Geschichte des bolschewistischen Russlands, Frankfurt/Main-Hamburg, 1963.

Von Rebmann, Kurt: Münchener Kommentar zum Bürgerlichen Gesetzbuch, Bd. 2, 5. Auflage, München 2007.
Zitiert: MünchKommBGB/*Bearbeiter*

Von Schwanebach, H.: Aus der Praxis der sowjetrussischen Agrar-Zwangsversicherung, Ö-RVers. 1933, S. 251–253.

Von Schwanebach, H.: Aus der Praxis der sowjetrussischen Agrar-Zwangsversicherung, Ö-RVers. 1935, S. 41 ff.

Von *Staudinger, Julius*: Kommentar zum Bürgerlichen Gesetzbuch mit Einführungsgesetz und Nebengesetzen, Buch 1, Allgemeiner Teil, Berlin 2004.
Zitiert: Staudinger/*Bearbeiter*

Wandt, Manfred/Ganster, Bastian: Die Rechtsfolgen des Widerrufs eines Versicherungsvertrages gem. § 9 VVG 2008, VersR 2008, S. 425–437.

Wendt, Domenik Henning: Zum Widerruf im Versicherungsvertragsrecht, Karlsruhe 2013.

Wertmiller: Das russische Gesetz, Frankfurt 1953.

Wesselowskij, Boris B.: Istorija Semstwa w sorok let (Die Geschichte der Semstwa während 40 Jahren), St. Petersburg 1909–1911.

Westermann, Harm Peter (Hrsg.): Erman BGB-Kommentar, 13. Aufl. 2011. Zitiert: Erman/*Bearbeiter*

Witz, Claude/Wolter, Gerhard: das neue französische Verbrauchergesetzbuch, ZEuP 1995, S. 35.

Zile, Zigurds L.: Product Quality and Liability in the USSR: An Exploratory Essay from a Consumer Perspective, in: Law and the Gorbachev Era, Barry u. a. (Hrsg.), Dordrecht/Boston/London 1989, S. 105.

Zinnert, Mario: Recht und Praxis des Versicherungsmaklers, Karlsruhe 2008.

Zwicker, Frank: Das europäische Verbraucherleitbild bei Finanzdienstleistungen, Bonn 2003.

Abkürzungsverzeichnis

A.a.O.	Am angegebenen Ort
a.F.	Alte Fassung
Abs	Absatz
AcP	Archiv für die civilistische Praxis
AEUV	Vertrag über die Arbeitsweise der Europäischen Union
AGB	Allgemeine Geschäftsbedingungen
Alt	Alternative
Art	Artikel
AVB	Allgemeine Versicherungsbedingungen
BB	Der Betriebs-Berater (Zeitschrift)
Bd.	Band
BegrRegE	Begründung des Regierungsentwurfes
BGB	Bürgerliches Gesetzbuch
BGBl	Bundesgesetzblatt
BGH	Bundesgerichtshof
BGHZ	Entscheidungen des Bundesgerichtshofs in Zivilsachen
BMJ	Bundesminister der Justiz
Bt-Drucks.	Bundestagsdrucksache
Buchst.	Buchstabe
bzw.	Beziehungsweise
CR	Computer und Recht (Zeitschrift)
d.h.	Das heißt
ders.	Derselbe
EG	Europäische Gemeinschaft
EGBGB	Einführungsgesetz zum bürgerlichen Gesetzbuch
EGV	Vertrag zur Gründung der Europäischen Gemeinschaft
EGVVG	Einführung zum Versicherungsvertragsgesetz
Endg.	Endgültig
EU	Europäische Union
EuGH	Europäischer Gerichtshof
EUV	Vertrag über die Europäische Union
EuZW	Europäische Zeitschrift für Wirtschaft
EWG	Europäische Wirtschaftsgemeinschaft
f.	Folgende
ff.	Fortfolgende
FLF	Finanzierung, Leasing, Factoring (Zeitschrift)
FS	Festschrift/Festgabe
GmbHR	Rundschau für die GmbH
Hrsg	Herausgeber
i.V.m	Im Verbindung mit

JA	Juristische Arbeitsblätter (Zeitschrift)
JOR	Jahrbuch für Ostrecht
JR	Juristische Rundschau (Zeitschrift)
JZ	Juristenzeitung
K&R	Kommunikation und Recht
KOM	Mitteilung der Europäischen Union
LG	Landgericht
lit.	Litera
MDR	Monatsschrift für deutsches Recht
NJW	Neue Juristische Wochenschrift
Nr.	Nummer
NVersZ	Neue Zeitschrift für Versicherung und Recht
OLG	Oberlandesgericht
Ö-RVers	Öffentlich-rechtliche Versicherung, Berlin 1929–1934
OstR	Ostrecht, Berlin 1925–1927
r+s	Recht und Schaden
RL	Richtlinie
Rn.	Randnummer
S.	Seite
S.	Siehe
Sog.	Sogenanntes/so Genannter
SSSR	Union der Sozialistischen Sowjetrepubliken
u. a.	und andere
UA	Unterabsatz
UdSSR	Union der Sozialistischen Sowjetrepubliken
USB-Stick	Universal Serial Bus Stick
USSR	Ukrainische Sozialistische Sowjetrepublik
V.	Von
VAG	Versicherungsaufsichtsgesetz
VersR	Versicherungsrecht (Zeitschrift)
VersR	Zeitschrift für Versicherungsrecht
Vgl.	Vergleichen
VuR	Verbraucher und Recht
VVG	Versicherungsvertragsgesetz
VVG-InfoV	Verordnung über Informationspflichten bei
VW	Versicherungswirtschaft (Zeitschrift)
VW	Versicherungswirtschaft
WiRO	Wirtschaft und Recht in Osteuropa
WM	Zeitschrift für Wirtschafts-und Recht
WpHG	Wertpapierhandelsgesetz
Z.B.	Zum Beispiel
ZBB	Zeitschrift für Bankrecht und Bankwirtschaft
ZEuP	Zeitschrift für Europäisches Privatrecht
ZHR	Zeitschrift für das gesamte Handels- und Wirtschaftsrecht

ZIP	Zeitschrift für Wirtschaftsrecht
ZRP	Zeitschrift für Rechtspolitik
ZVersWiss	Zeitschrift für die gesamte Versicherungswissenschaft

Inhaltsverzeichnis

Einleitung

Seit 1992, als Georgien nach dem Zerfall der UdSSR seine Unabhängigkeit wiedererlangte, hat es auf seinem prowestlichen Kurs ständig Fortschritte gemacht. Nach der Rosenrevolution 2003[1] wurden die Beziehungen zur EU immer enger, und Tiflis hat fortlaufend an Reformen in Politik und Wirtschaft gearbeitet, die von der EU im Rahmen der Östlichen Partnerschaft – die wiederum Teil der Europäischen Nachbarschaftspolitik ist – unterstützt wurden. Am 27. Juni 2014 unterzeichneten Georgien und die EU ein Assoziierungsabkommen. Am 17. November 2014 fand die erste Tagung des Assoziierungsrats EU-Georgien statt, und der Rat der Europäischen Union bestätigte, dass Georgien mit der zweiten Phase des Aktionsplans zur Visaliberalisierung fortfahren könne, in dem ein visafreier Reiseverkehr vorgesehen ist.

Im ständigen Dialog zwischen der EU und Georgien zu verschiedenen Bereichen der Zusammenarbeit liegt ein Schwerpunkt der Betrachtungen aus der Problematik des Rechtssystems darin, dass die georgische Gesetzgebung möglichst an die europäischen Anforderungen und Standards angepasst werden kann. In der Vertiefung der Beziehung zwischen der EU und Georgien spielt daher die Frage der Rechtsangleichung des georgischen Rechtes an das EU-Recht eine besondere Rolle.

Da in Europa mehr als 500 Millionen Verbraucher leben[2], ist das Thema Verbraucherpolitik für die Zukunft Europas als sehr aktuell anzusehen. Auf unionsrechtlicher Ebene bildet der Verbraucherschutz einen wichtigen Motor der Privatrechtsentwicklung. Einheitliche verbraucherschützende Regelungen fördern den grenzüberschreitenden Handelsverkehr, indem sie das Vertrauen der Verbraucher in den Binnenmarkt stärken und wichtige Impulse für die Rechtsvereinheitlichung des Privatrechts geben. Das Verbraucherschutzrecht ist im Wesentlichen

---

1 Die Parlamentswahl vom 2. November 2003 wurde erst nach mehreren Wochen Streit von der Wahlkommission bestätigt. Präsident Schewardnadse wurde nach Bekanntgabe der Ergebnisse von der Opposition massiver Wahlbetrug vorgeworfen, auch die USA und weitere ausländische Wahlbeobachter kritisierten die Abstimmung. Am 22. November fand die erste Sitzung des neuen Parlaments statt; sie wurde von Abgeordneten der Opposition boykottiert. Schon in der Nacht zum 22. November 2003 hatten sich Demonstranten vor dem Parlamentsgebäude in Tiflis versammelt; ihre Anzahl schwoll zum Nachmittag hin auf über 100.000 an. Sie forderten den Rücktritt von Präsident Schewardnadse, und noch während der Eröffnungsrede des Präsidenten stürmten sie unter Führung von Oppositionsführer *Micheil Saakaschwili* in den Sitzungssaal. Die Sicherheitskräfte vor dem Gebäude ließen die Demonstranten ungehindert passieren. Schewardnadse flüchtete aus dem Gebäude und die Opposition sprach von einer *samtenen Revolution* in Georgien. *Saakaschwili* kündigte an, im Falle einer Präsidentschaft Georgien nach westlichem Vorbild in eine Demokratie zu wandeln und umfassende Wirtschaftsreformen durchzuführen.

2 Vorschlag für eine Verordnung des europäischen Parlaments und Rates über ein Verbraucherprogramm 2014–2020 v. 09.11.2011.

eine eine unionsrechtlich geprägte und gestaltete Materie.[3] Durch zahlreiche Sekundärrechtsakte – Richtlinien und Verordnungen – ist inzwischen ein dichtes Netz des europäischen Verbraucherschutzes entstanden.[4] Das Assoziierungsabkommen zwischen Georgien und EU sieht eine Angleichung der georgischen Rechtsnormen an die Vorschriften, Normen und Standards der EU vor, die schrittweise zur wirtschaftlichen Integration auf dem Binnenmarkt führen soll und den ebenfalls schrittweisen Abbau von Handelshemmnissen enthält.[5]

Abgesehen davon ist es besonders wünschenswert die Verbraucherschutzmechanismen im europäischen, deutschen und georgischen Recht zu untersuchen und zu analysieren. In Deutschland hat die Reform des Versicherungsvertragsgesetzes im Jahr 2008 zu entscheidenden Veränderungen im Versicherungsrecht geführt. Das wichtigste rechtspolitische Ziel der Reform war es „mehr Verbraucherschutz für Versicherte" zu schaffen. Dabei galt es, europarechtlichen Vorgaben Rechnung zu tragen. Leitbild war ein informierter, mündiger und umsichtiger Verbraucher, der eigenverantwortlich über seine Risikoabsicherung befindet und vor Fehlentscheidungen bewahrt werden soll. Weitreichende Informationspflichten, flankiert durch verschärfte Beratungspflichten und das Widerrufsrecht des Versicherungsnehmers, sich vom Versicherungsvertrag zu lösen, bildeten eine wesentliche Stütze dieser nunmehr im neuen deutschen VVG gegossenen Idee.

In diesem Zusammenhang wird eine rechtsvergleichende Untersuchung des materiellen Rechtes vorgenommen. Es werden deutsche, europäische und georgische Vorschriften auf der Ebene des Versicherungsvertragsrechts und im Bereich des Verbraucherschutzes verglichen und zur Erarbeitung von Verbesserungsvorschlägen für den georgischen Gesetzgeber herangezogen, orientiert am deutschen VVG. Entsprechend dieser Zielsetzung der unterliegenden Arbeit wird zunächst die Entwicklungsgeschichte des Versicherungswesens in Georgien dargestellt. Im zweiten Teil der Arbeit wird die Grundlage der Integration von Georgien in die EU erläutert. Im dritten und vierten Teil wird die Untersuchung der Regelungen, der Informations- und Beratungspflichten des Versicherers nach §§ 6 und 7 VVG und das Widerrufsrecht des Versicherungsnehmers nach §§ 8 und 9 VVG als Vorbild für georgisches Versicherungsrecht dargestellt. Die Arbeit wird durch eine Schlussbetrachtung abgeschlossen, in der die wichtigsten Ergebnisse dieser Untersuchung zusammengefasst werden.

---

3 *Alexander*, Verbraucherschutzrecht, § 1, Rn. 2.
4 *Alexander*, Verbraucherschutzrecht, § 2, Rn. 11.
5 *Kirsch van de Water*, Das Freihandelsabkommen mit der Europäischen Union, S. 1.

I Kapitel Historische Grundlagen

I. Sozialistisches zivilrecht in Georgien

Nach dem Zerfall der Sowjetunion hat sich Georgien am 9. April 1991 unabhängig erklärt.[1] Die Unterdrückung der Selbstständigkeit der Sowjetrepubliken durch die dominierende russische Sowjetrepublik hat dazu geführt, dass Forschungen zur Rechtskultur in den einzelnen ehemaligen Sowjetrepubliken in den Hintergrund getreten sind. Für eine bessere Vorstellung des Versicherungswesens in der Sowjetunion werden im Folgenden die historischen Grundlagen im Zusammenhang mit der Entwicklung des sozialistischen Zivilrechts in Georgien dargestellt. Zunächst werden grob die wichtigsten historischen Daten und Entwicklungsphasen des sowjetischen Zivilrechts skizziert.

1. Kriegskommunismus und Zivilrecht

Der Zeitraum zwischen der Oktoberrevolution im Jahr 1917 und dem Jahr 1921, der auch als Kriegskommunismus genannt wird, war in Russland von großer Bedeutung für die bisherige Rechtsentwicklung, da in der geltenden Wirtschaftsordnung massive Veränderungen durch legislative Akte vorgenommen wurden,[2] und damit dem Privatrechtsverkehr die materielle Grundlage entzogen wurde.[3] So erfolgte durch verschiedene Dekrete die Abschaffung des Eigentums an Grund und Boden[4] und es kam zu einer Verstaatlichung der Industrie.[5] Es wurde ein staatlicher Verteilungsmechanismus eingeführt, der den gesamten Handel zur privaten Bedürfnisbefriedigung ersetzte.[6] Privatpersonen war eine Tätigkeit im Außenhandel ausdrücklich untersagt.[7] Es kam zur Verstaatlichung der Privatbanken durch Verschmelzung mit der Staatsbank.[8]

2. Die Oktoberrevolution von 1917 und Georgien

Nach der Februarrevolution in Petersburg im Jahr 1917 ist die russische Verwaltung in Transkaukasien zusammengebrochen.[9] Die durch die folgende Oktoberrevolution von 1917 an die Macht gekommenen Bolschewiki haben am 14. November 1917

---

1 Akt über die Verkündung der Wiederherstellung der staatlichen Unabhängigkeit, Sakartwelos parlamentis utskebebi, 1991, Nr. 4.
2 *Lorenz*, Sozialgeschichte der Sowjetunion, S. 94 f.
3 *Pellegrino*, Postkommunismus und Zivilrecht, S. 56.
4 *Reich*, Sozialismus und Zivilrecht, S. 86.
5 *Reich*, Sozialismus und Zivilrecht, S. 89.
6 *Reich*, Sozialismus und Zivilrecht, S. 93.
7 *Reich*, Sozialismus und Zivilrecht, S. 91.
8 *Reich*, Sozialismus und Zivilrecht, S. 91.
9 *Kazemzadeh*, The Struggle for Transcaucasia, S. 32.

das „Transkaukasische Kommissariat“ eingerichtet, das die Regierungsgewalt über Georgien, Aserbaidschan und Armenien ausüben sollte.[10] Am 22. April 1918 wurde jedoch die Unabhängigkeit der transkaukasischen Republiken erklärt.[11] Die Unabhängigkeit der Republik Georgien wurde am 26. Mai 1918 von *Zhordania* bekannt gegeben, die sich am selben Tag unter deutsches Protektorat stellte, um Angriffe von der Türkei zu verhindern.[12] Im Februar 1919 fanden in Georgien die ersten freien Wahlen statt, wobei die georgischen Sozialdemokraten die Mehrheit erlangten. Die georgischen Menschewiki hatten das Ziel, kapitalistische Politik im Land einzuführen. Also verabschiedete die georgische Regierung eine Arbeitsschutzgesetzgebung, womit der Achtstundentag, das Streitrecht, das Verbot der Kinderarbeit und Nachtarbeit für Frauen sowie Kranken- und Arbeitslosenversicherung eingeführt wurden.[13] Es kam zwar nicht zu einer Zivilrechtskodifikation, aber die Verfassung vom 22. Februar 1921 enthielt bereits die Grundsätze einer Privatrechtsordnung.[14] Drei Tage später, am 25. Februar 1921, gelang es den Bolschewiki in Tiflis einzumarschieren und Georgien militärisch zu besetzen.[15]

3. NÖP und Kodifikation des Zivilrechts

Auf dem X. Parteitag verkündete *Lenin* die Neue Ökonomische Politik, die aus der tiefen wirtschaftlichen und politischen Krise der Zeit des Kriegskommunismus heraushelfen sollte. Ihr erklärtes Ziel war der wirtschaftliche Aufschwung. Es wurden eine Reihe von Dekreten erlassen, die den Bauern freien Handel ihrer Produktion erlaubte und Gewerbefreiheit zuließ, soweit sie nicht das Staatsmonopol verletzte und die ausländische Beteiligung an Unternehmen ermöglichte.[16] Als Folge dieser Wiedereinführung ziviler Rechte kam es am 31. Oktober 1922 zur ersten Kodifikation des Zivilrechtes durch Schaffung eines Zivilgesetzbuches der Russisch Sozialistisch Föderativen Sowjetrepublik.[17] Die Kommission, die zur Erarbeitung des ZGB eingesetzt wurde, sollte als Vorbild des neuen ZGB auf schon existierende Zivilrechtskodifikationen zurückgreifen und insbesondere das schweizer Obligationenrecht, das deutsche BGB und den russischen Obligationenrechtsentwurf von 1913 als Vorbild nehmen.[18] Bemerkenswert ist dabei der Einfluss der Pandekten-

---

10 *Kazemzadeh*, The Struggle for Transcaucasia, S. 54.

11 *Kazemzadeh*, The Struggle for Transcaucasia, S. 91 f.

12 *Kazemzadeh*, The Struggle for Transcaucasia, S. 118 f.; Georgien hatte jedoch im Gegenzug einige Verpflichtungen zu erfüllen, worunter die Nutzung der Eisenbahn, der in Poti vorhandenen Schiffe und die Zulassung des freien Umlaufes deutscher Valuta auf georgischem Territorium gehörte.

13 *Lang*, Modern History of Georgia, S. 213.

14 *Inzkirweli*, WiRO 1994, S. 364.

15 *Kazemzadeh*, The Struggle for Transcaucasia, S. 314.

16 *Farnsworth/Mozolin*, Contract Law in the USSR and the United States, S. 58 f.

17 *Reich*, Sozialismus und Zivilrecht, S. 128.

18 *Reich*, Sozialismus und Zivilrecht, S. 140.

rechtslehre auf das neue ZGB, die die russische Rechtswissenschaft bereits während der Zarenzeit beeinflusst hat.[19] Mit Änderungen im Erbrecht übernahm Georgien am 1. September 1923 das russische ZGB.[20]

4. Georgisches ZGB von 1923

Das georgische ZGB besteht aus vier Büchern, untergliedert in einen allgemeinen Teil, das Sachenrecht, das Recht der Schuldverhältnisse und das Erbrecht. Familien- und Arbeitsrecht waren allerdings nicht im ZGB geregelt, wie es bei westlichen Zivilrechtskodifikationen der Fall war.[21] Das erste Kapitel des ersten Buches des ZGB behandelt grundlegende Bestimmungen, anschließend folgen Bestimmungen über Rechtssubjekte, Rechtsobjekte, Rechtsgeschäfte und Verjährung. Das zweite Buch beginnt mit den sachenrechtlichen Regelungen über Eigentum, Baurecht und Pfandrechte. Nach den allgemeinen Bestimmungen der Schuldverhältnisse folgen im dritten Buch Schuldverhältnisse aus Verträgen, Sachmiete, Kauf, Tausch, Darlehen, Werkvertrag, Bürgschaft, Auftrag und Vollmacht sowie die Gesellschaftsformen der gewöhnlichen Gesellschaft, der offenen Handelsgesellschaft, der Kommanditgesellschaft, der Genossenschaft mit beschränkten Haftung und der Aktiengesellschaft und im Folgenden Normierungen zu Versicherung, ungerechtfertigter Bereicherung und Schuldverhältnissen aus Schadenszufügung. Das vierte Buch behandelt das Erbrecht.

5. Erlöschen der privaten Wirtschaftstätigkeit

Die auf gemischte Ökonomie beruhende NÖP-Etappe endete mit dem Erlöschen der privatwirtschaftlichen Tätigkeit. Die Kollektivierung der Landwirtschaft und die Ausdehnung der Verstaatlichung der Industrie führten dazu, dass das Zivilrecht in dem sozialistischen Staat an Bedeutung verlor. Anstelle dezentralisierter Produktion war die zentrale Planung getreten. Dem Vertrag kam lediglich noch die Bedeutung zu, wirtschaftliche Beziehungen zu bestimmen und den Inhalt der Austauschverhältnisse festzulegen.[22]

6. Verfassung von 1936 und die erste sozialistische Zivilrechtskodifikation

Mit dem Erlass der Verfassung von 1936 hat *Stalin* ein neues Zivilrechtsverständnis geschaffen. Nach Art. 1 und 4 der Verfassung war die UdSSR ein sozialistischer Staat, dessen Grundlage auf dem sozialistischen Wirtschaftssystem und dem sozia-

19 *Rudden*, Soviet Civil Law, RevSocL 1989, S. 31.
20 *Dshorbenadse*, Grundprobleme des zukünftigen Zivilgesetzbuches von Georgien, S. 155.
21 *Meder*, Das Sowjetrecht, S. 169 f.
22 *Pellegrino*, Postkommunismus und Zivilrecht, S. 69.

listischen Eigentum unter Abschaffung des Privateigentums an den Produktionsmitteln beruhte. Der Begriff persönliches Eigentum charakterisiert dabei nur noch solche Gegenstände, die der persönlichen Lebensführung und nicht der wirtschaftlichen Betätigung dienten.[23] Der Staat wurde als Bestandteil der sozialistischen Gesellschaftsordnung anerkannt mit dem Recht, gesellschaftliche Verhältnisse zu regeln.[24] Die sozialistische Wirtschafts- und Gesellschaftsordnung hat die Existenz des sozialistischen Zivilrechts dabei jedoch nicht ausgeschlossen, es musste aber den Bedürfnissen und Besonderheiten des Sozialismus Rechnung tragen.[25] Die erste sozialistische Zivilrechtskodifikation hat im Jahr 1964 stattgefunden.

7. Georgisches ZGB von 1964

Eine Änderung der Verfassung im Jahre 1957 gab den Unionsrepubliken Kompetenzen in der Zivilgesetzgebung. Nur die Union selbst war bisher zum Erlass der Grundlagen der Zivilgesetzgebung befugt. Das Gesetz über die Grundlagen für die Zivilgesetzgebung der UdSSR und der Unionsrepubliken vom 8. Dezember 1961 war der Auslöser das georgische ZGB von 1923 zu reformieren.[26] Das Gesetz über die Grundlagen hatte zum Ziel, nach dem „Sieg des Sozialismus" ein an den Bedürfnissen des Sozialismus gemessenes Zivilrecht zu schaffen.[27] Anstelle des alten ZGB trat das neue ZGB von 1964. Es enthielt Abschnitte über allgemeine Bestimmungen, Eigentum und Schuldrecht, welche sich wiederum in allgemeine Bestimmungen über Schuldverhältnisse und einzelne Arten der Schulverhältnisse unterteilten. Bemerkenswert sind die stark sozialistisch geprägten Titel der Kapitel der einzelnen Arten der Schuldverhältnisse, wie z. B. staatlicher Ankauf landwirtschaftlicher Produkte bei Kolchosen, Sowchosen und anderen Wirtschaften (Art. 264–265), staatliche Versicherung (Art. 380–384) oder Schuldverhältnisse aus Rettung sozialistischen Vermögens (Art. 485). Das georgische ZGB entspricht in seiner Gliederung dennoch kontinental-europäischen Modellen. Bedeutende inhaltliche Unterschiede treten jedoch bei der Betrachtung der Einzelnormen hervor.

8. Bedeutung des Vertrags für die sozialistische Wirtschaftsordnung

Dem Vertrag und der Vertragsfreiheit wird in der Marktwirtschaft ein hoher Stellenwert eingeräumt.[28] Alle Wirtschaftssubjekte bestimmen in der Marktwirtschaft durch Vereinbarungen selbst ihren Bedarf an Gütern. Durch den Vertrag wird der Güteraustausch zwischen den Marktbeteiligten vermittelt und festgehalten. In der

---

23 *Maurach*, Handbuch der Sowjetverfassung, Art. 1 Erl. 2.
24 *Pellegrino*, Postkommunismus und Zivilrecht, S. 70.
25 *Pellegrino*, Postkommunismus und Zivilrecht, S. 71 f.
26 *Reich*, Sozialismus und Zivilrecht, S. 303 f.
27 *Pellegrino*, Postkommunismus und Zivilrecht, S. 70.
28 *Eucken*, Grundsätze der Wirtschaftspolitik, S. 275.

sozialistischen Wirtschaftsordnung, die auf der Zentralplanung basiert, legt dagegen der Plan die Regel zum Funktionieren des Wirtschaftssystems fest.[29] Der Plan war nach Art. 16 der Verfassung der UdSSR von 1963 das Instrument zur Steuerung der Wirtschaft, der in viele Einzelpläne zerfiel und die Maßnahmen der Arbeitsorganisation bestimmte.[30] Vom Plan zu unterscheiden waren die sog. Planakte, Planaufgaben und Planungsakten, die Verwaltungsakte beinhalteten und Grundlagen für die Verträge der Wirtschaftsunternehmen bildeten, die nach zivilrechtlichen Vorschriften geschlossen wurden. Ziel des Vertrages war es lediglich, den Inhalt der Rechtsbeziehung schriftlich zu bestimmen und deren Abwicklung der zivilrechtlichen Regelungen zu unterstellen.[31] Die Bedeutung eines Vertrags in den verschiedenen Wirtschaftssystemen hängt also davon ab, inwieweit es den am Tauschakt beteiligten Subjekten überlassen bleibt, eigenen Bedarf festzustellen, den gewünschten Vertragspartner selbst zu suchen und den Inhalt des Güteraustausches frei zu bestimmen.[32]

9. Zusammenfassende Einschätzung

Nach dem militärischen Einmarsch der Bolschewiki in Tiflis verlor am 25. Februar 1921 Georgien seine Unabhängigkeit und seine Hoffnung, einen kapitalistisch geprägten Staat aufzubauen. Das georgische ZGB von 1923 stellte eine Rezeption des russischen ZGB dar, das auf die Grundlagen des Pandektenrechts zurückzuführen war. Das für die gemischte Ökonomie geschaffene ZGB verlor wieder bald an Bedeutung, als private Wirtschaftstätigkeit bald wieder völlig erlosch. Anstelle dezentralisierter Produktion trat die zentrale Planung in den Vordergrund. Nun wurde der Plan das zentrale Mittel die sozialistische Wirtschaftsordnung zu bestimmen und der Vertrag hatte lediglich die Rolle, Rechtsbeziehungen schriftlich festzustellen und sie der zivilrechtlichen Regulierung zu unterstellen. Die Verfassung von 1936 hatte die Vereinbarkeit von Sozialismus und Zivilrecht ausdrücklich bestätigt. Das georgische ZGB von 1923 wurde durch das ZGB von 1964 ersetzt, das auf das Gesetz über die Grundlagen für die Zivilgesetzgebung der UdSSR und der Unionsrepubliken vom 8. Dezember 1961 basierte. Obwohl die Gliederung des neuen ZGB im Wesentlichen der kontinental-europäischen Tradition entsprach, traten die Unterschiede bei der Betrachtung des Inhalts der Normen deutlich hervor.

Im Unterschied zum deutschen BGB, das damals nur den traditionellen romanistischen Katalog der Schuldverhältnisse regelte,[33] entschied sich der sowjetische Gesetzgeber das Versicherungsrecht in das ZGB aufzunehmen. Bemerkenswert ist dabei, dass im georgischen ZGB von 1923 die im 11. Kapitel geregelte Versicherung

29 *Farnsworth/Mozolin*, Contract Law in the USSR and the United States, S. 35.
30 *Bilinsky*, Das sowjetische Wirtschaftsrecht, S. 55.
31 *Loeber*, Der hoheitliche gestaltete Vertrag, S. 50.
32 *Bilinsky*, Das sowjetische Wirtschaftsrecht, S. 370.
33 *Duvinage*, Die Vorgeschichte und die Entstehung des Gesetzes über der Versicherungsvertrag, S. 45.

im neuen sozialistischen ZGB von 1964 in staatliche Versicherung unter dem Kapitel 33 des 3. Abschnittes umgetitelt wurde. Wie sich das Versicherungswesen in der Sowjetunion entwickelt hat, wird im folgenden Abschnitt erörtert.

II. Versicherungen in der zeit der Sowjetunion

Der Kriegs-Kommunismus hat jede Art des Versicherungswesens abgeschafft. Daher fragt es sich, ob der Ausdruck „sowjetisches Versicherungswesen“ eine *contradictio in adiecto* enthält, da die Versicherungen mit ihren Banken von den Anhängern des Marxismus als Inbegriff des Kapitalismus verstanden wurden.[34] Entsprechend umstritten ist, ob alles, was sich in der Sowjetunion Versicherung nannte, eine Neuordnung des westlichen Versicherungsverständnisses darstellte.[35] Um den grundsätzlichen Unterschied zwischen sowjetischem und abendländischem Versicherungsrecht zu verstehen, ist es notwendig die Frage zu klären, wem die sowjetischen Versicherungen dienten. Das sowjetische Versicherungswesen diente vor allem dem Schutz des sozialistischen Eigentums und der persönlichen Vermögensbelange, im Verhältnis zu den gesellschaftlichen, der Schadensverhütung und der Mitwirkung an der Entwicklung der Produktivkräfte des Sozialismus.[36] Die Sachversicherung schütze daher die Produktionsmittel und die Personenversicherung die wichtigste aller Produktivkräfte – die Arbeitskraft des Menschen.[37] In westlichen Ländern hingegen liegt das versicherungsrechtliche Interesse vorwiegend am privaten Eigentum. Dabei bestimmt das private Eigentum auch die Natur des Versicherungswesens, denn die Interessen des privaten Eigentümers liegen darin, sein Vermögen möglichst durch Sicherheiten zu erhalten.[38]

Trotz allem war das Versicherungswesen zu Sowjetzeiten umfangreich ausgeprägt und besetzte in der sozialistischen Wirtschaftsordnung einen wichtigen Platz. Dabei ist es von großer Bedeutung die Organisation des sowjetischen Versicherungswesens näher zu untersuchen, um beurteilen zu können, welche versicherungsrechtliche Tradition das heutige georgische Versicherungsrecht hat. Besonders im Hinblick auf eine Anpassung des georgischen Versicherungsrechts an europäische Standards kann die versicherungsrechtliche Tradition von Interesse sein.

Für ein besseres Verständnis des sowjetischen Versicherungswesens ist es empfehlenswert auf das vorrevolutionäre Erbe der Versicherungen zurückzugreifen, insbesondere auf die Zwang-Norm-Versicherung der Semstwo, weil genau auf dieser vorsowjetischen Versicherungstradition die Bolschewiki ein nur für die Sowjetunion

---

34 *Schütte*, Das Versicherungswesen der Sowjet-Union, S. 1.
35 *Schütte*, Das Versicherungswesen der Sowjet-Union, S. 2.
36 *Raicher*, Die Gesellschafts-historischen Typen der Versicherung, S. 232.
37 *Raicher*, Die Gesellschafts-historischen Typen der Versicherung, S. 204.
38 *Raicher*, Die Gesellschafts-historischen Typen der Versicherung, S. 232.

charakteristisches Versicherungswesen aufbauten.[39] Daher werden im Folgenden Organisation und Funktion der vorsowjetischen Versicherungen behandelt.

1. Vorrevolutionäre Tradition des Versicherungswesens der Sowjetunion

a) Versicherungsträger im vorsowjetischen Russland

Das moderne Versicherungswesen kennt drei ganz unterschiedliche Wurzeln der Versicherungsträger: die handelskapitalistischen See- und Transportversicherungsunternehmen Oberitaliens, der Niederlande und Englands, aus denen später Aktiengesellschaften entstanden, die Fürsorge des republikanischen Gemeinsinns und des aufgeklärten Absolutismus, die meisten der heutigen öffentlich-rechtlichen Anstalten und die Genossenschaftsgedanken der nachbarschaftlichen Selbsthilfe, die jetzigen Gegenseitigkeitsvereinen entsprechen.

Im vorrevolutionären Russland wurden Versicherungen ebenfalls durch Aktiengesellschaften, Versicherungsanstalten der landschaftlichen Selbstverwaltungskörperschaften (Semstwo) und durch genossenschaftliche Gegenseitigkeitsvereine vertrieben.[40] Das sowjetische Staatsmonopol nahm die Zwangs-Norm-Versicherung der Semstwo später auf und machte sie zum finanziellen und systematischen Kernstück des Monopols.[41]

b) Zwangs-Norm-Versicherung der Semstwo

aa) Anstoß zur Schaffung der besonderen Versicherungsorganisation

Durch die Befreiung der Bauern aus der Leibeigenschaft im Jahr 1861 wurden die Bauern gleichzeitig aus der Wirtschafts- und Schutzgemeinschaft ihrer Grundherren entlassen. Jeder Bauer musste nunmehr das wirtschaftliche Risiko als Landwirt selbst tragen. In dieser neuen und ungewöhnlichen Lage bedurfte es einer Versicherung des Eigentums.[42] Ein auf seine wirtschaftliche Freiheit in der Regel schlecht vorbereiteter Bauer wollte jedoch kaum freiwillig für einen ihm unbekannten Versicherungsschutz eine Prämie zahlen. So entstand der Gedanke, eine gesetzliche Zwangsversicherung zu schaffen, die einen Mindestwert der versicherten Sache decken sollte.[43] Diese Art der Versicherung glich einer Vormundschaft über die bäuerliche Bevölkerung,[44] dessen Ursprung bereits aus dem Vorsorge- und Fürsorgegedanken des Polizeistaates entstammte,[45] und der auf byzantinische Tendenzen

---

39 *Schütte*, Das Versicherungswesen der Sowjet-Union, S. 3.
40 *Schütte*, Das Versicherungswesen der Sowjet-Union, S. 2 f.
41 *Schütte*, Das Versicherungswesen der Sowjet-Union, S. 3.
42 *Schütte*, Das Versicherungswesen der Sowjet-Union, S. 19.
43 *Stählin*, Geschichte Russlands von den Anfängen bis zur Gegenwart, S. 162.
44 *Wesselowskij*, Die Geschichte der Semstwa während 40 Jahren, Bd. 2, S. 542.
45 *Schütte*, Das Versicherungswesen der Sowjet-Union, S. 28.

der universellen Fürsorge zurückzuführen ist.[46] Im Ukas von *Iwan des Schrecklichen* heißt es: „... für alle väterlich zu sorgen, Pflichten, Lasten und materiellen Lebensbedingungen eines jeden zu bestimmen."[47] Diese Anschauung des Zaren, für alle seiner Untertanen zu sorgen und im Notfall auch materiell für sie einzustehen, bildet die Grundlage für die Einmischung des Staats in die wirtschaftlichen Tätigkeiten ihrer Untertanen.[48] Im „fürsorglichen Patriarchal-Polizeistaat"[49] gab es keinen Platz für persönliche Rechte und Autonomie der Untertanen.[50] Dieser Tradition ist auch das sowjetische Versicherungswesen treu geblieben.[51]

bb) Einrichtung der landwirtschaftlichen Selbstverwaltungskörperschaften

Die Versicherung des Eigentums der freien Bauern wurde an die landschaftlichen Selbstverwaltungskörperschaften (Semstwo) übertragen. Ursprünglich gehörte die Versicherung nicht zu deren Aufgabenbereich, der sich zuvor auf wirtschaftliche und öffentliche Angelegenheiten beschränkte.[52] Aber die Einrichtung von Semstwo und die Bauernbefreiung standen in einem natürlichen Zusammenhang, da durch die Entlassung der Bauern die den Gutsbesitzern obliegenden Versorgungspflichten für seine Leibeigenen aufgehoben wurden.[53] Durch das Gesetz über die landschaftlichen Einrichtungen vom 1. Januar 1864 wurde der Versicherungsbetrieb als eine der Aufgaben der Semstwo bezeichnet.[54] Das folgende Gesetz über das landwirtschaftliche Versicherungswesen vom 7. April 1864 war weltweit[55] das Erste seinerzeit, das ein Versicherungswesen einführte. Danach mussten nun alle Semstwos die Zwangs-Norm-Versicherungen anbieten und konnten zusätzlich freiwillige Versicherungen entwickeln.[56] Die Rechtsform der Semstwo erinnerte an eine Vereinigung einer behördenähnlichen Organisation mit hoheitlichen Befugnissen, eines Organs der ständischen Selbstverwaltung und eines Wirtschaftsunternehmens und wies typische Merkmale aller auf.[57] Die mit der Versicherung verbundenen Aufgaben wurden zwischen Agenten und der allgemeinen Semstwo-Verwaltung aufgeteilt. Die Versicherungsprämie war an den Steuereintreiber zu zahlen. Die Schadensregulierung erfolgte unter Beteiligung des Dorfvorstehers.[58]

---

46 *Wertmiller*, Das russische Gesetz, S. 23–24.
47 *Wertmiller*, Das russische Gesetz, S. 109.
48 *Wertmiller*, Das russische Gesetz, S. 35.
49 *Hedemann*, Einführung in die Rechtswissenschaft, S. 212.
50 *Wertmiller*, Das russische Gesetz, S. 35.
51 *Schütte*, Das Versicherungswesen der Sowjet-Union, S. 362.
52 *Stählin*, Geschichte Russlands von den Anfängen bis zur Gegenwart, S. 162.
53 *Stählin*, Geschichte Russlands von den Anfängen bis zur Gegenwart, S. 160.
54 *Wesselowskij*, Die Geschichte der Semstwa während 40 Jahren, Bd. 2, S. 33.
55 *Schütte*, Das Versicherungswesen der Sowjet-Union, S. 28.
56 *Schütte*, Das Versicherungswesen der Sowjet-Union, S. 23.
57 *Schütte*, Das Versicherungswesen der Sowjet-Union, S. 32.
58 *Konschin*, Die staatliche Versicherung in der UdSSR, S. 46.

cc) Betrieb von Zwangs-Norm-Versicherungen

Die Feuerversicherung für Gebäude war der wichtigste Zweig der Semstwo-Anstalten. Durch genormte Deckungssummen war der gewährte Versicherungsschutz im Verhältnis zum Wert oder zu den Kosten der Wiederherstellung der versicherten Gebäude vollkommen unzureichend.[59] Die gesetzliche Grundlage für die Festlegung der genormten Versicherungssumme ließen der Semstwo weiten Spielraum. Die von der Bevölkerung zu zahlenden Prämien wurden als öffentliche Abgaben angesehen und als Steuer empfunden.[60] Das Gesetz legte nur fest, dass die jährlichen Prämien ausreichen sollten, um die Schadenszahlungen und die Verwaltungskosten des Versicherungswesens eines Jahres zu decken.[61] Für die Zwangs-Norm-Versicherung stellten die Prämienrückstände eine Besonderheit dar. Der Versicherungsschutz entstand aufgrund Gesetzes, sodass die Schadenszahlung auch ohne Prämienzahlung zu leisten war.[62] Neben der Zwangs-Norm-Versicherung von Gebäuden gegen Feuer im Rahmen der genormten Versicherungsdeckung bestand die Möglichkeit, den Unterschied zwischen der genormten Versicherungssumme und dem Wert des versicherten Objekts durch eine freiwillige „besondere Versicherung" auszugleichen.[63] Sie wurde von einigen Semstwo als Teil der Zwangs-Versicherung, von anderen als Teil der freiwilligen Zusatzversicherung behandelt.[64] Der letzeren Auffassung entsprach die Absicht des Gesetzgebers besser, da die Inanspruchnahme der Deckung ausdrücklich vom Wunsch des Versicherten abhängig gemacht wurde. Durch das Gesetz vom 25. Januar 1901, durch das die freiwillige Versicherung im größeren Rahmen eingeführt wurde, fand diese Auffassung ihre Bestätigung, indem die „besondere Versicherung" nach den Regeln der freiwilligen Versicherung zu betreiben war.[65]

dd) Freiwillige Versicherung im Rahmen der Semstwo

Durch das Gesetz vom 7. April 1864 wurde neben der Zwangs- und besonderen Versicherung eine freiwillige Versicherung der Gebäude eingeführt, die grundsätzlich nicht dem Schutz der Zwangs-Norm-Versicherung unterlag. Die Semstwo konnte auch diese Art der Versicherung betreiben.[66] Manche Semstwo boten die freiwillige Versicherung als Zusatz zur Zwangsversicherung der bäuerlichen Bevölkerung, während andere sich ausschließlich auf die nicht bäuerliche Bevölkerungsschicht beschränkten, insbesondere auf die Städte.[67] Die Versicherungssumme wurde auch

---

59 *Wesselowskij*, Die Geschichte der Semstwa während 40 Jahren, Bd. 2, S. 496.
60 *Wesselowskij*, Die Geschichte der Semstwa während 40 Jahren, Bd. 2, S. 494.
61 *Schütte*, Das Versicherungswesen der Sowjet-Union, S. 37.
62 *Schütte*, Das Versicherungswesen der Sowjet-Union, S. 39.
63 *Schütte*, Das Versicherungswesen der Sowjet-Union, S. 40.
64 *Wesselowskij*, Die Geschichte der Semstwa während 40 Jahren, Bd. 2, S. 539–540.
65 *Wesselowskij*, Die Geschichte der Semstwa während 40 Jahren, Bd. 2, S. 539.
66 *Wesselowskij*, Die Geschichte der Semstwa während 40 Jahren, Bd. 2, S. 451.
67 *Wesselowskij*, Die Geschichte der Semstwa während 40 Jahren, Bd. 2, S. 542.

hier gesetzlich festgesetzt und die Versicherungsdeckung war so niedrig, dass auch hier daneben die „besondere Versicherung" zugelassen war.[68] Neben der Feuerversicherung von Gebäuden wurde auch die Versicherung von Fahrhabe (beweglichem Vermögen) gegen Feuer eingeführt.[69] Viehversicherung war ebenso erlaubt.[70]

ee) Die Reserve-Politik der Semstwo-Versicherung

Nach einiger Zeit des Versicherungsbetriebs haben die Semstwo-Anstalten auch Gewinne erwirtschaftet und es begann ein starker Anstieg der Reserve-Fonds der Semstwo. Die Reserven wurden für allgemeine Aufgaben der Semstwo wie z.B. die Einrichtung von Schulen und landwirtschaftlichen Läden, den Wegebau usw. in Anspruch genommen.[71] Das Gesetz vom 7. April 1864 ließ eine unbegrenzte Ansammlung von Reserve-Kapital zu. Art. 38 des Gesetzes bestimmte, dass wenn das Reserve-Kapital die Summe der jährlichen Prämienzahlungen erreichte, berechnet auf den Durchschnitt der letzten drei Jahre, die Semstwo die sich danach ergebenden Überschüsse ganz oder teilweise auf die Prämienpflichten der Versicherung des nächsten Jahres anrechnen und damit entsprechend ermäßigen konnte. Da es sich hier um eine „Kann-Vorschrift" handelte, machte die Semstwo nur nach Belieben von der Regelung Gebrauch.[72]

Im Rahmen einer Zwangs-Norm-Versicherung durch Mittel einer Zwangsprämie Kapital anzusammeln und dieses für Aufgaben zu verwenden, die mit der Kapitaldeckung der Versicherung nicht in Verbindung stehen, war ein Erbe des sowjetischen staatlichen Versicherungsmonopols.[73] Die Organisation und Funktionsweise des sowjetischen Versicherungswesens werden nach einer kurzen Darstellung der theoretischen Grundlagen im Folgenden erörtert.

2. Das sowjetische Versicherungswesen

a) Theoretische Fragen des Versicherungsbetriebs

Zum besseren Verständnis der Entwicklung des sowjetischen Versicherungswesens ist ein Blick auf die theoretischen Grundlagen zu werfen. *Karl Marx* hat im zweiten Band seines Werkes „Das Kapital" den „Zirkulationsprozess des Kapitals"[74] die Existenz des Versicherungswesens auch im Sozialismus bestätigt und es von dem Makel befreit, „Erbsünde" des Kapitalismus zu sein.[75] Die Anweisungen von *Marx*

68 *Wesselowskij*, Die Geschichte der Semstwa während 40 Jahren, Bd. 2, S. 551.
69 *Wesselowskij*, Die Geschichte der Semstwa während 40 Jahren, Bd. 2, S. 626.
70 *Wesselowskij*, Die Geschichte der Semstwa während 40 Jahren, Bd. 2, S. 424.
71 *Wesselowskij*, Die Geschichte der Semstwa während 40 Jahren, Bd. 2, S. 459.
72 *Wesselowskij*, Die Geschichte der Semstwa während 40 Jahren, Bd. 2, S. 500.
73 *Schütte*, Das Versicherungswesen der Sowjet-Union, S. 55.
74 Titel des zweiten Bandes seines Werkes „das Kapital", der die wichtigsten Äußerungen von Karl Marx zum Thema Versicherung enthält.
75 *Sch*ütte, Das Versicherungswesen der Sowjet-Union, S. 55.

über Versicherungen sind knappgehalten und beschränken sich auf die Einordnung der volkswirtschaftlichen Funktion des Versicherungswesens.[76] Die Notwendigkeit eine Assekuranz oder Reservefonds zu schaffen, wird in der „Kritik des Gothaer Programms" behandelt. Die Auslegung dieser Äußerungen von *Marx* hat zu Meinungsverschiedenheiten zwischen sowjetischen Autoren geführt vor allem in der Frage, ob der Reservefonds „zentral" aus Mitteln des staatlichen Haushalts oder „dezentralisiert" aus den Beiträgen der Bevölkerung zu bilden sei.

Lenin hat sich ebenfalls ein wenig mit den theoretischen Fragen der Versicherung beschäftigt. Seine Äußerungen zum Thema zeigen, dass das Ziel des Versicherungswesens sei, ein weniger entwickeltes Land zu industrialisieren und aufzurüsten.[77] Weitere hier zitierte Passagen aus der Schrift „Die drohende Katastrophe und wie man ihr begegnen muss" machen deutlich, wie sich *Lenin* die Entwicklung der Versicherung in der Zukunft eines sowjetischen Staates vorgestellt hat: „Die Verstaatlichung der Banken würde die gleichzeitige Verstaatlichung des Versicherungswesens ungemein erleichtern. Das bedeutet Zusammenlegung aller Versicherungsgesellschaften in eine, die Zentralisierung ihrer Arbeit, die Kontrolle durch die Regierung. Die Vereinheitlichung dieses Gebietes würde zu einer Ermäßigung der Prämie führen; sie würde allen Versicherten eine Masse von Vorteilen und Erleichterungen bringen und würde gestatten, ihren Kreis zu erweitern gegenüber der gegenwärtigen Vergeudung von Kräften und Mitteln; [...] diese Reform, die außerdem die ‚Verteidigungsfähigkeit' des Landes erhöhen würde, indem sie das Sparaufkommen des nationalen Arbeitsertrages verfügbar macht und eine Reihe ernsthaftester Möglichkeiten eröffnet, das wirtschaftliche Leben zu regulieren, und zwar tatsächlich und nicht nur in Worten."[78] Gerade diese Äußerung von *Lenin* diente nach der Oktoberrevolution von 1917 dem sowjetischen staatlichen Versicherungsmonopol als theoretische Grundlage.[79]

b) Verschiedene Perioden der Entwicklung des sowjetischen Versicherungswesens

aa) Schicksal des Versicherungswesens nach der Oktoberrevolution

Das sowjetische Versicherungswesen erlebte verschiedene Entwicklungsperioden. Nach der Oktoberrevolution wurden die Versicherungsgesellschaften zunächst von der Enteignung verschont. Nach *Lenins* Äußerungen war eine Verstaatlichung von Versicherungen verfrüht. Die Versicherungsgesellschaften würden als Folge des Verschwindens des großen Privateigentums selbst absterben. Die Semstwo-Versicherungen, die die Interessen der Bauernschaft vertraten, sollten verstaatlicht

76 *Schütte*, Das Versicherungswesen der Sowjet-Union, S. 69.
77 *Lenin*, Ausgewählte Schriften, Bd. 2., S. 74.
78 *Lenin*, Ausgewählte Schriften, Bd. 2., S. 74.
79 *Schütte*, Das Versicherungswesen der Sowjet-Union, S. 75.

werden, wenn es eine Möglichkeit gäbe, sie ordnungsgemäß zu organisieren.[80] Es war also keine Verstaatlichung der Versicherungen beabsichtigt, sondern nur die Einrichtung einer staatlichen Aufsicht.[81] Erst am 28. November 1918 wurde ein „Dekret über die Organisation des Versicherungswesens in der russischen Republik" erlassen, wonach die Nationalisierung der Versicherungsgesellschaften durchgeführt werden sollte. Dies wurde als Grundsatz des Staatsmonopols festgelegt.[82] Wegen des Bürgerkriegs und des Währungsverfalls war die Umsetzung aber sehr schleppend. Erst am 18. November 1919 wurde die Lebensversicherung, am 18. Dezember 1920 die Sachversicherung abgeschafft.[83]

bb) Einrichtung von Gosstrach in der Periode der neuen ökonomischen Politik

Nach der Beendigung des Bürgerkriegs wurde durch das Dekret vom 6. Oktober 1921 zur Verwirklichung des Monopols die „Hauptverwaltung der staatlichen Versicherung" (Gosstrach) im Rahmen des Volkskommissariats für Finanzen gegründet. Es wurde zunächst die Versicherung gegen Feuer und Hagel sowie für Vieh und Transport auf freiwilliger Grundlage eingeführt. Wenig später sollte nach Art. 3 des Dekretes die Zwangs-Norm-Versicherung wieder zugelassen werden, als Kern des sowjetischen Versicherungswesens.[84]

Durch diese beiden Dekrete von 1922 wurden die Grundlagen der Arbeit von Gosstrach bestimmt. Der Grundsatz der wirtschaftlichen Betriebsführung beschränkte die Haftung nur auf die Mittel von Gosstrach. Es wurde ein Rat für das Versicherungswesen im Rahmen des Volkskommissariats für Finanzen gegründet. Die Geschäftspolitik von Gosstrach wurde dabei vom Volkskommissariat für Finanzen bestimmt, im Übrigen funktionierte es aber unabhängig von der Finanzverwaltung.[85]

Nach Art. 4 und 5 des Dekretes vom 6. Oktober 1921 durften auch die genossenschaftlichen Versicherungskassen, auch Koopstrachs genannt, die Versicherung der Vermögen der Genossenschaften betreiben, allerdings unterlagen sie der Kontrolle von Gosstrach.[86] Diese genossenschaftlichen Versicherungskassen wurden im Jahre 1930 aufgelöst. Weitere Ausnahmen vom Monopol wurden zugunsten des Volkskommissariats für Transport für die Versicherung von Gepäck von Fahrgästen und zugunsten des Volkskommissariats für das Postwesen für Postsendungen und schließlich zugunsten des Artels (Arbeitergenossenschaft) für Vertrauensschadensversicherungen gemacht.[87] Ein Teil der Transportversicherung, genauer

80 *Schütte*, Das Versicherungswesen der Sowjet-Union, S. 85.
81 *Serebrowskij*, OstR 1927, S. 139.
82 *Schütte*, Das Versicherungswesen der Sowjet-Union, S. 86.
83 *Schütte*, Das Versicherungswesen der Sowjet-Union, S. 86.
84 *Schütte*, Das Versicherungswesen der Sowjet-Union, S. 87.
85 *Konschin*, Die staatliche Versicherung in der UdSSR, S. 90.
86 *Schütte*, Das Versicherungswesen der Sowjet-Union, S. 89.
87 *Schütte*, Das Versicherungswesen der Sowjet-Union, S. 92.

die Kasko- und Warenversicherung der Seeschifffahrt war im Gesetzbuch über die Handelsschifffahrt in den Art. 192–238 geregelt. Sie blieben aber dennoch unter der Aufsicht von Gosstrach.[88]

cc) *Praktische Auflösung von Gosstrach in der Periode der Finanz- und Steuerreform*

Am 7. November 1927 verkündete *Stalin* die Kollektivierung der Landwirtschaft und den Ausbau der Schwerindustrie.[89] Es wurden fast die Hälfte aller Höfe in Kolchosen überführt. Dabei ergaben sich Schwierigkeiten, besonders bei den als Kulaken bezeichneten Großbauern.[90] Die Reform sollte auch die Grundlagen der Arbeit von Gosstrach auf dem Land verändern. Das gesamte Vermögen des vergesellschafteten Sektors erhielt zwar die Versicherungsdeckung, aber nicht auf Grundlage eines durch wirtschaftliche Arbeit funktionierenden Versicherungsfonds, sondern aufgrund eines Versicherungsfonds im öffentlichen Haushalt.[91] Im Rahmen der Steuerreform wurden die Prämien für die Zwangs-Norm-Versicherung der vergesellschafteten Betriebe durch den Staat erhoben und waren an den Staatshaushalt abzuführen. Die Deckung von Schäden erfolgte ebenfalls aus Haushaltsmitteln.[92] Jedoch wurde diese durch das Dekret vom 3. Februar 1931 für einen großen Bereich der Industrie abgeschafft.[93] Nur die Unternehmen der Gewerkschaft, die Kolchosen, die Einzelbauern und die Produktionsgenossenschaften blieben von der Zwangs-Norm-Versicherung geschützt.[94] Bald wurden bis auf Hausrat auch freiwillige Versicherungen verboten.[95] Den staatlichen Sparkassen wurde der Betrieb der Lebensversicherung übertragen.[96] Unter der Gosstrach blieben nur die Versicherung sowjetischer Interessen im Ausland und die Transportversicherung sowie die damit verbundene Rückversicherung.[97]

Damit wurde Gosstrach, trotz großer Autonomie, aufgelöst. Der Außenapparat und das Agentennetz von Gosstrach wurden abgeschafft und seine Aufgaben den Organen der Finanzverwaltung übertragen.[98]

Die Finanzbehörden wurden angewiesen, sich besonders den Versicherungen auf dem Land zuzuwenden und durch die Kräftigung der Kolchose und dem Schutz des vergesellschafteten Eigentums das Land aus dem Zustand der Verwahrlosung

88 *Schütte*, Das Versicherungswesen der Sowjet-Union, S. 97.
89 *Von Rauch*, Geschichte des bolschewistischen Russlands, S. 184.
90 *Schütte*, Das Versicherungswesen der Sowjet-Union, S. 110.
91 *Raicher*, Die Gesellschafts-historischen Typen der Versicherung, S. 239.
92 *Raicher*, Die Gesellschafts-historischen Typen der Versicherung, S. 28.
93 *Konschin*, Die staatliche Versicherung in der UdSSR, S. 52.
94 *Konschin*, Die staatliche Versicherung in der UdSSR, S. 52.
95 *Rybnikoff*, Ö-RVers 1934, S. 225.
96 *Konschin*, Die staatliche Versicherung in der UdSSR, S. 52.
97 *Rybnikoff*, Ö-RVers 1934, S. 225.
98 *Konschin*, Die staatliche Versicherung in der UdSSR, S. 52.

herauszubringen. Entsprechend sollten Auszahlungen im Schadensfall unverzüglich erfolgen, wenn ein Versicherungsverhältnis formell keinem Zweifel unterlag, Vieh sollte ersetzt werden, gleichgültig, aus welchen Gründen der Schaden entstanden war.[99] Die Prämien wurden für Zwecke verwendet, die nichts mit dem Charakter einer Versicherung zu tun hatten.[100] Daher wurde die Zwangs-Norm-Versicherung nicht als Gegenseitigkeitsverhältnis angesehen, das Rechte und Pflichten für beide Vertragsparteien gesetzlich bestimmt, sondern als eine Form der Steuer.[101]

dd) Wiedereinführung von Gosstrach

Mit Dekret vom 8. März 1933 wurde Gosstrach in seiner alten Form als selbstständiger Versicherungsträger wieder eingeführt. Die Versicherung des staatlich sozialistischen Eigentums, ohne Bezahlung einer Prämie bestand dennoch fort.[102] Für eine bestimmte Art des staatlichen Eigentums, den Sowchosen, wurde eine besondere Form der Versicherung zugelassen – die Selbstversicherung.[103] Es bestand auch wieder die Möglichkeit einer freiwilligen Versicherung die die Zwangs-Norm-Versicherung zur Vollwertversicherung ergänzte.[104] Von besonderer Bedeutung waren dabei die Erfüllung und Übererfüllung eines Planes der freiwilligen Versicherung. Die Industrie unterlag ebenfalls der freiwilligen Versicherung, da die Versicherung im Schadensfall das beste Mittel des Wiederaufbaus sei.[105] Die Lebensversicherung wurde nunmehr sogar dem Gosstrach unterstellt.[106]

Durch Dekret vom 4. April 1940 wurde die Zwangs-Norm-Versicherung für Feuer auch in den drei transkaukasischen sowjetischen Republiken Georgien, Armenien und Aserbaidschan zugelassen. Nunmehr wurden alle derzeit zugelassenen Formen von Versicherung neu geregelt und für das gesamte Gebiet der Sowjetunion eingeführt.[107]

ee) Lebensversicherung in der Kriegszeit

Das Versicherungswesen war während der Kriegsperiode dadurch gekennzeichnet, dass die Haftung für Kriegsschäden in der Sach- und Personenversicherung in allen Krieg führenden Ländern ausgeschlossen war.[108] Der freiwilligen Lebensversicherung hingegen wurde besondere Bedeutung als wichtiges Mittel der Kapitalansammlung[109]

---

99 *Konschin*, Die staatliche Versicherung in der UdSSR, S. 54.
100 *Von Schwanebach*, Ö-RVers 1935, S. 41 ff.
101 *Von Schwanebach*, Ö-RVers 1933, S. 251 ff.
102 *Konschin*, Die staatliche Versicherung in der UdSSR, S. 56.
103 *Raicher*, Die Gesellschafts-historischen Typen der Versicherung, S. 240.
104 *Schütte*, Das Versicherungswesen der Sowjet-Union, S. 97.
105 *Raicher*, Die Gesellschafts-historischen Typen der Versicherung, S. 240.
106 *Konschin*, Die staatliche Versicherung in der UdSSR, S. 56.
107 *Konschin*, Die staatliche Versicherung in der UdSSR, S. 56.
108 *Schütte*, Das Versicherungswesen der Sowjet-Union, S. 97.
109 *Konschin*, Die staatliche Versicherung in der UdSSR, S. 58.

geschenkt. Es wurden von Gosstrach besondere Abteilungen der Lebensversicherung eingerichtet und das medizinische Personal in dieser Zeit vermehrt.[110]

ff) Dezentralisierung von Gosstrach

Nach der Kriegszeit wurde einer der Grundsätze des Versicherungswesens, der Gosstrach eng mit dem Fiskus und der fiskalischen Verwaltung verband, allmählich aufgelöst und eine Entwicklung von Gosstrach in Richtung einer Autonomie des staatlichen Versicherungsmonopols, unter Berücksichtigung versicherungstechnischer gegenüber fiskalischen Gesichtspunkten, angefangen.[111] Im Jahr 1956 begann die Entstalinisierung. Im Rahmen einer Wirtschaftsverwaltungsreform bedeutete dies gleichzeitig, dass Betrieben große Autonomie verliehen und die Planungsbefugnisse der Unions-Republiken erweitert wurden. Allerdings war diese Dezentralisierung stark mit der Zentralisierung der Wirtschaftsführung verbunden.[112] Diese dezentralisierenden Maßnahmen hatten auch die Umgestaltung der organisatorischen Strukturen von Gosstrach zur Folge. Nach der Verordnung des Ministerrates vom 17. April 1958 wurde die Hauptverwaltung der Gosstrach der Sowjetunion aufgelöst. Im Finanzministerium der Union wurde eine Versicherungsabteilung eingerichtet, zu deren Aufgaben die zentralisierte Geschäftsführung in wissenschaftlicher Hinsicht gehörte. Die Verantwortung für das Funktionieren von Gosstrach wurde auf selbstständig bilanzierende Staatsmonopole der Unions-Republiken delegiert.[113] Allerdings blieb die Union für die versicherungsrechtlichen gesetzgeberischen Tätigkeiten weiterhin zuständig.[114] Diese Dezentralisierung von Gosstrach stellte aber einen Rückschritt für seine Autonomie gegenüber dem Finanzverwaltungsapparat dar. Nunmehr waren die Versicherungsmonopole der Union-Republiken wieder dem Haushalt der Unions-Republiken unterstellt. Die unteren Organe der Versicherungsmonopole der Unions-Republiken wurden den örtlichen Finanzbehörden unterstellt.[115] Diese Verbindung der Versicherungsmonopole mit dem Steuerapparat hatte aber bereits in der Vergangenheit zur Vernachlässigung des Versicherungswesens geführt, da der Charakter der Versicherungstätigkeit mit dem Charakter des Steuerapparates der Finanzverwaltung nicht zu vergleichen ist.

gg) Versicherungswesen im Jahr 1988

Obwohl bis 1988 das umfassende staatliche Versicherungsmonopol von Gosstrach in der UdSSR Bestand hatte, zeigte eine sorgfältige Analyse der sowjetischen Gesetzgebung, dass es keine Bestimmungen gab, die dieses Monopol zwingend forderten. Art. 131 der Verfassung der UdSSR bestimmte, dass die Einrichtung der staatlichen

---

110 *Schütte*, Das Versicherungswesen der Sowjet-Union, S. 120.
111 *Schütte*, Das Versicherungswesen der Sowjet-Union, S. 122–123.
112 *Meissner*, Die große Verwaltungsreform Chruschtschows, S. 87.
113 *Schütte*, Das Versicherungswesen der Sowjet-Union, S. 123.
114 *Rowinski*, Das Sowjetische Finanz-Recht, S. 224.
115 *Schütte*, Das Versicherungswesen der Sowjet-Union, S. 124.

Versicherung zur Kompetenz des Ministerrates gehörte. Daraus ergab sich nicht zwingend, dass nur Gosstrach allein der Versicherungsträger sein konnte. Durch das Gesetz über das Genossenschaftswesen, das die Durchführung der Genossenschaftsversicherung zuließ, wurde im Jahr 1988 das staatliche Versicherungsmonopol abgeschafft. So entstanden dann auch genossenschaftliche und Versicherungsaktiengesellschaften.[116]

Abgesehen von umfangreicher Einmischung in das Versicherungswesen durch den Staat und verschiedenen Änderungen zugelassener Versicherungen, war die Zwangs-Norm-Versicherung der Schwerpunkt des sowjetischen Staatsmonopols.[117]

3. Das sowjetische Versicherungsrecht: ein Gebiet des Zivil- oder öffentlichen Rechts

Die §§ 367–397 ZGB der RSFSR aus dem Jahr 1923 regelten die freiwillige Versicherung. Die Vorschriften über den Versicherungsvertrag ähnelten stark dem deutschen Vorbild.[118] Die äußere Ähnlichkeit der beiden Regelungen sollte jedoch nicht dazu führen, dass nahezu gleiche Vorschriften für identisch gehalten wurden. Eine Rede von *Lenin* stellte den wahren Geist des ZGB klar: „[...] nicht Europa zufriedenstellen wollen, sondern weiter vorangehen in der Verstärkung der Einmischung des Staates in die privatrechtlichen Beziehungen, in die zivilrechtlichen Angelegenheiten."[119] Durch die gesetzgeberischen Maßnahmen wurden im äußerlich nach europäischem Vorbild geschaffenen ZGB gleichzeitig auch rechtliche Formen geschaffen, die es ermöglichten, das Ziel des sozialistischen Aufbaus im wirtschaftlichen Kampf mit der privaten Wirtschaft zu erreichen.[120] Vor diesem Hintergrund sollte das sowjetische Versicherungsrecht im ZGB verstanden werden.[121]

Nach § 398 ZGB galten die Regelungen des Zivilgesetzbuches nicht für „alle Arten der Zwangsversicherung, soweit in den Vorschriften über Letztere nicht auf diese Vorschriften verwiesen wurde." Deshalb stellte sich die Frage, ob die Zwangs-Norm-Versicherung dem Zivil- oder öffentlichen Recht unterstellt war. *Raicher* und *Wzschinski* haben viele Argumente für eine Einordnung in das Zivilrecht gebracht. Es wurde darauf hingewiesen, dass der Gegenstand sowohl der freiwilligen als auch der Zwangsversicherung derselbe und nur die Methode verschieden wäre, z. B. bei der Zwangs-Norm-Versicherung die Mindestdeckung der Schäden und bei der freiwilligen Versicherung die Zusatzdeckung. Der Tatsache, dass die Zwangsversicherung, überwiegend durch Verordnungen des Finanzministeriums geregelt war, sprach auch nichts entgegen. Dies war z. B. ebenso bei Banken, Verkehr und

116 *Reitman,* Moderne Probleme der Entwicklung des Versicherungswesens in der Sowjetunion, S. 114–119.
117 *Schütte,* Das Versicherungswesen der Sowjet-Union, S. 126.
118 *Schütte,* Das Versicherungswesen der Sowjet-Union, S. 344.
119 *Nowitzkij,* Geschichte des sowjetischen Zivilrechts, S. 100.
120 *Schütte,* Das Versicherungswesen der Sowjet-Union, S. 345.
121 *Schütte,* Das Versicherungswesen der Sowjet-Union, S. 345.

auch freiwilligen Versicherungen der Fall, wo die Geltung des Zivilrechts dennoch unstrittig war.[122] Letztlich wurden nicht alle Rechtsfragen der Zwangsversicherung in verschiedenen Verordnungen geregelt und deshalb sollte auf die allgemeinen zivilrechtlichen Normen der Versicherung zurückgegriffen werden.[123]

Eine weitere Besonderheit, die eine Einordnung des sowjetischen Versicherungsrechts unter das Zivilrecht mit sich bringt, ist die Frage der Rechtsdurchsetzung. Die Ansprüche des Versicherten aus der Zwangs-Norm-Versicherung konnten nur im Verwaltungsverfahren geltend gemacht werden.[124] Die Rechtsbeziehungen zwischen Versicherer, Gosstrach, Staat, Staatsbank und Finanzministerium wurden durch das Finanzrecht geregelt.[125]

4. Charakteristik des sowjetischen Versicherungswesens

Die Besonderheiten des sowjetischen Versicherungsbetriebs lassen sich nur schwer mit Versicherungen anderer Länder im Westen vergleichen, da sie in der Regel nur für das Funktionieren der Versicherung in der Sowjetunion charakteristisch sind.

In der Sowjetunion wurden die Versicherungen von einem, wenn auch dezentralisiertem Staatsmonopol betrieben, was dazu führte, dass das Versicherungsangebot gesetzlich festgelegt war. Es gab keine Möglichkeit für Versicherungsnehmer zwischen verschiedenen Versicherungsträgern auszuwählen. Aus einem der charakteristischsten Merkmale des sowjetischen Versicherungswesens, eines von vielen Instrumenten der zentralen Verwaltungswirtschaft zur Regulierung des wirtschaftlichen Lebens und ein Mittel des Klassenkampfes, erklärt sich die Tatsache, dass dieses Gesetz den Kreis der Versicherungsnehmer, die Versicherungsobjekte und auch die Gefahren, für die Versicherungsschutz gewährt werden konnte, bestimmte. Bei der Versicherung dieser bestimmten Objekte wurden kollektive Interessen gegenüber den Interessen einzelner Personen bevorzugt. Auch Prämien wurden nach verschiedenen Kategorien von Versicherungsnehmern gestaffelt. Häufig kam vor, dass eine bestimmte Kategorie von Versicherungsnehmern für eine geringe Prämie einen höheren Versicherungsschutz erlangte.[126] Der Grund dafür lag vor allem in der Unterteilung der verschiedenen Arten von Eigentum. „Dieser Unterschied zwischen dem sowjetischen Versicherungsrecht und dem Bourgeoisen folgt aus dem prinzipiellen Unterschied zwischen dem sowjetischen und bourgeoisen Recht in der Frage der Differenzierung der zivilrechtlichen Normen nach den Formen des Eigentums."[127]

Eine weitere Besonderheit lag in der Funktionsweise der Zwangs-Norm-Versicherung, die aufgrund eines vorrevolutionären Erbes entstanden war. Die

122 *Raicher*, die Gesellschafts-historischen Typen der Versicherung, S. 292.
123 *Raicher*, Die Gesellschafts-historischen Typen der Versicherung, S. 229.
124 *Raicher*, Die Gesellschafts-historischen Typen der Versicherung, S. 191.
125 *Raicher*, Die Gesellschafts-historischen Typen der Versicherung, S. 194.
126 *Schütte*, Das Versicherungswesen der Sowjet-Union, S. 128–129.
127 *Raicher*, Die Gesellschafts-historischen Typen der Versicherung, S. 223.

Zwangsversicherung hatte sich besonders gut in der sowjetischen Zeit durchgesetzt. Charakteristisch dafür war, dass sie einem, dem Versicherungsgedanken fremden Ziel, der Landbevölkerung einen Mindestschutz zu gewähren, diente. Dabei entstand die Versicherungsdeckung kraft Gesetzes auch ohne Zahlung einer Prämie wie bei der Zwangs-Norm-Versicherung der Semstwo. Diese Art von Versicherung wurde in sehr vereinfachter Weise weiter betrieben.[128]

5. Versicherungszwang und freiwillige Versicherung

Die Problematik der Zwangs-Norm-Versicherung ist stark mit der Versicherungskultur der Bevölkerung verbunden. Unter Versicherungskultur wird die von dem potenziellen Versicherungsnehmer akzeptierte Notwendigkeit des Schutzes seiner materiellen Interessen verstanden. In den hoch entwickelten Staaten entwickelten sich die materiellen Interessen der Versicherungsnehmer über lange Zeit bei der Suche nach einer stabilen Versicherung. In der Sowjetunion sah die Situation anders aus. Der enge Rahmen des Versicherungswesens hatte die Erwartungshaltung hervorgerufen, dass jeder außerordentliche Schaden vom Staat automatisch auf Rechnung des Haushalts ersetzt werden würde. Im Übergang zur wirtschaftlichen Rechnungsführung der Versicherungsträger war nach wie vor die Versicherung die Hauptquelle. Dennoch hatten die Menschen ein Bestreben Versicherung zu vermeiden und glaubten, dass ihre Verluste weiter durch den Staat ersetzt würden. Das Fehlen eines höheren Niveaus der Versicherungskultur bei der Bevölkerung hat dazu geführt, dass der Staat die Zwangsversicherung für solche Objekte, dessen Untergang oder Beschädigung nicht nur die Interessen der Versicherungsnehmer, sondern auch die des Staates betrafen, zwangsweise einführte. Der Staat wurde dadurch in erheblichem Maße von dem Ersatz der erlittenen Schäden befreit, wenn das Vermögen in dieser Weise versichert war. Aus diesem Grund bestimmte das Gesetz die Zwangsversicherung bestimmter Objekte[129] als eine pragmatische Antwort auf die sowjetische Lebensrealität.

6. Zusammenfassende Einschätzung

Wie oben bereits erwähnt, stellte das sowjetische Versicherungswesen eine Denaturierung der in westlichen Länder betriebenen Privatversicherung dar. Es wurde als Instrument der wirtschaftlichen und gesellschaftlichen Politik der Sowjetunion benutzt und versuchte sich an den Erfordernissen der Union anzupassen. *Lenin* sah den Zweck des Versicherungswesens darin, dass durch die Versicherung das wirtschaftliche Leben des Landes reguliert wurde und insofern als theoretische Grundlage für das staatliche Versicherungsmonopol diente. Kernstück der sowjetischen Versicherungen war die Zwangs-Norm-Versicherung, die ihre Wurzeln in

---

128 *Schütte*, das Versicherungswesen der Sowjet-Union, S. 128–129.

129 *Reitman*, Moderne Probleme der Entwicklung des Versicherungswesens in der Sowjetunion, S. 114–119.

der vorrevolutionären Zwangs-Norm-Versicherung hatte, die durch die landwirtschaftliche Selbstverwaltungskörperschaft Semstwo betrieben wurde. Diese Art der Versicherung war stark durch den Vorsorge- und Fürsorgegedanken des Russischen Zarenreichs geprägt, der seinerseits auf byzantinische Tendenzen der universellen Fürsorge zurückführte.

Das sowjetische Versicherungswesen hat in seiner geschichtlichen Entwicklung mehrere Etappen durchgelaufen. Diese Stadien wurden meist durch die Veränderungen in den Organisationsformen von Gosstrach und die gesetzlich zugelassenen Versicherungsarten gekennzeichnet. Wie aber bereits dargestellt, hat das sowjetische Versicherungsrecht in keiner dieser Entwicklungsperioden Ähnlichkeit, wenn auch formal erkennbar, mit dem Versicherungswesen der abendländischen Ländern erreicht. Den wahren Geist der sowjetischen Versicherungen bestimmte der sowjetische Staat zur Durchsetzung seiner wirtschaftlichen und politischen Ziele.

Systematisch unterschieden sich die Zwangsversicherung und freiwillige Versicherung auf der einen Seite und die Sachversicherung und Personenversicherungen auf der anderen Seite. Personenversicherungen wurden in der Sowjetunion als Ergänzung zur staatlichen Sozialversicherung und sozialen Fürsorge betrieben. Das Funktionieren der Zwangs-Norm-Versicherung stellte neben dem staatlichen Monopol von Gosstrach und dem Mittel der Verwaltungswirtschaft eine Besonderheit dar, die das sowjetische Versicherungswesen besonders geprägt hat.

Dieses „ganz sowjetisch“ gemalte Bild des Versicherungswesens prägte das Verständnis der Menschen und beeinflusste ihre Mentalität über Jahrzehnte. Nach der Unabhängigkeit von Georgien wurde 1997 das georgische Zivilgesetzbuch verabschiedet. Erst ab diesem Zeitpunkt wurde eine neue Grundlage für den Versicherungsbetrieb in Georgien gelegt.

III. Übergang zur Marktwirtschaft und Georgisches ZGB von 1997

Nach dem Zusammenbruch der Sowjetunion hat Georgien begonnen, einen demokratischen und auf den Grundlagen der Marktwirtschaft basierenden Staat aufzubauen. Eine der ersten erforderlichen Maßnahmen für diesen Weg waren gesetzgeberische Tätigkeiten, um rechtliche Rahmen für das Funktionieren der Marktwirtschaft zu schaffen. Neben einem Überblick über die Geschichte der Verabschiedung des georgischen Zivilgesetzbuches wird ferner die Entwicklung des Versicherungswesens in der marktwirtschaftlichen Wirtschaftsordnung dargestellt.

1. Weg zur Selbstbestimmung nach der Unabhängigkeit

Mit dem Zusammenbruch der Sowjetunion wurde ein gewaltiges soziales, ökonomisches und kulturelles Experiment abgebrochen, das bewusst darauf zielte privates, dezentralisiertes Eigentum, private Unternehmen, Marktbeziehungen und die Verfolgung der privaten Interessen zu zerstören und durch Kollektivität in der Wirtschaftsplanung, der Produktion, der Verteilung von Gütern und kollektives, gesellschaftliches Eigentum, akkumuliert in staatlicher Hand als der Verkörperung des Volkes, zu ersetzen. Aus der Sowjetunion sind neue unabhängige Länder hervorgegangen, wobei ein Auseinanderbrechen des Staates selbst nicht zu vermeiden war. Diese Republiken als Teil der Sowjetunion waren Jahrzehnte daran gewöhnt, von der Zentrale in Moskau gesteuert zu werden und die Gesetze als Entscheidungen eines letztinstanzlichen Gerichts zu übernehmen. Sie hatten keine Erfahrung in der Gestaltung von Exekutive, Legislative und Judikative als Säulen eines demokratischen Staates.[130] Staatlichkeit und Souveränität mussten neu erfunden werden. Nach der Unabhängigkeitserklärung am 9. April 1991,[131] die den Willen des georgischen Volkes „eine demokratische Gesellschaftsordnung zu begründen, wirtschaftliche Freiheit einzuführen und einen sozialen Rechtsstaat aufzubauen"[132] bekräftigte, lässt sich durch den Versuch der Umgestaltung des Wirtschaftsrechts, mit dem Ziel, einen effektiven Übergang von der Planwirtschaft in die Marktwirtschaft zu gewährleisten, dokumentieren. Die georgische Führung beabsichtigte Wirtschaftsreformen durchzuführen, die den rechtlichen Rahmen für marktmäßige Transaktionen schaffen sollten. Daher war eine Erarbeitung eines staatlich sanktionierten und auf die Bedürfnisse der Marktwirtschaft orientierten Zivilrechts notwendig.[133] Allerdings scheiterten diese Bestrebungen zunächst an politischen Unruhen. Im Dezember 1991 brach ein Bürgerkrieg aus, ausgelöst durch einen Militäraufstand gegen den ersten georgischen Präsident *Gamsakhurdia*. Es folgten zwei weitere Militärkonflikte in den autonomen Republiken Abchasien und Südossetien. Mit der Wirtschaftskrise brach das ökonomische System in Georgien zusammen.

a) Zerfall der Ökonomie

Mit dem Zerfall der ehemaligen Sowjetunion zerfiel auch das wirtschaftliche Leben in Georgien. Zwar hatte sich ein gewaltiger einheitlicher Wirtschaftsraum aufgelöst, aber quasi über Nacht verloren alle ehemaligen Sowjetrepubliken ihre durch zentrale Planungs- und Durchführungsbürokratie gegründeten Staatsunternehmen sowie ihre Kunden und Lieferanten, was großen Raum für Neues schaffte.[134] So sind in Georgien in den Jahren 1993–1994 nach der Abschaffung des Versicherungsstaatsmonopols mehrere Versicherungsträger entstanden, die zuvor keinerlei Erfahrungen mit dem Versicherungswesen gemacht hatten, und boten Finanzleistungen an, die im Grunde nichts mit Versicherungen gemein hatten. Solche Versicherungseinrichtungen haben jedoch schnell ihre Existenzgrundlage wieder verloren.[135]

---

130 *Knieper, Chanturia, Schramm*, Das Privatrecht im Kaukasus und Zentralasien, S. 2.

131 Akt über die Verkündung der Wiederherstellung der staatlichen Unabhängigkeit, Sakarwelos parlamentis uzkebebi (SPU), 1991, Nr. 4.

132 Präambel der georgischen Verfassung von 24.02.1995.

133 *Kereselidze*, Der Allgemeine Teil des Georgischen Zivilgesetzbuches von 1997, S. 16.

134 *Knieper, Chanturia, Schramm*, Das Privatrecht im Kaukasus und Zentralasien, S. 3.

135 Saqartwelos ekonomika, Finanzmarkt ohne Finanzen.

Der Staat war mit der Sanierung aller Unternehmen einerseits und der Bedarfsdeckung der gesamten Gesellschaft andererseits überfordert. So sollte die Deckung überwiegend durch Privatinitiative erfolgen. Die Rechtsreformen setzten insoweit den Rahmen für diese Aktivitäten und sicherten zugleich die Entstehung einer Sphäre privater Wirtschaftsbetätigung. Rechtsreformen, die eine Grundlage für einen marktwirtschaftlichen Wirtschaftsverkehr schafften, stellten darüber hinaus eine vertrauensbildende Maßnahme für ausländische Unternehmer und Investoren dar. Diese waren wiederum dringend erforderlich, um den Prozess des wirtschaftlichen Verfalls umzukehren.[136]

Die Schaffung eines Rahmens für private Wirtschaftsbetätigungen setzte vor allem entsprechendes Zivilrecht voraus.[137] Die Rechtsreform sollte die Privatisierung der Staatsunternehmen möglich machen und einen Rechtsrahmen für individuelle unternehmerische Tätigkeiten sicherstellen.[138]

Für die Gründung eines Unternehmers ist die Existenz eines Gesellschaftsrechts notwendige Voraussetzung. Ohne Scheck- und Wechselgesetz ist der Geldverkehr undenkbar. Für das Versicherungswesen ist eine entsprechende rechtliche Regulierung unabdingbar. Für ein Funktionieren des Rechtsverkehrs bedarf es deshalb eines Güter- und Obligationenrechts. Die Rechtsreform in der ehemaligen sowjetischen Republik Georgien sollte daher einen rechtlich-institutionellen Rahmen schaffen, um der an der Marktwirtschaft orientierten Rechtsordnung eine Handlungsgrundlage zu geben.[139]

b) Vorbereitungen für ein georgisches ZGB

Das Zivilrecht gibt einer Rechtsordnung den rechtlichen Rahmen für die Güterverschiebung. Einzige Voraussetzung ist die Existenz eines Vermögens für den Austauschprozess. Es muss also einen Bereich im Staat geben, der Vermögen produziert. Die Rechtsreform kann dann nur zum Austauschprozess der Güter beitragen, nicht aber einen Wohlstand der Menschen garantieren. Es stellt sich deshalb die Frage, ob eine rasche Überarbeitung des Zivilrechts nach westlichem Vorbild überhaupt logisch war. Hätte nicht zunächst in Übergangsgesellschaften die Herausbildung neuer gesellschaftlicher Strukturen abgewartet und erst dann auf dieser Grundlage die Reform des Zivilrechts vorgenommen werden sollen? Dagegen spricht der Zweck der Rechtsreform, der neben dem Ziel, einen rechtlich-institutionellen Rahmen für Güteraustauschprozesse zu schaffen, bei den Teilnehmern am Rechtsverkehr eine Erwartungssicherheit und Vertrauen erzeugen sollte und dadurch die Entstehung eines Austauschprozesses sowohl unter den Bürgern als auch Unternehmen förderte.[140] So wurde in Georgien ein an der Marktwirtschaft orientierter

136 *Pellegrino*, Postkommunismus und Zivilrecht, S. 19.
137 *Pellegrino*, Postkommunismus und Zivilrecht, S. 19.
138 *Pellegrino*, Postkommunismus und Zivilrecht, S. 18.
139 *Pellegrino*, Postkommunismus und Zivilrecht, S. 18.
140 *Pellegrino*, Postkommunismus und Zivilrecht, S. 18.

Weg eingeschlagen und der damalige Staatspräsident *Schevardnadze* entschied sich für einen zivilrechtlichen Kodifikationsprozess unter Einbeziehung westlicher, vor allem deutscher, Wissenschaftler.

c) Kodifikation des georgischen ZGB

Eine Regierungskommission zur Überarbeitung des neuen ZGB wurde im Jahre 1993 beim Ministerium der Justiz gebildet.[141] Die Kodifikation des Zivilrechts war Ergebnis einer zweijährigen Zusammenarbeit der georgischen Kommission mit deutschen Rechtswissenschaftlern.[142] Dieses Projekt war Teil der Wirtschaftsrechtsreformen in Georgien, die die „Gesellschaft für Technische Zusammenarbeit" durchführte und vom „Bundesministerium für wirtschaftliche Zusammenarbeit und Entwicklung" finanziert wurde. Die Diskussionen über den Entwurf des ZGB haben bis September 1995 gedauert und wurden in einer nochmals erweiterten und geänderten Form im Juni 1996 dem georgischen Parlament zur Verabschiedung vorgelegt.[143] Am 25. November 1997 trat das georgische ZGB in Kraft.[144]

Der begrenzte Zeitraum, schwierige Bedingungen, unter denen die Überarbeitung und Umgestaltung des ZGB von 1964 stattfanden, großer ökonomischer Aufwand waren Faktoren dafür, dass ein in nicht akribischer Perfektion gefertigtes Gesetzbuch, wie es seinerzeit das georgische ZGB darstellte, entstand.[145]

Während die Geburtsstunde des neuen ZGB von Georgien sich genau datieren lässt, ist das für die Geburt der Marktwirtschaft in der georgischen Realität viel schwieriger zu beziffern. Dauerhafte sowjetische Traditionen standen in einem schweren Missverhältnis zum Transformationsprozess. Einerseits hatte die Wirtschaftsreform schon begonnen, andererseits war das alte Wirtschaftssystem allgegenwärtig.[146]

d) Der nationale Kontext im georgischen ZGB

Mit der Verabschiedung des ZGB hat Georgien ein eigenes Recht nach dem Vorbild westeuropäischer Staaten gestaltet und sich an ihren Erfahrungen orientiert. Das deutsche BGB hat das ZGB von Georgien überwiegend beeinflusst. Allerdings haben die Autoren des georgischen ZGB dieses monumentale Werk, das deutsche BGB,

---

141 *Dshorbenadse*, Grundprobleme des zukünftigen Zivilgesetzbuches von Georgien, S. 155.

142 *Knieper*, Konzepte und Methode der Kodifikation in Übergangsgesellschaften am Beispiel Georgiens, WiRO 1994, S. 233.

143 *Pellegrino*, Postkommunismus und Zivilrecht, S. 215.

144 *Lang*, Georgisches Zivilgesetzbuch und deutsches BGB, WiRO 2003, S. 370 ff.

145 *Pellegrino*, Postkommunismus und Zivilrecht, S. 215.

146 *Knieper, Chanturia, Schramm*, Das Privatrecht im Kaukasus und Zentralasien, S. 2.

keinesfalls kopiert, sondern lediglich die Erfahrungen berücksichtigt, mit denen die Deutschen ein Zivilgesetzbuch heutzutage verfassen würden.[147]

Entwicklungen im modernen Privatrecht, wenn auch nur in Form universaler Rechtsnormen für das marktwirtschaftliche Verhältnis, können nur dann erfolgen, wenn sie die jeweiligen nationalen Besonderheiten und Kontexte berücksichtigen. Aus diesem Grund kam es bei den Beratungen neben fachlicher Kompetenz vor allem auf rechtsvergleichende Erfahrungen und interkulturelle Kompetenzen an.[148] Denn die rationelle Rechtsentwicklung der Rezeption fremder Rechtsordnungen hängt vor allem vom Dialog zwischen den externen Beratern und dem zuständigen nationalen Organ ab.[149]

Die Auffassung, dass eine Rechtsentwicklung unabhängig vom politischen, ökonomischen und sozialen Kontext möglich sein kann, unter Hinweis auf den globalen Siegeszug des Corpus Juris Civilis und seine bis heute anhaltende Geltungsdauer in vielen Ländern der Welt mit verschiedenen Wirtschaftssystemen, scheint hier zweifelhaft.[150] Denn das in unterschiedlichen Rechtsordnungen zu verschiedenen Zeiten geltende Recht war nicht klassisches römisches Recht, sondern ein lebendes Recht, das stark an eine sich entwickelnde Gesellschaft und einen historischen Kontext, der Prinzipien, Regelungen, Risikoverteilungen, Problemlösungen und Interessenabwägungen enthielt, die ihrerseits auf die Eigenheiten der jeweiligen Staaten zurückführten, gebunden war.[151]

Die Unzulänglichkeit vieler Gesetze für Übergangsgesellschaften der postsowjetischen Staaten hätte also vermieden werden können, wenn größerer Wert auf die Erkenntnisse an soziale und gesellschaftliche Anforderungen der Marktwirtschaft und die nationalen Eigenheiten gelegt worden wäre. Denn Gesetze folgen nicht einer uniformen „Logik" und ihre Rezeption für andere Länder muss im Zusammenhang mit wirtschaftlichen, sozialen und kulturellen Überlegungen einen weiten Spielraum für verschiedene rechtliche Gestaltung lassen.[152] Das wurde bei der Schaffung des georgischen ZGB sehr gut umgesetzt.

e) Die Systematik des ZGB

Das georgische ZGB ähnelt in seinem Aufbau dem von der Pandektenwissenschaft entwickelten System.[153] Es besteht aus sechs Büchern. Der erste Teil behandelt allgemeine Vorschriften und Bestimmungen, die für das darauf folgende Sachen-

---

147 *Dshorbenadse*, Grundprobleme des zukünftigen Zivilgesetzbuches von Georgien, S. 139 f.

148 *Knieper*, Rechtsreformen entlang der Seidenstraße, S. 28.

149 *Knieper, Chanturia, Schramm*, Das Privatrecht im Kaukasus und Zentralasien, S. 31.

150 *Knieper*, Rechtsreformen entlang der Seidenstraße, S. 28.

151 *Knieper, Chanturia, Schramm*, Das Privatrecht im Kaukasus und Zentralasien, S. 31.

152 *Knieper, Chanturia, Schramm*, Das Privatrecht im Kaukasus und Zentralasien, S. 31.

153 *Kereselidze*, Der Allgemeine Teil des Georgischen Zivilgesetzbuches von 1997, S. 280.

recht, Schuldrecht, Recht am intellektuellen Eigentum sowie Familien- und Erbrecht relevant sind. Das dritte Buch des georgischen ZGB, das Schuldrecht, ist wie das BGB in einen allgemeinen und besonderen Teil getrennt. Im besonderen Teil des Schuldrechts sind alle wichtigen vertraglichen Schuldverhältnisse geregelt, gefolgt von dem Abschnitt über gesetzliche Schuldverhältnisse, wie Deliktsrecht, Geschäftsführung ohne Auftrag und ungerechtfertigte Bereicherung. Der einzige Unterschied zum Pandektensystem ist die Einbeziehung des Rechts am intellektuellen Eigentum. Daneben besteht ein weiterer Unterschied im äußeren Aufbau des georgischen ZGB und deutschen BGB nur insofern, dass im georgischen ZGB Sachenrecht und Schuldrecht in umgekehrter Reihenfolge geregelt sind.

Das Versicherungsvertragsrecht ist im Unterschied zu Deutschland, Frankreich, der Schweiz oder Österreich im georgischen ZGB geregelt, wie es beispielsweise auch im italienischen Codice Civile der Fall ist.[154] Das Versicherungsvertragsrecht ist in Deutschland im Versicherungsvertragsgesetz geregelt, das aus dem Jahr 1908 stammt und im Jahr 2008 gründlich reformiert wurde.

Das georgische Versicherungsvertragsrecht ist im 20. Abschnitt des besonderen Teils des Schuldrechts, in den Art. 799–858 ZGB geregelt. Nach Art. 801 ZGB werden die Rückversicherungsverhältnisse durch andere gesetzliche Vorschriften geregelt. Der 20. Abschnitt seinerseits ist in fünf Teile untergliedert. Der erste Teil enthält die allgemeinen Bestimmungen, die für alle Arten von Versicherungen gelten, sofern nicht anderes angeordnet ist. Anders als im deutschen Recht ist der Versicherungsbegriff im Art. 799 ZGB legaldefiniert. Ein weiterer Unterschied zum deutschen Recht, wo die Prämienzahlungspflicht im allgemeinen Teil des VVG verankert ist, stellt der zweite Teil des 20. Abschnitts des ZGB dar, der die Vorschriften über die Versicherungsprämie enthält. Der umfangreichste 3. Teil der Schadensversicherung bestimmt in drei Abschnitten den Inhalt des Vertrages, die Versicherung für fremde Rechnung und die Regelungen über die Haftpflichtversicherung. Der vierte Teil ist dann der Lebensversicherung und der fünfte Teil der Unfallversicherung gewidmet.

Neben dem ZGB sind Versicherungsverhältnisse ferner im Gesetz über die Versicherung aus dem Jahr 1997 geregelt. Nach Art. 1 dieses Gesetzes zählen zum Regulierungsgegenstand Versicherungsverhältnisse zwischen Versicherungsträgern und juristischen und natürlichen Personen sowie zwischen Versicherungsträgern selbst. Das Gesetz bestimmt auch die Grundlagen für staatliche Aufsicht im Versicherungssektor.

2. Bedarf nach dem Verbraucherrecht

In Europa haben die Diskussionen über das Verbraucherrecht Ende sechziger Jahre begonnen. Erst mit Ende der Nachkriegs- und Wiederaufbauphase, als der Schritt zu Konsum und Wohlstand vollzogen war, nahm der Verbraucherschutz an Bedeutung zu. In diesem Zusammenhang wird klar, weshalb die Vorläufer des Verbraucherrechts

---

154 *Tsiskadze*, Das Versicherungsrecht, S. 5.

in den USA verankert sind und sich die „amerikanischen“ Vorstellungen über das Verbraucherrecht verbreitet haben. Heutiges Verbraucherrecht hat seine Verbreitung vor allem in den entwickelten westlichen Industriegesellschaften gefunden, einhergehend mit Schlagworten wie Konsum, Wohlstand oder Überflussgesellschaft.[155] Es ist nachvollziehbar, dass die Wohlstandsgesellschaften den Verbraucherschutz als Regelungsgegenstand entdeckt haben,[156] denn das Verbraucherrecht ist das Recht zur Sicherung des Konsumbedürfnisses und setzt schon aus diesem Grund einen entsprechenden Wohlstand in der Gesellschaft eines Landes voraus, der nach dem Zusammenbruch der Sowjetunion in der Übergangsgesellschaft jedenfalls nicht gegeben war. Ein Verbraucherrecht könne deshalb in ehemaligen sowjetischen Republiken nur dann von Bedeutung sein, wenn der durchschnittliche Lebensstandard ein höheres Niveau erreicht hat.[157] Gegen diese Auffassung spricht jedoch, dass gerade in diesen Ländern bereits eine erhöhte Schutzbedürftigkeit besteht, da in diesen Übergangsgesellschaften eine stärker ausgeprägte Leichtgläubigkeit und Unerfahrenheit herrscht, als in solchen Gesellschaften, deren Wirtschaftsordnung schon länger auf marktwirtschaftlichen Prinzipien beruht.[158]

Der Verbraucherschutz ist jedoch nicht lediglich auf eine Erscheinung im Zusammenhang mit der Marktwirtschaft beschränkt. In den sowjetischen Staaten bestanden zur Regelung dieses Zwecks bereits staatliche Standards, die die Qualität von Produkten bestimmten.[159] In der Marktwirtschaft ist eine freie unternehmerische Tätigkeit zugelassen und die Bedarfsdeckung erfolgt über den freien Markt. Daher überlässt der Staat den am Rechtsverkehr teilnehmenden Individuen die Bestimmung der Qualitätsstandards, soweit sie nicht dem öffentlichen Interesse entgegenstehen. Als kompensatorische Maßnahme ist es dann wiederum notwendig, den Verbraucher schützende Rechtsnormen einzuführen.[160]

3. Verbraucherrechtliche Vorschriften im georgischen ZGB

Den Begriff Verbraucherrecht kannte das klassische Zivilrecht nicht.[161] Daher war er lange Zeit kein Gegenstand wissenschaftlicher Betrachtungen, weshalb sich die Kodifikationspraxis in den europäischen Ländern nur langsam herausbildete. Im Interesse der Rechtssicherheit und des Zugangs zum Recht ist es notwendig geworden, eine Ordnung des Rechtsmaterials zu schaffen. Dafür stehen grundsätzlich zwei Möglichkeiten zur Verfügung. Es kann eine Kodifikation aller Rechtsnormen zum Verbraucherrecht in Form eines selbstständigen Verbrauchergesetzbuches erfolgen, wie es in Frankreich durch Erlass der Code de la consommation von 1993 geschehen

155 Farny/Helten/Koch/Schmidt/*Gärtner*, S 937.
156 Farny/Helten/Koch/Schmidt/*Gärtner*, S 938.
157 *Reich*, Louvain-la-Neuve 1995, S. 67 ff.
158 *Pellegrino*, Postkommunismus und Zivilrecht, S. 136.
159 *Zile*, Law and the Gorbachev Era, 1989, S. 105 ff.
160 *Pellegrino*, Postkommunismus und Zivilrecht, S. 137.4.
161 Looschelders/Pohlmann/*Pohlmann* § 7 Rn. 85.

ist.[162] Andernfalls bietet sich bei der Kodifikation des Privatrechts die Integration des Verbraucherrechts in den einzelnen Gebieten des Zivilgesetzbuches an.[163] Im georgischen ZGB haben die Rechtsnormen zum Verbraucherschutz ihren Platz bei den Regelungen zum Schuldrecht gefunden.[164]

Der Schutz der Verbraucher auf schuldrechtlicher Ebene erfolgt grundsätzlich auf zwei Wegen. Auf der einen Seite ist der Unternehmer gegenüber dem Verbraucher zur Informationserteilung verpflichtet. Auf der anderen Seite steht dem Verbraucher ein Widerrufsrecht zu, Verträge innerhalb einer bestimmten Frist ohne Angabe von Gründen zu widerrufen.[165] Ferner ist das AGB-Recht in westlichen Ländern ein wesentlicher und fester Bestandteil des marktkompensatorischen Verbraucherschutzkonzepts.[166]

a) Informationspflichten

Als Oberbegriff können Informationen als Pflichten bezeichnet werden, die von einem Rechtssubjekt verlangen, einem anderen Rechtssubjekt eine Information zu erteilen.[167] Informationspflichten sollen dafür sorgen, dass eine Partei des Schuldverhältnisses eine Information erhält. Gemeinsame Funktion der Informationspflichten ist es daher, auf einer Partei eine bestimmte Informationssituation herzustellen, wobei diese Aufgabe der anderen Partei zugewiesen ist. Dahinter steht die allgemeine Erkenntnis, dass das Verhalten einer Person von ihrem Kenntnisstand abhängig ist. Insoweit dient die Informationserteilung der Verhaltenssteuerung, soll aber kein bestimmtes Verhalten hervorrufen. Vielmehr soll mittels Informationserteilung sichergestellt werden, dass sich der Berechtigte in Kenntnis eines bestimmten Umstands verhält. Typischerweise besteht dieses Verhalten in einer Entscheidung, z. B. Annahme oder Ablehnung eines Angebots. Grundlegende Funktion von Informationspflichten ist es daher, die Entscheidungsgrundlage zu sichern.[168]

Diese Pflichten sind als solche keine auf den Schutz der Verbraucher beschränkte Erscheinung. Die Schaffung gesetzlicher Informationspflichten bei bestimmten Verbrauchergeschäften ist eine Folge des europäischen Verbraucherrechts. Informationspflichten gehören dort zu den schon typisch gewordenen Schutzstrategien. Dort, wo solche Pflichten vorgesehen sind, beruhen sie auf der These, die Inanspruchnahme des Binnenmarkts durch den Verbraucher setzte einen möglichst umfassend informierten Verbraucher voraus.[169]

---

162 *Witz/Wolter*, ZEuP 1995, 35 ff.
163 *Pellegrino*, Postkommunismus und Zivilrecht, S. 138.
164 *Pellegrino*, Postkommunismus und Zivilrecht, S. 145.
165 *Knieper, Chanturia, Schramm*, Das Privatrecht im Kaukasus und Zentralasien, S. 477.
166 Tamm/Tonner/*Tamm*, § 16. Rn. 2.
167 Tamm/Tonner/*Weiler*, § 18, Rn. 1.
168 Tamm/Tonner/*Weiler*, § 18. Rn. 4.
169 Tamm/Tonner/*Weiler*, § 18. Rn. 7.

Der Problematik von Informationspflichten im Rahmen des Zivilrechts kommt in den postsowjetischen Staaten allerdings noch eine sehr geringe Bedeutung zu.

b) Widerrufsrecht

Das Widerrufsrecht gibt dem Verbraucher die Möglichkeit, sich vom Vertrag innerhalb einer bestimmten Frist wieder zu lösen. Die Hintergründe eines Widerrufsrechts sind unterschiedlich. Während es bei einem außerhalb von Geschäftsräumen geschlossenen Vertrag um einen nachträglichen Schutz des Verbrauchers vor einer Überrumpelung geht, sollte es beim Fernabsatz das Informationsdefizit aufseiten des Verbrauchers ausgleichen. Beim Verbraucherdarlehensvertrag steht dem Verbraucher vor allem aufgrund der Komplexität des Vertrages ein Widerrufsrecht zu.[170]

Im georgischen ZGB ist das System des Verbraucherschutzes nicht unbekannt. Dort findet sich eine Regelung zum situationsbezogenen Schutz des Verbrauchers in Art. 336 ZGB. Er ist mit dem Titel „Vertragsschluss auf der Straße" überschrieben und regelt eine Möglichkeit des Verbrauchers, seine Willenserklärung zu widerrufen. Hier steht dem Verbraucher ein Widerrufsrecht binnen einer Woche zu, ohne dass dies an eine Widerrufsbelehrung geknüpft ist.

c) Allgemeine Geschäftsbedingungen

Durch die Regelungen zur Einbeziehungs-, Auslegungs- und Inhaltskontrolle von AGB wird der Tatsache Rechnung getragen, dass der Unternehmer bei Vertragsschluss vorformulierte Bedingungen verwendet und daher Vertragsmodalitäten diktiert.[171] Problematisch dabei ist, dass dem Rationalisierungseffekt der AGB für den AGB-Anbieter negative Begleiterscheinungen aufseiten des AGB-Belasteten gegenüberstehen. Das Bestreben des AGB-Verwenders ist, durch tendenzielle Risikoverlagerung auf den Kunden, eine Stärkung seiner Rechtsposition herbeizuführen.[172] Bei der Verwendung von AGB kann aber auch eine sogenannte rollensoziologische Asymmetrie vorliegen. Hier ist der AGB-Belastete wegen intellektueller Überlegenheit des AGB-Anbieters nicht in der Lage die Bedeutung der AGB-Klauseln zu verstehen und Vor- und Nachteile des abzuschließenden Vertrags abzuwägen. Daher bedarf es bei der Einbeziehung von AGB-Klauseln der Überprüfung einseitiger Gestaltungsmacht.[173]

In den ehemaligen sowjetischen Ländern haben die vorformulierten Vertragsbedingungen eine große Verbreitung gefunden. Das Konzept der eingeschränkten Wirksamkeit und der gerichtlichen Kontrolle von AGB hat seinen Eingang auch im georgischen ZGB gefunden. In Art. 342–348 ZGB sind die wichtigsten Fragen der

---

170 Tamm/Tonner/*Schirmbacher*, § 17, Rn. 1.
171 Tamm/Tonner/*Tamm*, § 16, Rn. 2.
172 Tamm/Tonner/*Tamm*, § 16, Rn. 5.
173 Tamm/Tonner/*Tamm*, § 16, Rn. 6.

Einbeziehung, Auslegung, Nichtigkeit und Kontrolle von AGB-Klauseln verankert. Diese Regelungen sind im großen Maße am deutschen Vorbild orientiert.[174]

IV. Das Versicherungswesen und die Wirtschaftsordnung

1. Wechselwirkung der Wirtschaftsordnung und Wirtschaftsbranche

Die konkrete Wirtschaftsordnung bestimmt das gesamte Wirtschaftsleben, bis hin zu einem Einfluss auf die Entwicklung des Versicherungswesens. Andererseits beeinflusst aber auch das Versicherungswesen die Wirtschaftsordnung. Daher besteht eine ständige Wechselbeziehung zwischen Versicherungswesen, wirtschaftlicher Entwicklung des Landes und der Wirtschaftsordnung. Die Dispositionsrechte, die den am Wirtschaftsleben beteiligten Subjekten zustehen, bestimmen das Konzept einer konkreten Wirtschaftsordnung. Diese Rechte sind durch Verhaltens- und Rechtsnormen und institutionelle Regelungen bestimmt.[175] Verändern sich die Normen und die Institutionen einer Gesellschaft, kann von einem Wechseln einer (bestimmten) Wirtschaftsordnung gesprochen werden. Mit dem Übergang von einer Zentralverwaltungswirtschaft in eine Marktwirtschaft verändern sich auch die Rollen der am Wirtschaftsleben beteiligten Wirtschaftszweige. Daher stehen in der Marktwirtschaft dem Versicherungswesen prinzipiell neue Aufgaben zu.

2. Versicherungswesen in der Marktwirtschaft

Die Säule der Marktwirtschaft ist das Individualprinzip. Jeder Teilnehmer am Wirtschaftsleben hat die Freiheit, sich im ökonomischen Bereich nach eigenem Belieben zu verhalten.[176] Im Gegensatz dazu ist die Zentralverwaltungswirtschaft vom Kollektivprinzip gekennzeichnet, wo die zentrale Planbehörde für jede bevorstehende Periode einen Plan aufstellt. Der Planungs- und Durchführungsprozess dieses Planes erfolgt in mehreren Schritten und ist durch eine vertikale Beziehungsstruktur zwischen zentralen und untergeordneten Organen gekennzeichnet. Dabei sind die von politischer Führung vorgegebenen wirtschaftlichen Ziele zu beachten.[177] In der Marktwirtschaft sind dagegen Planträger die Wirtschaftssubjekte, die Informationen für das Erstellen eines Planes durch die Signale von anderen Teilnehmern am Wirtschaftsverkehr erhalten. Daher sind für den Verteilungsprozess dezentrale und horizontale Beziehungen zwischen den Wirtschaftssubjekten maßgeblich. In der Marktwirtschaft ist es Aufgabe des Staates rechtliche und faktische Rahmenbedingungen zu schaffen, die die Entscheidungsfreiheit der Wirtschaftssubjekte und

174 *Knieper, Chanturia, Schramm*, Das Privatrecht im Kaukasus und Zentralasien, S. 475.
175 Farny/Helten/Koch/Schmidt/*Graf v.d. Schulenburg*, S 1269.
176 Farny/Helten/Koch/Schmidt/*Graf v.d. Schulenburg*, S 1270.
177 Farny/Helten/Koch/Schmidt/*Graf v.d. Schulenburg*, S 1272.

die Funktionsfähigkeit des Marktes gewährleisten.[178] Neben dem Planerstellungsprozess in der Marktwirtschaft hängt auch die Nachfrage nach Versicherung von der Wirtschaftsordnung ab. Die Wirtschaftsordnung bestimmt die Strukturen des Versicherungsangebots und beeinflusst die Unternehmensziele der Versicherungsgesellschaften. Während der Versicherer in der Marktwirtschaft auf erwerbswirtschaftliche Tätigkeit orientiert ist, erfüllt der Versicherungsträger in sozialistischen Ländern nur die von staatlicher Führung vorgegebenen Aufgaben.[179]

3. Versicherung und staatliche Aufsicht

Der Wunsch die Verbraucher in ihren Rechten zu schützen und zu stärken, hat für den Staat die Folge, dass der Anspruch an staatlicher Aufsicht über die Versicherungsunternehmen gestiegen ist. Von 1997 bis 2007 übte die staatliche Aufsichtsbehörde die Aufsicht über die Versicherungsbranche von Georgien aus. Seitdem werden die Kontrollfunktionen über die Versicherungsträger von Organen der Finanzaufsicht übernommen, die untergeordnete Organe der nationalen Bank von Georgien sind. Die unmögliche einheitliche Kontrolle über den Versicherungs-, Banken- und Wertpapiersektor durch ein Aufsichtsorgan hat einen negativen Einfluss auf den Versicherungsbereich gezeigt.[180]

Durch Änderungsgesetz zum Gesetz über die Versicherung vom 31. Mai 1997 wurden Art. 9 Abs. 7 neu formuliert und seit 1. März 2013 die Kontrollfunktionen der Versicherungsunternehmen wieder an eine staatliche Versicherungsaufsichtsbehörde von Georgien gegeben. Ziel der Änderung war Unabhängigkeit, Stabilität und Transparenz des Versicherungsmarkts, eine Interessenwahrung zwischen am Versicherungsmarkt beteiligten Subjekten und Verbesserung der methodologischen Geschäftspolitik der Versicherungswirtschaft.[181]

Nach Art. 2 der Verordnung über die Versicherungsaufsichtsbehörde von Georgien gehört es zu ihrem Aufgabekreis, Verbraucherrechte im Rahmen ihrer Kompetenzgrenzen zu schützen. Wenn angesichts des Verbraucherschutzgedankens eine solche Einrichtung ein Defizit an Konsumentenschutz aufweist, kommt eine explizite verbraucherpolitische Instanz nach dem Muster eines Ombudsmanns zur Klärung in Betracht. Nach welchem Modell eine solche Schlichtungsinstanz installiert werden kann, ist zunächst umstritten. Ob die Beschwerdeabteilungen für Verbraucherschutz bei der Versicherungsaufsichtsbehörde angesiedelt werden sollen oder die außergerichtlichen Entscheidungsverfahren bei einem Ombudsmann bevorzugt werden, ist im Moment Gegenstand der rechtspolitischen Diskussion in Georgien.

178 Farny/Helten/Koch/Schmidt/*Graf v.d. Schulenburg*, S 1270.
179 Farny/Helten/Koch/Schmidt/*Graf v.d. Schulenburg*, S 1269.
180 Begründung des Änderungsgesetzes über die nationalen Bank v. 29.11.2012, S. 5.
181 Begründung des Änderungsgesetzes über die Versicherung v. 29.11.2012, S. 18.

4. Zusammenfassende Einschätzung

Nach der Überwindung des Bürgerkriegs und der Wirtschaftskrise haben in Georgien die Vorbereitungen für die Verabschiedung des georgischen ZGB begonnen. Der Übergang zur Marktwirtschaft forderte eine grundsätzliche Rechtsreform. Die Regierungskommission des Justizministeriums zur Überarbeitung des ZGB von 1964 unter Beteiligung deutscher Wissenschaftler hatte innerhalb von zwei Jahren seine Tätigkeit abgeschlossen und dem georgischen Parlament einen Entwurf des ZGB vorgelegt. Am 25. November 1997 trat es in Kraft. Damit war der Rechtsrahmen geschaffen, der das effektive Funktionieren der Marktwirtschaft gewährleisten sollte.

Systeme des Verbraucherschutzes haben im georgischen ZGB dagegen wenig Bedeutung erlangt. Begründet werden kann dies vor allem mit dem Argument, das ein Verbraucherrecht einen gewissen Wohlstand in der Gesellschaft voraussetzt. Allerdings besteht gerade eine hohe Schutzbedürftigkeit in den Ländern, die keinen hohen Lebensstandard aufweisen, da dort in großem Maße Leichtgläubigkeit und Unerfahrenheit herrscht.

Das georgische ZGB ist der sowjetischen Tradition gefolgt und hat die versicherungsrechtlichen Vorschriften wieder im ZGB aufgenommen. Das Versicherungsvertragsrecht ist in Art. 799–858 ZGB geregelt. Daneben gilt das Gesetz über die Versicherung aus dem Jahr 1997, das die rechtlichen Beziehungen sowohl zwischen den am Versicherungsmarkt beteiligten Subjekten als auch mit dem Staat regelt, und damit öffentlich-rechtliche Elemente enthält.

Das Versicherungswesen erlangt in einer Marktwirtschaft eine andere neue Bedeutung und erfüllt andere Aufgaben als im Rahmen der Zentralverwaltungsordnung. In der Marktwirtschaft wird das Kollektivierungsprinzip durch das Individualprinzip ersetzt.

Die staatliche Aufsicht über die Aktivitäten im Versicherungssektor hat die Versicherungsaufsichtsbehörde von Georgien, zu deren Aufgaben unter anderem gehört, Verbraucherrechte zu schützen.

5. Fazit

Nach 70-jähriger Herrschaft der Sowjetunion hat Georgien wieder die Unabhängigkeit erlangt. Der Übergang zur Marktwirtschaft bedeutet dabei auch, dass sich viele Wirtschaftszweige in der neuen Gesellschaftsform neu entwickeln werden müssen. Das gilt auch für Privatversicherungsanstalten. Das durch sowjetische Prägung denaturierte Versicherungswesen hat lange Zeit auch die Mentalität der Menschen beeinflusst. Ein gutes Verbraucherschutzkonzept sollte dabei positiv zum Umdenken beitragen.

II Kapitel Eurointegration und Georgien

Nach dem Zerfall der Sowjetunion hat sich Georgien entschieden, einen demokratischen Staat aufzubauen und sich an europäischen Werten zu orientieren. Das hat auch die Aufmerksamkeit der EU erregt, die stets an demokratischer Partnerschaft mit ehemaligen sowjetischen Staaten interessiert ist. Im ständigen Dialog zwischen Georgien und der EU zu verschiedenen Bereichen der Zusammenarbeit liegt ein Schwerpunkt der Betrachtungen auf der Problematik des Rechtssystems, also wie die georgische Gesetzgebung möglichst an die europäischen Anforderungen und Standards angepasst werden kann. In diesem Zusammenhang werden im folgenden Kapitel die Begriffe Rechtsangleichung und Rechtsvereinheitlichung näher erklärt, die geschichtliche Entwicklung der Beziehungen zwischen Georgien und der EU dargestellt, das Assoziierungsabkommen, das die EU und Georgien unterzeichnen haben, untersucht und über sich daraus ergebene Angleichungen der nationalen Rechtsnormen diskutiert.

1. Begriffserklärung der Begriffe Rechtsvereinheitlichung und Rechtsangleichung

Die Rechtsanpassung der nationalen Rechtsordnungen an europäische Rechtsnormen ist für diejenigen Länder, die Fortschritte in der EU-Integration erzielen wollen, von entscheidender Bedeutung.[1] Da es häufig falsche Vorstellungen über das Prinzip der Rechtsangleichung nationaler Rechtsordnungen gibt, ist es von erheblicher Bedeutung, zunächst die „Rechtsangleichung" von vergleichbaren Methoden abzugrenzen.

Bei dem Versuch zwei verschiedene Rechtssysteme in Einklang zu bringen, sind mehrere Konstellationen denkbar, wie am Ende des Veränderungsprozesses beide Rechtsordnungen ausgestaltet sein können. Eine denkbare Variante lässt am Ende nur noch ein System bestehen.[2]

a) Rechtsvereinheitlichung

Diese Rechtsvereinheitlichung erfolgt in der Weise, dass am Ende des Veränderungsprozesses eines der Rechtssysteme nicht mehr existiert, weil ein Rechtssystem die andere Rechtsordnung völlig überlagert und zwangsweise ausgeschaltet hat.[3]

---

1 Gemeinsame Erklärung des Prager Gipfeltreffens zur Östlichen Partnerschaft, 8435/09 (Presse 78), NR. 4.

2 *Cahlik*, Stand der EU-Harmonisierung in der Tschechischen Republik im Bereich des Kartellrechts, S. 19.

3 *Cahlik*, Stand der EU-Harmonisierung in der Tschechischen Republik im Bereich des Kartellrechts, S. 19.

b) Harmonisierung

Eine weitere Möglichkeit der Veränderung eines Rechtssystems ist der Rechtsharmonisierungsprozess. Harmonie bedeutet Wohlklang und ein ausgewogenes Verhältnis.[4] Der Begriff Harmonisierung stammt ursprünglich aus dem Griechischen[5] und beschreibt den Prozess des Einklangs mit der Harmonie. Für das Rechtssystem sollte dies bedeuten, den Zustand der Harmonie von zwei unterschiedlichen Rechtsordnungen, die am Ende des Rechtsharmonisierungsprozesses nicht identisch sind, aber in einem ausgewogenen Einklang miteinander stehen, zu erzielen. Bei dieser Form des Rechtsveränderungsprozesses nähern sich die verschiedenen Rechtsordnungen an, ohne es am Ende gleich zu sein.[6]

c) Rechtsangleichung – ein Fall der Harmonisierung

Synonyme für die Harmonisierung im Recht sind Rechtsangleichung, Rechtsanpassung oder Rechtsannäherung.[7] Diese Begriffe deuten auf eine Veränderung eines Rechtssystems in eine Richtung und auf einen Wechsel nach dem Vorbild einer anderen Rechtsordnung hin, wobei die Berücksichtigung der Eigenheiten der nationalen Rechtskultur am Ende der Rechtsanpassung nicht nur zugelassen, sondern auch erwünscht ist.[8] Daher sollte die Angleichung der georgischen Rechtsordnung an die Anforderungen der EU so erfolgen, dass nicht nur rein identische Normen erschaffen werden, sondern geschichtliche, nationale und rechtskulturelle Charakteristika Georgiens Berücksichtigung finden.

2. Grundlage für die Rechtsangleichung an EU-Recht

Mit dem Abschluss des Assoziierungsabkommens zwischen der EU und Georgien sollte eine neue rechtliche Grundlage für Integration in Richtung EU geschaffen werden und von besonderer Bedeutung für Georgien sein. Die Verhandlungen zwischen der EU und Georgien über den Abschluss des Abkommens haben im Mai 2010 durch den Beschluss[9] des Europäischen Rates begonnen und wurden am 29. November 2013 beim EU-Gipfel zur Östlichen Partnerschaft im Rahmen der Europäischen Nachbarschaftspolitik in Vilnius mit der Unterzeichnung des Assoziierungsabkommens, dessen fester Bestandteil die vertiefte und umfassende Freihandelszone (DCFTA) ist, abgeschlossen. Das Abkommen wurde am 27. Juni

4 Duden, Die deutsche Rechtschreibung, S. 452.
5 Duden, Die deutsche Rechtschreibung, S. 452.
6 *Cahlik*, Stand der EU-Harmonisierung in der Tschechischen Republik im Bereich des Kartellrechts, S. 19.
7 *Cahlik*, Stand der EU-Harmonisierung in der Tschechischen Republik im Bereich des Kartellrechts, S. 20.
8 *Cahlik*, Stand der EU-Harmonisierung in der Tschechischen Republik im Bereich des Kartellrechts, S. 20.
9 Der Beschluss des europäischen Rates, 9559/10 Presse 106.

2014 unterzeichnet. Nachdem die letzte Ratifikations- oder Genehmigungsurkunde am 23. Mai 2016 hinterlegt wurde, trat das Assoziierungsabkommen mit 1. Juli 2016 in Kraft.[10] Auf die wichtigsten bilateralen Kontakte, die bis zur Unterzeichnung des Assoziierungsabkommens die EU mit dem unabhängigen Georgien aufgenommen hat, wird im Folgenden kurz eingegangen.

a) Abkommen über Partnerschaft und Zusammenarbeit von 1996

Am 22. April 1996 wurde das Abkommen über Partnerschaft und Zusammenarbeit zwischen der Europäischen Gemeinschaft[11] und ihren Mitgliedstaaten einerseits und Georgien andererseits abgeschlossen. Nach dem Ratifizierungsprozess trat es am 1. Juni 1999 in Kraft. Durch das Abkommen wurde zwischen den Vertragsparteien eine Partnerschaft begründet. Nach Art. 1 des Abkommens ist Ziel der Partnerschaft die Etablierung des politischen Dialogs zwischen den Parteien, die Unterstützung von Bestrebungen Georgiens seine Demokratie, die Entwicklung seiner Wirtschaft und den Übergang zur Marktwirtschaft zu festigen, die Ausweitung von Handel, Investitionen und Förderung der nachhaltigen Wirtschaft sowie Zusammenarbeit in den Bereichen Gesetzgebung, Wirtschaft, Wissenschaft, Technik und Kultur.[12]

Zusammenarbeit auf dem Gebiet der Gesetzgebung betrifft vor allem Fragen der Rechtsangleichung. So sieht Art. 43 Abs. 1 des Abkommens eine schrittweise Angleichung solcher bestehenden und künftigen Rechtsvorschriften Georgiens an das Gemeinschaftsrecht vor, die eine wesentliche Voraussetzung zwischen Georgien und den EG-Staaten (heutige EU) im Bereich der Wirtschaftsbeziehungen darstellen.[13] Laut Art. 43 Abs. 2 des Abkommens liegt eine besondere Bedeutung in der Angleichung der Rechtsvorschriften unter anderen im Bereich Finanzdienstleistungen sowie im Verbraucherschutz.[14] Art. 26 Abs. 3 des Abkommens definiert Finanzdienstleistungen mit dem Verweis auf Anhang III. Danach sind Finanzdienstleistungen alle Dienstleistungen finanzieller Art, die von einem Finanzdienstleistungserbringer einer Partei angeboten werden. Darunter fallen alle Versicherungs- und versicherungsbezogenen Dienstleistungen, wie die Direktversicherungen einschließlich der Lebens- und Nichtlebensversicherung, Rückversicherung und Retrozession, Versicherungsvermittlung durch Dienstleistungen von Versicherungsmaklern und

10 Im Internet abrufbar unter: https://www.wko.at/Content.Node/service/aussenwirtschaft/fhp/Handelsabkommen/Handelsabkommen-EU-Georgien.html.

11 Die drei Gemeinschaften: Europäische Wirtschaftsgemeinschaft (EWG) (ab 1993 Europäische Gemeinschaft EG, ab 2009 Europäische Union EG), die Europäische Atomgemeinschaft (Euratom).

12 Vgl. Abkommen über Partnerschaft und Zusammenarbeit, Abl. V. 04.08.1999, Nr. L 205, S. 3.

13 Vgl. Abkommen über Partnerschaft und Zusammenarbeit, Abl. V. 04.08.1999, Nr. L 205, S. 11.

14 Vgl. Abkommen über Partnerschaft und Zusammenarbeit, Abl. V. 04.08.1999, Nr. L 205, S. 11.

Versicherungsvertretern sowie versicherungsbezogene Nebendienstleistungen in den Bereichen Beratung, Versicherungsmathematik, Risikobewertung und Schadensregulierung.[15] Die Anpassung der Rechtsnormen an EG/EU-Anforderungen im Bereich Finanzdienstleistungen sollte vor allem förderlich zum Ausbau der Beziehungen zwischen Georgien und dem EG/EU-Finanzdienstleistungssektor beitragen.[16] Für den Verbraucherschutz bedeutete dies ferner eine höhere Kompatibilität der Verbraucherschutzpolitik zu erreichen, unter anderen auch durch Verbesserung der Verbraucherinformationen über Preise, Waren, Eigenschaften und angebotene Dienstleistungen.[17] Ihrerseits leistete die EG Georgien technische Hilfe bei der Durchführung dieser Maßnahmen in Form des Austausches von Sachverständigen, Bereitstellung von Informationen über einschlägige Rechtsvorschriften, Veranstaltung von Seminaren, Ausbildungsmaßnahmen und Hilfe bei der Übersetzung des einschlägigen Gemeinschaftsrechts.[18]

Durch das Inkrafttreten des Assoziierungsabkommens zwischen der EU und Georgien wurde das Abkommen über Partnerschaft und Zusammenarbeit aufgehoben.[19]

b) Europäische Nachbarschaftspolitik und östliche Partnerschaft

Die Unterstützung Georgiens seitens der EG/EU wurde ständig erhöht und die bilateralen Beziehungen noch vertieft. Im Jahr 2004 hat die EG ihre europäische Nachbarschaftspolitik auf Georgien und weitere osteuropäische Länder erstreckt.[20] Die Nachbarschaftspolitik gab den neuen Beziehungen zwischen der EU und Nachbarländern einen Rahmen, allerdings ohne mittelfristige Aussicht auf Mitgliedschaft.[21] Seit 2009 ist Georgien im Projekt der östlichen Partnerschaft einbezogen. Dieses Projekt dient der Intensivierung der europäischen Nachbarschaftspolitik und der Beziehungen der Länder Ukraine, Republik Moldau, Georgien, Republik Aserbaidschan, Republik Armenien und Republik Weißrussland mit den Ländern

---

15 Vgl. Abkommen über Partnerschaft und Zusammenarbeit, Abl. V. 04.08.1999, Nr. L 205, S. 8, 32.

16 Vgl. Abkommen über Partnerschaft und Zusammenarbeit, Abl. V. 04.08.1999, Nr. L 205, S. 17.

17 Vgl. Abkommen über Partnerschaft und Zusammenarbeit, Abl. V. 04.08.1999, Nr. L 205, S. 18.

18 Vgl. Abkommen über Partnerschaft und Zusammenarbeit, Abl. V. 04.08.1999, Nr. L 205, S. 12.

19 Im Internet abrufbar unter: https://www.wko.at/Content.Node/service/aussenwirtschaft/fhp/Handelsabkom-men/Handelsabkommen-EU-Georgien.html.

20 Diese Länder in Osteuropa sind Republik Aserbaidschan, Republik Armenien, Republik Moldawien, Republik Weißrussland, Ukraine und Georgien.

21 Mitteilung der Kommission von 2003 über „das Größere Europa-Nachbarschaft: Ein neuer Rahmen für die Beziehung der EU zu ihren östlichen und südlichen Nachbarn", KOM (2003) 104 endg. S. 4.

der EU.[22] Die Zusammenarbeit im Rahmen der östlichen Partnerschaft sollte die Grundlage für den künftigen Abschluss des Assoziierungsabkommens zwischen der EU und sämtlichen Partnerländern bilden, die bereit waren, die sich daraus ergebenden Verbindlichkeiten zu übernehmen.[23]

3. Assoziierungsabkommen zwischen der EU und Georgien

a) Entwicklung und Zielsetzung des Assoziierungsabkommens

Ziel des Abkommens ist die politischen und wirtschaftlichen Beziehungen zwischen der EU und Georgien zu vertiefen.[24] Die umfassende Freihandelszone (DCFTA) ist fester Bestandteil des Abkommens, der weit über alle bisherigen von der EU geschlossenen klassischen Handelsabkommen hinausgeht.[25] Das Abkommen sieht eine Angleichung der georgischen Rechtsnormen an die Vorschriften, Normen und Standards der EU und allen institutionellen Reformen vor, die schrittweise zur wirtschaftlichen Integration in den Binnenmarkt führen sollen,[26] und enthält den ebenfalls schrittweisen Abbau von Handelshemmnissen.[27]

Handelsbestimmungen spielen zwar in dem Abkommen mit Georgien eine wesentliche Rolle, andere Abschnitten sehen aber auch vergleichbare Reformen für die Gesellschaft vor. Justiz, Menschenrechte, Sicherheit und Energie beispielsweise sind ebenso gleichbedeutende Bestandteile des Abkommens. Die Anforderungen an die zahlreichen Reformen auch in diesen Bereichen sehen eine Anpassung georgischer Gesetzgebung an EU-Recht und internationale Normen und Standards vor. Durch einen anhaltenden politischen Dialog und enge Zusammenarbeit der Vertragsparteien soll Georgien bei der Umsetzung der Grundprinzipien des europäischen Rechts in die nationale Rechtsordnung unterstützt und gefördert werden.[28]

---

22 *Raabe/Bölling*, Europa geht auf den Osten zu, KAS, 2009, S, 2.

23 Gemeinsame Erklärung des Prager Gipfeltreffens zur Östlichen Partnerschaft, 843/09 (Presse 78)., Nr. 4.

24 Im Internet abrufbar unter: https://www.wko.at/Content.Node/service/aussenwirtschaft/fhp/Handelsabkom- men/Handelsabkommen-EU-Georgien.html#heading_Ziele_des_Assoziierungsabkommens_EU_Georgien.

25 Im Internet abrufbar unter: http://www.europarl.europa.eu/EPRS/EPRS-AaG-542175-EU-Georgia-Association-Agreement-DE.pdf.

26 Im Internet abrufbar unter: https://www.wko.at/Content.Node/service/aussenwirtschaft/fhp/Handelsabkom- men/Handelsabkommen-EU-Georgien.html#heading_Ziele_des_Assoziierungsabkommens_EU_Georgien.

27 *Kirsch van de Water*, Das Freihandelsabkommen mit der Europäischen Union, S. 1.

28 Im Internet abrufbar unter: https://www.wko.at/Content.Node/service/aussenwirtschaft/fhp/Handelsabkom- men/Handelsabkommen-EU-Georgien.html#heading_Ziele_des_Assoziierungsabkommens_EU_Georgien.

b) Rechtsnatur des Abkommens

aa) Abkommen als völkerrechtlicher Vertrag

Der Begriff Assoziierung geht auf das Völkerrecht zurück und wird dort in unterschiedlichen Rechtsbeziehungen verwendet.[29] Im Völkerrecht ist damit häufig der beschränkte Sonderstatus eines Gebietes oder Staates,[30] der gleichzeitig aber nicht Mitglied dieser Organisation ist, in einer internationalen Organisation oder die abhängige Verbindung eines Staates mit einem anderen gemeint.[31] Das Abkommen stellt einen völkerrechtlichen Vertrag zwischen einem Drittland auf der einen Seite und der EU und ihrer Mitgliedstaaten auf der anderen Seite dar.[32] Ein völkerrechtlicher Vertrag wird als zwischen zwei oder mehreren Staaten bzw. anderen vertragsfähigen Völkerrechtssubjekten getroffene Vereinbarung definiert, die dem Völkerrecht unterliegt und eine völkerrechtliche Verbindlichkeit begründet.[33] Die rechtliche Unabhängigkeit der Partnerstaaten bleibt bestehen, da das Abkommen völkerrechtlichen und nicht supranationalen Charakter hat.[34]

bb) Gemischte Abkommen

Das Abkommen wird meist als gemischtes Abkommen[35] zwischen EU und deren Mitgliedstaaten und jeweiligen Partnerstaaten geschlossen.[36] Gemischte Abkommen sind dadurch gekennzeichnet, dass dem Vertragspartner sowohl die EU als auch ihre Mitgliedstaaten gegenüberstehen.[37] Dies ist dann von Bedeutung, wenn der Inhalt des völkerrechtlichen Vertrages die EU-Kompetenzen überschreitet und die darüber hinaus zuständigen Mitgliedstaaten als Vertragsparteien neben die EU treten.[38]

cc) Doppelte Rechtswirkung des Abkommens

Als völkerrechtlicher Vertrag unterliegt das Abkommen hinsichtlich Inkrafttreten und völkerrechtlicher Bindungswirkung den Vorschriften des Völkerrechts. Für die Mitgliedstaaten besteht jedoch neben der völkerrechtlichen Bindungswirkung auch die unionsrechtliche Bindung im Innenverhältnis, die sich aus der Rechtsnatur des Assoziierungsabkommens ergibt. Daher sind die Mitgliedstaaten doppelt

---

29 *Lindig/Podlesak*, JOR 2003. S. 75.
30 *Rieser-Angulo Garcia*, SIAK-Journal 2/2012, S. 4.
31 *Oppermann*, Europarecht, Rn. 1878.
32 *Cahlik*, Stand der EU-Harmonisierung in der Tschechischen Republik im Bereich des Kartellrechts, S. 26.
33 *Ipsen*, Völkerrecht, § 9 Rn. 1, 14 ff.
34 Schröter/Jakob/Mederer/*Jakob/Schröter*, Europa-Abkommen, Rn. 19.
35 Mit Ausnahme mit Malta und Zypern, sowie mit Marokko und Tunesien.
36 *Rieser-Angulo Garcia*, SIAK-Journal 2/2012, S. 5.
37 *Oppermann*, Europarecht Rn. 1873.
38 Immenga/Mestmäcker/*Immenga*, Einleitung, Rn. 4.

gebunden,[39] während die Drittstaaten, also die Vertragspartner, nur völkerrechtlich gebunden sind.[40]

c) *Begriff des Assoziierungsabkommens nach Art. 217 AEUV*

Rechtliche Grundlage für den Abschluss eines Assoziierungsabkommens stellt Art. 217 AEUV dar.[41] Danach kann die EU mit Drittstaaten, Staatenverbindungen oder internationalen Organisationen Assoziierungsabkommen über gegenseitige Rechte und Pflichten, gemeinsames Vorgehen und besondere Verfahren abschließen. Das zwischen EU und Georgien unterzeichnete Abkommen ist Teil der Assoziierungsabkommen der neuen Generation im Rahmen der östlichen Partnerschaft. Es legt langfristige Grundlagen für „besondere und privilegierte"[42] Beziehungen zwischen der EU und Georgien und schließt eventuelle künftige Entwicklungen im Zusammenhang mit einem Beitritt zur EU nicht aus. Das Abkommen ist umfassender und dauerhafter als ein reines Handels- und Kooperationsabkommen,[43] das bindende und befristete Durchführungsmaßnahmen enthält, die alle durch das Abkommen regulierten Bereiche umfassen. Da ein solches Abkommen an der Grenze unterhalb der Mitgliedschaft liegt, wird es häufig als Assoziierungsabkommen „zwischen einem Handelsabkommen plus 1 % und einer Mitgliedschaft minus 1 %" bezeichnet.[44] Das Abkommen kann Bestimmungen, deren Wortlaut mit entsprechenden Regelungen des Unionsrechts identisch ist, enthalten. Nach EuGH-Rechtsprechung sind die Begriffe allerdings nicht zwangsläufig gleich auszulegen wie die identischen Begriffe des AEUV. Vielmehr muss die Auslegung am Zweck und Ziel des Abkommens orientiert sein.[45]

aa) *Formen des Abkommens*

Da Art. 217 AEUV die Definition des Abkommens offen lässt, werden je nach politischem Zweck drei Kategorien von Assoziierungsabkommen unterschieden. Die Beitrittsassoziierung, auch dynamische Assoziierung genannt, lässt den weitreichendsten Grad an Beteiligung im Rahmen des EU-Rechts zu. Die betroffenen Staaten bereiten sich im Rahmen der Beitrittsassoziierung auf einen späteren Beitritt zur EU vor.[46] Die Entwicklungsassoziierungsabkommen werden im Rahmen von „Entwicklungspolitik und Entwicklungshilfe" mit meist außereuropäischen Staaten

---

39 *Rieser-Angulo Garcia*, SIAK-Journal 2/2012, S. 6.

40 *Rieser-Angulo Garcia*, SIAK-Journal 2/2012, S. 6.

41 *Cahlik*, Stand der EU-Harmonisierung in der Tschechischen Republik im Bereich des Kartellrechts, S. 27.

42 EuGH Urteil 1987, S. 3719 ff.-Demirel.

43 *Lindig/Podlesak*, JOR 2003, S. 76.

44 *Rieser-Angulo Garcia*, SIAK-Journal 2/2012, S. 5.

45 EuGH C-270/80 Polydor; Judgments No C-270/80 of Court of Justice of the European Communities, 09.02.198.

46 *Rieser-Angulo Garcia*, SIAK-Journal 2/2012, S. 5.

abgeschlossen.[47] Bei den Freihandelsassoziierungen stehen wirtschaftliche Aspekte im Vordergrund.[48]

bb) Abschlussverfahren des Abkommens

Das Abschlussverfahren des Assoziierungsabkommens ist in Art. 218 AEUV geregelt. Es bedarf eines Assoziierungsantrags aufseiten des interessierten Staates. Danach erfolgt eine unionsinnere Prüfung, ob Verhandlungen begonnen werden sollen. In der Praxis gibt es aber auch Fälle, in welchen die Initiative auf Abschluss des Abkommens vonseiten der EU ausgeht.[49] Nach Art. 218 Abs. 6 AEUV muss das Europäische Parlament dem Assoziierungsabkommen zustimmen.

cc) Organe

Das Assoziierungsabkommen zwischen EU und Georgien sieht verschiedene Organe vor, in deren Rahmen Zusammenarbeit zwischen Vertragspartnern erfolgt.[50] In Titel VIII des Abkommens sind Assoziationsrat nach Art. 401, Assoziationsausschuss nach Art. 404 und parlamentarischer Assoziationsausschuss nach Art. 407 des Abkommens als solche Organe vorgesehen. Die Organe setzen sich aus Vertretern der jeweiligen Vertragsparteien zusammen.[51] Art. 406 des Abkommens sieht auch die Errichtung spezieller Ausschüsse, Unterausschüsse und Arbeitsgruppen vor. In Zusammenhang mit der schrittweisen Angleichung der georgischen Rechtsvorschriften an EU-Recht ist der Assoziationsrat als Aufsichtsorgan relevant.[52] Im Rahmen des Abkommens wird ferner eine zivilgesellschaftliche Struktur begründet.[53]

d) Stellung des europäischen Abkommens in Georgien

Da Georgien nicht Mitgliedsland der EU ist, ist der Rang des Assoziierungsabkommens nach den Maßstäben der georgischen Verfassung hinsichtlich internationaler Verträge zu beurteilen. Nach Art. 6 Abs. 2 der georgischen Verfassung, genießen diese internationalen Verträge, die nicht im Konflikt mit der georgischen Verfassung stehen Vorrang gegenüber nationalen Gesetzen.[54]

---

47 *Rieser-Angulo Garcia*, SIAK-Journal 2/2012, S. 5.
48 *Rieser-Angulo Garcia*, SIAK-Journal 2/2012, S. 5.
49 *Oppermann*, Europarecht, § 41, Rn. 7.
50 Vgl. Art. 400 des Abkommens.
51 Vgl. Art. 402 Abs. 1; Art. 404 Abs. 3.
52 Vgl. Art. 403 Abs. 2.
53 Vgl. 409. AEUV.
54 Art. 6 Abs. 2 der Georgischen Verfassung, Saqartwelos parlamentis utskebebi, 1995, Nr. 31–33.

e) *Zweistufiges Verfahren des Vertragsschlusses*

Mit der Unterzeichnung des Abkommens wird das vorläufige Ergebnis der Verhandlungen als völkerrechtlicher Vertrag bestätigt. Zwar kann damit der Text endgültig bestimmt werden, jedoch wird dieser Schritt erst in einer zweiten Stufe, mit der Vollziehung der Unterzeichnung verbindlich.[55] Der Vertragspartner ist nach Art. 18 lit. a WVK bis zur Unterzeichnung des Abkommens insofern an den Vertrag gebunden, als er nach Treu und Glauben gehalten ist, den Vertragszweck nicht zu vereiteln. Gemäß Art. 13 WVK wird die eigentliche Vertragsbindung i. d. R. durch den Austausch der Urkunden besiegelt. Danach wird der völkerrechtliche Vertrag innerstaatlich, meist im parlamentarischen Zustimmungsverfahren, ratifiziert.[56] Der Vertrag tritt sofort mit der Ratifikation in Kraft oder zu dem von den Parteien vereinbarten Zeitpunkt.[57]

4. Rechtsangleichung bzw. Harmonisierung als Voraussetzung für einen Binnenmarkt

Der europäische Binnenmarkt ist ein Raum ohne Binnengrenzen, in dem der freie Verkehr von Waren, Personen, Dienstleistungen und Kapital laut den Bestimmungen der AEUV gewährleistet ist.[58] Zur Verwirklichung dieses Ziels in der Praxis bedarf es jedoch der Überwindung von Hemmnissen verschiedener nationaler Regelungen, die der faktischen Durchsetzung des Art. 26 Abs. 2 AEUV entgegenstehen.[59] Daher ist die Angleichung der Rechtsvorschriften zur Erreichung des Ziels des Binnenmarkts von entscheidender Bedeutung.

a) *Innerstaatliche Angleichung der Rechtsvorschriften*

Neben der Vertiefung der politischen Beziehungen zwischen der EU und Georgien ist das Hauptziel des Abkommens eine langfristige schrittweise Integration Georgiens in den europäischen Binnenmarkt. Die Öffnung der Märkte in verschiedenen Bereichen des Handels und handelsbezogener Fragen erfolgt stufenweise und wird mit einer schrittweisen Rechtsangleichung an EU-Recht sowie institutionellen Reformen in Georgien einhergehen.[60] Der Grad der Marktöffnung seitens der EU hängt daher von der Umsetzung der dafür vorgesehenen Maßnahmen ab.[61]

55 *Vitzthum*, Völkerrecht, S. 58.
56 *Vitzthum*, Völkerrecht, S. 59.
57 Vgl. Art. 24 Abs. 1 und 2 WVK.
58 Art. 26 Abs. 2 AEUV.
59 Vgl. Europäische Kommission, Gesamtbericht über die Tätigkeit der Europäischen Union 1994, Brüssel/Luxemburg 1995, S. 49 f.
60 Vgl. Art. 416 Abs. 5 des Abkommens.
61 *Rieser-Angulo Garcia*, SIAK-Journal 2/2012, S. 1.

Das Abkommen enthält zahlreiche Bestimmungen über die Angleichung der georgischen Rechtsvorschriften an EU-Normen. Eine Generalklausel dafür ist im Art. 414 des Assoziierungsabkommens verankert. Danach vollzieht Georgien die Anpassung seiner Gesetzgebung entsprechend der in den Anhängen zum Abkommen vorgesehenen Maßnahmen. Als betroffener Vertragspartner hat Georgien das einschlägige EU-Recht in das nationale Rechtssystem zu übernehmen. Dies bedeutet vor allem die EU-richtlinienkonforme Ausgestaltung der eigenen Rechtsordnung.[62] Neben den Richtlinien können Verordnungen, Empfehlungen und unter Umständen auch das Primärrecht relevant sein, obwohl dieses nur für EU-Mitgliedstaaten verbindlich ist.[63]

Die Rechtsvorschriften vereinbar zu machen, bedeutet die Widersprüche zwischen den eigenen Rechtsnormen und denen den der einschlägigen EU-Normen zu beseitigen. Dennoch darf Georgien Detailregelungen selbst bestimmen, wenn dafür ein Spielraum besteht.[64] Die Rechtsangleichung der Rechtsvorschriften kann daher mit der Umsetzungspflicht von EU-Richtlinien durch die Mitgliedstaaten verglichen werden. Wie bei der Umsetzung von Richtlinien bleibt dem Drittstaat bei der Rechtsangleichung freigestellt, in welcher Rechtsform[65] oder durch welche staatliche Institution[66] die Angleichung des eigenen Rechts erfolgt.[67] Die rein wörtliche Übernahme der einschlägigen EU-Vorschriften ist ferner nicht geboten, sondern es ist vielmehr gewünscht, verbindliches nationales Normativrecht in dem zu regelnden Bereich zu schaffen.[68]

b) Rechtsanpassung im Versicherungsrecht nach Art. 122 Assoziierungsabkommen

Die Angleichung der Rechtsvorschriften trifft auch die Versicherungsregeln. Der Art. 122 des Assoziierungsabkommens sieht die schrittweise Rechtsanpassung im Bereich der Finanzdienstleistungen vor, worunter auch Versicherungen zu zählen sind.[69] Daher konkretisiert Art. 122 das Angleichungsgebot gegenüber dem Art. 144 im Versicherungssektor. Im Art. 122 heißt es, dass für das künftige Liberalisieren des Handels im Bereich der Finanzdienstleistungen die Vertragsparteien die Wichtigkeit der stufenweisen Angleichung der bestehenden und künftigen Gesetzgebung an internationale Praxis-Standards gemäß Art. 116 Abs. 3 des Abkommens sowie an EU-Acquis anerkennen, wie es im Anhang XV-A dieses Abkommens vorgeschrieben ist. Der Art. 122 verweist einerseits für die Übernahme der interna-

62 *Hiller*, WiRO 1997, 281.
63 Dauses/*Dauses/Verny/Zemanek*, S. 56.
64 Dauses/*Arnold*, K, 1 Rn. 165.
65 Z.B. parlamentarisches Gesetz oder Verordnung.
66 Bund, Bundesstaat oder Kommune.
67 Dauses/*Dauses/Verny/Zemanek*, S. 58.
68 Dauses/*Dauses/Verny/Zemanek*, S. 56.
69 Vgl. Oben beim Abkommen Zusammenarbeit und Partnerschaft.

tionalen Praxis-Kriterien und Prinzipien auf Art. 116 Abs. 3 und andererseits auf den Anhang zu dem Abkommen, wobei die für die Angleichung erforderlichen EU-Rechtsquellen genau aufgelistet sind. Dort sind alle EU-Richtlinien und Empfehlungen[70] konkret und mit festen Fristen geregelt, die Georgien umzusetzen hat. Weniger eindeutig ist dagegen die Frage der Rechtsangleichungspflichten, der in Art. 116 Abs. 3 verankerten Prinzipien zu beantworten. Zumindest aus Art. 122 i. V. m. Art. 116 Abs. 3 des Abkommens ergibt sich eine Rechtsangleichungspflicht seitens Georgiens. Danach wird Georgien dazu verpflichtet, im Bereich der Finanzdienstleistungen seine Regelungen an internationale Praxis-Standards anzupassen. Diese allgemeine Formulierung lässt jedoch weder die Art und Weise der Übernahme eindeutig erkennen, noch, ob sie eine Verpflichtung zur Annäherung an die Verwaltungs- und Gerichtspraxis enthält.[71] An dieser Stelle muss vom Ziel des Abkommens, also schrittweiser Integration Georgiens in die EU-Freihandelszone durch Schaffung weitgehend den EU-Normen und internationalen Standards entsprechenden rechtlichen, wirtschaftlichen und politischen Rahmenbedingungen, ausgegangen werden.[72] Eine solche Rechtsanpassung an EU-Vorschriften sollte zur späteren Integration deutlich beitragen.[73] Eine besondere Bedeutung kommt dabei der neu gegründeten staatlichen Versicherungsaufsichtsbehörde von Georgien zu, deren Aufgabe die Regulierung des Versicherungsmarktes durch weitgehende Anpassung der Bestimmungen an internationale Prinzipien sein wird.

c) Unzureichende Rechtsangleichung

Die rechtlichen Folgen einer unzureichenden Rechtsanpassung können völkerrechtliche Konsequenzen im Sinne des Abkommens sein. Gemäß Art. 417 Abs. 1 des Abkommens treffen die Parteien die allgemeinen oder besonderen Maßnahmen, die für die Erfüllung ihrer Verpflichtungen aus diesem Abkommen erforderlich sind, und sorgen dafür, dass die Ziele dieses Abkommens verwirklicht werden. Dies bedeutet, dass der Assoziationsrat[74] geeignete Maßnahmen nur in Bezug auf die Erreichung der durch das Abkommen gesetzten Ziele ergreifen kann, also die stufenweise Integration Georgiens in den Binnenmarkt[75] zu verbieten.[76] Echte völkerrechtliche Folgen dagegen können nicht aus möglichen Verfehlungen des Ziels des Abkommens abgeleitet werden.[77]

70 Richtlinie 2009/138/EG; Richtlinie 91/674/EWG; Empfehlung der Kommission 91/48/EWG; Richtlinie 2002/92/EC; Richtlinie 2009/103/EC; Richtlinie 2003/41/EC.
71 *Thiel*, Osteuroparecht 1995, 119.
72 *Thiel*, Osteuroparecht 1995, 119.
73 *Brandt*, Das Wettbewerbsrecht der Europäischen Union und der Tschechischen Republik, S, 25.
74 Vgl. Art. 403 des Abkommens.
75 Vgl. Art. 1 Abs. 2 des Abkommens.
76 Dauses/*Dauses/Verny/Zemanek*, S. 64 f.
77 Dauses/*Dauses/Verny/Zemanek*, S. 65.

d) Harmonisierung des Versicherungsrechts innerhalb der EU

Ein europäischer Versicherungsbinnenmarkt konnte ohne Errichtung zwischen den Mitgliedstaaten vergleichbarer rechtlicher Rahmenbedingungen nicht entstehen.[78] Der europäische Versicherungsmarkt ist daher das Ergebnis eines jahrzehntelangen Entwicklungsprozesses.[79] Die Harmonisierung der rechtlichen Rahmenbedingungen des Versicherungsbereichs war Voraussetzung für den Abbau bestehender Beschränkungen.[80] Eine europäische Kodifikation des Privatversicherungsrechts gibt es (noch) nicht. Die Harmonisierung der nationalen Rechtsordnungen erfolgt im Wesentlichen durch die Umsetzung der Richtlinien nach Art. 288 Abs. 3 AEUV, die für alle Mitgliedstaaten verbindlich sind. Sie sind Teil des sekundären EU-Rechts.[81] Die Mitgliedstaaten sind verpflichtet die Richtlinien innerhalb von einem bestimmten Zeitraum in ihr eigenes Recht umzusetzen, sofern die nationalen Rechtsvorschriften davon abweichen. Sie sind durch eine „gestufte Verbindlichkeit" gekennzeichnet, da sie zwar hinsichtlich des Ziels verbindlich sind, aber die Form und Mittel der Umsetzung den Mitgliedstaaten überlassen sind.[82] Im Unterschied zu unmittelbar geltenden Verordnungen ist das Ziel nach Art. 288 Abs. 2 AEUV bei den Richtlinien eine Harmonisierung der nationalen Rechtsordnung und nicht eine Rechtsvereinheitlichung.

5. Zusammenfassende Einschätzung

Mit dem Zusammenbruch der Sowjetunion sind Grundlagen für Beziehungen der EU und Georgien geschaffen worden. Im Jahr 1996 wurde das Abkommen über Partnerschaft und Zusammenarbeit geschlossen, im Jahr 2003 wurde Georgien in die europäische Nachbarschaftspolitik einbezogen und seit 2009 ist es im Projekt Östliche Partnerschaft aktiv. Im Rahmen dieser Beziehungen kommt der Frage der Rechtsangleichung eine besondere Bedeutung zu, wonach Georgien sich verpflichtet seine Gesetzgebung an EU-Recht schrittweise anzupassen. Mit der Unterzeichnung des Assoziierungsabkommens, der „Investition in die Zukunft" zwischen der EU und Georgien wurde dieses Gebot der EU noch „verschärft", da das Ziel des Abkommens die stufenweise wirtschaftliche Integration Georgiens in Richtung der EU ist. Das Abkommen enthält zahlreiche Vorschriften über die Rechtsangleichung, denen Georgien nachzukommen hat. Im Versicherungsbereich wird auf konkrete Richtlinien verwiesen, die Georgien innerhalb festgesetzter Fristen umzusetzen und seine Rechtsnormen anzupassen hat. Außerdem verweist das Abkommen auf die internationalen Prinzipien und Kriterien. Unzureichende Rechtsangleichung der nationalen Rechtsvorschriften kann Georgien den Weg zur EU-Integration verbauen.

78 *Beckmann*, ZEuP 1999, 811.
79 Vgl. *Hübner*, ZversWiss 1982, 222 Fn. 1.
80 Beckmann/Matusche-Beckmann/*Mönnich*, § 2, Rn. 9.
81 Vgl. Streinz/*Schröder*, Art. 249 EG, Rn. 20.
82 Vgl. Streinz/*Schröder*, Art. 249 EG, Rn. 20.

In diesem Zusammenhang ist eine rechtsvergleichende Untersuchung des materiellen Rechtes vorzunehmen. Es werden deutsche, europäische und georgische Vorschriften auf der Ebene des Versicherungsvertragsrechts und im Bereich des Verbraucherschutzes verglichen und zur Erarbeitung von Verbesserungsvorschlägen für den georgischen Gesetzgeber herangezogen, orientiert am deutschen VVG.

III Kapitel Informationspflichten

Mit Einführung der Informations- und Beratungspflichten im Versicherungsvertragsrecht, beeinflusst durch EU-Vorgaben, wurden die zum Vertragsschluss führenden Verfahren bestimmt. Im georgischen Versicherungsrecht finden sich keine speziellen Bestimmungen, die für den Vertragsschluss relevant sind.

In diesem Abschnitt werden Bedeutung und Gründe für die Informations- und Beratungspflichten im Allgemeinen untersucht. Nach der Darstellung der vorvertraglichen Pflichten im deutschen Recht und der relevanten EU-Richtlinien werden die Informationspflichten für die kommerziellen georgischen Banken dargestellt, die seit 2011 durch normative Akte der Nationalbank Georgiens als georgische Aufsichtsbehörde veranlasst wurden. Durch nähere Erläuterungen der Informationspflichten wird deutlich werden, welche Verbraucherschutzmechanismen im georgischen Recht noch heute bestehen.

I. Notwendigkeit der Informationspflichten im Versicherungsrecht

1. Ungleichgewichtslage

Beim Zusammentreffen von Versicherungsinteressent und Versicherer auf dem Versicherungsmarkt besteht ein erhebliches Ungleichgewicht der Interessen. Dies ergibt sich aus der Schwierigkeit des Versicherungsinteressenten, den eigenen Bedarf an Versicherungsdeckung zu beurteilen und den entsprechenden Schutz zwischen den Angeboten am Markt zu finden.[1]

Dem Versicherungsinteressenten fällt es in der Regel schwer, die eigene Risikolage einzuschätzen und den sich daraus ableitenden Bedarf an Versicherungsschutz zu bestimmen.[2] Diese Beurteilung setzt eine Analyse von Eintrittswahrscheinlichkeit der Risiken sowie Umfang der nachteiligen Folgen voraus. Der Versicherungsinteressent muss also seinen Blick in die Zukunft richten und seinen gegenwärtigen und auch zukünftigen Bedarf bestimmen.[3] Dazu kommt oft die Neigung der Versicherungsinteressenten, sich ungern mit den hypothetischen Folgen eines Versicherungsfalles auseinanderzusetzen.[4]

Die Ungleichgewichtslage zwischen den Vertragsparteien wird durch die Eigenart des Produkts der Versicherung noch bedingt. Die Versicherung ist ein „nicht greifbares" Produkt, das erst nach Eintritt eines Versicherungsfalles für den Ver-

---

1 *Hüntemann*, Der Abschluss von Versicherungsverträgen und die vorvertraglichen Pflichten des Versicherers gemäß §§ 6 und 7 VVG, S. 50.
2 Vgl. *Ihle*, Der Informationsschutz des Versicherungsnehmers, S. 31.
3 Vgl. *Ihle*, Der Informationsschutz des Versicherungsnehmers, S. 33.
4 Vgl. *Ihle*, Der Informationsschutz des Versicherungsnehmers, S. 33.

sicherungsnehmer „greifbar“ wird.[5] Der Versicherer verspricht dem Versicherungsnehmer im Versicherungsvertrag auf Grundlage einer versicherungstechnischen Kalkulation eine Leistung, die durch die allgemeinen Versicherungsbedingungen (AVB) bestimmt ist. Die AVB ist in juristischer Sprache ausgestaltet, die ein wenig juristisch vorgebildeter Versicherungsinteressent nur mit Mühe verstehen kann.[6] Ferner muss er eine Vielzahl am Markt angebotener Versicherungsprodukte miteinander vergleichen und ein für sich geeignetes Produkt ermitteln und auswählen.[7] Dabei läuft er stets Gefahr, trotz Vergleich der Preis-Leistungs-Verhältnisse einen zu hohen Preis für ein nicht bedarfsgerechtes Produkt zu zahlen.[8]

Im Gegensatz zum Versicherungsnehmer kennt der Versicherungsgeber als Anbieter mit Sachkunde seine Produkte.[9] Er ist in der Lage, eine Vielzahl von Versicherungsprodukten miteinander zu vergleichen und deren Qualität zu bestimmen.[10]

Diese Ungleichgewichtslage zwischen Versicherer und Versicherungsnehmer beeinträchtigt die privatautonome Rechtsgestaltung des Versicherungsinteressenten und kann Auswirkungen auf den Wettbewerb am Versicherungsmarkt haben.[11]

2. Störung der Vertragsparität bei Versicherungsvertragsschluss

Im europäischen, deutschen und georgischen Privatrecht herrscht das Prinzip der Privatautonomie.[12] Dies bedeutet, dass jede einzelne Person kraft seiner Selbstbestimmung in der Lage ist, seine Rechte und Lebensverhältnisse eigenverantwortlich zu gestalten.[13] Die Vertragsfreiheit ist dabei ein wesentlicher Aspekt der Privatautonomie.[14] Ein privatautonom geschlossener Vertrag führt zum Interessenausgleich der Vertragsschließenden und bietet damit eine Richtigkeitsgewähr.[15] Dieses Idealbild setzt jedoch zwei Grundaspekte voraus: die Vertragsparteien müssen in der Lage sein eine selbstbestimmte Entscheidung zu treffen und ihre Interessen in Vertragsverhandlungen durchsetzen können.[16] Es muss eine Vertragsparität zwischen den Vertragsschließenden bestehen.[17]

---

5 Vgl. *Ihle*, Der Informationsschutz des Versicherungsnehmers, S. 29 f.
6 Vgl. *Ihle*, Der Informationsschutz des Versicherungsnehmers, S. 37.
7 Vgl. *Ihle*, Der Informationsschutz des Versicherungsnehmers, S. 40.
8 Vgl. *Hoffmann*, S, 57 f.
9 Vgl. *Kieninger* AcP 1999, S. 190.
10 *Hüntemann*, Der Abschluss von Versicherungsverträgen und die vorvertraglichen Pflichten des Versicherers gemäß §§ 6 und 7 VVG, S. 52.
11 *Hüntemann*, Der Abschluss von Versicherungsverträgen und die vorvertraglichen Pflichten des Versicherers gemäß §§ 6 und 7 VVG, S. 52.
12 Vgl. *Larenz/Wolf*, Allgemeiner Teil des Bürgerlichen Rechts, § 1 Rn. 2.
13 Vgl. *Kemper*, Verbraucherschutzinstrumente, S. 33.
14 Vgl. *Larenz/Wolf*, Allgemeiner Teil des Bürgerlichen Rechts, § 34 Rn. 22, 24 und 45.
15 Vgl. *Larenz/Wolf*, Allgemeiner Teil des Bürgerlichen Rechts, § 42 Rn. 1.
16 Vgl. *Larenz/Wolf*, Allgemeiner Teil des Bürgerlichen Rechts, § 42 Rn. 1–3.
17 Vgl. *Bülow/Artz*, Verbraucherprivatrecht, Rn. 5.

Ein informationelles oder wirtschaftliches Ungleichgewicht zwischen den künftigen Vertragsparteien führt dazu, dass es zu Störungen der Vertragsparität kommt.[18] Ein informationelles Ungleichgewicht liegt dann vor, wenn z. B. der Versicherungsinteressent nicht die notwendigen vertragsrelevanten Informationen besitzt, er mit den, dem Versicherungsvertrag zugrunde liegenden wirtschaftlichen Grundtatbeständen nicht vertraut ist oder ihm die in den AVB verwendete Fachsprache unverständlich ist.[19] Diese Merkmale verdeutlichen, dass Schwierigkeiten des Versicherungsinteressenten beim Vertragsschluss durch die informationelle Unterlegenheit bedingt sind.[20] Um diese demzufolge gestörte Vertragsparität zu beseitigen, ist es notwendig, Ausgleichsmechanismen einzuführen. Eine der möglichen Ausgleichsmaßnahmen ist die Einführung von Informations- und Beratungspflichten.

II. Allgemeines zu Informationspflichten

Als Informationspflichten bezeichnet man solche Pflichten, auf dessen Grundlage von einem Rechtssubjekt verlangt werden kann, einem anderen Rechtssubjekt Informationen zu erteilen. Dabei kann es sich um echte Pflichten oder Obliegenheiten handeln. Es kann sich auch um Hauptleistungspflichten z. B. aus einem Beratungsvertrag[21] oder auch Nebenleistungspflichten zur Vorbereitung, Durchführung oder Sicherung einer Leistung handeln.[22] Jedenfalls sind es leistungsbezogene Pflichten, die als informationsleistungsbezogene Pflichten bezeichnet werden.[23] Davon zu unterscheiden sind Rücksichtnahmepflichten, die aus § 241 Abs. 2 BGB bzw. § 316 Abs. 2 georgisches ZGB (das nach deutschem Vorbild entwickelt wurde) abgeleitet werden können und Aufklärungs-, Offenbarungs-, Beratungs- und Warnpflichten umfassen.[24] Sie sind von großer Bedeutung, da sie sowohl als vertragliche als auch als vorvertragliche Pflichten gemäß §§ 311 Abs. 2, 3, 241 Abs. 2 BGB bzw. § 317 Abs. 2 ZGB bestehen können.[25] Davon zu unterscheiden sind solche Informationspflichten, die insbesondere zum Verbraucherschutz gesetzlich normiert worden sind.[26] Informationspflichten verpflichten grundsätzlich zur unaufgeforderten Informationserteilung. Damit unterscheiden sie sich von Auskunftspflichten, die ein Auskunftsverlangen des anderen Rechtssubjekts voraussetzen.[27] Auskunftspflichten

18 Vgl. *Kemper*, Verbraucherschutzinstrumente, S. 35 f.
19 Vgl. *Kemper*, Verbraucherschutzinstrumente, S. 37–49.
20 *Hüntemann*, der Abschluss von Versicherungsverträgen und die vorvertraglichen Pflichten des Versicherers gemäß §§ 6 und 7 VVG, S. 53.
21 Tamm/Tonner/*Weiler*, § 13, Rn 1.
22 Tamm/Tonner/*Weiler*, § 13, Rn 1.
23 Tamm/Tonner/*Weiler*, § 13, Rn 1.
24 Tamm/Tonner/*Weiler*, § 13, Rn 1.
25 Tamm/Tonner/*Weiler*, § 13, Rn 1.
26 Tamm/Tonner/*Weiler*, § 13, Rn 2.
27 Tamm/Tonner/*Weiler*, § 13, Rn 3.

sind im § 318 des georgischen ZGB ausdrücklich geregelt.[28] Anders als bei Auskunftspflichten handelt es bei Informationspflichten um Pflichten zur Erteilung von Informationen, anhand derer ein Rechtssubjekt sein Verhalten hätte ausrichten können, wenn ihm diese notwendigen Informationen erteilt worden wären.[29] Insoweit dienen die Informationspflichten der Verhaltenssteuerung.[30]

1. Unterschied zwischen vorvertraglichen Aufklärungs-, Informations- und Beratungspflichten

Während einfache Informationspflichten eine „bloße" Informationserteilung voraussetzen, unabhängig davon, ob der anderen Partei der Umstand bereits bekannt ist oder ob dieser für die Entscheidung im konkreten Fall relevant ist,[31] verpflichtet sich eine Partei bei Aufklärungspflichten zur Erteilung einer Information, die der anderen Partei nicht zur Verfügung steht, aber für ihre Entscheidung beim Vertragsschluss erheblich ist. Beratungspflichten gehen über Aufklärungspflichten hinaus und verpflichten eine Partei in umfassendem Maße zur Information sowie zur Ermittlung der Informationsbedürftigkeit und dienen daher als Entscheidungshilfe.[32]

2. Verbraucherschutz und Informationspflichten

Für bestimmte Verträge zwischen Unternehmern und Verbrauchern bestehen in Deutschland gesetzliche Informationspflichten der Unternehmer. Informationspflichten sind jedoch keine nur auf den Schutz des Verbrauchers i. S. d. § 13 BGB beschränkte Erscheinungen. Der deutsche Gesetzgeber ging bei Einführung der Informationspflichten im Versicherungsrecht von der Unterlegenheit des Versicherungsnehmers und einer damit verbundenen Schutzbedürftigkeit aus, unabhängig davon, ob sämtliche Merkmale des § 13 BGB vorliegen.[33] Die Schaffung gesetzlicher Informationspflichten ist jedoch auf das europäische Verbraucherrecht zurückzuführen, wobei sie dort dem schon typisch gewordenen Schutzkonzept des sog. Informationsmodells des Verbrauchers entsprechen.[34]

---

28 *Chanturia Lado*, ZGB Komm. Bd. 3, S. 52–53.
29 Tamm/Tonner/*Weiler*, § 13, Rn 3.
30 Tamm/Tonner/*Weiler*, § 13, Rn 4.
31 *Huckele*, Die Vorvertragliche Aufklärungs-, Beratungs-und Informationspflichten im Versicherungsrecht, S. 15.
32 *Huckele*, Die Vorvertragliche Aufklärungs-, Beratungs-und Informationspflichten im Versicherungsrecht, S. 16.
33 *Hüntemann*, Der Abschluss von Versicherungsverträgen und die vorvertraglichen Pflichten des Versicherers gemäß §§ 6 und 7 VVG, S. 55.
34 *Hüntemann*, Der Abschluss von Versicherungsverträgen und die vorvertraglichen Pflichten des Versicherers gemäß §§ 6 und 7 VVG, S. 55.

3. Modelle der europäischen Verbraucherschutzkonzepte

a) *„Altliberales Modell"*

Das sog. „altliberale Modell" des Verbraucherschutzes basiert auf der Vorstellung, dass Vertrag und Wettbewerb zur Interessenwahrung der Verbraucher ausreichend seien. Durch Vertrag kämen die Interessen der Parteien optimal zum Ausgleich. Der Wettbewerb sorge dafür, dass ein Ungleichgewicht zwischen den Vertragsschließenden nicht übermäßig ausgenutzt werden kann.[35]

b) *„Soziales Konzept"*

Das „soziale Modell" beruht auf der Annahme, dass der Verbraucher als unterlegender Marktteilnehmer fungiert, dessen Schwierigkeiten bei Vertragsschluss auch nicht durch mehr Information und Aufklärung ausreichend kompensiert werden können. Es besteht dann die Pflicht des Staates, korrigierend einzugreifen. Danach ist die gestörte Vertragsparität in erster Linie durch zum Teil zwingende und zwingende Schutzregelungen, kontrollierte AVB und anderweitige Inhaltskontrolle des Vertrags zu beheben.[36]

c) *„Informationsmodell"*

Ganz anders ist die Ausgangslage beim „Informationsmodell". Hiernach ist der Verbraucher in der Lage, seine Interessen grundsätzlich selbst wahrzunehmen und wirtschaftlich rational zu handeln, sofern er ausreichend aufgeklärt und informiert ist.[37] Nur so kann die für den Vertrag charakterisierte Parität und für den Wettbewerb wichtige Transparenz erreicht werden. Dieses Verbraucherschutzmodell ist stark durch liberale Gedanken geprägt.

d) *Schutzkonzepte und Verbraucherleitbild*

Den jeweiligen Verbraucherschutzmodellen sind entsprechende Verbraucherleitbilder zugeordnet, wobei von der Literatur hier keine Grenze gezogen wird und entsprechend Mischformen und Kombinationen möglich sind.[38] Dem „altliberalen Modell" entspricht das Leitbild des selbstverantwortlichen Marktteilnehmers, dem nach Erreichen der vollen Geschäftsfähigkeit zugemutet wird, ökonomische Risiken selbst zu tragen und eigenen Interessen selbstständig wahrzunehmen. Demgegenüber legt das „Sozialmodell" ein Leitbild zugrunde, das den Verbraucher

---

35 Tamm/Tonner/*Tamm*, § 1, Rn. 22.

36 *Kind,* Die Grenze des Verbraucherschutzes durch Information – aufgezeigt am Teilzeitwohnrechtegesetz, S. 46–49; Staudinger/*Weick*, § 13, Rn. 5.

37 *Kind,* Die Grenze des Verbraucherschutzes durch Information – aufgezeigt am Teilzeitwohnrechtegesetz, S. 46–49; Staudinger/*Weick*, § 13, Rn. 5.

38 Staudinger/*Weick*, § 13, Rn. 6

von vornherein als unterlegen darstellt, der unfähig ist, anhand gegebener Informationen eine rationale Entscheidung zu treffen und daher dem Schutz des Staates bedarf. Beim „Informationsmodell" wird von einem verständigen und mündigen Verbraucher ausgegangen, der sich aufgrund der erteilten Informationen selbst schützen kann.[39]

III. Durchgesetzte ausgleichsmassnahmen im Deutschen Recht

Mit der Reform des Versicherungsvertragsrechts im Jahr 2008 hat in Deutschland eine umfassende Modernisierung des alten VVG stattgefunden, wodurch „der gerechte Interessenausgleich zwischen Versicherungsunternehmer und Versicherten"[40] erreicht werden sollte. Das aus dem Jahre 1908 stammende und auf veralteten Denkmustern beruhende alte Gesetz entsprach nicht länger den Bedürfnissen eines modernen Verbraucherschutzes.[41] Vor allem die mangelhafte Aufklärung der Versicherungsnehmer bot dem Gesetzgeber Anlass zum Einschreiten.[42] Mit der Reform sollte zunächst der Schutz des Versicherungsnehmers beim Vertragsschluss verbessert werden. Dies wurde unter anderem durch den Verzicht auf das alte „Policenmodell", Einführung verbesserter und erweiterter Informations- und Beratungspflichten des Versicherers, ein allgemeines Widerrufsrecht und eine Neuregelung der Rechtsfolgen der vorvertraglichen Anzeigepflicht des Versicherungsnehmers erreicht.[43] Die neu gefassten Informationspflichten des Versicherers gegenüber dem Versicherungsnehmer, die bislang in § 10 a i. V. m. Anlage D VAG a.F. geregelt waren, sind nunmehr in § 7 VVG i. V. m. der VVG-InfoV[44] niedergelegt, ergänzt durch die Einführung der Beratungspflichten in § 6 Abs. 1 und 2 VVG. Die Normierung dieser Pflichten hat das Vertragsschlussverfahren im Versicherungsvertragsrecht nachhaltig beeinflusst und ist auf die Vorgaben verschiedener europäischer Richtlinien zurückzuführen.[45]

---

39 *Kind,* Die Grenze des Verbraucherschutzes durch Information – aufgezeigt am Teilzeitwohnrechtegesetz, S. 43.

40 *Zypries,* Rede vor dem Deutschen Bundestag v. 1.2.2007, Plenarplot, 16/79, S. 7874.

41 RegE, Begründung A.I. BT Drucks. 16/3945, S. 47.

42 Beckmannn/Matuscche-Beckmann/*Schneder,* § 1a, Rn. 10.

43 Beckmannn/Matuscche-Beckmann/*Schneder,* § 1a, Rn. 10.

44 Verordnung über die Informationspflichten bei Versicherungsverträgen (VVG-Informationspflichtverordnung – VVg-InfoV) vom 18. Dezember 2007, BGBl. I, S. 3004.

45 *Hüntemann,* Der Abschluss von Versicherungsverträgen und die vorvertraglichen Pflichten des Versicherers gemäß §§ 6 und 7 VVG, S. 1.

1. Der Versicherungsvertragsschluss nach altem Recht

a) Wegfall der präventiven AVB-Kontrolle

In Deutschland war es üblich die AVB und die zugrunde liegenden Tarife bei der Beantragung der Erlaubnis zum Geschäftsbetrieb, als Bestandteil des Geschäftsplans, der Aufsichtsbehörde zur Genehmigung vorzulegen,[46] die dann vom BAV[47] genehmigt und veröffentlicht wurden. Aufgrund der Schaden-RL (92/49/EWG) und der Lebens-RL (92/96/EWG) bzw. später 2002/83/EG ist im Jahr 1994 die präventive Bedingungs- und Tarifkontrolle weggefallen.[48] Die Gestaltung der Versicherungsprodukte lag damit in Eigenverantwortung der Versicherer. Der Wegfall der AVB ermöglichte eine größere Produktvielfalt und damit einen stärkeren Wettbewerb für die Versicherer, was auch den Versicherungsnehmern zugutekam, etwa durch sinkende Versicherungsprämien und individuellen Versicherungsschutz.[49] Die Vielfalt der Versicherungsprodukte brachte aber auch gewisse Gefahren für die Versicherungsnehmer mit: Für den durchschnittlichen Versicherungsnehmer war es schwer, mit den neuen AVB – selbst mit den Altbedingungen, die von der Aufsichtsbehörde genehmigt waren – umzugehen und sie zu beurteilen.[50]

b) Versicherungsnehmerschützende Ausgleichsmechanismen

Als Ausgleich für den Wegfall der Präventivkontrolle der AVB und den Schutz des Versicherungsnehmers bei Versicherungsvertragsschluss wurden in der Schaden-RL 92/49/EWG und der Lebens-RL 92/96/EWG bzw. später 2002/83/EG Informationspflichten des Versicherers dergestalt festgelegt, dass der Versicherungsnehmer vor Versicherungsvertragsabschluss über die vorvertraglichen Informationen für den Fall zu informieren ist, dass der Versicherungsnehmer eine „natürliche Person" ist. Die Informationspflichten sind in Deutschland durch § 10 a VAG a.F. im Aufsichtsrecht umgesetzt worden, seit dem 1. Januar 2008 sind sie im § 7 VVG i. V. m. der VVG-InfoV geregelt.

Nach altem Recht war der Versicherer bei Vertragsschluss mit einer natürlichen Person dazu verpflichtet, den Versicherungsinteressenten über die für das Versicherungsverhältnis maßgeblichen Tatsachen, vor Abschluss des Vertrages und während der Laufzeit[51] des Vertrages, zu unterrichten.[52] Vor dem Hintergrund der

46 Vgl. § 5 Abs. 3 Nr. 2 VAG a.F.

47 Bundesaufsichtsamt für das Versicherungswesen, seit dem 1. Mai 2002 aufgegangen in der Bundesanstalt für Finanzdienstleistungsaufsicht, BaFin.

48 Art. 6 dritte Schader-RL 92/49/EWG; Art. 6. Abs. 5 Lebens-RL 2002/83/EG; vgl. § 5 VAG zur Rechtslage in Deutschland.

49 *Beckmann*, ZEuP 1999, 809, 812.

50 Beckmannn/Matusche-Beckmann/*Mönnich*, § 2, Rn. 47.

51 Eine entsprechende Informationspflicht während der Laufzeit des Vertrages findet sich in Anhang II der dritten Lebens-RL=Anhang III der Lebens-RL 2002/83/EG.

52 Beckmannn/Matusche-Beckmann/*Mönnich*, § 2, Rn. 48–49.

wachsenden Produktvielfalt auf dem europäischen Versicherungsmarkt und den damit verbundenen Risiken und Chancen für den Versicherungsnehmer wurde eine Versicherungsvermittler-RL[53] verabschiedet, die dem Versicherungsnehmer ermöglichen soll, seine Chancen am Binnenmarkt besser zu nutzen.[54]

Die Verpflichtung vollständige Unterlagen vor Abschluss des Versicherungsvertrages zu übermitteln, wurde von der deutschen Versicherungswirtschaft als inpraktikabel empfunden, sodass es ihr gelang, vor Umsetzung der dritten Schadens- und Lebens-RL[55] das Erfordernis einer schriftlichen Informationserteilung vor Abschluss des Vertrages erheblich abzumildern. Durch die Neuschaffung des § 5 a VVG a. F. wurde erreicht, dass das Vertragsschlussverfahren entweder nach dem Antrags- oder Policenmodell erfolgt.[56]

In § 5 a VVG a. F. wurde dem Versicherungsnehmer ein 14-tägiges Widerspruchsrecht eingeräumt, wenn ihm der Versicherer nicht bei Antragsstellung die Verbraucherinformation nach § 10 a VAG a. F. übergeben hat. § 5 a VVG a. F. wurde als Sanktionsnorm für den Fall geschaffen, dass der Versicherer seine Informationspflichten unterlassen hatte. Tatsächlich stellte das „Policenmodell“[57], also die nachträgliche Erteilung der vorvertraglichen Informationen, gegenüber der Überlassung der Verbraucherinformationen bei Antragsstellung („Antragsmodell“) ein gleichwertiges Verfahren dar.[58] Ab Erhalt der Verbraucherinformation und Belehrung über das Widerspruchsrecht konnte der Versicherungsnehmer gemäß § 5 a VVG a. F. dem Versicherungsvertrag innerhalb von 14 Tagen widersprechen. Bei unterlassener Belehrung oder unvollständiger Information erlosch das Widerspruchsrecht spätestens ein Jahr nach der ersten Prämienzahlung.[59]

2. Zustandekommen des Versicherungsvertrags nach der VVG-Reform

Die für den Versicherungsabschluss relevante neue Vorschrift des § 7 VVG sieht vor, dass der Versicherer dem Versicherungsinteressenten „rechtzeitig vor Abgabe von dessen Vertragserklärung seine Vertragsbestimmungen einschließlich der AVB sowie die in einer Rechtsverordnung nach § 7 Abs. 2 VVG bestimmten Informationen in Textform mitzuteilen“ hat. Ziel der Änderung war eine Verbesserung des Verbraucherschutzes.[60] Der Versicherungsinteressent soll die Gelegenheit haben,

---

53 RL 2002/92/EG.

54 Beckmannn/Matusche-Beckmann/*Mönnich*, § 2, Rn. 47.

55 Drittes Durchführungsgesetz/EWG, BGBl. 1994 I S. 1630.

56 Beckmannn/Matusche-Beckmann/*Johannes*, § 8, Rn. 2.

57 In der Literatur hat sich für diese Form des Vertragsschusses der Begriff „Policenmodell“ durchgesetzt, zurück geht dieser Begriff auf *Lorenz*, ZVersWiss 1995, 103, 108.

58 Beckmannn/Matusche-Beckmann/*Mönnich*, § 2, Rn. 50.

59 Beckmann/Matusche-Beckmann/*Mönnich*, § 2, Rn. 51.

60 RegE BT Drucks. 16/3945, S. 122.

sich vor Abgabe seiner Vertragserklärung mit den Einzelheiten des Versicherungsvertrags vertraut zu machen, um sich aufgrund der erlangten Kenntnisse für oder gegen den Abschluss des Vertrags entscheiden zu können. Damit soll in der Zukunft der Versicherungsvertragsschluss nach dem „Antragsmodell“ erfolgen und das „Policenmodell“ keine Anwendung mehr finden.[61]

IV. Europäische Richtlinienvorgaben

Wie bereits dargestellt lässt sich die Einführung der vorvertraglichen Pflichten der Versicherer auf europäische Vorgaben zurückführen. In § 7 VVG sind alle Informationspflichten zusammengefasst, die sich zum einen aus dem bisherigen § 10 a i. V. m. der Anlage zum VAG F. ergeben und zum anderen vorvertragliche Informationen behandeln, die die Versicherer nach Art. 3 und 5 der Fernabsatzrichtlinie 2002/65/EG zu erfüllen haben.[62] Die RL 2002/65/EG wurde durch das Gesetz zur Änderung der Vorschriften über Fernabsatzverträge bei Finanzdienstleistungen vom 2. Dezember 2004[63] für das allgemeine Zivilrecht in den §§ 312 b ff. BGB a.F. und in der BGB-InfoV umgesetzt. Für das Versicherungsvertragsrecht erfolgte eine parallele Umsetzung in den §§ 48 a ff. VVG a.F.[64] Die Umsetzung der RL 2002/65/EG im Versicherungsbereich sollte im Zuge der VVG-Reform erfolgen, aber aufgrund von Verzögerungen erfolgte deren Umsetzung im alten VVG in den §§ 48 a ff.[65] Alle Richtlinien sehen verschiedene vorvertragliche Pflichten vor und folgen dem Schutzkonzept des „Informationsmodells“, dass auf europäischer Ebene eine dominierende Rolle einnimmt.[66]

1. Im deutschen Recht umgesetzte Richtlinien

Die dritte Richtlinie Schadensversicherung RL 92/49/EWG und Lebensversicherung RL 2002/83/EG wurden durch die Richtlinie Solvabilität-II-Richtlinie 2009/138/EG (Richtlinie 2009/138/EG des Europäischen Parlaments und des Rates vom 25. November 2009 betreffend die Aufnahme und Ausübung der Versicherungs- und der Rückversicherungstätigkeit (Solvabilität II) (Text von Bedeutung für den EWR)) aufgehoben.

---

61 Beckmann/Matusche-Beckmann/*Johannes*, § 8, Rn. 12.

62 BT Drucks. 16/3945, S. 59; Richtlinie 2002/65/EG des Europäischen Parlaments und des Rates vom 23. September 2002 über den Fernabsatz von Finanzdienstleistungen an Verbraucher und zur Änderung der Richtlinie 90/619/EWG des Rates und der Richtlinien 97/7/EG und 98/27/EG.

63 BGBl, I, S. 3120.

64 BT Drucks. 15/2946, S. 1.

65 *Rott*, BB 2005, S. 53, 61; *Schneider*, VersR 2004, S. 696.

66 *Reich/Micklitz*, Europäisches Verbraucherrecht, S. 23–27; *Kind*, die Grenze des Verbraucherschutzes durch Information – aufgezeigt am Teilzeitwohnrechtegesetz, S. 59.

2. Richtlinien im Einzelnen

a) RL 92/49/EWG

Ziel der RL 92/49/EW war es, die Vollendung des Binnenmarktes im Versicherungswesen, mit Ausnahme der Lebensversicherung, zu erreichen,[67] dessen Umsetzung in deutsches Recht sich in erster Linie auf das Versicherungsaufsichtsrecht,[68] aber auch auf das Versicherungsvertragsrecht[69] ausgewirkt hat. Die Herstellung des Binnenmarktes soll dem Versicherungsnehmer den Zugang zu einer möglichst weiten Palette von in der Gemeinschaft angebotenen Versicherungsprodukten ermöglichen, um das seinen Bedürfnissen am besten entsprechende Angebot auswählen zu können.[70] In Art. 31 Abs. 1 und Art. 43 Abs. 2 und 3 der Richtlinie sind die Informationspflichten der Versicherer geregelt.

aa) Persönlicher Anwendungsbereich der RL

Nach Art. 31 Abs. 2 wird der persönliche Anwendungsbereich der Informationspflichten des Abs. 1 auf natürliche Personen beschränkt. Umgekehrt sieht Art. 43 eine solche Beschränkung des persönlichen Anwendungsbereichs nicht vor und die Informationen sind daher allen Versicherungsnehmern zu erteilen.[71]

bb) Zeitpunkt der Erteilung der vorvertraglichen Informationen

Nach Art. 31 Abs. 1 sind die Informationen vor Abschluss eines Versicherungsvertrags zu erteilen. Art. 43 Abs. 2 UA 1 sieht allerdings vor, solche vorvertraglichen Informationen zu geben, bevor eine Verpflichtung eingegangen wird. Im technischen Sinne sind beide Formulierungen der Richtlinie identisch zu verstehen, da damit der Zeitraum vor Abschluss des Versicherungsvertrags gemeint ist.[72]

Bei wörtlicher Auslegung der Formulierung „vor Vertragsschluss“ könnte angenommen werden, dass die Informationen zu erteilen sind, bevor der Vertrag mit Zugang der Annahmeerklärung wirksam wird.[73] Dies könnte bedeuten, dass auch

---

67 Vgl. Erwägungsgründe 1–3 der RL 92/49/EWG; Richtlinie 92/49/EWG des Rates vom 18. Juni 1992 zur Koordinierung der Rechts- und Verwaltungsvorschriften für die Direktversicherung (mit Ausnahme der Lebensversicherung) sowie zur Änderung der Richtlinien 73/239/EWG und 88/357/EWG (Dritte Richtlinie Schadenversicherung).

68 Vgl. *Hübner/Matusche-Beckmann*, EuZW 1995, 263; Beckmann/Matusche-Beckmann/*Mönnich*, § 2, Rn. 18–40.

69 Abschaffung der präventiven Kontrolle von AVB; vgl. Art. 6 Abs. 3, Art. 29 und 39 Abs. 2 RL 92/49/EWG.

70 Erwägungsgründe 19 der RL 92/49/EWG.

71 *Hüntemann*, Der Abschluss von Versicherungsverträgen und die vorvertraglichen Pflichten des Versicherers gemäß §§ 6 und 7 VVG, S. 71.

72 *Hüntemann*, Der Abschluss von Versicherungsverträgen und die vorvertraglichen Pflichten des Versicherers gemäß §§ 6 und 7 VVG, S. 71.

73 Vgl. *Lorenz*, VersR 1995, 616.

nach Abgabe der Vertragserklärung die vorvertraglichen Informationen zur Verfügung gestellt werden könnten. Allerdings ist diese Ansicht abzulehnen, da die Informationen nur dann von Bedeutung werden können, wenn sie vor Abgabe der Vertragserklärung dem Versicherungsnehmer zur Verfügung stehen,[74] da die Informationen dem Verbraucher bei seiner Entscheidung unterstützen sollen.

cc) Form der vorvertraglichen Informationen

Art. 31 Abs. 1 sieht keine formalen Anforderungen an die Informationsüberlassung vor. Vielmehr bleibt es den Mitgliedstaaten nach Art. 31 Abs. 3 selbst überlassen, formale Regelungen zu bestimmen. Im Unterschied dazu müssen die vorvertraglichen Informationen nach Art. 43 Abs. 2 UA 1, 2 in den Dokumenten enthalten sein, die dem Versicherungsnehmer ausgehändigt werden.

b) RL 2002/83/EG

Genau wie bei RL 92/49/EWG ist das Ziel der RL 2002/83/EG die Vollendung des Binnenmarktes im Versicherungswesen im Bereich der Lebensversicherung[75] und den Zugang zur weiten Palette der angebotenen Versicherungsprodukte.[76] Diese Richtlinie sieht in Art. 36 Abs. 1 i. V. m. Anhang III A lit. a. 1-a. 16 eine Vielzahl von vorvertraglichen Informationen vor.

aa) Persönlicher Anwendungsbereich

Art. 36 ist mit „Angaben für den Versicherungsnehmer" überschrieben und beinhaltet den Hinweis, dass dem „Versicherungsnehmer" die in Anhang III A enthaltenen Angaben mitzuteilen sind. Anhang III ist mit „Informationen für Versicherungsnehmer" betitelt. Es stellt sich die Frage, ob jeder Versicherungsnehmer Adressat vorvertraglicher Informationen sein kann.

Im Erwägungsgrund 52 der RL 2002/83/EG heißt es, dass im Rahmen des Versicherungsbinnenmarkts dem „Verbraucher" eine größere und weiter gefächerte Auswahl von Verträgen zur Verfügung stehen wird. Hierzu wird in der Literatur teilweise vertreten, dass die Informationen nur Verbrauchern und daher, nach dieser Ansicht, nur natürlichen Personen mitzuteilen seien.[77] Diese Ansicht ist unter Hinweis auf den in Erwägungsgrund 52 genannten „Verbraucher" jedoch abzulehnen, da es auf europäischer Ebene keine einheitliche Definition des Verbraucherbegriffs

74 *Hüntemann*, Der Abschluss von Versicherungsverträgen und die vorvertraglichen Pflichten des Versicherers gemäß §§ 6 und 7 VVG, S. 71.

75 Erwägungsgründe 3 und 5 der RL 2002/83/EG; Richtlinie 2002/83/EG des Europäischen Parlaments und des Rates vom 5. November 2002 über Lebensversicherungen.

76 Erwägungsgründe 46 der RL 2002/83/EG.

77 *Hüntemann*, Der Abschluss von Versicherungsverträgen und die vorvertraglichen Pflichten des Versicherers gemäß §§ 6 und 7 VVG, S. 74.

gibt.[78] Zwar wird in zahlreichen Richtlinien definiert, dass der Verbraucher eine natürliche Person ist, die beim Abschluss eines Vertrags nicht zu beruflichen oder gewerblichen Zwecken handeln darf.[79] In Art. 2 der RL 90/314/EWG[80] ist jedoch ein Verbraucher gemeint, der eine Pauschalreise bucht oder Vertragspartner eines Reiseveranstalters ist. Die RL 2002/83/EG enthält keine eigene Definition des Verbraucherbegriffs. Die Rechtsprechung des EuGH im Versicherungsbereich des Verbraucherschutzes wird mit dem Schutz der Versicherungsnehmer und Versicherten umschrieben,[81] was dafür spricht, dass der Begriff des Verbrauchers aus Erwägungsgrund 52 der RL 2002/83/EG nicht mit einer natürlichen Person identisch sein kann.[82]

Im Unterschied zur RL 92/49/EWG spricht der Wortlaut der RL 2002/83/EG, in dem der Begriff des Verbrauchers nicht erwähnt wird,[83] für eine vorvertragliche Informationspflicht gegenüber allen Versicherungsnehmern, obwohl die RL 2002/83/EG ansonsten dem Aufbau der RL 92/49/EWG folgt.[84] Hieraus ergibt sich, dass sich der persönliche Anwendungsbereich der RL 2002/83/EG auf sämtliche Versicherungsnehmer erstreckt.[85]

bb) Zeitpunkt der Informationserteilung

Nach Art. 36 Abs. 1 i. V. m. Anhang III A sind die vorvertraglichen Informationen „vor Abschluss des Vertrages" zu erteilen. Die Formulierung „vor Abschluss des Vertrags" ist hier wie bei der RL 92/49/EWG, vor Abgabe der Vertragserklärung, zu verstehen. Die Informationen beziehen sich auf das angebotene Versicherungsprodukt und dienen dazu, die zwischen Versicherer und Versicherungsnehmer gestörte Vertragsparität auszugleichen. Um dieses Ziel zu erreichen, ist es daher notwendig, die vorvertraglichen Informationen vor Abgabe der Willenserklärung zu erteilen. Dafür spricht auch der Erwägungsgrund 52 der RL 2002/83/EG, wonach die Informationen zu erteilen sind, um aus der Vielfalt der angebotenen Versicherungsprodukte ein dem Versicherungsnehmer entsprechendes Angebot auszuwählen. Eine Auswahlentscheidung zwischen verschiedenen Versicherungsprodukten setzt aber voraus, dass der Versicherungsinteressent von verschiedenen Versicherern die entsprechenden Informationen erhalten kann, ohne dabei eine auf Versicherungsvertragsschluss

78 Streinz/*Lurgel*, Art. 153, Rn. 11.
79 Streinz/*Lurgel*, Art. 153, Rn. 11.
80 RL 90/314/EWG des Rates vom 13. Juli 1990 über Pauschalreisen, Amtsblatt L 158 vom 23.6.1990, S. 59.
81 EuGH, Urt. v. 04.12.1986-Rs. 205/84, Slg. 1986, 3755, Rn. 30-Kommission/Deutschland.
82 *Hüntemann*, Der Abschluss von Versicherungsverträgen und die vorvertraglichen Pflichten des Versicherers gemäß §§ 6 und 7 VVG, S. 74.
83 *Ihle*, Der Informationsschutz des Versicherungsnehmers, S. 118.
84 *Bach*, FS Lorenz, S. 45–47.
85 *Bach*, FS Lorenz, S. 45–47.

gerichtete Vertragserklärung abgeben zu müssen.[86] Es fragt sich jedoch, ob diese Informationserteilung unmittelbar der Abgabe der Vertragserklärung vorangehen kann oder ob ein Mindestzeitraum zwischen Informationserteilung und der Abgabe der Willenserklärung eingehalten werden muss.

Konsequenterweise sollte der Versicherungsinteressent die vorvertraglichen Informationen so frühzeitig bekommen, dass er sie lesen und verstehen kann, um auf dessen Grundlage eine informierte Entscheidung zu treffen, womit die gestörte Vertragsparität ausgeglichen wird. Mit der Einhaltung eines solchen Mindestzeitraums vor Abgabe der Vertragserklärung könnte das Schutzinstrument der Information tatsächlich wirksam sein. Fraglich ist jedoch, ob das „Informationsmodell" des Verbraucherschutzes auch die tatsächliche Kenntnisnahme der erteilten Informationen verlangt. Klarheit zu dieser Frage schafft das europäische Verbraucherleitbild,[87] aus dessen Grundsätzen der EuGH seine Rechtsprechung dazu entwickelt hat.[88]

Die Rechtsprechung des EuGH stellt auf das Leitbild eines mündigen, verständigen und informierbaren Verbrauchers ab.[89] Ein Verbraucher ist verständig,[90] wenn er aus den ihm erteilten Informationen rationale Schlüsse ziehen kann.[91] Das Merkmal der Informierbarkeit ist zwar nicht ausdrücklich vom EuGH entwickelt worden, es lässt sich aber dem Umstand entnehmen, dass insbesondere im Rahmen der Verhältnismäßigkeitsprüfung bei Eingriffen in die Warenverkehrsfreiheit Informationspflichten zum Schutz der Verbraucher als verhältnismäßiges Mittel verstanden werden.[92] Dies setzt voraus, dass der Verbraucher Informationen aufnimmt und bei Abgabe seiner Willenserklärung berücksichtigt, er also informierbar ist.[93] Hieraus wird zugleich eine Informationsobliegenheit des Verbrauchers abgeleitet.[94] Der EuGH verwendet ferner auch nicht den Begriff des mündigen oder eigenverantwortlichen Verbrauchers. Jedoch wird aus der Tatsache, dass der EuGH die Informationen des Verbraucherschutzes als ausreichend erachtet,

---

86 *Hoffmann,* Verbraucherschutz im deutschen Privatversicherungsrecht nach dem Wegfall der Vorabkontrolle Allgemeiner Versicherungsbedingungen, S. 194 ff.

87 *Zwicker,* Das europäische Verbraucherleitbild bei Finanzdienstleistungen, S. 11–13.

88 *Zwicker,* Das europäische Verbraucherleitbild bei Finanzdienstleistungen, S. 11–13; *Zwicker* untersucht das europäische Verbraucherleitbild bei Finanzdienstleistungen anhand der Rechtsprechung des EuGH zu den Grundfreiheiten, zum sekundären Gemeinschaftsrecht und anhand verschiedener Richtlinien. Er kommt zu dem Ergebnis, dass im Rahmen der Finanzdienstleistungen das Verbraucherleitbild im Wesentlichen mit dem der Rechtsprechung zu den Grundfreiheiten übereinstimmt, von diesem jedoch abweicht, als tendenziell weitergehende Schutzmaßnahmen als bloße Informationen zulässig sind, vgl. S. 96 f, 139 f und 218.

89 *Zwicker,* Das europäische Verbraucherleitbild bei Finanzdienstleistungen, S. 52.

90 EuGH, Urt. V. 6.7.1995-Rs. C-270/93, Slg. 1995, I-1923, Rn 24-Mars.

91 *Zwicker,* Das europäische Verbraucherleitbild bei Finanzdienstleistungen, S. 53.

92 EuGH, Urt. V. 20.2.1979-Rs. 120/78, Slg. 1979, 649, Rn. 13-classis de Dijon.

93 *Zwicker,* Das europäische Verbraucherleitbild bei Finanzdienstleistungen, S. 42–54.

94 *Zwicker,* Das europäische Verbraucherleitbild bei Finanzdienstleistungen, S. 55.

angenommen, dass sich der Verbraucher aufgrund der erhaltenen Informationen sich für ein bestimmtes Produkt eigenverantwortlich entscheiden und selbst für seine Interesse sorgen könne.[95] In diesem Zusammenhang bedeutet Eigenverantwortlichkeit, dass der Verbraucher in der Lage ist, sich zu entscheiden, ob er die ihm vorliegenden Informationen annimmt oder nicht.[96] Daraus folgt, dass es nicht darauf ankommt, dass der Verbraucher die ihm angebotenen Informationen tatsächlich zur Kenntnis nimmt, er muss lediglich die Möglichkeit zur Kenntnisnahme haben.[97]

Für den Versicherungsbereich lässt sich aus diesen Ausführungen ableiten, dass für die ordnungsgemäße Informationserteilung kein Mindestzeitraum zwischen Informationserteilung und der Abgabe der Vertragserklärung einzuhalten ist, vielmehr muss sich der Versicherungsnehmer nur entscheiden, ob er die vorvertraglichen Informationen zur Kenntnis nehmen will oder nicht.[98]

cc) Form der Informationserteilung

Nach Art. 36 Abs. 1 i. V. m. Anhang III A sind die Informationen eindeutig und detailliert sowie schriftlich in einer Amtssprache abzufassen.

c) RL 2002/65/EG

Nach Art. 1 Abs. 1 ist das Ziel der RL 2002/65/EG die Angleichung der Rechts- und Verwaltungsvorschriften der Mitgliedstaaten über den Fernabsatz von Finanzdienstleistungen für Verbraucher. Damit dient sie der Verwirklichung des Binnenmarktes für den Fernabsatz von Finanzdienstleistungen,[99] um den Verbrauchern die Möglichkeit zu geben, aus einem breiten Angebot ein für sie am besten geeignetes Angebot wählen zu können.[100] Durch die Schaffung eines rechtlichen Rahmens für den Fernabsatz von Finanzdienstleistungen soll das Vertrauen der Verbraucher in die Nutzung der neuen Fernabsatztechnik gestärkt werden.[101] Die Richtlinie soll ein hohes Verbraucherschutzniveau gewährleisten.[102] In der Richtlinie sind die Anforderungen verankert, die eine angemessene Verbraucherinformation vor und nach Abschluss eines Vertrages gewährleisten, damit der Verbraucher seine Entscheidung

---

95 *Zwicker*, Das europäische Verbraucherleitbild bei Finanzdienstleistungen, S. 56.
96 *Zwicker*, Das europäische Verbraucherleitbild bei Finanzdienstleistungen, S. 57.
97 *Hüntemann*, Der Abschluss von Versicherungsverträgen und die vorvertraglichen Pflichten des Versicherers gemäß §§ 6 und 7 VVG, S. 77.
98 *Hüntemann*, Der Abschluss von Versicherungsverträgen und die vorvertraglichen Pflichten des Versicherers gemäß §§ 6 und 7 VVG, S. 77.
99 Erwägungsgründe 1 und 2 der RL 2002/65/EG.
100 Erwägungsgründe 3 der RL 2002/65/EG.
101 Erwägungsgründe 5 der RL 2002/65/EG.
102 Erwägungsgründe 13 der RL 2002/65/EG.

in Kenntnis aller relevanten Informationen treffen kann.[103] Informationspflichten werden in Art. 3 und 5 der RL 2002/65/EG näher erläutert.

aa) Persönlicher Anwendungsbereich

Nach Art. 1 Abs. 1, Art. 3 Abs. 1 und Art. 5 Abs. 1 der RL 2002/65/EG sind Adressaten der Informationen die Verbraucher, worunter gemäß Art. 2 lit. d natürliche Personen zu verstehen sind, die bei Fernabsatzverträgen zu dem Zweck handeln, der nicht ihren gewerblichen oder beruflichen Tätigkeiten zuzurechnen ist.

bb) Zeitpunkt der Informationserteilung

Durch Art. 3 der RL 2002/65/EG vorgesehene Informationen sind nach Abs. 1 „rechtzeitig bevor der Verbraucher durch einen Fernabsatzvertrag oder durch ein Angebot gebunden ist" zur Verfügung zu stellen. Die Anforderungen sind in Art. 5 Abs. 1 hinsichtlich der Informationen des Art. 3 Abs. 1 wiederholt aufgeführt und für die in Art. 5 Abs. 1 vorgeschriebenen AGB vorgesehen.[104] Die Informationen sind daher dem Verbraucher vor einer vertraglichen Bindung zu erteilen. Der Zweck der Vorabinformation ist, dass der Verbraucher die angebotenen Finanzdienstleistungen beurteilen und in Kenntnis aller Umstände seine Entscheidung treffen kann.[105] Im Erwägungsgrund heißt es, dass er eine informierte Entscheidung treffen soll, damit er sich für eine Leistung entscheiden kann, die seinen Bedürfnissen am besten entspricht. Eine solche Entscheidung trifft der Verbraucher, wie oben bereits dargestellt, bevor er seine Vertragserklärung abgibt. Daher müssen die Informationen rechtzeitig vorliegen.[106] Fraglich ist jedoch, wie das Merkmal „rechtzeitig" zu verstehen ist.

Synonyme für „rechtzeitig" sind „zum richtigen Zeitpunkt, sodass es noch früh genug ist", „pünktlich, ehe es zu spät ist" oder „rechtzeitig bevor".[107] Zu konkretisieren ist aber, wann die Erteilung der Vorabinformationen zum richtigen Zeitpunkt erfolgt.

Die RL 2002/65/EG selbst enthält keine weiteren Ausführungen zum Merkmal „rechtzeitig". Ähnliche Kriterien können sich jedoch aus einer systematischen Richt-

---

103 *Hüntemann*, Der Abschluss von Versicherungsverträgen und die vorvertraglichen Pflichten des Versicherers gemäß §§ 6 und 7 VVG, S. 79.

104 Eine Ausnahme in zeitlicher Hinsicht sieht Art. 5 Abs. 2 der RL 2002/65/EG vor, wonach in den Fällen, in denen der Vertrag auf Ersuchen des Verbrauchers mittels eines Fernkommunikationsmittels geschlossen wird, das die Vorlage der Vertragsbedingungen sowie der entsprechenden Informationen nach Abs. 1 nicht gestattet, der Anbieter der Informationserteilung unverzüglich nach Abschluss des Fernabsatzvertrages nachkommt.

105 *Hüntemann*, Der Abschluss von Versicherungsverträgen und die vorvertraglichen Pflichten des Versicherers gemäß §§ 6 und 7 VVG, S. 82.

106 *Schneider*, VersR 2004, 696.

107 *Hüntemann*, Der Abschluss von Versicherungsverträgen und die vorvertraglichen Pflichten des Versicherers gemäß §§ 6 und 7 VVG, S. 83.

linienauslegung im Vergleich mit der RL 2006/73/EG[108] ergeben. Erwägungsgrund 48 der RL 2006/73/EG stellt für das Merkmal „rechtzeitig“ darauf ab, wie lange der Kunde zum Lesen und Verstehen der zur Verfügung gestellten Informationen braucht, wobei die Einfachheit oder Komplexität des angebotenen Produktes und die Erfahrung des Kunden berücksichtigt werden. Übertragen auf den Versicherungssektor käme es nach dieser Auslegung darauf an, ob ein Versicherungsprodukt einfach und standardisiert oder komplex ist, und ob der Versicherungsnehmer Erfahrung im Umgang mit Versicherungsprodukten hat oder nicht. Solche Überlegungen kommen nur dann infrage, wenn der Versicherungsnehmer die Informationen tatsächlich zur Kenntnis nimmt. Dann ist ein einfaches Produkt schneller zu verstehen als ein komplexes und einem erfahrenen Versicherungsnehmer fällt dies leichter als einem Laien. Das grundlegende Problem im Umgang mit Versicherungen ist die juristische Sprache der AVB und die fehlenden Kenntnisse des Versicherungsnehmers über das Versicherungswesen. Diese Probleme bestehen sowohl bei standardisierten ebenso wie bei weniger standardisierten Produkten. Außerdem muss der Versicherungsinteressent die Vorabinformationen auch verarbeiten. Wie viel Zeit dafür nötig ist, lässt sich objektiv nicht beurteilen, da es eine persönliche Entscheidung ist, wie gewissenhaft sich ein Versicherungsnehmer mit den Informationen zum Versicherungsprodukt auseinandersetzt, bis er meint, eine informierte Entscheidung treffen zu können. Der Erwägungsgrund 48 zur RL 2006/73/EG spricht zwar von einer tatsächlichen Kenntnisnahme als eine Selbstverständlichkeit, lässt aber außer Betracht, dass eine tatsächliche Kenntnisnahme von Informationen mit dem Informationserfolg beim Schutzkonzept des „Informationsmodells“ nicht zwingend identisch ist. Sie kann auch nicht sicher erreicht werden, da eine zwangsweise Informierung der Kunden nicht möglich ist. Die Überlassung der Informationen ermöglicht lediglich eine Hilfe zum Selbstschutz und erfordert eine Mitwirkung der Kunden. Dies entspricht auch dem europäischen Verbraucherleitbild, wonach der Verbraucher selbst darüber entscheidet, ob und inwieweit er zur Verfügung gestellte Informationen zur Kenntnis nimmt.[109]

Beim Vertrieb von Finanzdienstleistungsprodukten im Fernabsatz kann der Anbieter oft gar nicht kontrollieren, wann der Verbraucher die Informationen erhält und ob er vor der Abgabe seiner Willenserklärung genug Zeit hatte, die Informationen vollständig zu lesen. Der Verbraucher entscheidet selbst, ob und wie viel Zeit er sich nimmt, um die Vorabinformationen zur Kenntnis zu nehmen.[110]

---

108 RL 2006/73/EG der Kommission v. 10.08.2006 zur Durchführung der RL 2004/39/EG des Europäischen Parlaments und des Rates in Bezug auf die organisatorischen Anforderungen an Wertpapierfirmen und die Bedingungen für die Ausübung ihrer Tätigkeit sowie in Bezug auf die Definition bestimmter Begriffe für die Zwecke der genannten Richtlinie, ABl. L241 v. 02.09.2006, S. 26.

109 *Hüntemann*, Der Abschluss von Versicherungsverträgen und die vorvertraglichen Pflichten des Versicherers gemäß §§ 6 und 7 VVG, S. 84–85.

110 *Hüntemann*, Der Abschluss von Versicherungsverträgen und die vorvertraglichen Pflichten des Versicherers gemäß §§ 6 und 7 VVG, S. 85.

Daher sind die Informationen rechtzeitig, wenn sie dem Versicherungsinteressenten vor Abgabe seiner Vertragserklärung so zur Verfügung gestellt werden, dass er sich frei von äußerem Druck zur Kenntnisnahme entscheiden kann. Erforderlich ist damit, dass dem Verbraucher ermöglicht wird, sich die Informationen in Ruhe anzuschauen und gegebenenfalls zu einem späteren Zeitpunkt seine Vertragserklärung abzugeben.[111]

cc) Form der Informationen

Nach Art. 5 Abs. 1 der RL 2002/65/EG sind die Informationen in Papierform bzw. auf einem anderen dauerhaften Datenträger[112] zu übermitteln.

V. Umsetzung der Eu-Richtlinien im neuen VVG

Die Vorgaben der RL 92/49/EWG, 2002/83/EG und 2002/65/EG sind im deutschen Recht in § 7 Abs. 1 und 2 VVG i. V. m. der VVG-InfoV umgesetzt worden. § 7 Abs. 1 VVG bestimmt, dass der Versicherer dem Versicherungsnehmer alle vorgesehenen Informationen rechtzeitig vor Abgabe von dessen Vertragserklärung in Textform mitzuteilen hat. Die vorvertraglichen Informationen werden danach unterschieden, ob sie in allen Versicherungszweigen nach § 1 VVG-InfoV oder zusätzlich für die Lebensversicherung, die Berufsunfähigkeitsversicherung und die Unfallversicherung mit Prämienrückgewähr nach § 2 VVG-InfoV und für die Krankenversicherung nach § 3 VVG-InfoV zu übermitteln sind. § 4 VVG-InfoV sieht nur für Verbraucher im Sinne des § 13 BGB[113] ein Produktinformationsblatt vor. Informationspflichten im Rahmen von Telefongesprächen sind in § 5 VVG-InfoV bestimmt. Informationspflichten beziehen sich auf sämtliche Versicherungsverträge mit Ausnahme eines Großrisikos im Sinne des § 210 Abs. 2 VVG.

1. § 7 VVG

a) Persönlicher Anwendungsbereich

Nach § 7 Abs. 1 VVG sind die Informationen im Unterschied zur RL 2002/65/EG gegenüber sämtlichen Versicherungsinteressenten zu erfüllen, womit der deutsche Gesetzgeber die Richtlinie überschießend umgesetzt hat, die Informationspflichten nur für natürliche Personen vorsieht. Der deutsche Gesetzgeber geht davon aus, dass die Anknüpfung an die Rechtsform kein geeignetes Kriterium für die Beurteilung

111 *Schneider*, Der Vertrieb von Versicherungen über das Internet, S. 266 ff.

112 Art. 2 lit. f der RL 2002/65/EG bestimmt, dass ein dauerhafter Datenträger jedes Medium ist, das es dem Verbraucher gestattet, an ihn persönlich gerichtete Informationen derart zu speichern, dass er die in der Folge für eine für die Zwecke der Information angemessenen Dauer einsehen kann, und das die unveränderte Wiedergabe der gespeicherten Informationen ermöglicht.

113 Begründung der VVG-Info V, S. 14.

der Schutzbedürftigkeit sei.[114] Dies begründet er damit, dass eine Beschränkung der Informationspflichten auf Verbraucher im Sinne des § 13 BGB nicht gerecht sei, da ansonsten insbesondere kleine Unternehmer und Freiberufler nicht zu informieren seien, obwohl diese genauso wie Verbraucher schutzbedürftig seien.[115]

b) Produktinformationsblatt nur für Verbraucher

Eine Ausnahme vom persönlichen Anwendungsbereich der Informationspflichten sieht § 4 VVG-InfoV vor, wonach, soweit der Versicherungsnehmer ein Verbraucher[116] ist, der Versicherer ihm ein Produktinformationsblatt zu übermitteln hat. Mit der Einführung des Produktinformationsblattes soll gewährleistet werden, dass dem Versicherungsnehmer die wichtigsten Informationen gesondert in hervorgehobener Form mitgeteilt werden,[117] die für den Abschluss und Erfüllung des Versicherungsvertrages von besonderer Bedeutung sind.[118]

Die umfangreichen AVB und weitere Informationen sind für den Versicherungsnehmer oft kaum zu bewältigen und werden häufig nicht tatsächlich zur Kenntnis genommen. Eine Hilfestellung soll ein „Vorblatt zu den AVB" nach dem Motto „weniger ist mehr" sein, das die wichtigen Informationen in klarer Sprache knapp und anschaulich zusammenfasst.[119] Das Produktinformationsblatt wird zusätzlich zu den übrigen Informationen herausgegeben, womit dem Versicherungsnehmer ermöglicht wird, einen ersten Überblick über das Versicherungsprodukt zu bekommen und anhand von Verweisen nähere Einzelheiten in den übrigen Informationsmaterialien zu finden.[120]

c) Zeitpunkt der Informationserteilung

Eine Informationsübermittlung an den Versicherungsinteressenten nach Abgabe seiner Vertragserklärung ist nicht möglich. In der Gesetzesbegründung zu § 7 Abs. 1 VVG heißt es, dass der maßgebliche Zeitpunkt, zu dem die Vorabinformationen spätestens übermittelt werden müssen, die Abgabe der Willenserklärung des Versicherungsinteressenten sei. Daher kann festgestellt werden, dass die Informationserteilung erst bei Vertragsschluss nicht mehr zugelassen ist, wie es bisher nach § 5 a

---

114 BT Drucks. 16/3945 S. 60.

115 *Hüntemann*, Der Abschluss von Versicherungsverträgen und die vorvertraglichen Pflichten des Versicherers gemäß §§ 6 und 7 VVG, S. 100.

116 Begründung der VVG-Info V, S. 14.

117 Begründung der VVG-Info V, S. 13; *Römer* VersR 2006, S. 741; *ders.* VersR 2007, S. 618–620.

118 *Hüntemann*, Der Abschluss von Versicherungsverträgen und die vorvertraglichen Pflichten des Versicherers gemäß §§ 6 und 7 VVG, S. 125.

119 *Römer*, VersR 2006, S. 740; *ders.* VersR 2007, S. 618 f.

120 Begründung der VVG-Info V, S. 13.

VVG a. F. möglich war.[121] Es geht dem Gesetzgeber nunmehr um Klarstellung, dass die Informationen vor Abgabe der Vertragserklärung durch den Versicherungsnehmer erteilt werden müssen. Eine Mindestfrist zwischen Informationserteilung und der Abgabe der Vertragserklärung hält er nicht für erforderlich.[122] Er geht ferner nicht davon aus, dass der Informationszeitpunkt in Abhängigkeit von den Umständen des Vertragsschlusses, wie der Schwierigkeit und Komplexität des angebotenen Vertrages, zu beurteilen ist.[123]

Die Vorabinformationen müssen nach § 7 Abs. 1 VVG rechtzeitig vor Abgabe der Vertragserklärung erteilt werden. Bei der Auslegung des Merkmals „rechtzeitig" ist das oben beschriebene „Informationsmodell" zu berücksichtigen, wonach der Informationsadressat die vorvertraglichen Informationen im Idealfall zur Kenntnis nimmt, aber nicht zur Kenntnisnahme gezwungen ist. Es bleibt dem Versicherungsinteressenten überlassen, ob er die angebotene Hilfestellung in Anspruch nehmen und wie viel Zeit er darin investieren möchte. Voraussetzung ist allerdings, dass der Versicherungsinteressent seine Entscheidung frei und ohne Druck treffen kann und es eine Möglichkeit gibt, die Vertragsverhandlungen zu einem späteren Termin fortzuführen.[124] Hier sollte ferner verlangt werden, dass der Versicherer bzw. Versicherungsvertreter bei der Informationsübermittlung den Zweck der Vorabinformationen erläutert.[125] Möchte der Versicherungsinteressent die Informationsunterlagen im Einzelnen durchgehen, so wird es von den Umständen des Einzelfalls, der Komplexität des Versicherungsprodukts, seiner Bedeutung für Versicherungsnehmer und dessen Erfahrung abhängen, wann ein neuer Termin für weitere Vertragsverhandlungen vereinbart werden kann. Umgekehrt, für die Frage, ob die Informationen rechtzeitig erteilt worden sind, haben diese Umstände aber keine Bedeutung.[126]

d) Form der Informationserteilung

Nach § 7 Abs. 1 S. 1 VVG sind die Informationen dem Versicherungsinteressenten in Textform mitzuteilen. Die Transparenzanforderungen des § 7 Abs. 1 S. 2 VVG müssen dabei gewahrt werden. Wie sich eine korrekte Textform darstellt, ist in § 126 b BGB definiert und erfordert, dass die Erklärung in einer Urkunde oder auf eine andere zur dauerhaften Wiedergabe in Schriftzeichen geeignete Weise abgegeben, die Person des Erklärenden genannt wird, und der Abschluss der Erklärung, durch Nachbildung der Namensunterschrift oder anderweitig erfolgt. Dabei kommt auch

121 BT Drucks. 16/3945, S. 60.
122 BT Drucks. 16/3945, S. 48.
123 *Funck*, VersR 2008, S. 163.
124 *Römer*, VersR 2006, S. 740.
125 *Hüntemann*, Der Abschluss von Versicherungsverträgen und die vorvertraglichen Pflichten des Versicherers gemäß §§ 6 und 7 VVG, S. 141.
126 *Hüntemann*, Der Abschluss von Versicherungsverträgen und die vorvertraglichen Pflichten des Versicherers gemäß §§ 6 und 7 VVG, S. 142.

eine Mitteilung in gespeicherter Form auf CD-ROM oder USB-Stick infrage.[127] Hier muss sich allerdings der Versicherungsinteressent damit einverstanden erklären und über die technischen Mittel verfügen, um die Informationen tatsächlich lesbar zu machen.[128]

Die Aushändigung der Vorabinformationen an den Versicherungsinteressenten auf einer CD- ROM oder einem USB-Stick könnte dazu führen, dass der künftige Versicherungsnehmer diese vor Ort regelmäßig nicht auslesen kann und eine Möglichkeit der Kenntnisnahme fehlt. Fraglich ist, ob der Versicherungsinteressent nach § 7 Abs. 1 VVG ordnungsgemäß informiert wurde, wenn er in diesem Fall seine Vertragserklärung unmittelbar im Anschluss an die Informationserteilung abgeben möchte. Anders als bei der Übergabe eines gedruckten Exemplars fehlt ihm hier die Möglichkeit, einen kurzen Blick in die Vorabinformationen zu werfen und zu entscheiden, ob er diese Informationen intensiver zur Kenntnis nehmen möchte oder nicht. Ihm werden lediglich Informationen auf einem Speichermedium übergeben, auf dessen Inhalt er nicht zugreifen kann. Zwar besteht die Möglichkeit zur Kenntnisnahme, wenn der künftige Versicherungsnehmer die Verhandlungen unterbricht und an einem neuen Termin fortsetzt, wenn er die vorvertraglichen Informationen tatsächlich zur Kenntnis nehmen möchte. Aber der wesentliche Unterschied besteht darin, dass der Versicherungsinteressent bei gedruckten Vorabinformationen unmittelbar vor der Abgabe der Willenserklärung einschätzen kann, ob und inwieweit er sich mit den Informationen auseinandersetzen will.[129] Da diese Gelegenheit bei einem Speichermedium nicht besteht und das Mitlesen der Vorabinformationen auf einem Bildschirm des Versicherungsvertreters den Anforderungen an die Textform nicht entspricht,[130] kommt die Benutzung einer CD-ROM oder eines USB-Sticks nicht infrage, soweit der künftige Versicherungsnehmer im Rahmen des ersten Gesprächstermins seine Vertragserklärung abgeben will.[131]

e) Verzichtsmöglichkeit auf die Vorabinformationen

Nach § 7 Abs. 1 S. 3 HS. 2 VVG kann der künftige Versicherungsnehmer zwar nicht auf die vorvertragliche Informationserteilung als solche, aber durch gesonderte schriftliche Erklärung ausdrücklich auf die Informationserteilung zu einem bestimmten Zeitpunkt verzichten. Als Folge eines solchen Verzichts ist der Versicherer verpflichtet, die Vorabinformationen unverzüglich nach Vertragsschluss nachzuholen. In der Gesetzesbegründung heißt es, dass die Vertragsparteien eine

127 *Stadler*, VW 2006, S. 1339.

128 *Franz*, VersR 2008, S. 171.

129 *Hüntemann*, Der Abschluss von Versicherungsverträgen und die vorvertraglichen Pflichten des Versicherers gemäß §§ 6 und 7 VVG, S. 142.

130 *Hüntemann*, Der Abschluss von Versicherungsverträgen und die vorvertraglichen Pflichten des Versicherers gemäß §§ 6 und 7 VVG, S. 143.

131 *Hüntemann*, Der Abschluss von Versicherungsverträgen und die vorvertraglichen Pflichten des Versicherers gemäß §§ 6 und 7 VVG, S. 143.

von § 7 Abs. 1 S. 1 VVG abweichende Vereinbarung über den Zeitpunkt der Informationserteilung treffen können, insbesondere dann, wenn der Versicherungsnehmer sofortigen Versicherungsschutz benötigt, denn gegen seinen Willen muss sich niemand informieren lassen. Es geht dem Gesetzgeber darum, dem Interesse des Versicherungsnehmers Rechnung zu tragen und ihm Möglichkeit eines schnellen Vertragsschlusses zu gewähren und eine zwangsweise Information zu verhindern.[132]

aa) Rechtsnatur des Informationsverzichts

Der Wortlaut des § 7 Abs. 1 S. 3 HS. 2 VVG legt den Schluss nahe, dass es sich hinsichtlich des Verzichts um ein einseitiges Rechtsgeschäft handelt.[133] Das deutsche Recht kennt den einseitigen Verzicht besonders im Sachenrecht oder Zivilprozessrecht.[134] Im Schuldrecht dagegen kommt ein einseitiger Verzicht nur bei Gestaltungsrechten und Einreden in Betracht, ansonsten muss ein zweiseitiger Verzichtsvertrag zwischen den Parteien geschlossen werden.[135] Wie oben bereits dargestellt, geht der Gesetzgeber auch von einer Vereinbarung zwischen den Parteien aus, wenn sie eine hinsichtlich des Zeitpunktes der Informationserteilung abweichende Regelung bestimmen möchten.[136] In der Begründung zu § 6 Abs. 3 VVG, die ebenso eine Verzichtsmöglichkeit regelt, ist von einer zweiseitigen Verzichtserklärung die Rede, wonach der Verzicht zum Gegenstand einer gesonderten Vereinbarung in einem eigenen Dokument gemacht werden muss.[137] Daher handelt es sich bei der Verzichtsmöglichkeit um eine Einigung der Parteien nach§ 145 ff. BGB, die auf den Abschluss eines Verzichtsvertrages gerichtet ist.[138]

bb) Formale Anforderungen an den Verzichtsvertrag

§ 7 Abs. 1 S. 3 HS. 2 VVG bestimmt, dass die Verzichtserklärung zu Vorabinformationen ausdrücklich in einer gesonderten schriftlichen Erklärung abgegeben werden muss. Im Unterschied zu anderen Willenserklärungen, die überwiegend Form frei erklärt werden können, stellt diese Regelung damit eine Formvorschrift im Sinne des § 125 BGB dar. Im BGB findet sich eine ähnliche Formvorschrift im Schenkungsrecht in § 518 Abs. 2 BGB, die jedoch nur für die Willenserklärung des Schenkers gilt.[139] Die Verzichtserklärung ist schriftlich abzugeben. Nach § 126 Abs. 1 BGB wird vom

---

132 *Hüntemann*, Der Abschluss von Versicherungsverträgen und die vorvertraglichen Pflichten des Versicherers gemäß §§ 6 und 7 VVG, S. 146.
133 *Blankenburg*, VersR 2008, S: 1446.
134 Palandt/*Grüneberg*, § 397, Rn. 4.
135 Palandt/*Grüneberg*, § 397, Rn. 4.
136 BT Drucks. 16/3945, S. 48.
137 BT Drucks. 16/1935, S. 23.
138 *Hüntemann*, Der Abschluss von Versicherungsverträgen und die vorvertraglichen Pflichten des Versicherers gemäß §§ 6 und 7 VVG, S. 147.
139 Palandt/*Weidenkaff*, § 518, Rn. 2.

Versicherungsnehmer eine unterschriebene Urkunde verlangt.[140] Inhaltlich sind nur solche Verzichtserklärungen zulässig, die sich allein auf den Verzicht beziehen.[141] Eine besondere Warnfunktion für den Versicherungsnehmer wird die gesonderte Verzichtserklärung nur dann erhalten, wenn sie nicht mit anderen Unterlagen verbunden ist und eine eigene Urkunde darstellt.[142]

cc) Vorformulierte Verzichtserklärung

Wird eine Verzichtserklärung vorformuliert, erfüllt sie die Anforderungen an eine AGB nach § 305 Abs. 1 BGB.[143] Allerdings ist fraglich, ob der Versicherer eine vorformulierte Verzichtserklärung verwenden darf.

Die Gesetzesbegründung zu § 7 Abs. 1 VVG spricht gegen die Zulässigkeit der vorformulierten Verzichtserklärung. Entsprechend der RL 2002/65/EG, die die Zulässigkeit einer Verzichtsmöglichkeit offenlässt, aber verlangt, dem Zweck zu entsprechen und zu vermeiden, dass ein Informationsverzicht formularmäßig vereinbart wird, bedarf es zu einer Wirksamkeit der Verzichtserklärung einer ausdrücklichen Erklärung in einem gesonderten, vom künftigen Versicherungsnehmer unterschriebenen Schriftstück.[144] Diese Gesetzesbegründung lässt den Schluss zu, dass der formularmäßige Ausschluss des Gesetzgebers auch die Verwendung einer vorformulierten Erklärung einschließt. Zweifelhaft ist jedoch, ob der Gesetzgeber einen Verzicht in einem vorbereiteten Formular und nicht vielmehr nur einen standardmäßig erklärten Verzicht, bei dem der Versicherer regelmäßig im Vorfeld eines Vertragsschlusses eine Verzichtserklärung vom Versicherungsnehmer einholt, ausschließen wollte.[145]

In § 7 Abs. 1 S. 1 VVG hat der Gesetzgeber den Zeitpunkt der Übermittlung der Vorabinformationen neu geregelt, damit der künftige Versicherungsnehmer die vorvertraglichen Informationen nicht mehr erst bei Vertragsschluss erhält. Der Regelfall sollte eine Informationsübermittlung vor Abgabe der Vertragserklärung des Versicherungsnehmers sein.[146] Somit gilt ein *formularmäßiger* Verzicht noch als gültige Vereinbarung, ein *standardmäßiger* Verzicht hingegen nicht, da dieser die Beibehaltung der früheren Rechtspraxis ermöglichen würde.[147] Dagegen kann eingewendet werden, dass ein *formularmäßiger* Verzicht insbesondere auch dann

---

140 *Marlow/Spuhl*, Das neue VVG Kompakt, S. 20.

141 *Hüntemann*, Der Abschluss von Versicherungsverträgen und die vorvertraglichen Pflichten des Versicherers gemäß §§ 6 und 7 VVG, S. 148.

142 *Hüntemann*, Der Abschluss von Versicherungsverträgen und die vorvertraglichen Pflichten des Versicherers gemäß §§ 6 und 7 VVG, S. 149–150.

143 Zweifelnd *Blankenburg*, VersR 2008, S. 1446, der die Verzichtserklärung für eine einseitige rechtsgeschäftliche Erklärung des Versicherungsnehmers hält.

144 BT Drucks. 16/3945, S. 60.

145 *Blankenburg*, VersR 2008, S: 1446.

146 BT Drucks. 16/3945, S. 60.

147 *Hüntemann*, Der Abschluss von Versicherungsverträgen und die vorvertraglichen Pflichten des Versicherers gemäß §§ 6 und 7 VVG, S. 152.

ausgeschlossen sein müsste, wenn der Versicherer vorgedruckte Verzichtsformulare verwenden würde. Dem steht aber entgegen, dass der Verzicht in erster Linie einen schnellen Vertragsschluss ermöglichen soll.[148] Dieses Ziel ist aber nur zu erreichen, wenn der Einsatz der Verzichtserklärung zu keinerlei Zeitverlust führt. Müsste der Informationsverzicht individuell erklärt werden, hätte dies zur Folge, dass der künftige Versicherungsnehmer eine entsprechende Erklärung überlegen und mangels technischer Mittel handschriftlich niederlegen müsste.[149]

Ein Ausschluss vorformulierter Verzichtserklärungen ist nicht notwendig um einen standardmäßigen Informationsverzicht zu unterbinden. Für AGB ist zwar charakteristisch, dass der Verwender beabsichtigt, sie in einer Vielzahl von Fällen zu verwenden, dies bedeutet aber nicht, dass die Verzichtserklärung aufgrund der AGB-ähnlichen Form standardmäßig eingeholt wird.[150]

Es fehlt bei der Verwendung eines vorformulierten Informationsverzichts auch nicht am Schutz des Versicherungsnehmers. Es werden erhebliche formale Anforderungen an die Gestaltung der Verzichtserklärung gestellt. Sie muss in Form einer eigenen Urkunde gestaltet sein und eigenhändig unterschrieben werden, was ausschließt, dass die Verzichtserklärung dem künftigen Versicherungsnehmer an untergeordneter Stelle in den AVB untergeschoben wird.[151] Die Trennung von den übrigen AVB führt dazu, dass ein Verzicht nicht zwingend erklärt werden muss, sobald der Kunde sich mit den AGB einverstanden erklärt.[152] Der Verwender hat bei Vorformulierung der Verzichtserklärung sowieso keine große Gestaltungsmacht, da sich diese allein auf die Erklärung selbst beschränkt. Sie stellt damit eine Serviceleistung dar, die auch den Interessen des Versicherungsinteressenten dient.[153]

dd) Richtlinienkonformität der Verzichtsmöglichkeit

In den Richtlinien 92/49/EWG, 2002/83/EG und 2002/65/EG findet sich keine explizite Regelung über eine Verzichtsmöglichkeit von Vorabinformationen. Fraglich ist, ob die in § 7 Abs. 1 S. 3 HS. 2 VVG vorgesehene Verzichtsmöglichkeit richtlinienkonform ist.

(1) Vergleich mit der RL 2002/65/EG

RL 2002/65/EG lässt die Zulässigkeit eines Informationsverzichts offen. In der Gesetzbegründung heißt es, dass sich Art. 12 Abs. 1 der RL 2002/65/EG, wonach der

---

148 BT Drucks. 16/3945, S. 60.

149 *Hüntemann*, Der Abschluss von Versicherungsverträgen und die vorvertraglichen Pflichten des Versicherers gemäß §§ 6 und 7 VVG, S. 152.

150 *Hüntemann*, Der Abschluss von Versicherungsverträgen und die vorvertraglichen Pflichten des Versicherers gemäß §§ 6 und 7 VVG, S. 153.

151 *Blankenburg*, VersR 2008, S: 1446.

152 *Blankenburg*, VersR 2008, S: 1446.

153 *Hüntemann*, Der Abschluss von Versicherungsverträgen und die vorvertraglichen Pflichten des Versicherers gemäß §§ 6 und 7 VVG, S. 154.

Verbraucher auf die Rechte, welche ihm diese Richtlinie einräumt, nicht verzichten kann, nicht auf eine Verzichtsmöglichkeit von Vorabinformationen beziehe.[154] Der deutsche Gesetzgeber argumentiert weiter, dass die Zulässigkeit eines Verzichts durch das Leitbild des „mündigen Verbrauchers" geprägt sei, der selbstständig entscheiden kann, ob er die vorvertraglichen Informationen tatsächlich zur Kenntnis nimmt oder nicht, denn niemand müsse sich gegen seinen Willen informieren lassen.[155]

Art. 12 Abs. 1 der RL 2002/65/EG bestimmt, dass der Verbraucher auf die ihm eingeräumten Rechte nicht verzichten kann. Zu diesen Rechten gehören die Rechte, die aus den vorvertraglichen Informationspflichten des Unternehmers nach Art. 3 Abs. 1 und Art. 5 Abs. 1 resultieren. Weswegen der deutsche Gesetzgeber meint, Art. 12 Abs. 1 stehe einem Verzicht auf vorvertraglichen Informationen nicht entgegen, erschließt sich aufgrund des Wortlauts der Richtlinie nicht. Ferner regelt die Richtlinie, dass der Verbraucher den durch die Richtlinie gewährten Schutz nicht dadurch verliert, dass das Recht eines Drittstaates als auf den Vertrag anwendbares Recht ausgewählt wird. Daher muss der durch die Richtlinie festgestellte Schutz völlig gewährleistet werden. Deshalb ist es zweifelhaft, wieso der deutsche Gesetzgeber die Zulässigkeit eines Verzichts in den genannten Artikel sucht und kein Verzichtsverbot sieht. Auch die Literatur geht davon aus, dass Art. 12 Abs. 1 der RL 2002/65/EG der Verzichtsmöglichkeit nach § 7 Abs. 1 S. 3 HS. 2 VVG entgegensteht.[156]

(2) Vergleich mit der RL 92/49 EWG und 2002/83/EG

Eine mit Art. 12 Abs. 1 der RL 2002/65/EG vergleichbare Vorschrift findet sich in RL 92/49/EWG und 2002/83/EG nicht. Eine Richtlinie, als Instrument europäischer Gesetzgebung kommt dort infrage, wo es um Harmonisierung nationaler Rechtsvorschriften geht. Um eine Harmonisierung der nationalen Rechtsnormen zu erreichen, sind daher die Mitgliedsstaaten geboten, die Vorgaben der Richtlinien so umzusetzen, dass eine praktische Wirksamkeit und Wirkung gewährleistet wird. Daraus ergibt sich auch eine Verpflichtung, die Richtlinie in verbindliche Außenrechtssätze umzusetzen, die den Anforderungen der Rechtsklarheit und Rechtssicherheit Rechnung tragen.[157] Darüber hinaus dient die Harmonisierung der nationalen Rechtsordnungen dem Ziel der Verwirklichung des Binnenmarktes, was auch die hier genannten Richtlinien in ihren Erwägungsgründen 1 bzw. 3 zum Ausdruck bringen. Deshalb ist es damit nicht vereinbar, dass die deutschen Gesetzgeber eine Verzichtsmöglichkeit in § 7 Abs. 1 S. 3 HS. 2 VVG vorgesehen haben. Dies würde statt der angestrebten Harmonisierung der nationalen Rechtsordnungen zu einer

---

154 BT Drucks. 16/3945, S. 60.

155 BT Drucks. 16/3945, S. 48 und 60.

156 *Hüntemann*, Der Abschluss von Versicherungsverträgen und die vorvertraglichen Pflichten des Versicherers gemäß §§ 6 und 7 VVG, S. 156.

157 *Hüntemann*, Der Abschluss von Versicherungsverträgen und die vorvertraglichen Pflichten des Versicherers gemäß §§ 6 und 7 VVG, S. 157.

Rechtszersplitterung führen, da dann zu fragen wäre, in welchen Mitgliedstaaten die Richtlinienregelung durch eine Informationsverzichtsmöglichkeit abbedungen werden könnte. Die Richtlinie würde in ihrer praktischen Wirksamkeit beeinträchtigt, da in einzelnen Mitgliedstaaten die Möglichkeit gegeben wäre, sich den Richtlinienvorgaben zu entziehen.[158] Aufgrund hierdurch eintretender ungleicher Wettbewerbsbedingungen liefe eine Verzichtsmöglichkeit dem Harmonisierungsgedanken und einem gemeinsamen Binnenmarkt entgegen.[159] Es ist daher davon auszugehen, dass die Regelung im neuen VVG über einen Informationsverzicht europarechtswidrig ist.

2. Rechtsfolgen der Informationspflichtverletzung nach VVG

Verletzt der Versicherer bzw. der Versicherungsvertreter die Pflicht der vorvertraglichen Information, hat dies keine Auswirkungen auf den Versicherungsvertragsschluss. Der Versicherungsvertrag kommt wirksam zustande, auch wenn der Versicherer dem Versicherungsnehmer die Informationen nach § 7 Abs. 1 VVG nicht oder nicht rechtzeitig erteilt. In diesem Fall ist der Vertrag „schwebend wirksam", solange der Versicherungsnehmer das ihm dann zustehende Widerrufsrecht gemäß § 8 VVG nicht ausübt. Für den Versicherer besteht daher ein Stornorisiko.[160]

3. Zusammenfassung

Zwischen Versicherer und Versicherungsnehmer besteht eine erhebliche Ungleichgewichtslage, wenn sie auf dem Versicherungsmarkt aufeinandertreffen. Diese wird unter anderem dadurch verstärkt, dass das Versicherungsprodukt abstrakt und nicht greifbar ist und der Versicherungsnehmer versucht, dessen Beschaffenheit und Qualität aufgrund der in juristischer Sprache gefassten AVB zu beurteilen. Im Gegensatz dazu kennt sich der Versicherer in der Versicherungsbranche und mit den angebotenen Produkten sehr gut aus. Durch diese Ungleichgewichtslage ist der Versicherungsnehmer in seiner Privatautonomie beeinträchtigt, dies führt zu einer Störung der Vertragsparität zwischen Versicherer und künftigem Versicherungsnehmer. Daher besteht eine informationelle Ungleichgewichtslage bei Versicherungsvertragsschluss, zu dessen Ausgleich es der Begründung von Ausgleichsmechanismen bedarf. In Betracht kommt die Einführung von Informationspflichten für den Versicherer. Informationspflichten sind auf europarechtliche Grundlagen und das dort etablierte Verbraucherschutzkonzept des „Informationsmodells" zurückzuführen. Durch die VVG-Reform aus dem Jahr 2008 in Deutschland wurden Informationspflichten neu in § 7 VVG geregelt und in § 6 VVG als Ergänzung dazu Beratungs-

---

158 *Hüntemann*, Der Abschluss von Versicherungsverträgen und die vorvertraglichen Pflichten des Versicherers gemäß §§ 6 und 7 VVG, S. 157.

159 *Hüntemann*, Der Abschluss von Versicherungsverträgen und die vorvertraglichen Pflichten des Versicherers gemäß §§ 6 und 7 VVG, S. 157.

160 *Schimikowski*, Versicherungsvertragsrecht, Rn. 46.

pflichten neu eingeführt. Die Einführung der Informationspflichten im deutschen Versicherungsrecht ist auf die RL 92/49/EWG, RL 2002/83/EG und RL 2002/65/EG zurückzuführen.

Nach § 7 Abs. 1 VVG ist der künftige Versicherungsnehmer rechtzeitig vor Abgabe seiner Vertragserklärung zu informieren. Als Informationsadressat sieht der deutsche Gesetzgeber sämtliche Versicherungsnehmer vor, wobei sie die Schutzbedürftigkeit der Versicherungsnehmer nicht an Kriterien der Rechtsform knüpft. Die vorvertraglichen Informationen sind nach § 7 Abs. 1 VVG dem Versicherungsnehmer rechtzeitig vor Abgabe seiner Vertragserklärung zu erteilen, wobei das Merkmal rechtzeitig im Hinblick auf das „Informationsmodell", wie bei der genannten Richtlinie, auszulegen ist. Rechtszeitig wird die Information übermittelt, wenn der Versicherungsnehmer frei von äußerem Druck seine Entscheidung anhand der Vorabinformationen treffen kann und gegebenenfalls die Möglichkeit hat, die Vertragsverhandlungen an einem anderen Termin fortzuführen. § 7 Abs. 1 S. 3 HS. 2 VVG sieht eine Verzichtsmöglichkeit für vorvertragliche Informationen vor. Dabei wollte der deutsche Gesetzgeber bei Schaffung dieser Regelung dem Versicherungsnehmer eine Möglichkeit einräumen, schnell und ohne Verzögerung einen Versicherungsschutz zu erlangen und nicht nur gegen Zwangsinformation. Allerdings ist diese Verzichtsmöglichkeit aus europarechtlicher Betrachtung bedenklich und als europarechtswidrig anzusehen, da sie dem Harmonisierungsgedanken entgegensteht.

VI. Vorvertragliche Informationspflichten im Georgischen Versicherungsrecht

Das georgische Versicherungsrecht kennt keine vorvertraglichen Informationspflichten. Der Versicherungsvertrag wird in Georgien nach allgemeinen zivilrechtlichen Regelungen geschlossen, ohne durch versicherungsrechtliche Besonderheiten geprägt zu sein, wie es das deutsche VVG in § 7 Abs. 1 vorsieht. Es besteht auch keine präventive Kontrolle der AVB, wie es in Deutschland vor der Deregulierung der Versicherungswirtschaft im 1994 Jahr der Fall war. Es steht der georgischen Aufsichtsbehörde nach § 21 Abs. 2 des Gesetzes über die Versicherung zwar die Befugnis der Kontrolle von Versicherungsunternehmern und insbesondere die Überwachung der Einhaltung von normativen Anforderungen in ihren Geschäften zu, aber während die Aufsichtsbehörde die ihr zugewiesenen Aufgaben im öffentlichen Interesse wahrnimmt und öffentlich-rechtliche Sanktionen gemäß § 21 a des Gesetzes über die Versicherung gegen Versicherer bestimmt, zielt das Zivilrecht auf die Gewährung von Individualrechtschutz,[161] der unmittelbar für den Versicherungsnehmer von Vorteil sein sollte. Der Versicherungsnehmer ist zivilrechtlich dadurch geschützt, dass im Falle einer Beeinträchtigung durch die AVB des Versicherers,

161 Beckmann/Matusche-Beckmann/*Präve*, § 10, Rn. 50–51.

eine gerichtliche Kontrolle der AGB nach die Vorschriften der §§ 347, 348 des georgischen ZGB stattfindet.

1. Grundlagen der Informationspflichten im Bankrecht

Eine Informationspflicht findet sich jedoch im Bankrecht. Die kommerziellen georgischen Banken unterliegen bestimmten Verhaltensregeln, die am 1. Juni 2011 in Kraft getreten sind und sich auf die Grundlagen der §§ 15, 45 und 47 des Gesetzes über die Nationalbank von Georgien stützen. Der Erlass von Verhaltensregeln wurde von der Nationalbank von Georgien, die gleichzeitig Aufsichtsbehörde im Bankbereich ist, veranlasst und enthält Vorschriften über die notwendigen Informationen für den Verbraucher bei Bankdienstleistungen in kommerziellen Banken. Die folgende vergleichende Analyse von Informationspflichten in der Bankenbranche wird verdeutlichen, in welcher Richtung sich der georgische Verbraucherschutz entwickelt.

Die Einhaltung der Vorschriften über Informationspflichten im Rahmen der Verhaltensregeln für die kommerziellen Banken wird von der Nationalbank von Georgien überwacht. Die Erfüllung der Verhaltensregeln trägt zur Verwirklichung des Verbraucherschutzes bei und gewährleistet gleichzeitig die Funktionsfähigkeit des Bankenbereichs.

a) Rechtliche Natur der Informationspflichten in Verhaltensregeln

Die Verhaltensregeln über „die notwendigen Informationen für den Verbraucher bei den Bankdienstleistungen in kommerziellen Banken“ sind öffentlich-rechtlich ausgestaltet. Trotz dieser bewussten Entscheidung der Nationalbank von Georgien bestehen Zweifel, ob die Pflicht der Informationserteilung eine rein öffentliche Pflicht darstellt oder auch im Rahmen des zwischen Banken und Kunden bestehenden Schuldverhältnisses privatrechtliche Wirkungen hat. Es gibt sowohl Argumente für als auch gegen diese Auffassung.

Eine äußere Einordnung der Informationspflichten des Art. 3 Abs. 1 als Verhaltensregel über „die notwendigen Informationen für den Verbraucher bei den Bankdienstleistungen in kommerziellen Banken“ kann durch ihre eigentliche Position im Rechtssystem nicht grundlegend bestimmt werden.[162] Eine viel entscheidendere Bedeutung kommt dem immanenten Gehalt der Norm zu.[163] Da das Aufsichtsrecht vorrangig das öffentliche Interesse berücksichtigt, die Informationspflichten dagegen das individuelle Schuldverhältnis zwischen Banken und Kunden betreffen, ist die Zugehörigkeit der Informationspflichten zum Privatrecht zwingend vorgegeben.[164] Damit liegt auch die doppelte Natur der Informationspflichten auf der Hand.[165]

162 *Reichert-Facilides*, VersWirtsch 1994, S. 562.
163 *Reichert-Facilides*, VersWirtsch 1994, S. 562.
164 *Reichert-Facilides*, VersWirtsch 1994, S. 562.
165 *Schwintowski*, VuR 1997, 1854.

Für die Zugehörigkeit der Informationspflichten zum Zivilrecht spricht auch der Zweck der Norm, der auf einen verbesserten Schutz des Bankkunden abzielt.[166] Das Regelungsziel der Informationserteilung ist, eine gestörte Vertragsparität zwischen den Parteien auszugleichen. Die Erteilung der Informationen kann aber nur dann ein Informationsungleichgewicht ausgleichen, wenn der Bankkunde bei Verstoß gegen die Pflichten der Bank Haftungsansprüche gegen diese geltend machen kann. Aufsichtsrechtliche Sanktionen führen deshalb nicht zum gewünschten Ziel, weil die Aufsichtsbehörde erst nach Abschluss des Vertrags eingesetzt wird und damit die Informationen vor Abschluss des Vertrages nicht erfasst.[167]

Gegen die Annahme der Informationspflichten in Verhaltensregeln über „die notwendigen Informationen für den Verbraucher bei den Bankdienstleistungen in kommerzielle Banken" als öffentlich-rechtliche Pflicht könnte allerdings die in Art. 8 der Verhaltensregeln verankerte Sanktion im Fall der Missachtung der Informationspflichten sprechen. Wird danach gegen die Anforderungen der Verhaltensregeln der kommerziellen Bank verstoßen, ist die Nationalbank von Georgien als Aufsichtsbehörde berechtigt, die entsprechenden aufsichtsrechtlichen Sanktionen gegen die verstoßende Bank einzuleiten. Es wird also klargestellt, dass Verstöße der Banken zu aufsichtsrechtlichen Sanktionen führen und daneben keine zivilrechtlichen Sanktionen vorgesehen sind. Daraus lässt sich schließen, dass Informationspflichten öffentlich-rechtlicher Natur sind.

b) Zweck der Informationspflichten in der Bankenbranche

Genau wie im Versicherungswesen hat die Festsetzung von Informationspflichten für Bankprodukte das Ziel, Informations- und Wissenslücken, die der Kunde aufgrund fehlender Erfahrung im Bankdienstleistungssektor hat, zu schließen. Erfüllen die Informationspflichten diese Funktion, stärken sie mittelbar die Willensfreiheit der Kunden und ergänzen damit den Grundsatz der Privatautonomie.[168]

Im Rechtsverkehr handelt jeder Teilnehmer bei der Wahl seiner wirtschaftlichen Aktivitäten selbstständig und trifft seine Entscheidungen autonom.[169] Dafür muss er sich in bestimmten Fällen nähere Informationen beschaffen, die er für die Abschätzung der Wirtschaftlichkeit einer beabsichtigten Vermögensdisposition benötigt.[170] Beschafft einer der Vertragspartner sich Informationen, die gegenüber den anderen Vertragspartnern einen eigenen Wissensvorsprung bieten, so darf er diesen Umstand für sich ausnutzen, ohne auf die Belange der anderen Rücksicht nehmen zu müssen.[171] Eine allgemeine Pflicht zur Information vor Vertragsschluss

166 *Huckele*, Die Vorvertragliche Aufklärungs-, Beratungs-und Informationspflichten im Versicherungsrecht, S. 127.
167 *Schwintowski*, Informationspflichten in der Lebensversicherung, S. 16.
168 *Horn*, FS Schimansky, S. 653 f.
169 *Hopt*, Kapitalanlegerschutz im Recht der Banken, S. 415 f.
170 *Hopt*, Kapitalanlegerschutz im Recht der Banken, S. 415 f.
171 *Hopt*, Kapitalanlegerschutz im Recht der Banken, S. 238 f.

besteht jedoch nicht.[172] Eine Einführung einer solchen Informationspflicht hätte unerwünschte Folgen, da die Vertragspartner mühsam gewonnene Informationsvorteile oder bessere Marktkenntnisse nicht zu ihrem Vorteil nutzen dürften.[173]

Dieses allgemeine zivilrechtliche Prinzip wird im Bankrecht jedoch durch das „Kundenschutzprinzip" durchbrochen. Dieser Grundsatz sollte dazu beitragen, die gestörte Vertragsparität und erhebliche Ungleichgewichtslage zwischen den Parteien, ähnlich wie im Versicherungswesen, auszugleichen.[174]

Verfügt nunmehr der Kunde nach einer Information durch die Bank über ausreichende Sachkenntnisse, kann er eine Entscheidung selbstständig treffen.[175] Die Unterschiede zwischen einem sicheren oder einem risikobehafteten Bankprodukt werden für ihn transparenter.[176] Entscheidet er sich für ein riskanteres Produkt, trotz der erteilten Informationen, so wird davon ausgegangen, dass er es bewusst getan hat.[177] Der Kunde hat dann das Risiko eines Verlustgeschäfts selbst zu tragen und kann sich nicht mehr an die Bank wenden.[178]

c) Verbraucherschutz als Finanzmarktschutz

Der Bankkundenschutz hat auch eine funktionelle Bedeutung für den Kapitalmarkt. Die Kundschaft und die Erweiterung dieses Kreises hat für die Existenz von kommerziellen Banken eine wesentliche Bedeutung. Um eine langfristig positive Entwicklung im Bankenbereich zu gewährleisten, ist ein grundsätzliches Vertrauen der Kunden in die Integrität und Fairness der Kapitalmärkte sicherzustellen.[179] Dieses Vertrauen aufseiten der Kunden zu erhalten, und gleichzeitig weitere zu gewinnen, ist nur möglich, wenn für alle Wirtschaftsteilnehmer eine ausgewogene Markttransparenz besteht.[180]

Eine Schlüsselrolle tragen die Banken beim Aufbau eines solchen Vertrauensvorschusses der Kunden. Sie müssen die notwendigen Voraussetzungen schaffen, dass die Vertragspartner mit den Informationen versorgt werden, die für eine sachgerechte Auswahl eines Bankprodukts erforderlich sind. Nur eine lückenlose Information aller Kunden sorgt für Markttransparenz und das Funktionieren des Finanzmarktes, ohne dass eine einseitige Übervorteilung der Marktbeteiligten eintritt.[181] Scheitert diese Informationspolitik, so führt das fehlende Vertrauen eines

172 BGH ZIP 1981, 962 = WM 1981, 869.
173 *Huckele*, Die Vorvertragliche Aufklärungs-, Beratungs-und Informationspflichten im Versicherungsrecht, S. 10.
174 *Hopt*, Gerke/Steiner, S. 117 f.
175 *Möllers/Leisch*, JZ 2000, 1986 f.
176 *Raeschke-Kessler*, WM 1993, 1834.
177 *Raeschke-Kessler*, WM 1993, 1834.
178 *Raeschke-Kessler*, WM 1993, 1834.
179 *Kübler*, ZHR 145, (1981), 205.
180 *Horn*, ZBB 1997, 141.
181 *Horn*, ZBB 1997, 141.

Großteils der Bankenkunden in das Funktionieren der Kapitalmärkte zu einem Marktversagen.[182] Die Einführung von Informationspflichten hat daher eine wesentliche Bedeutung für die Vermeidung eines Marktversagens.[183]

d) Ziel der Informationspflichten

Das Regelungsziel der Verhaltensregel über „die notwendigen Informationen für den Verbraucher bei den Bankdienstleistungen in kommerzielle Banken" besteht darin, durch die Stärkung des Vertrauens der Kunden in die Banken, in den Verbraucherschutz und die Transparenz der angebotenen Produkte, eine positive Entwicklung der Bankenbranche herbeizuführen.[184] Dass dieses Ziel mithilfe der Einführung von Informationspflichten gegenüber den Kunden zu erreichen ist, wurde bereits bei der Erörterung des Zwecks von Informationen im Bankbereich dargestellt.

e) Anwendungsbereich der Informationspflichten

Der sachliche Anwendungsbereich der Informationspflichten bezieht sich auf den Abschluss von Bankdienstleistungsverträgen. Gegenstand solcher Finanzdienstleistungen sind Verbraucherkredite und Anlagengeschäfte.

f) Adressatenkreis von Informationspflichten

Anders als im deutschen Versicherungsvertragsrecht sind Informationen nach Art. 1 Abs. 1 der Verhaltensregeln nur gegenüber Verbrauchern zu erteilen. Die Verhaltensregel definiert in Art. 2 den Begriff des Verbrauchers und bestimmt, dass der Verbraucher eine natürliche Person ist, die ohne gewerbliche und berufliche Zwecke handelt. Damit steht fest, dass sich im georgischen Bankenrecht eine Schutzbedürftigkeit der Kunden nur auf natürliche Personen bezieht und juristische Personen als Kunden außerhalb des Schutzbereichs liegen.

g) Inhalt der Informationen

Die Informationen unterscheiden sich inhaltlich dadurch, ob es sich um eine vorvertragliche Information nach Art. 3 Abs. 1 oder um eine nachträgliche, also eine Information im Laufe des Vertrages nach Art. 5 der Verhaltensregel handelt. Zu den vorvertraglichen Informationen zählt unter anderem das Vertragsvorblatt. Nach Art. 3 Abs. 5 der Verhaltensregel soll das Vertragsvorblatt die wesentlichen Bedingungen des Vertrages enthalten, das in einer klaren, verständlichen Schrift verfasst

---

182 *Grundmann*, JZ 2000, 1137.

183 *Huckele*, Die Vorvertragliche Aufklärungs-, Beratungs-und Informationspflichten im Versicherungsrecht, S. 14.

184 Art. 1 Abs. 2 der Verhaltensregel „die notwendige Informationen für den Verbraucher bei den Bankdienstleistungen in kommerzielle Banken".

sein muss. Das Vertragsvorblatt enthält ähnlich wie das Produktinformationsblatt nach § 4 VVG-InfoV solche Informationen, die für Verbraucher von besonderer Bedeutung sein können. Anlage N 5 der Verhaltensregel enthält das erforderliche Mustervorblatt für kommerzielle Banken.

h) Zeitpunkt der Informationserteilung

Der Zeitpunkt der notwendigen Informationserteilung, deren Übermittlung der Bank nach Art. 3 Abs. der Verhaltensregel auferlegt ist, wird in Art. 3 Abs. 1 durch den Begriff der Rechtzeitigkeit näher bestimmt. Einen genauen Zeitpunkt der Informationserteilung sieht die Vorschrift nicht vor. Es wird an den Entscheidungsfindungsmoment des Kunden angeknüpft. Im Art. 3 Abs. 1 der Verhaltensregel heißt es, dass die Bank dem Bankkunden die richtigen, verständlichen und für seine Entscheidung notwendigen Informationen rechtzeitig zu erteilen hat, um den Kunden vor solchen Entscheidungen zu schützen, die er bei Kenntnis richtiger und vollständiger Informationen nicht getroffen hätte. Die Informationen werden dem Kunden nur dann bei der Entscheidungsfindung hilfreich sein, wenn er über die notwendigen Informationen so frühzeitig verfügt, dass er eine Möglichkeit hat, eine für sich subjektiv richtige Entscheidung zu treffen. Eine Entscheidung trifft er, bevor er seine auf den Vertragsschluss gerichtete Willenserklärung abgibt. Kommt ein Angebot für den Abschluss eines Bankdienstleistungsvertrages vonseiten der Bank, wird die Information „rechtzeitig" erteilt, wenn der Kunde über sie vor der Annahme des Angebots verfügte. Umgekehrt muss der Kunde schon über die Informationen unterrichtet worden sein, wenn das Angebot vom Kunden ausgeht. Die Bank kommt also ihrer Pflicht der „Rechtzeitigkeit" nach, wenn sie die Informationen dem Kunden übermittelt, bevor er seine Willenserklärung abgibt.

i) Formelle Anforderungen an die Informationen

Die Informationen müssen in den Dokumenten enthalten sein, die dem Bankkunden zur Verfügung gestellt werden. Dies sieht Art. 3 Abs. 1 der Verhaltensregel zwar nicht explizit vor, lässt sich aber daraus schließen, da zu den notwendigen Informationen auch die Informationen aus den fünf Anlagen der Verhaltensregel, wie das Vertragsvorblatt, zu übermitteln sind. Daher wird hier von einer Schriftform der vorvertraglichen Informationen gesprochen. Nach Art. 69 des georgischen ZGB sind für die Wirksamkeit der Schriftform die Unterschriften der am Rechtsgeschäft beteiligten Parteien ausreichend.

j) Pflicht zur richtigen, vollständigen und verständlichen Information

Nach Art. 3 Abs. 1 der Verhaltensregel sind die kommerziellen Banken gegenüber den Kunden zur Übermittlung wahrheitsgemäßer, vollständiger und klarer Informationen verpflichtet, die für den Vertragsschluss mit der Bank von besonderer Bedeutung sind.

aa) Richtigkeits- und Vollständigkeitsgebot

Die Bank ist zur Erteilung zutreffender, aktueller, vollständiger und richtiger Informationen verpflichtet.[185] Diese Grundsätze von Wahrheit, Vollständigkeit und Richtigkeit von Informationen bestimmen maßgebend den Grad der Vertrauenswürdigkeit der jeweiligen Bank.[186] Mit „wahrheitsgemäß" ist nicht gemeint, dass die Informationen der objektiven Wahrheit entsprechen müssen, sondern, dass die Bank anhand von allgemein zugänglichen Informationsquellen[187] die Risiken ausgewertet hat. Die vorvertraglichen Informationen sind dann vollständig, wenn keine negativen Tatsachen vonseiten der Bank verschwiegen werden.[188]

Der Zweck der richtigen und vollständigen Information ist nicht, beim Bankkunden ein wirtschaftliches Risiko abzumildern, sondern ihm die Möglichkeit zu geben das wirtschaftliche Risiko zu erkennen und einschätzen zu können.[189]

bb) Pflicht zur verständigen Information

Dem Grundsatz der Verständlichkeit folgend, müssen die Informationen für den durchschnittlichen Kunden verständlich dargestellt werden.[190] Die wirtschaftlichen Nachteile und Belastungen für den Kunden müssen in den Informationen soweit erkennbar sein, wie dies nach den Umständen des Bankenverhältnisses gefordert werden kann.[191] Eine verständliche und klare Information umfasst auch eine Erläuterung von Fachbegriffen und Fremdwörtern.[192]

2. Zusammenfassung

Das georgische Versicherungsrecht regelt keine vorvertraglichen Informationspflichten der Versicherer. Eine mit § 7 des deutschen VVG vergleichbare Regel findet sich im georgischen Bankrecht in einer Verhaltensregel, die von der Nationalbank von Georgien im Jahr 2011 für kommerzielle Banken erlassen wurde. Gemäß Art. 3 Abs. 1 der Verhaltensregel über „die notwendigen Informationen für den Verbraucher bei den Bankdienstleistungen in kommerziellen Banken" haben die Banken die Pflicht zur Informationserteilung. Zweifelhaft ist allerdings die Frage, ob diese Informationspflichten öffentlich-rechtlicher, zivilrechtlicher oder doppelter Natur sind. Die Einführung der Informationspflichten im Bankrecht hatte ähnlich

185 BGHZ 123, 129 = ZBB 1994.
186 *Lehmann*, WM 1985, 181.
187 *Kümpel*, WM 1995, 890.
188 *Huckele*, Die Vorvertragliche Aufklärungs-, Beratungs-und Informationspflichten im Versicherungsrecht, S. 63.
189 *Huckele*, Die Vorvertragliche Aufklärungs-, Beratungs-und Informationspflichten im Versicherungsrecht, S. 53.
190 Beckmann/Matusche-Beckmann/*Beckmann*, § 10, Rn. 233.
191 Beckmann/Matusche-Beckmann/*Beckmann*, § 10, Rn. 233.
192 Beckmann/Matusche-Beckmann/*Beckmann*, § 10, Rn. 233.

wie im Versicherungsrecht das Ziel, Wissenslücken wegen fehlender Erfahrung und Mangel an Sachkunde aufseiten der Kunden zu schließen. Wird nach der Informationserteilung eine Ungleichgewichtslage zwischen den Parteien ausgeglichen, so kann der Bankkunde nunmehr eine autonome Entscheidung hinsichtlich des Vertragsschlusses treffen. Dabei stehen der Grundsatz der Privatautonomie, das Kundenschutzprinzip und der Kapitalmarktschutz in einer Wechselbeziehung zueinander. Der sachliche Anwendungsbereich der Informationspflichten bezieht sich auf die Verbraucherkredite und Anlagengeschäfte. Adressaten der Informationspflichten sind nach Art. 1 Abs. 1 der Verhaltensregel die Verbraucher, also jede natürliche Person, die nach Art. 2 der Verhaltensregel zu privaten Zwecken handelt. Damit hat das georgische Bankrecht im Unterschied zum deutschen Versicherungsvertragsrecht die Schutzbedürftigkeit der Kunden nur auf natürliche Personen erstreckt und den juristischen Personen einen solchen Schutz entzogen. Die Pflicht zu Informationserteilung kann sowohl vor dem Vertragsschluss als auch im Laufe des Vertrages für die Banken bestehen. Vorvertragliche Informationen müssen so rechtzeitig erteilt werden, dass der Kunde seine Entscheidung anhand der richtigen und vollständigen Informationen treffen kann. Das bedeutet gleichzeitig, dass die Informationen zu übermitteln sind, bevor der Kunde seine Willenserklärung abgibt. Die Informationen bedürfen der Schriftform, da sie in den Dokumenten enthalten sein müssen. Die Bank hat wahrheitsmäßige, vollständige und klare Informationen zu erteilen. Im Unterschied zum deutschen Versicherungsrecht sieht das georgische Bankrecht keine Verzichtsmöglichkeit auf die Erteilung der Informationen vor.

IV Kapitel Beratungspflichten des Versicherers

Unter der Überschrift „Beratungspflichten des Versicherers" werden die für das deutsche Recht relevanten EU-Vorgaben dargestellt, seine Funktionen erläutert und die deutsche Rechtslage nach § 6 VVG betrachtet. Anschließend wird georgisches Recht erläutert. Es wird versucht, vorvertragliche Informations- und Beratungspflichten aus c.i.c. abzuleiten. Abschließend werden Verbesserungsvorschläge für den georgischen Gesetzgeber entwickelt werden.

I. Einführung von Beratungspflichten im Deutschen Recht

Es gibt keine europarechtlichen Vorschriften, die unmittelbar auf die Einführung der Beratungspflichten des Versicherers nach § 6 VVG hinwirkten. Dennoch nimmt die Richtlinie 2002/92/EG mittelbar Einfluss auf § 6 VVG. Die Richtlinie sieht Vorschriften für die Aufnahme und Ausübung der Versicherungs- und Rückversicherungsvermittlung vor, wobei nach Art. 2 Nr. 3 UA 2 der RL 2002/92/EG Versicherungsunternehmen und ihre Angestellten nicht unter den Begriff Versicherungsvermittler fallen, wenn eine solche Tätigkeit ausgeübt wird. Daher findet die RL 2002/92/EG auch keine unmittelbare Anwendung auf die Versicherer. Der neu geregelte § 6 VVG knüpft in seiner Formulierung an den § 42 c a.F. an,[1] der im Zuge der Umsetzung der RL 2002/92/EG am 22. Mai 2007 zur Unterstützung der Versicherungsvermittler in das VVG eingefügt worden war, und die Frage-, Begründungs-, Beratungs- und Dokumentationspflichten bestimmt hat.[2] Um den Versicherungsnehmer in seinen Rechten zu stärken, sind diese Pflichten nun im Rahmen der VVG-Reform in § 6 des neuen VVG aufgenommen worden.[3]

1. Überblick über die Beratungspflichten nach § 6 VVG

§ 6 Abs. 1 und 2 VVG sehen mehrere Pflichten des Versicherers vor, den Versicherungsvertragsschluss zu erfüllen. Zu dem vorvertraglichen Pflichtenkreis gehören eine anlassbezogene Befragung des künftigen Versicherungsnehmers, ferner seine Beratung, Angabe der Gründe für jeden erteilten Rat und dessen Dokumentation. Ein Teil der Literatur spricht darüber hinaus auch von einer Pflicht zur Übermitt-

1 BT Drucks. 16/3945, S. 58; Richtlinie 2002/92/EG des Europäischen Parlaments und des Rates vom 9. Dezember 2002 über Versicherungsvermittlung.

2 *Hüntemann*, Der Abschluss von Versicherungsverträgen und die vorvertraglichen Pflichten des Versicherers gemäß §§ 6 und 7 VVG, S. 170.

3 *Hüntemann*, Der Abschluss von Versicherungsverträgen und die vorvertraglichen Pflichten des Versicherers gemäß §§ 6 und 7 VVG, S. 169.

lung des erteilten Rates und Gründe.[4] Da die Dokumentationspflicht für den Versicherungsnehmer nur dann von Bedeutung sein kann, wenn ihm die erstellte Dokumentation auch übergeben wird, ist anzunehmen, dass die in § 6 Abs. 2 S. 1 VVG genannte Übermittlung auch Teil der Dokumentationspflicht ist.[5]

2. Begriff der Beratungspflichten

§ 6 VVG enthält keine Definition des Begriffs der Beratung oder für Frage- und Dokumentationspflichten, was dazu führt, dass Reichweite und Umfang der Pflichten nicht genau bestimmbar sind. Im Zusammenhang mit den Beratungspflichten ist die Rede von Informations-, Aufklärungs-, Hinweis-, Belehrungs-, Offenbarungs-, Warn- und Mitteilungspflichten.[6] Diese Pflichten sind inhaltlich so miteinander verbunden, dass eine genaue Abgrenzung kaum möglich ist. Grundsätzlich wird aber zwischen Aufklärungs-, Informations- und Beratungspflichten differenziert.[7]

Während die Informationspflichten in standardisierter Weise, objektiv und ohne Rücksicht auf den Einzelfall zu erfüllen sind,[8] wird unter Aufklärungspflichten die Mitteilung von Tatsachen in Bezug auf den konkreten Einzelfall verstanden, die für ein rechtserhebliches Verhalten des Versicherungsnehmers von Bedeutung sind.[9] Eine unmittelbar wertende Stellungnahme ist jedoch mit den Aufklärungspflichten nicht verbunden. Der künftige Versicherungsnehmer soll durch die Kenntnisverschaffung in die Lage versetzt werden, eine eigene Entscheidung für oder gegen den Versicherungsvertrag zu treffen.[10] Im Gegensatz dazu sind bei einer Beratung umfassendere Anforderungen an den Berater zu stellen. Während die Aufklärung auf die Vermittlung von Wissen gerichtet ist, werden bei einer Beratung Entscheidungsalternativen und Handlungsmöglichkeiten für den Interessenten unter Berücksichtigung seiner Bedürfnisse und persönlichen Verhältnisse erörtert.[11] Die Beratung umfasst ferner eine unmittelbare persönliche Stellungnahme in Form einer Empfehlung, die dem künftigen Versicherungsnehmer als Entscheidungshilfe für den Abschluss eines Versicherungsvertrags dient.[12]

---

4 *Hüntemann*, Der Abschluss von Versicherungsverträgen und die vorvertraglichen Pflichten des Versicherers gemäß §§ 6 und 7 VVG, S. 166.

5 *Hüntemann*, Der Abschluss von Versicherungsverträgen und die vorvertraglichen Pflichten des Versicherers gemäß §§ 6 und 7 VVG, S. 166.

6 *Kieninger*, AcP 199, 190.

7 *Kieninger*, AcP 199, 190.

8 *Kieninger*, AcP 199, 190.

9 Vgl. *Ihle*, Der Informationsschutz des Versicherungsnehmers, S. 14 f.

10 Vgl. *Ihle*, Der Informationsschutz des Versicherungsnehmers, S. 14 f.

11 *Kieninger*, AcP 199, 190.

12 Vgl. *Ihle*, Der Informationsschutz des Versicherungsnehmers, S. 15.

3. Grund der Einführung der Beratungspflichten

Um eine strukturelle Ungleichgewichtslage zwischen den künftigen Vertragspartnern beim Versicherungsvertragsschluss auszugleichen, hat der deutsche Gesetzgeber, auf Grundlage der einschlägigen Richtlinien, die vorvertraglichen Informationspflichten mit § 7 Abs. 1 VVG eingeführt. Die Statuierung der Informationspflichten hat jedoch Schwachstellen. Ausgehend vom Informationsumfang, den der Versicherungsinteressent vor Vertragsschluss zu bewältigen hat, kann dies schnell zu einer „Desinformation durch Überinformation" führen.[13] Tatsächlich würden die Informationen den Adressaten gar nicht erreichen, da ihr Studium einiges an Zeit und Mühe kostet.[14] Eine rechtspolitische Diskussion über Informationspflichten ist an dieser Stelle aber nicht mehr zu führen, da die Regelungen denen auf europäischer Ebene und damit dem „Informationsmodell" des Schutzkonzepts des Verbraucherschutzes entsprechen. Selbst wenn der Versicherungsnehmer die Informationen zur Kenntnis nimmt, besteht eine weitere Schwäche der Informationspflichten darin, dass die Pflichten nach § 7 VVG nicht auf der Ebene der Bedarfsermittlung ansetzen. Der durch die Vorschrift vorgeschriebene Schutz greift erst dann, wenn der künftige Versicherungsnehmer eine Versicherungsdeckung für sich selbst bereits bestimmt hat.[15] Die Informationspflichten haben einen generellen Charakter. Sie werden nicht der individuellen Situation des Versicherungsnehmers angepasst. Um dem Versicherungsnehmer eine bedarfsorientierte Entscheidung zu ermöglichen, ist auf dessen persönliche Belange Rücksicht zu nehmen und zunächst der persönliche Bedarf zu klären.[16] Mangels einer individuellen Anpassung der Beratung sind die vorvertraglichen Informationspflichten ungeeignet, die strukturelle Ungleichgewichtslage des Versicherungsnehmers gegenüber dem Versicherer zu beseitigen.[17] Insoweit trägt die Einführung der Informationspflichten dazu bei, diese konzeptionelle Schwäche der Vorabinformationen auszugleichen.[18]

13 *Bach,* FS Lorenz 1994, S. 47.

14 *Hüntemann,* Der Abschluss von Versicherungsverträgen und die vorvertraglichen Pflichten des Versicherers gemäß §§ 6 und 7 VVG, S. 162.

15 *Hüntemann,* Der Abschluss von Versicherungsverträgen und die vorvertraglichen Pflichten des Versicherers gemäß §§ 6 und 7 VVG, S. 163.

16 *Hüntemann,* Der Abschluss von Versicherungsverträgen und die vorvertraglichen Pflichten des Versicherers gemäß §§ 6 und 7 VVG, S. 169.

17 *Hüntemann,* Der Abschluss von Versicherungsverträgen und die vorvertraglichen Pflichten des Versicherers gemäß §§ 6 und 7 VVG, S. 169.

18 *Hüntemann,* Der Abschluss von Versicherungsverträgen und die vorvertraglichen Pflichten des Versicherers gemäß §§ 6 und 7 VVG, S. 169.

II. Europarechtliche Vorgaben

1. Zielsetzung der RL 2002/92/EG

Die RL 2002/92/EG hat mehrere Ziele. Sie soll gewährleisten, dass der Versicherungsvermittler von seinen Rechten der Niederlassungs- und Dienstleistungsfreiheit Gebrauch machen kann. Sie soll die nationalen Vorschriften über die beruflichen Anforderungen an Versicherungsvermittler und deren Eintragung koordinieren, um die Vollendung des Binnenmarktes für Finanzdienstleistungen zu erreichen.[19] Diese Maßnahmen sollen aber auch eine Verbesserung des Verbraucherschutzes erzielen.[20] Die in der RL 2002/92/EG bestimmten „Informationspflichten" des Versicherungsvermittlers verfolgen diesen Zweck. Die Mitgliedstaaten können über diese Richtlinie hinausgehende Vorschriften erlassen, soweit diese mit Gemeinschaftsrecht vereinbar sind.[21]

Am 23. Februar 2016 ist Richtlinie 2016/97/des Europäischen Parlaments und des Rates vom 20. Januar 2016 über Versicherungsvertrieb (Neufassung) in Kraft getreten. Sie wird von den Mitgliedstaaten bis 23. Februar 2018 umzusetzen sein. Mit diesem Zeitpunkt wird die derzeit geltende RL 2002/92/EG aufgehoben werden.

2. „Informationspflichten" des Art. 12 der RL 2002/92/EG

Für den Verbraucher ist es von Bedeutung, ob er mit einem Versicherungsvermittler Kontakt hat, der über eine breite Produktpalette oder lediglich über eine bestimmte Anzahl von Versicherungen berät.[22] Berät der Vermittler über eine Vielzahl verschiedener Produkte unterschiedlicher Versicherungsunternehmen, hat er eine unparteiische Untersuchung aller auf dem Versicherungsmarkt angebotenen Produkte durchzuführen. Alle Versicherungsvermittler sollen ferner die Gründe ihres individuellen Vorschlags gegenüber dem Versicherungsinteressenten erörtern.[23] Art. 12 und 13 der RL 2002/92/EG enthalten Vorgaben im Rahmen der vorvertraglichen Pflichten des Versicherungsvermittlers, wobei Art. 13 bestimmt, wie die Pflichten zu erfüllen sind. Art. 12 Abs. 1 sieht eine Vielfalt der Informationen über den Vermittlerstatus vor, während die Abs. 2 und 3 inhaltliche Vorgaben für die vorvertraglichen Pflichten bestimmen.

3. Reichweite des Art. 12 Abs. 3 der RL 2002/92/EG

Die Reichweite der vorvertraglichen Pflichten, die der Versicherungsvermittler nach Art. 12 Abs. 3 der RL 2002/92/EG zu erfüllen hat, ist nicht genau zu bestimmen, da

19 Vgl. Erwägungsgründe 6, 7 und 8 der RL 2002/92/EG.
20 Vgl. Erwägungsgründe 8 der RL 2002/92/EG.
21 Vgl. Erwägungsgründe 19 der RL 2002/92/EG.
22 Vgl. Erwägungsgründe 18 der RL 2002/92/EG.
23 Vgl. Erwägungsgründe 20 der RL 2002/92/EG.

sich bei näherer Betrachtung der Vorgaben Unsicherheiten zeigen, insbesondere im Hinblick auf Frage- und Beratungspflichten.

a) Meinungsstand in der Literatur

In der Literatur gibt es erhebliche Ungewissheiten über die Reichweite des Art. 12 Abs. 3 der RL 2002/49/EG. Ein Teil der Literatur ist der Auffassung, dass sich aus der Vorschrift lediglich eine Dokumentationspflicht ergibt. Frage- und Beratungspflichten sind nach dieser Ansicht, daraus nicht zu entnehmen. Ein anderer Teil dagegen sieht auch die Befragung und Beratung als Teil der vorvertraglichen Pflichten.

Ihle ist der Meinung, dass eine solche Regelung die Pflicht voraussetzt, nach den Wünschen und Bedürfnissen des Versicherungsinteressenten zu fragen, um ihn entsprechend zu beraten.[24] *Niederlethinger* geht davon aus, dass aus dem Sinn und Zweck des Art. 12 Abs. 3 der RL 2002/92/EG, über die Dokumentationspflicht des Vermittlers hinaus eine Frage- und Beratungspflicht abgeleitet werden müsse.[25] *Schimikowski* meint, dass es sich aus der Vorschrift eine Pflicht herleiten lasse, nach existenzbedrohenden Risiken zu fragen.[26] Er führt weiter aus, dass der Sinn der Regelung zwingend eine Beratung erfordere, da eine Beratungsdokumentation eine solche zwingend voraussetzt.[27] Im Hinblick auf die Umsetzung der RL 2002/92/EG in deutsches Recht schlägt er vor, nur Art. 12 Abs. 3 der RL umzusetzen, da dieser die Dokumentation der Wünsche und Bedürfnisse des Kunden sowie des letztendlich erteilten Rates verlange. Die anderen vorvertraglichen Pflichten, wie Beratungs- und Fragepflichten, ergäben sich daraus.[28]

Langer und *Rosenow* stellen darauf ab, dass der Wortlaut der Regelung im Vordergrund stünde und daraus allein eine Pflicht zur Dokumentation der Wünsche und Bedürfnisse des Versicherungsnehmers zu entnehmen sei. Jedoch ist davon auszugehen, dass die Regelung auch eine Pflicht zur Ermittlung der Wünsche und Bedürfnisse des Versicherungsnehmers vorsehe, weil eine Dokumentationspflicht nur dann sinnvoll sein kann, wenn damit eine Pflicht zur Ermittlung korrespondiere. Nach dieser Ansicht hat die Beratung ferner objektgerecht zu erfolgen.[29]

Scholl sieht in den europäischen Vorschriften zum einen eine Pflicht zur Bedürfnis- und Kundenwunschermittlung und zum anderen eine Pflicht zur Begründung der Produktempfehlung.[30] Dabei ist weder von einer Frage- noch von einer Beratungspflicht die Rede. Trotzdem begründet *Scholl* aus der Pflicht zur Kunden-

---

24 Vgl. *Ihle,* Der Informationsschutz des Versicherungsnehmers, S. 282.
25 Vgl. *Niederleithinger,* VerWissStud, 26. BD, S. 103.
26 Vgl. Müller-Peters/Arnold/Beenken/*Schimikowski,* S. 15.
27 Vgl. Müller-Peters/Arnold/Beenken/*Schimikowski,* S. 17 f.
28 Vgl. Müller-Peters/Arnold/Beenken/*Schimikowski,* S. 22.
29 Vgl. *Langer/Rosenow,* Liber amicorum Bernd Stauder, S. 214.
30 Vgl. Kollhosser/*Scholl,* S. 39.

wunschermittlung eine Pflicht des Vermittlers, den besten Rat zur Tarifgestaltung des jeweiligen Versicherers zu geben, die er im Rahmen seiner Tätigkeit vermittelt.[31]

Ebers meint, dass die Regelung eine Pflicht der Beratung des Versicherungsnehmers vorsehe, allerdings enthalte die Richtlinie nur äußerst unbestimmte Vorgaben dazu, da aufgrund der Vorschrift nicht festgestellt werden könne, ob die Beratungspflichten stets oder nur anlassbezogen zu erfüllen seien. Ferner bleibt unklar, welche Anforderungen im Einzelnen zu beachten seien, um die Wünsche und Bedürfnisse des Versicherungsnehmers zu ermitteln und dadurch einen entsprechenden Rat zu erteilen.[32]

b) Wortlaut der Vorschrift

Gemäß Art. 12 Abs. 3 der RL 2002/92/EG muss der Vermittler vor Abschluss eines Versicherungsvertrages, insbesondere anhand der vom Kunden gemachten Angaben, zumindest dessen Wünsche und Bedürfnisse sowie die Gründe für jeden diesem zu einem bestimmten Versicherungsprodukt erteilten Rat genau angeben. Diese Angaben sind der Komplexität des angebotenen Vertrages anzupassen. Damit wird von der Richtlinie zum einen eine Angabe der Wünsche und Bedürfnisse des Versicherungsnehmers und zum anderen eine Angabe der Gründe für jeden erteilten Rat verlangt. Aus dem Wortlaut der Vorschrift ist zu schließen, dass es sich um eine Mitteilungspflicht des Vermittlers über die Wünsche und Bedürfnisse des Kunden handelt, was voraussetzt, dass die von diesem gemachten Angaben vom Vermittler aufgenommen und für den Versicherungsnehmer zusammengefasst worden sind. Aus den formalen Anforderungen der Art. 13 Abs. 1 und 2 der RL 2002/92/EG ergibt sich, dass diese Mitteilungspflicht in Form einer Dokumentation zu erfüllen ist. Hier sind die Angaben des Versicherungsnehmers für den Vermittler die einzige Auskunftsquelle, da von einer Erforschung oder Ermittlung der Wünsche und Bedürfnisse nicht die Rede ist. Eine Pflicht zur Befragung besteht damit für den Vermittler nicht.[33]

Der Vermittler hat daneben die Gründe für einen erteilten Rat anzugeben, wobei ihn zunächst eine entsprechende Mitteilungspflicht trifft. Diese Pflicht ist daneben in Form der Dokumentation zu erfüllen. Diese Dokumentationspflicht bezieht sich auf jeden Rat, der zu einer bestimmten Versicherungsdeckung erteilt wurde. Eine Beratungspflicht kann daraus also nicht entnommen werden. Die hier anzugebenden Gründe für einen „erteilten“ Rat beziehen sich auf solche Gründe, die im Rahmen der Beratung relevant geworden sind. Ist diese nicht erfolgt, so müssen auch keine Gründe angegeben werden. Der Wortlaut der Vorschrift spricht auch hier eher dafür, dass keine Pflicht zur Beratung begründet wird. Der Vorschrift kann damit nur die Pflicht entnommen werden, die Wünsche und Bedürfnisse des

31 Vgl. Kollhosser/*Scholl*, S. 42.
32 Vgl. Schwintowski/Brömmelmeyer/*Ebers*, § 6, Rn. 5.
33 *Hüntemann*, Der Abschluss von Versicherungsverträgen und die vorvertraglichen Pflichten des Versicherers gemäß §§ 6 und 7 VVG, S. 178.

Versicherungsnehmers sowie die Gründe für den erteilten Rat zu dokumentieren.[34] Insoweit bleibt den Mitgliedstaaten ein erheblicher Gestaltungsspielraum die Regelung im nationalen Recht so umzusetzen, dass Frage- und Beratungspflichten eingeführt werden können. Eine Pflicht hierzu besteht aufgrund der RL 2002/92/EG jedoch nicht.[35]

c) Zweck der Dokumentationspflichten

Den Dokumentationspflichten werden mehrere Funktionen zugeschrieben, die sich sowohl auf die Besserstellung des Versicherungsnehmers als auch auf die Begünstigung der Vermittler beziehen. Der Erwägungsgrund Nr. 8 der RL 2002/92/EG zeigt, dass durch die Richtlinie neben der Harmonisierung des Vermittlermarkts auch der Verbraucherschutz verbessert werden soll. Daher ist bei der Erläuterung des Zwecks der Dokumentationspflichten die Stärkung der Position der Kunden in den Vordergrund zu stellen.

aa) Beweiserleichterung

Dokumentationspflichten können dazu dienen, im Falle eines Rechtsstreits über die Fehler einer etwaigen Beratung dem Versicherungsnehmer den Nachweis zu erleichtern, um seine Schadensersatzansprüche geltend zu machen.[36] Durch die Dokumentation wird eine Überprüfung möglich, ob der Vermittler sachlich richtige Auskunft erteilt hat. Die Dokumentationspflichten des Vermittlers ermöglichen dem Kunden zu belegen, welche Gründe für einen erteilten Rat nach Art. 12 Abs. 3 der RL 2002/92/EG genannt wurden.

Die Angaben zu Wünschen und Bedürfnissen des Versicherungsnehmers sowie die Gründe für den erteilten Rat werden nach der Dokumentation dem Kunden nach Art. 13 der RL 2002/92/EG übermittelt, was ihm im Streitfall auch noch nach einem längeren Zeitraum ermöglicht, die mangelhaften Inhalte der Dokumentation zu belegen, ohne sich gegebenenfalls an den Vermittler zwecks Herausgabe der Dokumentation wenden zu müssen.[37] In der Gesetzesbegründung zu § 42 c VVG a.F., mit dessen Wortlaut ursprünglich die Richtlinienvorgaben im deutschen Recht umgesetzt worden waren, findet sich die Aussage, dass der Verstoß gegen Dokumentationspflichten Beweiserleichterungen zugunsten des Kunden rechtfertigen können.[38] Daraus ergibt sich, dass durch die Dokumentationspflicht und die Pflicht

---

34 *Hüntemann*, Der Abschluss von Versicherungsverträgen und die vorvertraglichen Pflichten des Versicherers gemäß §§ 6 und 7 VVG, S. 179.

35 *Hüntemann*, der Abschluss von Versicherungsverträgen und die vorvertraglichen Pflichten des Versicherers gemäß §§ 6 und 7 VVG, S. 187.

36 *Hüntemann*, Der Abschluss von Versicherungsverträgen und die vorvertraglichen Pflichten des Versicherers gemäß §§ 6 und 7 VVG, S. 188.

37 *Höhrich*, Die Dokumentation der Beratung nach dem VVG 2008, S. 22.

38 BT Drucks. 16/1935, S. 26.

zur Dokumentationsübermittlung die Beweissituation des Versicherungsnehmers verbessert werden soll.[39]

Einige Vorteile entstehen dabei auch für den Vermittler. Grundgedanke der Dokumentationspflichten der RL 2002/92/EG ist zwar nicht der Schutz der Vermittler, aber dies schließt nicht aus, dass die Dokumentationspflicht auch den Interessen des Vermittlers dienen kann.[40] So kann dem Vermittler beispielsweise anhand der Angaben über Wünsche und Bedürfnisse des Versicherungsnehmers sowie der Gründe des erteilten Rates der Nachweis gelingen, dem Versicherungsnehmer ein bestimmtes Risiko dargestellt zu haben, das der Kunde jedoch entgegen dessen Rat bewusst in Kauf genommen hat.[41]

bb) Verbesserung der Beratungsqualität

Im Erwägungsgrund 20 der RL 2002/92/EG heißt es, dass der Vermittler dokumentieren soll, aus welchen Gründen er zu einem bestimmten Versicherungsprodukt berät. Dadurch wird deutlich gemacht, dass die Dokumentationspflichten darauf ausgerichtet sind, die Beratung des Vermittlers zu verbessern, indem der Rat nachvollziehbar wird.[42]

Wird der Kunde beraten, bekommt er viele Informationen, die nicht sofort aufgenommen und wieder schnell vergessen werden können. Die Dokumentation der Beratung ermöglicht dem Versicherungsnehmer, sich nach der Beratung die wesentlichen Punkte der Beratung noch einmal zu vergegenwärtigen.[43] Aufgrund dieser Angaben kann der Kunde nachvollziehen, welche Versicherungsdeckung seinen Wünschen und Bedürfnissen entspricht und worauf sich der Rat des Vermittlers bezieht. Hat der Versicherungsnehmer einen Versicherungsvertrag abgeschlossen, kann er später nachvollziehen, warum er sich für das konkrete Versicherungsprodukt entschieden hat.[44] Das Wissen, das er mit der Beratung erlangt hat, kann durch die Dokumentation bewahrt werden.[45] Darüber hinaus wird angenommen, dass ein Vermittler, der seine Beratung zu dokumentieren hat, besser auf das Beratungsgespräch vorbereitet ist, als bei einem bloßen mündlichen Austausch.[46] Dadurch soll insgesamt die Qualität der Beratung gesteigert werden.

---

39 *Höhrich*, Die Dokumentation der Beratung nach dem VVG 2008, S. 23.

40 Vgl. Schwintowski/Brömmelmeyer/*Michaelis*, § 61, Rn. 1.

41 *Gamm/Sohn*, Versicherungsvermittlerrecht, Rechtliche Auswirkungen, S. 124.

42 *Höhrich*, Die Dokumentation der Beratung nach dem VVG 2008, S. 25.

43 *Hüntemann*, Der Abschluss von Versicherungsverträgen und die vorvertraglichen Pflichten des Versicherers gemäß §§ 6 und 7 VVG, S. 240.

44 Prölss/Martin/*Dörner*, § 61, Rn. 29.

45 *Stöbener*, ZVersWiss 2007, 465, 475.

46 Prölss/Martin/*Dörner*, § 61, Rn. 34.

cc) Unterstützung bei der Entscheidungsfindung und Entscheidungsrevision

Der Zweck der Dokumentationspflicht kann auch darin gesehen werden, den Versicherungsnehmer beim Versicherungsvertragsschluss zu unterstützen. Die Dokumentation ist ein Signal für den Kunden, den anhand seiner dargelegten Wünsche, Bedürfnisse und Gründe erteilten Rat vollumfänglich zu überdenken und die Konsequenzen abzuwägen, die mit dem Abschluss eines oft langfristigen Versicherungsvertrags verbunden sind.[47] Der Versicherungsnehmer kann in seiner Entscheidungsfindung durch den dokumentierten Gesprächsverlauf nur dann unterstützt werden, wenn die Übermittlung der Dokumentation vor der Abgabe von dessen Willenserklärung erfolgt.[48] Allerdings ist die Übermittlung der Dokumentation vor Abgabe der Vertragserklärung des Versicherungsnehmers nicht zwingend. Nach §§ 6 Abs. 2 S. 1, 62 Abs. 1 Alt. 2 VVG maßgeblicher Zeitpunkt ist das Versicherungsvertragsschluss.[49] Wird die Dokumentation dem Kunden erst nach Abgabe der Vertragserklärung übermittelt, so dient die Dokumentation lediglich einer Entscheidungsüberprüfung.[50]

Insgesamt lässt sich festhalten, dass die Dokumentationspflicht zum Schutz des Versicherungsnehmers beiträgt, indem durch Beweiserleichterungen, Steigerung der Beratungsqualität, Unterstützung des Kunden bei der Entscheidungsfindung oder Entscheidungsüberprüfung die Position des Versicherungsnehmers gestärkt wird.

d) Formelle Anforderungen

Gemäß Art. 13 Abs. 1 der RL 2002/92/EG sind die nach Art. 12 der Richtlinie vorgesehenen Auskünfte dem Versicherungsnehmer auf Papier oder auf einem anderen dem Kunden zur Verfügung stehenden und zugänglichen dauerhaften Datenträger in klarer, für den Versicherungsnehmer verständlicher und genauer Form, in einer Amtssprache des Mitgliedstaates, in dem die Verpflichtung eingegangen wird oder in jeder anderen von den Parteien vereinbarten Sprache zu erteilen. Der Begriff des dauerhaften Datenträgers ist in Art. 2 Nr. 12 der genannten Richtlinie legaldefiniert.

Ein Ausnahmefall von dieser Regelung sieht allerdings Art. 13 Abs. 2 der RL 2002/92/EG vor. Danach sind die in Art. 12 der Richtlinie genannte Auskünfte mündlich zu erteilen, wenn der Versicherungsnehmer dies wünscht oder eine Sofortdeckung erforderlich ist. Dabei sind die Auskünfte dem Kunden in der in Art. 13 Abs. 1 vorgesehenen Form unmittelbar nach Abschluss des Versicherungsvertrags zu übermitteln.

---

47 *Zinnert*, Recht und Praxis des Versicherungsmaklers, S. 456.

48 *Höhrich*, Die Dokumentation der Beratung nach dem VVG 2008, S. 26.

49 *Höhrich*, Die Dokumentation der Beratung nach dem VVG 2008, S. 27.

50 *Höhrich*, Die Dokumentation der Beratung nach dem VVG 2008, S. 28.

e) *Zeitliche Anforderungen*

Im Hinblick auf den Zeitpunkt sind dem Kunden dessen Wünsche und Bedürfnisse sowie die Gründe für den erteilten Rat nach Art. 12 Abs. 3 S. 1 der RL 2002/92/EG vor Abschluss eines Versicherungsvertrags mitzuteilen. Dabei könnte diese Formulierung so verstanden werden, dass die vom Vermittler erstellende Dokumentation auch nach der Abgabe der Vertragserklärung des Kunden aber vor dem Vertragsabschluss übermittelt werden darf. Es fragt sich jedoch, inwieweit eine derartige Auslegung der Vorschrift, dem Zweck der Dokumentationspflichten entspricht.[51]

Erster Zweck der Dokumentationspflicht ist die Beweisfunktion. Dient die Dokumentationspflicht bei Geltendmachung eines Schadensersatzanspruchs dem Beweiszweck, so ist es möglich, die Auskünfte gemäß Art. 12 Abs. 3 der Richtlinie auch nach Abgabe der Willenserklärung des Kunden zu übermitteln. Da Beweisprobleme für Kunden auch erst deutlich später eintreten könnten, kommt ferner eine Dokumentationsübermittlung auch nach dem Versicherungsvertragsschluss in Betracht. Allerdings wird dies in RL 2002/92/EG nur als Ausnahme angesehen, jedoch ausdrücklich in Art. 13 Abs. 2 der Richtlinie geregelt.[52]

Soweit darauf abgestellt wird, dass die Dokumentationspflichten dazu beitragen sollen, den Kunden bei der Entscheidungsfindung zu unterstützen und ihn in die Lage zu versetzen, anhand des dort gewonnenen Wissens eine seinen Bedürfnissen entsprechende Versicherungsdeckung auszuwählen, liegt es näher, dass mit dem Zeitpunkt „vor Abschluss eines Vertrages" der Zeitpunkt vor Abgabe der Willenserklärung des Kunden gemeint ist. Ansonsten könnte die Dokumentation lediglich ermöglichen, die bereits getroffene Entscheidung zu widerrufen. Insbesondere dann, wenn zwischen der erfolgten Beratung und der Vertragserklärung des Kunden ein längerer Zeitraum liegt, da der Versicherungsnehmer sich nicht unmittelbar nach der Beratung für den Abschluss des Versicherungsvertrags entschieden hat, ist die Dokumentation zur Überprüfung des Beratungsergebnisses von Vorteil.[53]

III. Beratungspflichten gemäss § 6 VVG

1. Rechtsprechung vor der VVG-Reform

Bis zur Reform des VVG im Jahr 2008 hat sich die deutsche Rechtsprechung ständig weiterentwickelt, die auf dem Gebiet des Versicherungsrechts die Einschränkung des Grundsatzes der Eigenverantwortung zugunsten des Ver-

51 *Hüntemann*, Der Abschluss von Versicherungsverträgen und die vorvertraglichen Pflichten des Versicherers gemäß §§ 6 und 7 VVG, S. 188.

52 *Hüntemann*, Der Abschluss von Versicherungsverträgen und die vorvertraglichen Pflichten des Versicherers gemäß §§ 6 und 7 VVG, S. 189.

53 *Hüntemann*, Der Abschluss von Versicherungsverträgen und die vorvertraglichen Pflichten des Versicherers gemäß §§ 6 und 7 VVG, S. 189.

sicherungsnehmers als Ausnahmefall sah. Bei den von der Rechtsprechung entwickelten Grundsätzen handelt es sich lediglich um Aufklärungs- und Beratungspflichten, da die Informationspflichten auch damals bereits im § 10 a VAG festgeschrieben waren.

a) Keine spontane Pflicht zur Aufklärung und Beratung

Eine spontane Pflicht der Versicherer den Kunden über seinen Versicherungsbedarf und über die mögliche Deckung aufzuklären oder zu beraten, besteht nicht. Vielmehr hat die Rechtsprechung betont, dass es grundsätzlich Sache des Versicherungsnehmers sei, sich um die von ihm angestrebte Versicherungsdeckung eigenverantwortlich zu kümmern.[54] Darauf könne sich der Versicherer einstellen und brauche nicht auf Umstände hinzuweisen, von denen er annehmen dürfte, dass er danach gefragt würde.[55] Insbesondere brauchte der Versicherer nicht auf alle Einzelheiten des Versicherungsvertrages oder auf alle Ausschlussbestimmungen aufmerksam zu machen. Sehe die AVB keine Deckung vor, brauche der Versicherer auch nicht ohne Weiteres auf die Lücken in der Versicherungsdeckung hinweisen.[56] Abgesehen davon bestehen jedoch juristische Konstruktionen, aus denen die Rechtsprechung dennoch Aufklärungs- und Beratungspflichten abgeleitet hat. Diese vorvertraglichen Pflichten ergeben Situationen und besondere Umstände des Einzelfalls.[57] Es ist für jeden Einzelfall zu begründen, welche Anhaltspunkte als Auslöser der Aufklärungs- und Beratungspflichten maßgeblich sind.

b) Ausnahmefälle

aa) Fragen des Kunden

Nach der Rechtsprechung ist eine Aufklärungspflicht für den Fall angenommen, wenn der Versicherungsnehmer dem Versicherer konkrete Fragen zum angebotenen Versicherungsschutz stellt und er damit einen Aufklärungs- und Beratungsbedarf offenlegt.[58] Der Versicherer ist dann dazu verpflichtet, die Fragen wahrheitsgemäß und vollständig zu beantworten[59] oder ausdrücklich klarzustellen, dass er die entsprechenden Antworten nicht geben kann oder möchte.[60]

---

54 *Römer*, VersR 1998, S. 1317.
55 *BGH* NJW 1988, 764 = WM 1988, 1568.
56 *OLG* Köln, VersR 1996, 1265.
57 *Kieninger*, AcP 1999, 197.
58 *OLG* Düsseldorf, VersR 1998, 843, 844; *LG* Osnabrück und *OLG* Oldenburg VersR 1998, 220, 221.
59 *Römer*, VersR 1998, S. 1320.
60 *Ihle*, Der Informationsschutz des Versicherungsnehmers, S. 240.

bb) Wunsch nach vollständiger Versicherung

Ferner hat die Rechtsprechung eine Pflicht zur Aufklärung auch dann angenommen, wenn der Kunde den Wunsch nach umfassender Sicherung zum Ausdruck bringt.[61] Hier ist der Versicherer verpflichtet darauf hinzuweisen, dass mögliche naheliegende Gefahren und Risiken von dem gewünschten Versicherungsvertrag nicht erfasst werden und sich somit Deckungslücken ergeben.[62]

cc) Verfehlung des Vertragszwecks

Der Versicherer hat auch dann den Versicherungsnehmer aufzuklären, wenn der Kunde Gefahr läuft, mit dem Versicherungsvertragsschluss den für den Versicherer erkennbar verfolgten Vertragszweck zu verfehlen.[63] Beispielsweise hielt der BGH den Versicherer dazu verpflichtet, einen Versicherungsnehmer, der bei Versicherungsvertragsschluss erkennbar auf sofortige Versicherungsdeckung zielte, darüber aufzuklären, dass mit dem Einreichen des Antrags noch keine Versicherungsdeckung besteht, sondern dazu vielmehr eine vorläufige Deckungszusage erforderlich sei.[64]

dd) Erkennbarer Irrtum des Versicherungsnehmers

Es besteht eine Pflicht zur Aufklärung ferner dann, wenn der Versicherungsnehmer sich in einem erkennbaren Irrtum über den Inhalt und Umfang der von ihm beantragten Versicherungsdeckung befindet oder der Versicherer mit der naheliegenden Möglichkeit eines solchen Irrtums rechnen muss. Nach der Rechtsprechung ist er verpflichtet, den Kunden auf diesen Irrtum hinzuweisen und über den Umfang der Versicherungsdeckung aufzuklären.[65]

ee) Kompliziertheit der Materie

Ausnahmsweise wird eine Aufklärungspflicht von der Rechtsprechung dann angenommen, wenn aufgrund besonderer versicherungstechnischer und rechtlicher Schwierigkeiten das Risiko nicht bedarfsgerechten Versicherungsschutzes besteht.[66] So sei es z. B. bei Gebäudeversicherungen Sache des Versicherungsnehmers die Versicherungssumme richtig zu bestimmen und das Risiko einer Unterversicherung zu vermeiden, da er besser über das Versicherungsobjekt informiert sei als der Versicherer.[67] Ist jedoch die Ermittlung des Versicherungswertes so schwer, dass

---

61 *Ihle*, Der Informationsschutz des Versicherungsnehmers, S. 242.

62 *Hüntemann*, Der Abschluss von Versicherungsverträgen und die vorvertraglichen Pflichten des Versicherers gemäß §§ 6 und 7 VVG, S. 195.

63 *Römer*, VersR 1998, S. 1321.

64 *BGH* VersR 1978, 457, 458.

65 *Ihle*, Der Informationsschutz des Versicherungsnehmers, S. 253.

66 *Ihle*, Der Informationsschutz des Versicherungsnehmers, S. 254–257.

67 *OLG* Frankfurt NVersZ 2002, 272, 273;*OLG Hamm* VersR 1992, 49, 50.

sie einem Laien unmöglich ist und selbst einem Sachverständigen Schwierigkeiten bereitet, muss der Versicherer auf die Schwierigkeiten der richtigen sowie die Gefahren einer falschen Festsetzung aufmerksam machen, die Hilfe des Sachverständigen empfehlen oder selbst sachgerechte Beratung anbieten.[68]

ff) Initiative des Versicherers

Wenn infolge der Initiative des Versicherers zur Abwerbung eines Versicherungsnehmers die Gefahr für diesen entsteht, eine unzureichende oder interessenswidrige Versicherungsdeckung zu erhalten, besteht eine Pflicht zur Aufklärung auch in diesem Fall.[69]

gg) Versicherungswechsel

In den Fällen, in denen der Versicherungsnehmer bei einem Versicherungswechsel gegenüber dem neuen Versicherer den Wunsch äußert, die Versicherungsdeckung wie im bisherigen Umfang zu erhalten, ist der Versicherer darauf hingewiesen, den Versicherungsnehmer aufzuklären, ob das eigene Angebot im Hinblick auf den bisherigen Versicherungsschutz zurückbleibt.[70] Erklärt der Versicherungsnehmer umgekehrt nicht ausdrücklich den Wunsch, die gleiche Versicherungsdeckung wie bisher im Rahmen des neuen Versicherungsvertrags zu erhalten, bleibt nach der Rechtsprechung eine Aufklärungspflicht aus.[71]

hh) Anhaltspunkte für die Grenze der Pflichten

Nach dem Grundsatz von Treu und Glauben ist der Versicherer nicht verpflichtet dem Versicherungsnehmer solches Wissen zu verschaffen, dass der Versicherungsnehmer nach dem Grundsatz von Treu und Glauben nicht erwarten kann.[72] Nach Ansicht der Rechtsprechung bildet die Grenze der Aufklärungs- und Beratungspflichten die sog. Aufklärungsbedürftigkeit bzw. Beratungsbedürftigkeit des Kunden, die nach einer Gesamtwertung der Sachkunde, der Vorbildung und der persönlichen Erfahrungen des Versicherungsnehmers zu beurteilen ist.[73]

2. Fragepflicht nach § 6 Abs. 1 VVG

Den eigenen Bedarf an Versicherungsschutz zu ermitteln, fällt dem Versicherungsinteressenten schwer. Dazu können auch die Informationspflichten des § 7 Abs. 1 VVG nicht viel beitragen. Die Fragepflicht dient daher der Schaffung einer sachge-

68 *BGH* VersR 1989, 472, 473.
69 *Ihle*, Der Informationsschutz des Versicherungsnehmers, S. 257 f.
70 *BGH* VersR 2001, 1498, 1499.
71 *OLG* Stuttgart VersR 1999, 1268, 1269.
72 *Römer*, Informationspflichten der Versicherer, S. 21.
73 *OLG* Düsseldorf, VersR 1998, 845.

rechten Beratungsgrundlage, damit der Versicherer gezwungen ist, den eventuell vorhandenen Beratungsbedarf durch Fragestellungen aufzudecken.[74] Der deutsche Gesetzgeber hat mit dem Ziel der Verbesserung des Verbraucherschutzes[75] im § 6 Abs. 1 des neuen VVG unter anderem eine anlassbezogene Fragepflicht eingeführt. Die neue Regelung bestimmt, dass der Versicherer zu fragen hat, „soweit nach der Schwierigkeit, die angebotene Versicherung zu beurteilen, der Person des Versicherungsnehmers und dessen Situation hierfür Anlass besteht." Diese bedingte Fragepflicht wurde sowohl im Gesetzgebungsverfahren zu § 42 c VVG a. F. als auch zu § 6 Abs. 1 bzw. § 61 Abs. 1 VVG durch den Bundesrat heftig kritisiert, da dieser von vornherein für eine Streichung einer solchen Einschränkung der Frage- und Beratungspflichten plädierte.[76] Dennoch hat der Gesetzgeber, als Kompromiss zwischen Verbraucherschutzinteressen und Beratungsaufwand für Versicherer und Versicherungsvermittler, eine anlassbezogene Fragepflicht eingeführt.[77] In der Gesetzesbegründung zu § 42 c VVG a. F. heißt es, dass die Bestimmung nicht auf die Erstellung einer allgemeinen Risikoanalyse hinauslaufen solle. Ferner dürfen keine eingehenden Ermittlungs- und Nachforschungstätigkeiten mit der Pflicht zur Frage verbunden sein. Es soll eine angabenorientierte Beratung erfolgen, insbesondere wenn der künftige Versicherungsnehmer von sich aus keine oder nur unzureichende Angaben macht.[78]

a) Wünsche und Bedürfnisse als Gegenstand der Fragepflicht

Der Versicherer hat den Versicherungsnehmer nach seinen Wünschen und Bedürfnissen zu befragen. Unter *Wünschen* sind Bilder, geprägt von den subjektiven Vorstellungen und Zielen des Versicherungsnehmers zu verstehen, was er durch den Erwerb einer Versicherungsdeckung erreichen möchte. Die *Bedürfnisse* des Kunden wiederum knüpfen an persönliche Vorstellungen des Versicherungsnehmers an. An deren Stelle ist das Wort *Bedarf* zu verwenden, wenn die Bedürfnisse auf die objektiven Momente bei der Versicherungsproduktauswahl hinweisen. Wird *Bedürfnis* als Bedarf interpretiert, ergänzt der Versicherer die Frage nach persönlichen Vorstellungen, um die Frage nach Umständen, die auf den objektiven Bedarf des Kunden schließen lassen.[79] In Art. 12 Abs. 3 der RL 2002/92/EG in deutscher Übersetzung ist ebenfalls die Rede von *Wünschen* und *Bedürfnissen* des Kunden. In der englischen Version der Richtlinie wird jedoch von *demands*, also *needs* gesprochen, was sich als

74 *Hüntemann*, Der Abschluss von Versicherungsverträgen und die vorvertraglichen Pflichten des Versicherers gemäß §§ 6 und 7 VVG, S. 212.
75 BT Drucks. 16/3945, S. 48.
76 BT Drucks. 16/1935, S. 32; BT Drucks. 16/3945, S. 125.
77 BT Drucks. 16/2475, S. 4; BT Drucks. 16/3945, S. 130.
78 BT Drucks. 16/1935, S. 24.
79 *Hüntemann*, Der Abschluss von Versicherungsverträgen und die vorvertraglichen Pflichten des Versicherers gemäß §§ 6 und 7 VVG, S. 213.

„Notwendigkeit“ im Sinne von „nötig haben oder brauchen“[80] übersetzten lässt und damit ein objektives Merkmal enthält. Natürlich handelt es sich bei sachgerechter Beratung nicht nur um die subjektiven Vorstellungen des Versicherungsnehmers, sondern auch um dessen objektiven Bedarf.[81]

b) Anlass zur Fragepflicht

Der Versicherer ist verpflichtet, nach den Wünschen und Bedürfnissen des Versicherungsinteressenten zu fragen, soweit ein Anlass dafür besteht. Weiter nennt der § 6 Abs. 1 S. 1 VVG Fallgruppen, die einen Anlass zur vorvertraglichen Pflicht begründen sollen. Dazu zählen Schwierigkeiten, die angebotene Versicherung zu beurteilen, die Person des Versicherungsnehmers selbst sowie dessen Situation. Diese Aufzählung ist nicht abschließend. Bei der Beurteilung eines Anlasses könnte auch die Fallgruppe herangezogen werden, die die Rechtsprechung der VVG-Reform entwickelt hatte.[82] Es ist bei einem Fragepflicht auslösenden Anlass zwischen produkt- und personenbezogenen Anlass zu unterscheiden.[83]

Bei dem produktbezogenen Anlass handelt es sich um ein Hindernis, die sich aus dem Versicherungsprodukt selbst ergibt und, aufgrund dessen der durchschnittliche Versicherungsnehmer das Versicherungsprodukt nicht entsprechend beurteilen kann.[84] Eine solche Schwierigkeit kann sich aus der Komplexität der Versicherung als Ganzes oder aus einzelnen Bestimmungen des Versicherungsvertrags, aus der Kombination verschiedener Versicherungen, deren Beurteilung dem Versicherungsnehmer schwerfällt, ergeben.[85]

Ein personenbezogener Anlass wird aus den individuellen persönlichen Umständen des Versicherungsnehmers abgeleitet und bezieht sich immer auf den Einzelfall.[86] Zur Beurteilung werden der allgemeine Kenntnisstand des Versicherungsnehmers[87] sowie persönliche Merkmale und Eigenschaften herangezogen, wie z. B. Alter, Gesundheitszustand, Angewohnheiten, bestimmte gewerbliche Tätigkeiten oder Rauchen.[88] Ein auf die Situation des Versicherungsnehmers bezogener Anlass kann sich aber auch aus finanziellen, familiären, wirtschaftlichen oder beruflichen Umständen ergeben.[89]

---

80 Vgl. Kollhosser/*Scholl*, S. 33.
81 *Hüntemann*, Der Abschluss von Versicherungsverträgen und die vorvertraglichen Pflichten des Versicherers gemäß §§ 6 und 7 VVG, S. 214.
82 BT Drucks. 16/1935, S. 24.
83 MünchKommVVG/*Armbrüster*, § 6, Rn. 33.
84 MünchKommVVG/*Armbrüster*, § 6, Rn. 33.
85 MünchKommVVG/*Armbrüster*, § 6, Rn. 34.
86 MünchKommVVG/*Armbrüster*, § 6, Rn. 55.
87 MünchKommVVG/*Armbrüster*, § 6, Rn. 55.
88 MünchKommVVG/*Armbrüster*, § 6, Rn. 56.
89 MünchKommVVG/*Armbrüster*, § 6, Rn. 57.

c) *Erkennbarkeit des Anlasses*

Die Rechtsprechung zum alten Recht sprach von der Erkennbarkeit des Pflichten begründenden Anlasses. Im Vergleich von § 6 Abs. 1 S. 1 VVG mit Abs. 4 S. 1 kommt man zu dem Schluss, dass der Gesetzgeber nur hinsichtlich der Beratungspflichten im Laufe des Vertrages die Erkennbarkeit des Anlasses eingeführt hat. Es fragt sich deshalb, ob der Anlass für die Fragepflicht auch erkennbar sein muss.

Eine Erkennbarkeit des Anlasses gehört zu den tatbestandlichen Voraussetzungen der Fragepflicht nach § 6 Abs. 1 S. 1 VVG, da kein pflichtwidriges Verhalten ohne Erkennbarkeit des Pflichten begründenden Anlasses bestehen kann. Die abweichenden Formulierungen im § 6 Abs. 1 S. 1 und Abs. 4 S. 1 VVG lassen sich wie folgt erklären: Der wesentliche Unterschied zwischen der vorvertraglichen Pflicht nach § 6 Abs. 1 S. 1 VVG und derjenigen während der Vertragslaufzeit besteht darin, dass den Versicherer im Zusammenhang mit vorvertraglichen Pflichten Initiativlast trifft. Wegen seiner Fragepflicht muss er mit dem Kunden in einen Dialog treten, wobei ihm häufig ein Anlass für seine Pflichten erkennbar werden kann. Erkennbarkeit und Fragepflichten stehen in einer Wechselwirkung, da die auf Fragen gegebenen Antworten Anlass für weitere Fragen bieten können. Umgekehrt ist dies bei erkennbarem Beratungsanlass während der Vertragslaufzeit. Hier trifft den Versicherer keine Initiativlast, sondern muss erst bei Eintritt eines entsprechenden Anlasses handeln.[90]

Indem die Pflicht zur Frage von einem erkennbaren Anlass abhängig gemacht wird, trägt dies zunächst den Interessen des Versicherers Rechnung. § 6 Abs. 1. S. 1 VVG berücksichtigt die Interessen des Kunden insoweit, als die Pflichten der Versicherer auf der Ebene der Bedarfsermittlung ansetzen und dazu beitragen, eine Grundlage für eine Beratung zu schaffen. Bringt der Versicherungsnehmer jedoch einen näher bestimmten, vorformulierten Wunsch nach konkreter Versicherungsdeckung vor und keine anderen Umstände bieten einen Anlass zur Nachfrage, dann ist die Erfüllung dieser Pflicht entbehrlich.[91]

3. Pflicht zur Beratung

Gemäß § 6 Abs. 1 S. 1 VVG ist Versicherer dazu verpflichtet, den Versicherungsnehmer neben seiner Befragung auch zu beraten. Die für die Fragepflicht normierten Einschränkungen, einen Anlass zur vorvertraglichen Pflicht nach Schwierigkeit, die angebotenen Versicherungsprodukte zu beurteilen, die Person des Versicherungsnehmers und dessen Situation zu bestimmen, gelten auch für die Beratungspflicht. Daher ist die Beratungspflicht ebenfalls anlassbezogen. Diese Kriterien sind auch hier nicht abschließend.[92] Eine Beratungspflicht kann auch aus den durch die alte

90 MünchKommVVG/*Armbrüster*, § 6, Rn. 89.
91 *Reiff*, Versicherungsvermittlerrecht im Umbruch, S. 79.
92 BT Drucks. 16/1935, S. 24.

Rechtsprechung entwickelten Fallgruppen begründet werden.[93] Die Frage der Erkennbarkeit des Anlasses ist nach den gleichen Regeln wie bei der Fragepflicht zu beurteilen.

4. Verhältnis des Beratungsaufwands und zu zahlender Prämie

Als weiteres einschränkendes Kriterium nennt § 6 Abs. 1 S. 1 VVG ein angemessenes Verhältnis zwischen Beratungsaufwand und Prämienhöhe. Dafür hatte es bereits während der Gültigkeit der alten Rechtslage Kritik vonseiten der Verbände[94] und des Bundesrates[95] gegeben. In einer Stellungnahme des Bundesrates hieß es, dass dieses Kriterium im praktischen Leben dazu führen könnte, dass beispielsweise über eine Hausratversicherung eingehender informiert werden müsse, als über eine Privathaftpflichtversicherung. Darüber hinaus könnten auch relativ günstige Versicherungsprodukte bedeutsamere finanzielle Risiken mit sich bringen, ohne dass diesen ein entsprechender Nutzen gegenüberstünde. Der Umfang der Beratung sollte somit an das Risiko des Kunden anknüpfen.[96] Die Bundesregierung hatte gegen diese Kritik geäußert, dass die Beimessung des Beratungsbedarfs an der Höhe der Prämie nur eines von vielen Merkmalen sei. Wenn ein Beratungsanlass bestehe, muss dem auch Rechnung getragen werden. Eine Einschränkung der Beratung anhand von Kriterien der Prämienhöhe sei wichtig, um zu verhindern, dass bei einfachen Produkten ein unverhältnismäßiger Beratungsaufwand betrieben werde, der die Prämienhöhe um ein Vielfaches übersteige.[97] Umgekehrt kann bei einem Versicherungsprodukt mit einer niedrigen Prämie ein erhöhter Beratungsaufwand wegen anderer anlassbegründender Umstände erforderlich sein.[98] Daher ist dem Kriterium der Prämienhöhe im Verhältnis zum Beratungsaufwand, im Vergleich mit den übrigen anlassauslösenden Merkmalen, keine größere Bedeutung zu schenken.[99]

5. Pflicht zur Begründung

§ 6 Abs. 1 S. 1 VVG verpflichtet den Versicherer weiter dazu, die Gründe für jeden zu einem bestimmten Versicherungsprodukt erteilten Rat anzugeben. Damit kann der Versicherer sich nicht nur auf die Empfehlung eines konkreten Versicherungsprodukts beschränken, sondern er muss diese Empfehlung auch begründen. Die Pflicht zur Begründung ist daher insoweit anlassbezogen ausgestaltet, als der Versicherer zur Beratung des Versicherungsnehmers verpflichtet ist und die Entstehung

93 *Stöbener*, ZVersWiss 2007, 465, 468.
94 *Reiff*, Versicherungsvermittlerrecht im Umbruch, S. 78.
95 BT Drucks. 16/1935, S. 32.
96 BT Drucks. 16/1935, S. 32.
97 BT Drucks. 16/2475, S. 4.
98 BT Drucks. 16/1935, S. 24.
99 *Stöbener*, ZVersWiss 2007, 465, 476.

der Begründungspflicht von der Erfüllung der Beratungspflicht abhängig ist. Durch die Pflicht zur Begründung eines bereits erteilten Rates ist somit der Kreis zwischen der ursprünglichen Bedarfsermittlung und der folgenden Empfehlung geschlossen und für den Kunden die Möglichkeit geschaffen, die Beratung und Empfehlung entsprechend nachzuvollziehen.[100]

6. Dokumentationspflicht

Schließlich regelt das Gesetz nach § 6 Abs. 1 S. 2 VVG die Pflicht des Versicherers, den Beratungsvorgang zu dokumentieren. Es stellt sich die Frage, welche inhaltlichen Anforderungen an diese Pflicht zu stellen sind.

a) Gegenstand der Erstellung der Dokumentation

Dem Wortlaut des § 6 Abs. 1 S. 2 VVG ist zu entnehmen, dass sich die Dokumentationspflicht auf den gesamten Beratungsvorgang erstreckt, beginnend bei der Frage nach den Wünschen und Bedürfnisse und endend bei den Gründen für jeden erteilten Rat.[101] Im § 6 Abs. 2 S. 1 VVG ist hingegen nur die Rede von einer Übermittlung des erteilten Rates und der Gründe gegenüber dem Versicherungsnehmer, vor Abschluss des Versicherungsvertrages. Daher ist zweifelhaft, ob § 6 Abs. 2 S. 1 VVG eine Einschränkung der Dokumentationspflicht darstellt.

In der Gesetzesbegründung zu § 6 Abs. 2 S. 1 VVG heißt es, dass die Pflicht des Versicherers, den erteilten Rat und die Gründe dem Versicherungsnehmer vor dem Vertragsschluss zu übermitteln, mit der Verpflichtung des Versicherungsvermittlers nach diesem Gesetz übereinstimmen müsse.[102] Sowohl in § 6 Abs. 1 S. 2 VVG als auch in § 61 Abs. 1 S. 2 VVG findet sich der Ausdruck, dass der Versicherer bzw. Versicherungsvermittler dies „zu dokumentieren" hat. Mit dieser Formulierung ist Bezug auf § 6 Abs. 1 S. 1 VVG bzw. § 61 Abs. 1 S. 1 VVG genommen. Nach dieser Regelung hat der Versicherer bzw. der Versicherungsvermittler eine Pflicht zur Befragung nach Wünschen und Bedürfnissen sowie Beratung und Begründung gegenüber dem Versicherungsnehmer. Dokumentationspflichtig sind daher die Wünsche und Bedürfnisse des Kunden, der erteilte Rat und die vorgetragenen Gründe dafür.[103]

Sind gestellte Fragen auch dokumentationspflichtig?

Ferner ist fraglich, ob sich der Dokumentationsumfang auch auf die Fragen nach Wünschen und Bedürfnissen des Versicherungsnehmers erstreckt. Es wird überwiegend davon ausgegangen, dass der Versicherer auch die gestellten Fragen zu dokumentieren hat.[104] *Küster* ist der Meinung, dass dies dem Sinn und Zweck

---

100 *Hüntemann*, Der Abschluss von Versicherungsverträgen und die vorvertraglichen Pflichten des Versicherers gemäß §§ 6 und 7 VVG, S. 233.
101 Beckmann/Matusche-Beckmann/*Rixecker*, § 18a, Rn. 28.
102 BT Drucks. 16/3945, S. 58.
103 Beckmann/Matusche-Beckmann/*Rixecker*, § 18a, Rn. 28.
104 Beckmann/Matusche-Beckmann/*Rixecker*, § 18a, Rn. 28.

der Dokumentationserstellung, dem Versicherungsnehmer die Beweisführung zu erleichtern, entspräche und ihm bei der Nachvollziehbarkeit der Entscheidungsfindung unterstütze.[105] Hingegen äußert sich *Reiff* dahin gehend, dass er eine Dokumentationspflicht der gestellten Fragen für zu weitgehend hält. Nach dieser Ansicht gehören zur Dokumentationspflicht nur die Wünsche und Bedürfnisse des Versicherungsnehmers, der erteilte Rat und die Gründe dafür.[106]

Dem Wortlaut der §§ 6 Abs. 1 S. 2, 61 Abs. I S. 2 VVG lässt sich entnehmen, dass sich keine Einschränkungen finden, die nur auf einzelne Pflichten des § 6 Abs. 1 S. 1 VVG bzw. § 61 Abs. 1 S. 1 VVG abstellen. Auszugehen ist hier also davon, dass sich die Dokumentationspflicht auf alle in den §§ 6 Abs. 1 S. 1, 61 Abs. 1 S. 1 VVG geregelten Pflichten bezieht, worunter auch die Befragung des Kunden nach seinen Wünschen und Bedürfnissen fällt. Erfolgt also eine Befragung des Versicherungsnehmers, schließt dies auch die gestellten Fragen ein, weil es sich bei den ermittelten Wünschen und Bedürfnissen des Kunden um das Ergebnis der Befragung handelt. Dass die Erstellung der Dokumentation hinsichtlich der Pflicht zur Befragung nicht die gesamte Befragung umfasst, sondern nur auf die Ergebnisse reduziert werden kann, ergibt sich aus §§ 6 Abs. 1 S. 2, 61 Abs. 1 S. 2 VVG allerdings nicht. Es lässt sich daher schlussfolgern, dass sich die Dokumentationspflicht auch auf die gestellten Fragen bezieht.[107]

Nach dem Zweck der Dokumentationspflichten ist davon auszugehen, dass die gestellten Fragen zu dokumentieren sind. Unter den Aspekten der Beweiserleichterung für den Versicherungsnehmer, der Vergegenwärtigung der wesentlichen Punkte der Beratung und der Nachvollziehbarkeit des erteilten Rates, wäre es nicht sinnvoll, nur die ermittelten Wünsche und Bedürfnisse zu dokumentieren. Erst mithilfe der gestellten Fragen werden die vom Kunden gegebenen Antworten vollständig verständlich. Ferner käme in Betracht, dass die Begründung des erteilten Rates Bezug auf die Befragung nähme. Hier diente es sowohl der Verständlichkeit und Nachvollziehbarkeit des Rates als auch der besseren Überprüfbarkeit des Rates, wenn die gestellten Fragen aus der Dokumentation hervorgehen. Darüber hinaus kann die Dokumentation der gestellten Fragen dem Kunden im Streitfall den Beweis erleichtern, festzustellen, ob die vom Versicherer gestellten Fragen gemessen am Anlass ausreichend waren.[108]

b) Formale Anforderungen an die Dokumentation

Die erstellte Dokumentation muss nach § 6 Abs. 2 S. 1 VVG dem Versicherungsnehmer klar und verständlich in Textform übermittelt werden. Textform ist im Sinne des § 126 b BGB zu verstehen, womit den formalen Anforderungen des Art. 13 Abs. 1 der RL 2002/92/EG entsprochen wird. Hinsichtlich der Pflichten zur Befragung,

105 *Küster*, VersR 2010, 730, 733.
106 MünchKommVVG/*Reiff*, § 61, Rn. 26.
107 *Höhrich*, die Dokumentation der Beratung nach dem VVG 2008, S. 75.
108 *Höhrich*, Die Dokumentation der Beratung nach dem VVG 2008, S. 75.

Beratung und Begründung gilt nach § 6 Abs. 1 S. 1 VVG zunächst das Prinzip der Mündlichkeit.[109]

c) Zeitliche Anforderungen

Das Gesetz bestimmt, dass die nach § 6 Abs. 2 S. 1 VVG erstellte Dokumentation dem Kunden vor dem Versicherungsvertragsschluss zu übermitteln ist. Ausnahmefälle von dieser grundsätzlichen Regelung sieht das Gesetz in den Fällen gemäß § 6 Abs. 2 S. 2 und 3 VVG.

aa) Gesetzgeberische Entscheidung

Anders als in § 7 Abs. 1 S. 1 VVG ist der für die Dokumentationsübermittlung maßgebliche Zeitpunkt nicht die Abgabe der Vertragserklärung des Versicherungsnehmers, sondern die Übermittlung erfolgt vor dem Vertragsschluss. Daher kann die Dokumentation auch noch übermittelt werden, nachdem der Versicherungsnehmer seine auf den Versicherungsvertragsschluss gerichtete Willenserklärung schon abgegeben hat, sofern der Vertrag noch nicht zustande gekommen ist.[110] Diese zeitliche Anforderung entspricht dem Art. 12 Abs. 3 S. 1 der RL 2002/92/EG. Der Gesetzgeber hat dies aus Praktikabilitätserwägungen damit begründet, dass eine Vorverlegung auf den Zeitpunkt der Abgabe der Willenserklärung des Versicherungsnehmers, den Versicherungsvermittler vor eine praktisch kaum lösbare Aufgabe stellen würde, da dieser ständig umfassende Materialien für alle von ihm vermittelten Versicherungsprodukte bei sich führen müsste, um diese dem Versicherungsnehmer gegebenenfalls bei Abgabe seiner Willenserklärung übergeben zu können. Es entspreche auch der Praxis, dass der Versicherungsnehmer in zusammengefasster Weise über die Versicherungsdeckung informiert ist. Hinsichtlich der Beratungspflicht ist der Versicherungsnehmer hinreichend geschützt, wenn er die vollständigen Unterlagen erst zum Zeitpunkt des Versicherungsvertragsschlusses erhält, die ihm als Grundlage zur Geltendmachung etwaiger Rechte dienen.[111]

bb) Kritik an der Entscheidung

Dieser gesetzgeberischen Begründung wurde Kritik entgegengebracht. Dem Gesetzgeber wurde vorgeworfen, dass die unterschiedlichen zeitlichen Regelungen von § 7 Abs. 1 S. 1 VVG und § 6 Abs. 2 S. 1 VVG zu Wertungswidersprüchen führen könnten.[112] Unklar bleibt, warum die Informationen nach § 7 Abs. 1 VVG vor der Abgabe der Vertragserklärung dem Kunden zu Verfügung zu stellen sind und die

---

109 Vgl. Terbille/*Terbille*, § 2, Rn. 27.

110 *Hüntemann*, Der Abschluss von Versicherungsverträgen und die vorvertraglichen Pflichten des Versicherers gemäß §§ 6 und 7 VVG, S. 242.

111 BT Drucks. 16/1935, S. 25.

112 *Schwintowski*, ZRP 2006, 139, 140.

erstellte Dokumentation erst später zu übergeben ist.[113] Die Dokumentation sei ihrem Zweck entsprechend vor Abgabe der Vertragserklärung zu übermitteln. Vor Vertragsschluss übermittelte Dokumentation nütze für eine Entscheidungsfindung wenig.[114] Demgegenüber wurde vorgebracht, dass kein Widerspruch zu § 7 Abs. 1 S. 1 VVG bestehe, da Information und Beratung inhaltlich unterschiedlich ausgestaltet seien und diese in ihrer Bedeutung für die Entscheidungsfindung anders zu beurteilen seien.[115]

Wäre die Funktion der Dokumentation an die Unterstützung des Versicherungsnehmers bei der Entscheidungsfindung geknüpft, sollte die erstellte Dokumentation dem Kunden übergeben werden, bevor er seine Entscheidung trifft und damit seine Willenserklärung abgibt. Es scheint aber, dass aufgrund der gesetzgeberischen Wahl des Übermittlungszeitpunkts Sinn und Zweck der Beratungsdokumentation es nicht ist, die Entscheidungsfindung des Kunden zu unterstützen. Hierzu sind eher die Informationspflichten, die Beratung und Begründung der Beratung geeignet.[116] Allerdings kann eine bereits getroffene Entscheidung anhand der Dokumentation zurückgenommen werden. Das Gleiche gilt auch dann, wenn die Dokumentation erst nach der Abgabe der Vertragserklärung erfolgt. Eine Überprüfung kann nur dann dazu beitragen, wenn der Kunde seine Entscheidung noch ändern kann. Hat er noch keine Willenserklärung abgegeben, kann er problemlos seine Entscheidung ändern. Zwar kann der Versicherungsnehmer dann den Versicherungsvertrag nach § 8 Abs. 1 S. 1 VVG widerrufen, dies wäre aber unvorteilhaft für ihn, da er den bereits geschlossenen Versicherungsvertrag wieder rückabwickeln müsste.[117]

Durch die Regelung des Gesetzgebers, dass die Dokumentation dem Kunden vor Vertragsschluss zu übermitteln ist, hat er die wesentliche Bedeutung der Dokumentationspflichten in der Beweiserleichterung für den Versicherungsnehmer manifestiert.

7. Verzicht nach § 6 Abs. 3 VVG

§ 6 Abs. 3 VVG regelt die Verzichtsmöglichkeit. Danach kann der Versicherungsnehmer auf die Beratung und Dokumentation nach § 6 Abs. 1 und 2 VVG durch eine gesonderte schriftliche Erklärung verzichten. Da die Fragen nach den Wünschen und Bedürfnissen des Versicherungsnehmers die Grundlage für die Beratung schaffen, sind sie als Teil des Beratungsvorgangs anzusehen. Die Fragepflicht ist demnach von der Verzichtsmöglichkeit umfasst.[118] Die an einen Beratungsverzicht gestellten Anforderungen sind mit Blick auf die Rechtsnatur und formale Gestaltung

---

113 Bruck/Möller/*Schwintowski*, § 62, Rn. 6.

114 *Reiff*, Versicherungsvermittlerrecht im Umbruch, S. 90.

115 *Römer*, VersR 2006, 740, 743.

116 *Höhrich*, Die Dokumentation der Beratung nach dem VVG 2008, S. 105.

117 *Marlow/Spuhl*, Das Neue VVG kompakt, S. 26 f.

118 *Hüntemann*, Der Abschluss von Versicherungsverträgen und die vorvertraglichen Pflichten des Versicherers gemäß §§ 6 und 7 VVG, S. 248.

den Anforderungen des § 7 Abs. 1 S. 3 HS. 2 VVG gleich und werden daher hier nicht ausführlich dargestellt.

Ergänzend bestimmt § 6 Abs. 3 VVG, dass der Versicherungsnehmer darauf hingewiesen werden muss, dass sich eine Verzichtsmöglichkeit im Falle von Geltendmachung von Schadensersatzansprüchen nach § 6 Abs. 5 VVG gegen den Versicherer, nachteilig auswirken kann. Teilweise wird hervorgehoben, dass nicht ausreichend ist, wenn der Versicherer den Hinweis dazu am Gesetzestext orientiert und diese Formulierung übernimmt.

Nach *Meixner* und *Steinbeck* sei die Richtigkeit eines den Gesetzeswortlaut wiedergebenden Warnhinweises zweifelhaft. Zwar sei es korrekt, dass die fehlende Dokumentation den Nachweis von Schadensersatzansprüchen erschwere. Da der Gesetzgeber aber davon ausgeht, dass die Haftung im Falle eines Beratungsverzichts entfällt, würde die Belehrung jedoch ungenau ausfallen und den Kunden in die Irre leiten. Denn eine Verzichtserklärung wirke sich nicht nur im Falle der Geltendmachung von Schadensersatzansprüchen nachteilig aus, sondern die Haftung entfalle dann vollkommen.[119]

Dies bedeutet aber nicht, dass im Falle einer Verzichtserklärung sämtliche Schadensersatzansprüche vollständig ausgeschlossen sind. Nach in der Literatur teilweise vertretener Ansicht bestehe eine Beratungspflicht nach allgemeinen Vertragsgrundsätzen grundsätzlich, deren Verletzung zu Schadensersatzansprüchen aus §§ 280 Abs. 1, 311 Abs. 2, 241 Abs. 2 BGB führt, aber nicht unter § 6 Abs. 1 VVG fällt. Die Verletzung einer solchen vorvertraglichen Pflicht begründet die Haftung, die jedoch von einem Verzicht nach § 6 Abs. 3 VVG unberührt bleibt.[120]

Problematisch ist daher, dass die Belehrung nicht nur in Bezug auf § 6 Abs. 5 VVG unzutreffend ist, sondern dass sie den Eindruck erwecken kann, die Schadensersatzansprüche kämen von vornherein allein auf der Grundlage des § 6 Abs. 5 VVG in Betracht. Mit Blick auf die Verletzung der Pflichten gemäß § 6 Abs. 1 und 2 VVG ist dies zwar korrekt, jedoch können im Verlauf einer Beratung die vorvertraglichen Pflichten aus § 241 Abs. 2 BGB relevant werden. Zwar differenziert die Belehrung nicht zwischen den verschiedenen Schadensersatzansprüchen, jedoch kann diese Unrichtigkeit im Sinne einer klaren Verständlichkeit toleriert werden, indem der Versicherungsnehmer dadurch für die negativen rechtlichen Folgen einer Verzichtsmöglichkeit sensibilisiert wird.[121]

Die Kritik gegen eine, den Gesetzeswortlaut wiederholende Belehrung ist durchaus gerechtfertigt. Allerdings könnte diese nur durch eine umfassende, alle rechtlichen Konsequenzen des Verzichts erklärenden Hinweis beseitigt werden. Ob eine solche Belehrung überhaupt sinnvoll ist, bleibt zu bezweifeln, da in diesem Fall

119 *Meixner/Steinbeck*, Das neue Versicherungsvertragsrecht, § 2, Rn. 34.

120 *Hüntemann*, Der Abschluss von Versicherungsverträgen und die vorvertraglichen Pflichten des Versicherers gemäß §§ 6 und 7 VVG, S. 248–249.

121 *Hüntemann*, Der Abschluss von Versicherungsverträgen und die vorvertraglichen Pflichten des Versicherers gemäß §§ 6 und 7 VVG, S. 249.

der Kunde überfordert wäre.[122] Je umfangreicher der Hinweis ist und je genauer er auf alle möglichen Rechtsfolgen einer Verzichtsmöglichkeit eingeht, desto eher leidet die Verständlichkeit.[123] Daraus lässt sich schließen, dass eine Belehrung den gesetzlichen Anforderungen genügt, wenn sie sich am Gesetzestext orientiert.

8. Europarechtswidrigkeit

Eine Möglichkeit des Verzichts auf die Beratung und Dokumentation aus Verbraucherschutzkonzeption im Sinne des § 6 Abs. 3 VVG wird in der Literatur kritisiert. Es wird darauf hingewiesen, dass wie bei dem Verzicht auf Vorabinformationen, es dem entsprechend geschulten Mitarbeiter des Versicherers leicht falle, eine Verzichtserklärung vom Kunden zu erhalten.[124] Im Schrifttum wird auch die Europarechtskonformität der deutschen Regelung des Verzichts diskutiert. Zwar gelten die europäischen Vorgaben nicht unmittelbar für den § 6 Abs. 3 VVG, weshalb eine Verzichtsmöglichkeit im deutschen Recht nach § 6 VVG eingeführt werden könnte. Wird das vom Gesetzgeber gewollte Regelungskonzept eines Gleichlaufs der §§ 6 und 61 VVG beibehalten, könnte eine Richtlinienkonformität des § 6 Abs. 3 VVG infrage stehen, sollte die parallele Regelung in § 61 Abs. 2 VVG gegen europäische Vorgaben verstoßen.[125]

Gemäß Art. 13 Abs. 2 der RL 2002/92/EG kann der Versicherungsnehmer zumindest darauf verzichten, eine schriftliche Beratungsdokumentation vor Abschluss des Versicherungsvertrags zu erhalten. Eine darüber hinausgehende Verzichtsmöglichkeit sieht aber die Richtlinie nicht vor.[126] *Dörner* ist der Meinung, dass der den Verbraucher schützende Charakter der Richtlinie und die Berücksichtigung der traditionellen Konzeption der Verbraucherschutzrichtlinien für eine Unabdingbarkeit der Richtlinienvorgaben sprechen. Verbraucherschutzvorschriften zielten auf die Beschränkung der Vertragsfreiheit ab, da eine Ausnutzung der Privatautonomie potenziell mit einer Benachteiligung der marktschwächeren Vertragspartner verbunden sei. Werden damit die Verbraucherschutzbestimmungen der Richtlinie zur Disposition gestellt, könnten sie das Ziel nicht erreichen und der *„effet utile"* der Richtlinie verfehlt werden.[127] Somit ist von einer zwingenden Ausgestaltung der Richtlinie auszugehen.[128] Von zwingenden Richtlinienbestimmungen kann aller-

122 *Höhrich*, die Dokumentation der Beratung nach dem VVG 2008, S. 154.
123 *Hüntemann*, der Abschluss von Versicherungsverträgen und die vorvertraglichen Pflichten des Versicherers gemäß §§ 6 und 7 VVG, S. 249.
124 *Schwintowski*, ZRP 2006, 139, 141.
125 *Hüntemann*, Der Abschluss von Versicherungsverträgen und die vorvertraglichen Pflichten des Versicherers gemäß §§ 6 und 7 VVG, S. 250.
126 *Schimikowski*, VW 2006, 1912, 1914.
127 Prölss/Martin/*Dörner*, § 61, Rn. 33.
128 *Dörner/Staudinger*, WM 2006, 1710, 1711.

dings nur dann die Rede sein, wenn die konkrete Richtlinie auch die entsprechenden Pflichten enthält.[129]

Das Problem der Europarechtskonformität der Verzichtsmöglichkeit nach § 6 Abs. 3 VVG ist mit der Frage verbunden, ob die RL 2002/92/EG überhaupt Beratungspflichten vorsieht. Normiert die Richtlinie keine Pflichten zur Beratung, kann eine diesbezügliche Europarechtskonformität der Verzichtsmöglichkeit im deutschen Recht nicht infrage kommen. Nach hier vertretener Meinung enthält die Richtlinie lediglich Dokumentationspflichten nach Art. 12 Abs. 3 der RL 2002/92/EG und keine Frage- und Beratungspflichten. Demzufolge kann ein Verzicht des Versicherers, nach den Wünschen und Bedürfnissen des Kunden zu fragen und ihn zu beraten, nicht gegen die Vorschriften der RL 2002/92/EG verstoßen. Dies sollte zugleich bedeuten, dass grundsätzlich auch ein Verzicht auf eine Dokumentation der Gründe für den erteilten Rat möglich ist, denn ohne eine Beratungspflicht gäbe es keinen Grund für eine Dokumentation.[130]

9. Rechtsfolgen der Pflichtverletzung

Verletzt der Versicherer seine Pflichten aus § 6 Abs. 1, 2 und 4 VVG, ist er dem Versicherungsnehmer gemäß § 6 Abs. 5 VVG zum Schadensersatz verpflichtet. Dabei handelt es sich um eine Haftung für enttäuschtes Vertrauen des Kunden in das Verhalten des Versicherers.[131] Der Versicherungsnehmer ist so zu stellen, wie er ohne die vorvertragliche Pflichtverletzung nach § 6 Abs. 1 und 2 VVG stünde.[132] Eine Haftungserleichterung aufgrund halbzwingender Natur gemäß § 18 VVG ist ausgeschlossen.[133]

10. Zusammenfassung

Um eine konzeptionelle Schwäche der vorvertraglichen Informationspflichten nach § 7 Abs. 1 VVG zu beseitigen, hat der deutsche Gesetzgeber in § 6 Abs. 1 und 2 VVG Beratungspflichten des Versicherers gesetzlich normiert. Zu dem vorvertraglichen Pflichtkreis gehören Befragungs-, Beratungs-, Begründungs- und Beratungspflichten. § 6 VVG war nicht als Folge einer unmittelbaren Umsetzung der RL 2002/92/EG entstanden. Vielmehr hatte der Gesetzgeber schon im alten VVG aufgrund der RL 2002/92/EG die Umsetzung der für Versicherungsvermittler eingeführten Beratungspflichten auch für Versicherer normiert, womit er die Rechte des Versicherungsnehmers stärken wollte. Die Richtlinie selbst enthält nur Dokumentationspflichten. Im deutschen Recht hat der Gesetzgeber jedoch die europäische Vorgabe auf Befra-

129 *Hüntemann*, Der Abschluss von Versicherungsverträgen und die vorvertraglichen Pflichten des Versicherers gemäß §§ 6 und 7 VVG, S. 251.
130 *Reiff*, Versicherungsvermittlerrecht im Umbruch, S. 84–85.
131 MünchKommVVG/*Armbrüster*, § 6, Rn. 298.
132 *Höhrich*, Die Dokumentation der Beratung nach dem VVG 2008, S. 195.
133 MünchKommVVG/*Armbrüster*, § 6, Rn. 298.

gungs- und Beratungspflichten ausgedehnt. Die Dokumentationspflichten dienen verschiedenen Zwecken. Sie sollen Beweiserleichterung des Versicherungsnehmers ermöglichen, zur Steigerung der Beratungsqualität beitragen sowie den Versicherungsnehmer bei der Entscheidungsfindung und Entscheidungsüberprüfung unterstützen.

Nach § 6 Abs. 1 VVG hat der Versicherer eine anlassbezogene Fragepflicht. Der Versicherer hat den Versicherungsnehmer nach seinen Wünschen und Bedürfnissen zu fragen. Dabei finden Umstände Berücksichtigung, die sowohl subjektive Vorstellung des Versicherungsnehmers zum gewünschten Versicherungsprodukt enthalten, als auch den objektiven Bedarf. Ein Pflicht begründender Anlass besteht laut gesetzlicher Regelung in § 6 Abs. 1 VVG für folgende Fallgruppen: bei Schwierigkeiten die angebotene Versicherung zu beurteilen, in der Person des Versicherungsnehmers oder dessen Situation. Die Aufzählung ist nicht abschließend. Erkennbarkeit des Anlasses gehört ebenfalls zu den tatbestandlichen Voraussetzungen der Fragepflicht. Wird der Versicherungsnehmer nach seinen Wünschen und Bedürfnissen befragt, trifft den Versicherer die weitere Pflicht, den Kunden entsprechend § 6 Abs. 1 S. 1 VVG zu beraten. Eine Beratung erfolgt unter Berücksichtigung eines angemessenen Verhältnisses zwischen Beratungsaufwand und der vom Versicherungsnehmer zu zahlenden Prämie. Diesem einschränkenden Kriterium ist aber keine große Bedeutung zu schenken. Ferner hat der Versicherer die Beweggründe für jeden erteilten Rat zu belegen. Durch diese Pflicht ist der Kreis zwischen der ursprünglichen Bedarfsermittlung und der erfolgten Empfehlung geschlossen, wodurch dem Versicherungsnehmer ermöglicht wird, den Rat nachzuvollziehen. Schließlich ist der Versicherer dazu verpflichtet, gemäß § 6 Abs. 1 S. 2 VVG den Beratungsvorgang zu dokumentieren. Dokumentationspflichtig sind die Wünsche und Bedürfnisse des Kunden, der erteilte Rat, die angegebenen Gründe hierfür sowie die gestellten Fragen. Abgesehen von den Ausnahmen nach § 6 Abs. 2 S. 2 und 3 VVG ist die Dokumentation dem Versicherungsnehmer vor Abschluss des Versicherungsvertrags zu übermitteln. Die zeitlichen Anforderungen an die Dokumentationsübermittlung können aus Art. 12 Abs. 3 S. 1 der RL 2002/92/EG entnommen werden. Da der deutsche Gesetzgeber geregelt hat, dass die Dokumentation dem Versicherungsnehmer vor dem Versicherungsvertragsschluss zu übermitteln ist, hat er damit die wesentliche Bedeutung der Dokumentationspflichten in der Beweiserleichterung für den Kunden betont. Ebenso wie bei den Vorabinformationen nach § 7 VVG sieht das Gesetz in § 6 Abs. 3 VVG eine Verzichtsmöglichkeit auf Beratung und Dokumentation vor. Ergänzend zur Verzichtsmöglichkeit auf die Vorabinformationen bestimmt § 6 Abs. 3 VVG, dass der Versicherungsnehmer darauf hingewiesen werden muss, dass sich eine solche Verzichtsmöglichkeit nachteilig auf den Versicherer im Falle von Geltendmachung von Schadensersatzansprüchen aus § 6 Abs. 5 VVG auswirken kann. Bei der Erstellung einer solchen Belehrung genügt es, sich am Gesetzestext zu orientieren. In der RL 2002/92/EG, die mittelbar Auswirkungen auch auf den § 6 VVG hat, findet sich keine vergleichbare Verzichtsmöglichkeit. Abgesehen davon kann ein Verstoß gegen europarechtliche Vorschriften der deutschen Verzichtsmöglichkeit nicht infrage kommen, da die RL 2002/92/EG keine Pflicht zur

Beratung enthält. Verstößt der Versicherer gegen Pflichten aus § 6 Abs. 1, 2 und 4 VVG, so ist er zum Schadensersatz verpflichtet.

IV. Vorvertragliche Pflichten aus c.i.c. nach Georgischem Recht

1. Überblick über die Beratungspraxis in Georgien

Im georgischen ZGB, im Gesetz über die Versicherung oder in verschiedenen Verordnungen über die Funktionen der Versicherungsbranche finden sich nicht mit dem deutschen sowie europäischen Recht vergleichbare Regelungen über die Beratungs-, Informations- oder Aufklärungspflichten im Versicherungsrecht. Ein bedeutendes Problem der georgischen Versicherungspraxis im Hinblick auf die versicherungsrechtlichen vorvertraglichen Informations-, Aufklärungs- und Beratungspflichten ist, dass der Kunde nach Eintritt eines Versicherungsfalls plötzlich erfährt, dass er keine richtige Versicherungsdeckung ausgewählt und erworben hat, was negative Auswirkungen auf das ordnungsgemäße Funktionieren des Versicherungsmarktes hat. Da die Produkte der Privatversicherung auf dem georgischen Versicherungsmarkt relativ neu sind, muss zunächst das Vertrauen der Kunden gewonnen werden und damit den vorvertraglichen Pflichten des Versicherers eine besondere Bedeutung beigemessen werden.

Grundsätzlich zählt es nicht zu Aufgaben der Versicherer, vor Versicherungsvertragsabschluss mit dem künftigen Versicherungsnehmer eine auf seine persönliche Situation und Bedürfnisse zugeschnittene Risiko- und Bedarfsanalyse durchzuführen. Es findet auch keine umfangreiche Befragung des Versicherungsnehmers oder Erläuterung sämtlicher allgemeiner Versicherungsbedingungen oder Vertragskonditionen statt.

Alternativ kann der Rat suchende Versicherungsinteressent bei der Auswahl des richtigen Versicherungsschutzes Informationen in Wirtschaftsmagazinen, Flyern, Werbung oder Zeitschriften finden. Allerdings muss sich der künftige Versicherungsnehmer selbst darum bemühen, diejenigen Informationen herauszufiltern, die er als nützlich erachtet. Dennoch wird diese Methode der Informationsgewinnung nicht als Patentlösung betrachtet. Vor Abschluss eines Versicherungsvertrags sollte der Versicherungsnehmer seine persönliche Situation analysieren. Eine solche Berücksichtigung der individuellen Situation vermag die beschriebene Art der Informationsbereitstellung nicht zu leisten, da die Informationen für eine breite Allgemeinheit der Leser aufbereitet sind und den unterschiedlichen Interessen und Bedürfnissen der künftigen Versicherungsnehmer im Einzelnen nicht gerecht werden. Folglich kommt der Versicherungsnehmer im Zweifel nicht zur Auswahl eines seinem Bedarf entsprechenden Produktes oder Schutzes.

2. Informationspflichten als Oberbegriff

Eine inhaltliche Differenzierung zwischen Informations-, Aufklärungs- und Beratungspflichten wurde bereits dargestellt. Laut georgischem Versicherungsrecht werden Informationspflichten als Oberbegriff für die erwähnten Pflichten verwendet, da eine Verletzung von Informations-, Aufklärungs- und Beratungspflichten letztlich identische Rechtsfolgen auslöst.

3. Einschränkung des Grundsatzes der Eigenverantwortlichkeit

Bei der Ausgestaltung der Privatrechtsordnung muss der Gesetzgeber der Selbstbestimmung der Vertragsparteien im Rechtsleben einen angemessenen Betätigungsraum eröffnen, also den Grundsatz der Privatautonomie im Rechtsverkehr durchsetzen, aber auch die unterschiedlichen Interessen der am Zivilrechtsverkehr teilnehmenden Einzelnen, als gleichrangige Rechtsträger in Einklang bringen.[134] Das Versicherungsrecht ist im besonderen Maße, unter anderem aufgrund des Dauerschuldcharakters und des im Vergleich zu anderen Austauschverträgen geringeren Interessengegensatzes, durch den Grundsatz von Treu und Glauben geprägt.[135] Das georgische ZGB sieht den Grundsatz von Treu und Glauben ebenso vor.[136] Dieser Grundsatz ist nicht nur Teil des Schuldrechts, wo entsprechend § 361 Abs. 2 des georgischen ZGB eine Verbindlichkeit wie geschuldet nach Treu und Glauben zu erfüllen ist, sondern er findet sich auch im § 8 Abs. 3 georgischen ZGB und verpflichtet die Beteiligten der rechtlichen Verhältnisse ihre Rechte und Pflichten wiederum nach Treu und Glauben auszuüben. Gleichzeitig wird im § 10 Abs. 2 georgischen ZGB das Prinzip der Privatautonomie betont. Eine Einschränkung der für das Zivilrecht geltenden Rechtsauffassung des Eigenverantwortlichkeitsprinzips kommt infrage, wenn der Vertragspartner Informationspflichten nach Treu und Glauben und der Verkehrsauffassung redlicherweise erwarten darf. Eine vorvertragliche Aufklärungspflicht besteht dann, wenn die Ausnutzung des Wissensvorsprungs als Verstoß gegen die Fairness am Markt erschiene.[137] Eine vorvertragliche Informationspflicht könnte daher im Einzelfall aus dem Grundsatz von Treu und Glauben hergeleitet werden,[138] wenn es sich um die Aufklärung solcher Umstände handelt, die für den Vertragsschluss von wesentlicher Bedeutung sind.[139] Er verpflichte den Versicherer zur Rücksichtnahme auf die Belange des Versicherungsnehmers dort,

134 MünchKommVVG/*Armbrüster*, §§ 6 und 7 vorm. Rn. 8.
135 MünchKommVVG/*Armbrüster*, § 6, Rn. 28.
136 *Chanturia*, KommGZGB, S. 270.
137 *Huckele*, Die vorvertraglichen Aufklärungs-, Beratungs- und Informationspflichten im Versicherungsrecht, S. 10.
138 MünchKommVVG/*Armbrüster*, § 6, Rn. 27.
139 *Chechelashvili*, Vertragsrecht, S. 20.

wo dieser Gefahr läuft, dass der Kunde aufgrund mangelnder Vertrautheit mit der Materie die Versicherungsdeckung verliert oder andere Nachteile erleidet.[140]

4. Schadensersatzanspruch aus §§ 317 Abs. 2, 316 Abs. 2, 394 Abs. 1 GZGB

Gemäß § 394 Abs. 1 GZGB kann der Gläubiger bei Pflichtverletzung des Schuldners Ersatz des hierdurch entstandenen Schadens verlangen, es sei denn, der Schuldner hat die Pflichtverletzung nicht zu vertreten. Dies gilt auch für vorvertragliche Pflichtverletzungen, also den Zeitraum, bis ein Vertrag zustande kommt.[141] Nach § 317 Abs. 2 GZGB entsteht ein Schuldverhältnis mit Pflichten nach § 316 GZGB auch durch die Anbahnung des Vertrages. § 316 Abs. 2 GZGB bestimmt seinerseits, dass ein Schuldverhältnis unter Berücksichtigung seines Inhalts und seiner Natur jeden Teil zur besonderen Rücksichtnahme auf die Rechte und auf das Vermögen des anderen Teils verpflichtet.

5. Vorvertragliche Pflichten aus § 316 Abs. 2 GZGB

Es stellt sich die Frage, welche Pflichten des Versicherers aus dem sich anbahnenden Versicherungsvertrag erwachsen können. Wegen des Inhalts der vorvertraglichen Pflichten wird in § 317 Abs. 2 GZGB auf § 316 Abs. 2 GZGB verwiesen. Aus dem vorvertraglichen Schuldverhältnis entstehen keine primären Leistungspflichten, sondern nur die in § 316 Abs. 2 GZGB angesprochenen Pflichten zur Rücksichtnahme auf die Rechte und das Vermögen des anderen Teils, also Verhaltenspflichten. Geschützt werden folglich alle Rechte und Rechtsgüter des anderen Teils, einschließlich seiner Vermögensinteressen sowie anderen Interessen wie beispielsweise die Entscheidungsfreiheit.[142] Verhaltenspflichten können sich vor allem auf die Informations-,[143] Aufklärungs- und Beratungspflichten richten. Inhalt und Umfang der Schutzpflichten bestimmen sich im Rahmen konkreter Situationen, inwieweit durch die vorvertraglichen Verhandlungen bereits ein Vertrauensverhältnis entstanden ist.[144] Die Missachtung der hieraus entstandenen Sorgfaltspflichten führt zur Haftung aus culpa in contrahendo.[145]

6. Gesetzliche Regulierung der c.i.c.

Im deutschen Recht ist dieses Rechtsinstitut erst seit dem 1. Januar 2002 im Rahmen des Schuldrechtsmodernisierungsgesetzes im BGB kodifiziert worden, während der georgische Gesetzgeber bereits im Jahre 1997 bei der Erarbeitung des GZGB die

140 MünchKommVVG/*Armbrüster*, § 6, Rn. 28.
141 *Chechelashvili*, Vertragsrecht, S. 19.
142 MünchKommBGB/*Emmerich*, § 311, Rn. 35.
143 *Chechelashvili*, Vertragsrecht, S. 20.
144 *Römer*, VersR 1998, 1313, 1317 f.
145 *Chechelashvili*, Vertragsrecht, S. 19–20.

deutsche Rechtsprechung und die Lehre über die c.i.c. berücksichtigte und diesen vielversprechenden Ansatz im § 317 Abs. 2 GZGB gesetzlich regelte. Als geistiger Vater der c.i.c. gilt aufgrund eines bekannten Beitrages aus dem Jahre 1861 *Rudolf von Jhering*, obwohl bereits 1794 dieses „eigenartige Schuldverhältnis"[146] im Allgemeinen Preußischen Landrecht eine gesetzliche Vorschrift dazu zu finden war. Allerdings hatte *von Jhering* zum damaligen Zeitpunkt nicht die heutige unter dem Begriff der c.i.c. zusammengefasste Fallgruppe im Auge. Ihm ging es vielmehr um Fallgestaltungen wie die Haftung des Irrenden nach Anfechtung, des Vertreters ohne Vertretungsmacht oder des Verkäufers einer nicht existierenden Sache.[147] Seitdem haben die Rechtsprechung und Lehre die c.i.c. ständig weiterentwickelt und ihr zunächst den Status des Gewohnheitsrechts bis hin zur gesetzlichen Regelung verliehen.

7. Grundgedanke der c.i.c.

Grundgedanke der c.i.c. ist der Grundsatz, dass eine vorvertragliche Haftung aufgrund der Aufnahme von Vertragsverhandlungen entstehe, da sich zwischen den künftigen Vertragsparteien ein Vertrauensverhältnis entwickelt, indem eine Partei sich der anderen anvertraut.[148] Dahinter steht die Idee der Inanspruchnahme und Gewährung eines besonderen Vertrauens.[149] Allerdings ist es sinnvoll, insbesondere im Bereich der Aufklärungspflichten, die c.i.c. mit mehr als nur einem Grundgedanken zu untermauern.[150]

Ausgangspunkt ist der funktionale Ansatz des Schutzes der „allgemeinen Redlichkeitserwartung".[151] Des Weiteren kann sich die Redlichkeitserwartung auf konkretisierende Teilfunktionen beziehen wie allgemeinen Rechtsgüterschutz und Verbraucherschutz,[152] Anlegerschutz und ausnahmsweise den Schutz wirtschaftlich schwächer gestellter Personen. Viele europarechtlich begründete Informationspflichten sind außerdem Verbraucher und Anleger schützend motiviert und gerade diese vorvertraglichen Informationspflichten aus europäischen Vorgaben führen bei ihrer Umsetzung häufig auch zur Aktivierung der c.i.c.[153] Alle diese Ansätze des allgemeinen Rechtsgüterschutzes, Verbraucherschutzes, Anlegerschutzes und Schutzes wirtschaftlich Schwächerer ermöglichen unter dem Grundsatz der Redlichkeitserwartung einen umfassenden aber differenzierten Schutz der Privatautonomie,

146 *Emmerich*, Das Recht der Leistungsstörungen, § 4 I, S. 26.
147 MünchKommBGB/*Emmerich*, § 311, Rn. 37.
148 *Huber/Faust*, Schuldrechtsmodernisierung S. 70.
149 MünchKommBGB/*Emmerich*, § 311, Rn. 41.
150 *Medicus*, Probleme um das Schuldverhältnis, S. 17 f.
151 *Pütz*, Die Versicherungsrechtliche Erfüllungshaftung und das allgemeine Schuldrecht nach der Schuldrechtmodernisierung, S. 96.
152 *Emmerich*, Das Recht der Leistungsstörungen, § 7 III, S. 76 f.
153 *Pütz*, Die Versicherungsrechtliche Erfüllungshaftung und das allgemeine Schuldrecht nach der Schuldrechtmodernisierung, S. 96.

der ferner Leitlinien für eine Fortentwicklung der c.i.c. angesichts zunehmender europarechtlicher Anforderungen im Verbraucherschutz vorgibt.[154]

8. Generalklausel des § 317 Abs. 2 GZGB

Im Unterschied zum deutschen Recht hat der georgische Gesetzgeber bei der Haftung für Verschulden bei Vertragsverhandlungen nur einen generellen Tatbestand der Anbahnung des Vertrags kodifiziert. § 311 Abs. 2 BGB unterscheidet verschiedene Fälle, in denen es nach Nr. 1 der Vorschrift durch die Aufnahme von Vertragsverhandlungen, nach Nr. 2 durch die Anbahnung eines Vertrages oder nach Nr. 3 im Rahmen geschäftlicher Kontakte zur Begründung eines Schuldverhältnisses mit Schutz- oder Rücksichtnahmepflichten nach § 241 Abs. 2 BGB kommen kann.

Mariamidze präzisiert die Generalklausel des § 317 Abs. 2 GZGB dadurch, dass er bei der Auslegung der Vorschrift auf die oben genannten Tatbestände der deutschen Regelung verweist und damit drei Tatbestandsmerkmale aus § 317 Abs. 2 GZGB ableitet.[155] Dies ist auch nachvollziehbar. Im deutschen Recht erweist sich der § 311 Abs. 2 Nr. 2 BGB als Fall der Vertragsanbahnung[156] als Grundtatbestand, präzisiert durch die geschäftlichen Kontakte nach Nr. 3 der Vorschrift, während die Aufnahme von Vertragsverhandlungen gemäß § 311 Abs. 2 Nr. 1 nur als besonderer Anwendungsfall der Nr. 2 gilt, charakterisiert durch eine wesentliche Intensivierung der Beziehungen der Parteien, von der bloßen Kontaktaufnahme bis hin zum Beginn echter Vertragsverhandlungen.[157] § 311 Abs. 2 Nr. 1 und 2 bestimmen damit den frühesten Zeitpunkt geschäftlicher Kontakte, der überhaupt für eine Haftung aus c.i.c. wegen Verletzung von Schutz- und Rücksichtspflichten nach § 241 Abs. 2 in Betracht kommt.[158]

9. Voraussetzungen des § 317 Abs. 2 GZGB

Die im Folgenden aufgezählten Tatbestände des § 317 Abs. 2 GZGB überschneiden sich in vielfältiger Weise miteinander, sodass eine scharfe Abgrenzung der Voraussetzungen von vornherein schwierig ist.

a) Vertragsverhandlungen

Geschäftliche Kontakte führen zur Begründung eines Schuldverhältnisses mit Pflichten nach § 316 Abs. 2 GZGB zunächst mit der Aufnahme der Vertragsverhandlungen.[159] Bei der Aufnahme der Vertragsverhandlungen handelt es sich um

154 *Pütz*, Die Versicherungsrechtliche Erfüllungshaftung und das allgemeine Schuldrecht nach der Schuldrechtmodernisierung, S. 98–99.
155 *Mariamidze*, Zivilrecht, S. 43–44.
156 *Huber/Faust*, Schuldrechtsmodernisierung S. 70.
157 MünchKommBGB/*Emmerich*, § 311, Rn. 35.
158 MünchKommBGB/*Emmerich*, § 311, Rn. 45.
159 *Chechelashvili*, Vertragsrecht, S. 19.

einen tatsächlichen Vorgang, also nicht notwendigerweise bereits um den Zeitpunkt der Abgabe von Willenserklärungen, insbesondere in Gestalt eines Antrags. Vielmehr sollen alle sonstigen Formen rechtsgeschäftlicher Kontakte einschließlich bloßer Vorgespräche für einen beabsichtigten Vertragsschluss erfasst werden. Dabei muss es sich immer schon um Verhandlungen, also um einen zweiseitigen Vorgang handeln.

b) Anbahnung des Vertrages

§ 317 Abs. 2 GZGB bestimmt, dass es zur Begründung von Pflichten nach § 316 Abs. 2 GZGB ein vorvertragliches Stadium in Form einer Anbahnung eines Vertrags genügt. Anders als im § 311 Abs. 2 Nr. 2 BGB des deutschen Rechts hat der georgische Gesetzgeber bei der Kodifizierung dieser Vorschrift auf weitere zusätzliche Tatbestandsmerkmale, wie der Gewährung von Einwirkungsmöglichkeiten oder des Anvertrauens von Rechten, Rechtsgütern und Interessen durch den anderen Teil, verzichtet. Dies ist auch verständlich, da an dieses Merkmal keine hohen Anforderungen zu stellen sind, weil diese Folgen zwangsläufig mit der Anbahnung eines Vertrags verbunden sind.[160] *Chechelashvili* geht bei der Auslegung der Regelung von dem bedeutenden Merkmal des Vertrauens aus und verweist damit auf die in der Literatur vorherrschenden Meinung.[161]

Für die Annahme einer Anbahnung eines Vertrages ist die Aufnahme von Vorgesprächen zur Auslotung der Möglichkeit späterer vertraglicher Beziehungen ausreichend.[162] Es kommen ferner auch Gespräche im Vorfeld vertraglicher Verhandlungen sowie die Unterbreitung eines Antrags auf Abschluss eines Vertrages infrage, vorausgesetzt, dass damit Einwirkungsmöglichkeiten und das Vertrauen auf die Rechts- und Interessensphäre des anderen Teils verbunden sind.[163]

c) Geschäftliche Kontakte

Nach Meinung *Mariamidzes* umfasst § 317 Abs. 2 GZGB auch den Fall geschäftlicher Kontakte.[164] Dahinter steht der Gedanke, dass potenzielle Vertragspartner auch schon im Stadium vor der eigentlichen Vertragsanbahnung ihre Rechtsgüter der Einflussnahme der anderen Seite öffnen, was ein Rücksichtnahmeschuldverhältnis begründen würde. Dabei wird hier das Einverständnis beider Teile mit dem Zustandekommen des Kontaktes verlangt. Einseitige Kontaktaufnahme genügt für die Begründung eines solchen Verhältnisses nicht, auch wenn der Initiator seine Interessen der Einwirkung des gewünschten Partners öffnet.[165]

---

160 MünchKommBGB/*Emmerich*, § 311, Rn. 47.
161 *Chechelashvili*, Vertragsrecht, S. 119.
162 *Chechelashvili*, Vertragsrecht, S. 20.
163 MünchKommBGB/*Emmerich*, § 311, Rn. 48.
164 *Mariamidze*, Zivilrecht, S. 44.
165 *Krebber*, VersR 2004, 150, 155.

10. Rechtsfolgen der Pflichtverletzung

Die Verletzung der vorvertraglichen Informationspflichten löst einen Schadensersatzanspruch aus. Ein Ersatzanspruch des Geschädigten aus c.i.c. setzt einen Verstoß des anderen Teils gegen eine der Pflichten voraus, die sich für ihn aus den § 317 Abs. 2 und § 316 Abs. 2 GZGB ergeben, einen Schaden des Berechtigten, Kausalität zwischen der Pflichtverletzung und dem eingetretenen Schaden sowie Vertretenmüssen des anderen Teils nach § 394 Abs. 1 S. 2 GZGB.[166] Der Versicherungsnehmer ist als Geschädigter so zu stellen, wie er ohne Informationspflichtverletzung stehen würde.[167] Der Ersatzanspruch des Geschädigten wird regelmäßig, aber nicht notwendigerweise auf den Vertrauensschaden gerichtet sein. Ausschließlich kann dies jedoch nicht gelten, vielmehr kommt auch der Ersatz des Erfüllungsinteresses in Betracht.[168]

11. Zusammenfassung

Die modernen Produkte der Privatversicherung in Georgien sind im Vergleich zu westlichen Ländern relativ neu. Daher wird den vorvertraglichen Informations-, Aufklärungs- und Beratungspflichten besondere Bedeutung geschenkt. Ein effektives Funktionieren der Versicherungsbranche setzt besonderes Vertrauen aufseiten der Kunden voraus, was nur durch umfassend aufklärende und informative Versicherungsdeckung zu erreichen ist. In Georgien hat sich eine Praxis im Versicherungsbereich eingeschlichen, die keine Beratung der künftigen Versicherungsnehmer vor dem Vertragsschluss vorsieht, was zwangsweise zu einer Beeinträchtigung der Rechte der Kunden führt. Die Lage wird dabei durch mangelnde gesetzliche Regulierung der vorvertraglichen Pflichten im Versicherungsrecht noch verschlechtert. Vielmehr wird der Kunde bei einem komplexen Produkt wie einer Versicherung darauf verwiesen, seinen Bedarf selbst zu beurteilen und für seine Belange eine eigene Lösung zu finden. Dies scheint gerecht wegen des im Zivilrecht herrschenden Grundsatzes der Privatautonomie. Jedoch kommt eine Einschränkung der für das Privatrecht geltenden Auffassung des Eigenverantwortlichkeitsprinzips immer dann infrage, wenn ein Vertragspartner Informations-, Aufklärungs- und Beratungspflichten nach Treu und Glauben und der Verkehrsauffassung redlicherweise erwarten darf. Diese Pflichten bestehen immer dann, wenn die Ausnutzung eines Wissensvorsprungs als Verstoß gegen das Prinzip der Fairness am Markt erscheint. Das ist vorliegend zu bejahen. In Deutschland wurde vor der VVG-Reform im Jahr 2008 durch den BGH eine Rechtsprechung von Ausnahmefällen für die Existenz von vorvertraglichen Informationspflichten entwickelt. Im georgischen Recht wurde die Möglichkeit eines Schadensersatzanspruchs wegen vorvertraglicher Pflichtverletzung gemäß § 317 Abs. 2 i. V. m. § 316 Abs. 2 GZGB

166 *Chechelashvili*, Vertragsrecht, S. 178–182.
167 *Chechelashvili*, Vertragsrecht, S. 20.
168 *Chechelashvili*, Vertragsrecht, S. 20.

geschaffen. Die Haftung wurde aus dem Rechtsinstitut der c.i.c. abgeleitet. Die c.i.c. ist seit 1997 im GZGB aufgenommen und zielt auf den Vertrauensschutz im vorvertraglichen Zeitraum. Gemäß § 317 Abs. 2 GZGB entsteht ein Schuldverhältnis mit entsprechenden vorvertraglichen Pflichten nach § 316 Abs. 2 GZGB auch durch die Anbahnung des Vertrags. Diese Pflichten wurden als Schutzpflichten genannt, die zur besonderen Rücksichtnahme auf die Rechte und auf das Vermögen des anderen Teils verpflichten. Wird eine vorvertragliche Pflicht verletzt, so kann der Geschädigte Schadensersatz aus §§ 317 Abs. 2, 316 Abs. 2, 394 Abs. 1, S. 2 GZGB verlangen. Dann ist der Geschädigte so zu stellen, wie er ohne vorvertragliche Pflichtverletzung stehen würde.

V. Fazit

Eine gesetzliche Regulierung des Vertragsschlusses der Versicherungsbranche in Georgien entspricht nicht mehr den modernen Anforderungen an das Vertragsrecht. Es zeigt konzeptionelle Schwächen im Vergleich zum EU-Recht und bedarf deshalb einer Modernisierung. Um Verbraucherschutz zu gewährleisten und künftige Versicherungsnehmer in ihren Rechten bei Vertragsschluss zu stärken, ist es notwendig, die heutige Gesetzeslage des Versicherungsvertragsrechts zu ändern. Darüber hinaus ist Georgien nach Abschluss des Assoziierungsabkommens sogar verpflichtet, seine Gesetzgebung an EU-Vorschriften zu orientieren und anzugleichen. Aus diesen Gründen hat der georgische Gesetzgeber die vorvertraglichen Informations- und Beratungspflichten einzuführen, deren Verletzung zu Schadensersatzansprüchen der Versicherungsnehmer führen würde. Diese Möglichkeit besteht zwar heute schon aus c.i.c., eine Ableitung eines Schadensersatzanspruches ist jedoch schwieriger und wird als Ausnahmefall betrachtet, während eine allgemeine vorvertragliche Pflicht zum Regelfall werden würde. Dies zeigt sich deutlich am Beispiel der BGH- Rechtsprechung, die vor der VVG-Reform in Deutschland strenge Anforderungen an die Ableitung vorvertraglicher Pflichten stellte.

Es empfiehlt sich, die vorvertraglichen Informationspflichten im georgischen Versicherungsvertragsrecht einzuführen. Als Vorbild hierfür könnte die deutsche Gesetzgebung dienen. Allerdings wäre es auch hier wünschenswert, dass der georgische Gesetzgeber bei der Einführung der Informationspflichten die deutschen Erfahrungen berücksichtigt und den Kreis der Schutzbedürftigkeit der Versicherungsnehmer unabhängig von Rechtsform gestaltet und diese Eigenschaft nicht nur an das Merkmal des Verbrauchers, also an eine natürliche Person anknüpft, wie es schon als Tendenz im georgischen Bankenrecht der Fall ist. Ferner empfiehlt es sich, eine vorvertragliche Informationspflicht im Gesetz ohne Verzichtsmöglichkeit aufzunehmen, um sich europarechtlichen Anforderungen anzupassen und Rechtszersplitterung aus Harmonisierungsgründen zu vermeiden. Darüber hinaus ist eine Desinformation durch Überinformation zu vermeiden. Bedingt durch den generellen Charakter der vorvertraglichen Informationspflichten und durch das Fehlen einer individuellen Dimension der Beratungseigenschaft wird dem georgischen Gesetzgeber empfohlen, eine gesetzliche Regulierung vorzunehmen und Frage-,

Begründungs-, Beratungs- und Dokumentationspflichten einzuführen. Hier konnte wiederum § 6 VVG als Vorbild dienen, allerdings mit zwei Unterschieden: Bei der Einführung der Regelung im georgischen Recht wäre es wünschenswert den Zeitpunkt der Dokumentationsübermittlung durch die Formulierung „vor der Abgabe der Vertragserklärung" zu konkretisieren, damit die Beratungspflichten auch zur Entscheidungsfindung des Versicherungsnehmers beitragen können. Des Weiteren sollte eine Beratungsvorschrift ohne Verzichtsmöglichkeit geschaffen werden, damit ein gut geschulter Mitarbeiter eines Versicherers leichtfertig das Beratungsverfahren zu vermeiden versucht. Zur Vermeidung einer Zwangsberatung kann der Kunde selbst bestimmen, inwieweit er sich beraten lassen und wie viel Zeit er dafür in Anspruch nehmen will.

V Kapitel Widerrufsrecht

I. Allgemeines zum Widerrufsrecht

1. Widerrufsrecht nach VVG-Reform

Die Reform des Versicherungsvertragsgesetzes im Jahr 2008 hat maßgeblich zur Stärkung der Verbraucherrechte beigetragen. Damit sollte den europarechtlichen Vorschriften Rechnung getragen werden.[1] Ausgangspunkt des Reformbestrebens war der informierte, mündige und umsichtige Verbraucher.[2] Um diesem gerecht zu werden, wurden umfangreiche Informationspflichten eingeführt und Beratungspflichten verschärft, die nunmehr wichtige Eckpfeiler des vom Gesetzgeber verfolgten Verbraucherschutzkonzepts geworden sind.[3]

Ein anderer, ebenso wichtiger Schwerpunkt der Reform war das Recht des Versicherungsnehmers sich vom Versicherungsvertrag zu lösen. Dieses Widerrufsrecht soll dem Versicherungsnehmer die Möglichkeit geben, sich von einem Versicherungsvertrag, den er mit dem Versicherer geschlossen hat, ohne Angabe von Gründen, binnen einer bestimmten Frist wieder zu lösen. Macht der Versicherungsnehmer von diesem Widerrufsrecht Gebrauch, muss der Versicherungsvertrag rückabgewickelt werden.[4]

2. Zweck des Widerrufsrechts

Der Zweck des Verbraucher schützenden Widerrufs wird darin gesehen, dem Versicherungsnehmer eine Bedenkzeit zum Überlegen einzuräumen, ob er tatsächlich am Versicherungsvertrag festhalten möchte, etwa weil er diesen übereilt abgeschlossen hat, oder damit er wegen des schwierigen Versicherungsvertragsgegenstandes trotz vorvertraglicher Information die Möglichkeit hat den Vertragsschluss zu überdenken.[5] Der Versicherungsnehmer soll sich also seinen Entschluss noch einmal in Ruhe überlegen können.[6] Während die Informations- und Beratungspflichten nach §§ 6, 7 VVG in erster Linie dem Schutz des Versicherungsnehmers vor Abgabe seiner Willenserklärung dienen, erstreckt sich der Schutz des Versicherungsnehmers durch das Widerrufsrecht über diesen Zeitpunkt hinaus.[7]

---

1 Vgl. Dörner/Ehlers/Pohlmann/Steinmeyer/Schulze/Schwiehorst/*Langheid* (Bd. 105) S. 23, 24 ff.

2 Vgl. *Schmidt-Kessel* GPR 2011, 79; *Pfeiffer* NJW 2011, 1 ff.

3 *Wendt*, Zum Widerruf im Versicherungsvertragsrecht, S 1.

4 Tamm/Tonner/*Schirmbacher*, S. 499.

5 *Reiner*, AcP 203, 9 f.

6 Tamm/Tonner/*Schirmbacher*, S. 499.

7 *Hüntemann*, Der Abschluss von Versicherungsverträgen und die vorvertraglichen Pflichten des Versicherers gemäß §§ 6 und 7 VVG, S. 360.

II. Europarechtliche Vorgaben

Die deutschen versicherungsrechtlichen Vorgaben zum Widerrufsrecht und seine Rechtsfolgen nach §§ 8, 9 VVG sind stark von legislativen Entschließungen des Unionsgesetzgebers geprägt. Mit Ausnahme der in § 8 Abs. 3 VVG genannten Fälle steht dem Versicherungsnehmer ein Widerrufsrecht zu, das der deutsche Gesetzgeber in Anlehnung an Art. 6 Abs. 1 der RL 2002/65/EG geschaffen und damit, das vor der VVG-Reform existierende Recht auf Lösung vom Vertrag[8] in einer neuen Vorschrift zusammengefasst hat.[9] Im Folgenden wird die Entstehungsgeschichte der genannten Richtlinie dargestellt sowie neue RL 2011/83/EU geschildert und Schwerpunkte des in RL 2002/65/EU vorgesehenen Widerrufsrechts zusammengefasst.

1. Entstehungsgeschichte der RL 2002/65/EG

Die Fernabsatzrichtlinie für Finanzdienstleistungen enthält Vorschriften für den Vertrieb von Versicherungsdienstleistungen über den Fernabsatz. Die RL 2002/65/EG hat eine lange und von vielen Streitigkeiten geprägte Entstehungsgeschichte. Die ihr vorangegangene Richtlinie war die sog. Fernabsatzrichtlinie I[10], die jedoch nicht den Finanzdienstleistungssektor erfasste.[11] Aus diesem Grund wurde eine gesonderte Richtlinie für den Distanzvertrieb von Finanzdienstleistungen erarbeitet.[12]

Der Ausschluss von Finanzdienstleistungen aus dem Anwendungsbereich der Fernabsatzrichtlinie RL 97/7/EG vom 20. Mai 1997 wurde seinerzeit im Europäischen Parlament, der Kommission und dem Rat heftig diskutiert. Kommission und Rat hatten den Ausschluss mit der Begründung der Besonderheiten dieser Dienstleistungen verlangt, da eine Vielzahl der für diese Branche bereits existierenden produktbezogenen Schutzvorschriften die Einführung weiterer vertriebsformbezogener Schutzvorschriften unnötig mache.[13] Das Parlament bestand jedoch auf eine Einbeziehung von Finanzdienstleistungen in den Anwendungsbereich der Richtlinie. Die Kommission sicherte daraufhin zu, die Möglichkeit von Sonderregelungen für Finanzdienstleistungen zu überprüfen und eine entsprechende Mitteilung zu erlassen. Dies geschah aber nicht. Das Parlament setzte bei Verabschiedung der Fernabsatzrichtlinie durch, dass eine Erklärung der Kommission zu der den Ausschluss der Finanzdienstleistungen anordnenden Vorschrift des Art. 3 Abs. 1 in

---

8 Vgl. §§ 5a, 8 Abs. 4 und 5, 48c Abs. 1 VVG a.F.

9 *Armbrüster*, RuS 2008, S. 494; *Wandt/Ganster*, VersR 2007, S. 1034.

10 RL 97/7/EG des Europäischen Parlaments und des Rates vom 20. Mai 1997 über den Verbraucherschutz bei Vertragsabschlüssen im Fernabsatz; zur versicherungsrechtlichen Sicht hierauf in Bezug auf Informationspflichten und Lösungsrechte bereits *Präve*, VersR 1993, 1066, 1068.

11 *Schneider*, Der Vertrieb von Versicherungen über das Internet, S. 182.

12 *Schneider*, Der Vertrieb von Versicherungen über das Internet, S. 178.

13 *Schirnding*, FLF 1998, S. 17.

die Fernabsatzrichtlinie aufgenommen wurde.[14] Damit hatte die Kommission die Notwendigkeit Verbraucher schützender Maßnahmen im Bereich des Fernabsatzes von Finanzdienstleistungen klargestellt und sich verpflichtet, anhand des in der Zwischenzeit vorgelegten Grünbuchs[15] zu prüfen, ob spezieller Regelungsbedarf bestehe. In einer Mitteilung vom 26. Juni 1997 kündigte die Kommission den Vorschlag einer Richtlinie für den Fernabsatz von Finanzdienstleistungen an, am 19. November 1998 lag der erste offizielle Vorschlag dann vor.[16] Der Wirtschafts- und Sozialausschuss[17] und das Parlament[18] gaben ihrerseits Stellungnahmen ab, die am 23. Juli 1999[19] zu einem geänderten Vorschlag der Kommission führten. Zu einer Verabschiedung der gewünschten Richtlinie kam es bis heute nicht. Grund dafür ist vor allem die Diskussion um den Harmonisierungsgrad in der RL 2002/65/EG.[20]

2. Vollharmonisierung vs. Mindestharmonisierung in RL 97/7/EG

Die allgemeine Fernabsatzrichtlinie regelt in Art. 14 S. 1 ausdrücklich nur eine Mindestharmonisierung, was bedeutet, dass die Mitgliedstaaten strengere Regeln als in der Richtlinie vorgesehen erlassen dürfen, um ein höheres Schutzniveau für die Verbraucher zu erreichen.[21] Ursprünglich hatte die Kommission das Ziel, eine Vollharmonisierung[22] zu erreichen, gab aber auf Verlangen des Parlaments[23] nach und installierte eine Öffnungsklausel für strengere nationale Vorschriften in ihrem Vorschlag vom 7. Oktober 1993.[24]

3. Vollharmonisierung der RL 2002/65/EG

Bei der Verabschiedung der RL 2002/65/EG wurde die Diskussion um den Harmonisierungsgrad neu angestrengt. Der Vorentwurf der Generaldirektion XXIV betonte, dass auch bei RL 2002/65/EG an dem Konzept festzuhalten sei, den Mitgliedstaaten die Möglichkeit für die Einführung strengerer Verbraucherschutzvorschriften zu

14 *Schneider*, Der Vertrieb von Versicherungen über das Internet, S. 179.
15 „Finanzdienstleistungen: Wahrung der Verbraucherinteressen", Grünbuch der *Kommission*, KOM (1996) 209 endg. V. 22.5.1996.
16 *Schneider*, Der Vertrieb von Versicherungen über das Internet, S. 179.
17 *Hoppmann*, VersR 1999, 673 ff.; *Derleder/Pallas*, ZIP 1999, 1292 f.
18 Stellungnahme vom 29.04.1999, ABI. C (1999) 169/43.
19 Stellungnahme vom 05.05.1999, ABI. C (1999) 279/197.
20 *Schneider*, Der Vertrieb von Versicherungen über das Internet, S. 180.
21 Die Reichweite dieser Befugnis ist allerdings schwierig festzustellen, da die RL zumindest partiell auch auf vollständige Harmonisierung zielt: vgl. *Grabitz/Hilf/Micklitz*, A3 Rd. 177. Siehe aber z. B. BT-Drucks. 14/2658, S. 24 f. Bezüglich unerbetener Werbung strengere nationale Regeln.
22 Vorschlag vom 21.05.1992. ABI. C (1992) 156/14.
23 ABl. C (1993) 176/94.
24 ABl. C (1993) 308/300; zu diesen Vorgängen *Grabitz/Hilf/Micklitz*, A 3 Rn. 176.

geben.[25] Im ersten Entwurf der Kommission hieß es in Erwägungsgrund 9 jedoch, dass die Mitgliedstaaten aufgrund des durch die RL 2002/65/EG erreichten hohen Verbraucherschutzniveaus keine strengeren, als die in der Richtlinie vorgesehenen Regeln erlassen dürften.[26] Das Parlament betonte sogar in seiner Stellungnahme zum ersten Entwurf der RL 2002/65/EG die Notwendigkeit der Einfügung eines speziellen Artikels, in dem die Vollharmonisierung festgeschrieben werden sollte.[27] Es bestand Einigkeit zwischen Parlament und Kommission und der geänderte Vorschlag wurde dem Rat vorgelegt. Dort entbrannte wiederum Streit um den Harmonisierungsgrad, was zur Verschiebung der Verabschiedung der neuen Richtlinie führte.[28]

Vor allem die südeuropäischen Länder sprachen sich gegen die Vollharmonisierung der Richtlinie aus. Mehrmals scheiterten die Verhandlungen über einen Kompromiss.[29] Im Rat wurde eine politische Einigung über die RL 2002/65/EG erst dann erzielt,[30] als von einem wesentlichen Punkt der Vollharmonisierung abgerückt wurde. Im Hinblick auf Auskunftspflichten erhielt Art. 4 Abs. 2 des Richtlinienentwurfs eine Öffnungsklausel zugunsten strengerer nationaler Regeln der Mitgliedstaaten.[31]

Im Übrigen folgt die Richtlinie dem Konzept der Vollharmonisierung.[32] Die Mitgliedstaaten dürfen insofern keine strengeren Vorschriften, als in der Richtlinie vorgesehen, erlassen.[33] Dieser Vollharmonisierungsgedanke kommt auch im Erwägungsgrund 13 zum Ausdruck,[34] der explizit formuliert, dass grundsätzlich eine Vollharmonisierung vorgesehen ist. Es gilt daher nicht nur ein Verbot für die Mitgliedstaaten strengere Regelungen zu erlassen, als es die Richtlinie vorsieht, sondern auch umgekehrt der Grundsatz, dass die vorgesehenen Anforderungen nicht unterschritten werden dürfen.[35] Die Kommission hat klargestellt, dass den

---

25 Vgl. *Schirnding*, FLF 1998, 13.

26 ABl. C ((1998) 385/11.

27 ABl. C (1999) 279/2000; dagegen Kommission, KOM (1999) 385 endg. S. 3.

28 *Schneider*, Der Vertrieb von Versicherungen über das Internet, S. 181.

29 In die Diskussion wurden Vorschläge eingebracht, bis zur Umsetzung der FernabsatzRL den Mitgliedstaaten zu erlauben, bei Geschäften zwischen inländischen Verbrauchern und ausländischen Finanzdienstleistern ihren nationalen Vorschriften verstärkt zwingende Geltung zu verschaffen; auch über Übergangsregelungen zum Herkunftslandsprinzip der E-Commerce-RL wurde verhandelt.

30 Gemeinsamer Standpunkt des Rates vom 19.12.2001, ABl. C 58 E/32; dagegen stimmte einzig Luxemburg.

31 *Schneider*, Der Vertrieb von Versicherungen über das Internet, S. 181.

32 *Schneider*, Der Vertrieb von Versicherungen über das Internet, S. 181.

33 *Schneider*, Der Vertrieb von Versicherungen über das Internet, S. 181.

34 „Die Mitgliedstaaten sollten für die durch diese RL harmonisierten Bereiche keine anderen, als die darin festgelegten Bestimmungen vorsehen dürften"; vgl. demgegenüber noch Erwägungsgrund 9 des Vorschlages vom 23.07.1999, ABl. C 177 E/21: „dürften die Mitgliedstaaten ... keine anderen als die mit dieser RL festgelegten Bestimmungen erlassen".

35 *Schneider*, Der Vertrieb von Versicherungen über das Internet, S. 198.

Mitgliedstaaten die Kompetenz, abweichende Vorschriften zu erlassen, nur dann verbleibe, wenn ihnen dies ausdrücklich eingeräumt wird.[36] In dieser Fassung wurde die Richtlinie dann ohne weiteren Widerspruch angenommen.[37]

Im Zusammenhang mit dem angesprochenen Harmonisierungsgrad wurden im Folgenden die aktuellen Entwicklungen auf europäischer Ebene dargestellt.

4. Richtlinie 2011/83/EU

Im letzten Jahrzehnt haben die Organe der Europäischen Union eine Reihe von Maßnahmen mit dem Ziel der Verbesserung des Verbraucherschutzes in EU-Ländern ergriffen. Zu nennen ist insbesondere weiter die Richtlinie 2011/83/EU des Europäischen Parlaments und des Rates vom 25. Oktober 2011 über die Rechte der Verbraucher, zur Abänderung der Richtlinie 93/13/EWG des Rates und der Richtlinie 1999/44/EG des Europäischen Parlaments und des Rates sowie zur Aufhebung der Richtlinie 85/577/EWG des Rates und der Richtlinie 97/7/EG des Europäischen Parlaments und des Rates. Diese Richtlinie ist Mitte 2011 vom Europäischen Parlament und am 10. Oktober 2011 vom Rat der Europäischen Union verabschiedet worden.

a) Anlass für eine neue Verbraucherrechte-Richtlinie

Die Verbraucherrechte-Richtlinie geht auf eine Mitteilung der Europäischen Kommission vom 11. Oktober 2004[38] zurück. Damals hat die Europäische Kommission angekündigt, gemeinschaftliches Verbraucherrecht zu verbessern und zu überprüfen.[39] Gegenstand der Überprüfung waren acht EU-Richtlinien.[40]

---

36 Kommission, KOM (1999) 385 endg. S. 3.

37 *Schneider*, Der Vertrieb von Versicherungen über das Internet, S. 181.

38 KOM (2004) 651 endg.

39 KOM (2004) 651 endg.

40 RL 85/577/EWG des Rates vom 20. Dezember 1985 betreffend den Verbraucherschutz im Falle von außerhalb von Geschäftsräumen geschlossenen Verträgen; ABlEU Nr. L 372 vom 31. Dezember 1985 S. 31 ff.; RL 90/314/EWG des Rates vom 13. Juli 1990 über Pauschalreisen, ABlEU Nr. L 158 vom 23. Juni 1990 S. 59 ff.; RL 93/13/EWG des Rates vom 5. April 1993 über missbräuchliche Klauseln in Verbraucherverträgen, ABlEU Nr. L 95 vom 21. April 1993 S. 29 ff.: RL 94/47EG des Europäischen Parlaments und des Rates vom 26. Oktober 1994 zum Schutz der Erwerber im Hinblick auf bestimmte Aspekte von Verträgen über den Erwerb von Teilzeitnutzungsrechten an Immobilien, ABlEU Nr. L 280 vom 29. Oktober 1994 S. 83 ff.; RL 97/7/EG des Europäischen Parlaments und Rates vom 20. Mai 1997 über den Verbraucherschutz bei Vertragsabschlüssen im Fernabsatz-Erklärung des Rates und des Parlaments zu Artikel 6 Absatz 1- Erklärung der Kommission zu Artikel 3 Absatz 1 erster Gedankenstrich, ABlEU Nr. L 144 vom 4. Juni 1997 S. 19 ff.; RL 98/6/EG des Europäischen Parlaments und des Rates vom 16. Februar 1998 über den Schutz der Verbraucher bei der Angabe der Preise der ihnen angebotenen Erzeugnisse, ABlEU Nr. L 80 vom 18. März 1998 S. 27 ff.: RL 98/27/EG des Europäischen Parlaments und des Rates vom 19. Mai 1998

Am 8. Februar 2007 legte die Europäische Kommission das Grünbuch vor, das inhaltlich die Ergebnisse der Überprüfung der EU-Richtlinien zusammenfasste.[41] Ziel des Grünbuchs war die Verwirklichung eines echten Binnenmarktes für Verbraucher mit einem ausgewogenen Verhältnis von hohem Verbraucherschutzniveau und wettbewerbsfähigen Unternehmen unter Einhaltung des Subsidiaritätsprinzips.[42] Den Verbrauchern soll vermittelt werden, dass sie die gleichen grundlegenden Rechte innehaben, unabhängig davon was oder wo innerhalb der EU sie kaufen.[43] Der Bedarf nach harmonisierten Regelungen bestand also weiterhin. Die zu dieser Zeit vorherrschende Zersplitterung von EU-Vorgaben im Verbraucherrecht resultierte aus dem bislang verfolgten Ziel der Mindestharmonisierung, in dessen Rahmen alle Mitgliedstaaten unterschiedliche Verbraucherschutzniveaus schaffen konnten.[44] Das wirkte sich negativ auf die Entwicklung des Binnenmarkts aus.[45] Eine neue EU-Richtlinie würde damit nur Gleiches ungleich normieren.[46] Deswegen bestand Anlass für eine Überprüfung aller genannten Richtlinien.[47]

b) Weg zur Verabschiedung der RL 2011/83/EU

Der erste Vorschlag zur Verbraucherrechte-Richtlinie wurde am 8. Oktober 2008 vorgelegt.[48] Hier fasste die Europäische Kommission das Ergebnis der Überarbeitungen zum gemeinschaftlichen Besitzstand im Bereich des Verbraucherschutzes zusammen[49] und betonte, dass die Funktionsfähigkeit des Binnenmarktes für Geschäfte zwischen Verbrauchern und Unternehmen angestrebt würde, was durch Stärkung des Vertrauens von Verbrauchern und durch Förderung der Bereitschaft der Unternehmen im grenzüberschreitenden Handel tätig zu werden, verbessert werden könne.[50] In der Folge dieses Vorschlags wurde das bisher existierende Konzept der Mindestharmonisierung aufgegeben und durch vollständige Harmonisierungsbestrebungen ersetzt. Mitgliedstaaten sollten danach nur mit dieser Richtlinie vereinbare Rechtsvorschriften erlassen können.[51]

über Unterlassungsklagen zum Schutz der Verbraucherinteressen, ABlEU Nr. L 166 vom 11. Juni 1998, S. 51 ff.; RL 1999/44/EG des Europäischen Parlaments und des Rates vom 25. Mai 1999 zu bestimmten Aspekten des Verbrauchsgüterkaufs und der Garantien für Verbrauchsgüter, ABlEU Nr. L 171 vom 7. Juli 1999 S. 12 ff.

41 KOM(2006) 744 endg.
42 KOM(2006) 744 endg.
43 KOM(2006) 744 endg.
44 KOM(2006) 744 endg.
45 KOM(2006) 744 endg.
46 KOM(2006) 744 endg.
47 *Wendt*, Zum Widerruf im Versicherungsvertragsrecht, S. 201.
48 KOM(2008) 614 endg.
49 KOM(2008) 614 endg.
50 KOM(2008) 614 endg.
51 KOM(2008) 614 endg.

Anschließend wurde im Europäischen Parlament das vorgeschlagene Konzept der Vollharmonisierung diskutiert.[52] Am 3. sowie am 25. Juni 2010 wurden schließlich die Berichte des federführenden Ausschusses für Binnenmarkt und Verbraucherschutz des Europäischen Parlaments veröffentlicht,[53] der zu einer gezielten Harmonisierung riet. Es sollte allein im Bereich der Lieferung von Waren und des Gefahrenübergangs vollharmonisiert werden.

Am 24. August 2010 schlug der Rechtsausschuss des Europäischen Parlaments dann eine Mindestharmonisierung auf hohem Schutzniveau vor, eine Vollharmonisierung sollte nur hinsichtlich der Vorschriften des Widerrufsrechts erfolgen.[54]

Diskutiert wurde unter anderem die Einbeziehung des Finanzdienstleistungssektors in den Anwendungsbereich der Verbraucherrechte-Richtlinie, soweit es sich um Informationspflichten und Widerrufsrechte handelt. Diese Idee wurde jedoch ergebnislos verworfen[55] und die Verbraucherrechte-Richtlinie am 23. Juni 2011 in geänderter Fassung durch das Parlament angenommen.[56]

c) Inhalt der Verbraucherrechte-Richtlinie

Der Zweck der Verbraucherrechte-Richtlinie leitet sich aus Art. 1 der Richtlinie 2011/83/EU ab. Durch Angleichung bestimmter Aspekte der Rechts- und Verwaltungsvorschriften der Mitgliedstaaten hinsichtlich von Verträgen, die zwischen Verbrauchern und Gewerbetreibenden geschlossen werden, soll ein höheres Schutzniveau der Verbraucherrechte erreicht werden, was wiederum zu einem ordnungsgemäßen Funktionieren des Binnenmarkts beiträgt.[57] Die Richtlinie enthält unter anderem verschiedene Vorschriften über versteckte Abgaben und Gebühren, die Verbraucher vor Kostenfallen im Internet schützen sollen. Wesentlicher Schwerpunkt der Richtlinie ist jedoch eine umfassende und erweiterte Regelung des Rechts zur Lösung von Vertragsverhältnissen für die Verbraucher im Sinne des Widerrufsrechts.

d) Anwendungsbereich der RL 2011/83/EG

Den Anwendungsbereich der Richtlinie bestimmt Art. 3 der RL 2011/83/EG. Danach ist sie auf jegliche Verträge, die zwischen einem Unternehmen und einem Verbraucher geschlossen werden, anwendbar, gegenüber spezielleren EU-Vorgaben aber subsidiär.[58] Nach Art. 3 Ziff. 3 d der RL 2011/83/EU ist der Finanzdienstleistungssektor vom Anwendungsbereich der Richtlinie ausgenommen. Erwägungsgrund

52 *Föhlisch*, MMR 2009, 75 ff.
53 2008/0196(COD).
54 2008/0196(COD).
55 *Wendt*, Zum Widerruf im Versicherungsvertragsrecht, S. 202.
56 *Clausnitzer, Jochen*, GmbHR 2011, R 234 f.
57 Art. 1 der RL 2011/83EU.
58 Art. 3 Ziff. 2 der RL 2011783/EU.

32 der RL 2011/83/EU sieht jedoch ausdrücklich vor, dass im Bereich der Finanzdienstleistungen den Mitgliedstaaten nahegelegt wird, sich bei der Ausarbeitung neuer Regelungen für nicht auf Unionsebene geregelte Bereiche an den maßgeblich bestehenden Vorgaben der Europäischen Union zu orientieren, sodass gleiche Ausgangsbedingungen für alle Verbraucher und alle Verträge über Finanzdienstleistungen gewährleistet werden können.[59]

Es ist nachvollziehbar, dass Finanzdienstleistungen, Informationspflichten und das Widerrufsrecht betreffend, nicht in den Geltungsbereich der RL 2011/83/EU aufgenommen wurden. Wäre auch nur teilweise eine Mitregulierung der Finanzdienstleitungen im Bereich des Informations- und Widerrufsrechts erfolgt, hätte dies zur Zersplitterung des Rechtes geführt, da für alle anderen Bereiche weiterhin die Vorschriften der Fernabsatzrichtlinie für Finanzdienstleistungen zu berücksichtigen gewesen wären.[60] Trotz des ausdrücklichen Ausschlusses von Finanzdienstleistungen ist Erwägungsgrund 32 der Richtlinie als Orientierungshilfe bei der Errichtung nationaler Rechtsvorschriften in Ansatz zu bringen.[61]

e) Widerrufsrecht in der RL 2011/83/EU

Das sehr komplexe und gleichermaßen ausführliche Regelungskonzept des Widerrufsrechts in der RL 2011/83/EU ist ein Beleg dafür, dass der Unionsgesetzgeber an der Idee festhielt, den Verbraucher durch Einräumung eines von Kündigung und Anfechtung unabhängigen Rechts zur Lösung vom Vertrag zu schützen.[62] Die Richtlinie enthält die entsprechenden Regelungen zum Widerrufsrecht in den Art. 9 (Widerrufsrecht), Art. 10 (Nichtaufklärung über das Widerrufsrecht), Art. 11 (Ausübung des Widerrufsrechts), Art. 12 (Wirkungen des Widerrufs), Art. 13 (Pflichten des Unternehmers im Widerrufsfall), Art. 14 (Pflichten des Verbrauchers im Widerrufsfall) und Art. 16 (Ausnahmen vom Widerrufsrecht) sowie Informationen zur Ausübung des Widerrufsrechts, die sich im Anhang 1 befinden, im Teil A. eine Muster-Widerrufsbelehrung und im Teil B. ein Muster-Widerrufsformular enthalten.[63]

Die in der Anlage der RL 2011/83/EU aufgenommene Muster-Widerrufsbelehrung zeigt, dass der Unionsgesetzgeber eine bislang vorhandene Schwachstelle des europäischen Besitzstandsrechts neu analysiert hat. Nach Art. 6 Abs. 4 RL 2011/83/EU gilt, dass Informationspflichten des Unternehmers nach Abs. 1 Buchstaben h, i und j erfüllt sind, wenn der Unternehmer dieses Informationsformular dem Verbraucher zutreffend ausgefüllt übermittelt hat. Damit wird unionsrechtlich eine Fiktion für die Richtigkeit der Widerrufsbelehrung geschaffen. Als Konsequenz werden damit

---

59 Erwägungsgrund 32 der RL 2011/83/EU.

60 *Wendt*, Zum Widerruf im Versicherungsvertragsrecht, S. 214.

61 *Wendt*, Zum Widerruf im Versicherungsvertragsrecht, S. 214.

62 *Wendt*, Zum Widerruf im Versicherungsvertragsrecht, S. 214.

63 Vgl. RL 2011/83/EU.

Rechtstreitigkeiten in Bezug auf die Widerrufsbelehrung bereits von Beginn an verhindert.[64]

f) Neuigkeiten zum Widerrufsrecht der RL 2011/83/EU

Im Fall der Widerrufsbelehrung hat der Unionsgesetzgeber auch die wesentliche Schwachstelle früherer Regelungen erkannt und durch neue Vorschriften korrigiert, insbesondere hinsichtlich „des ewigen Widerrufsrechts".[65] So z.B. § 355 BGB a.F. sah ausdrücklich vor, dass das Widerrufsrecht nicht erlösche, wenn der Verbraucher darüber nicht ordnungsgemäß belehrt worden war. Art. 10 Abs. 1 der RL 2011/83/EU sieht vor, dass die Widerrufsfrist auch dann 12 Monate nach Ablauf der ursprünglichen Widerrufsfrist von 14 Tagen endet, wenn der Unternehmer den Verbraucher nicht nach Art. 6 Abs. 1 h der Richtlinie über seine Möglichkeit des Widerrufs aufgeklärt hat. Im Erwägungsgrund 43 der RL 2011/83 heißt es dazu, dass sich im Falle einer unterbliebenen oder nicht angemessenen Information über das Widerrufsrecht des Verbrauchers vor Abschluss eines Fernabsatzvertrages oder außerhalb der Geschäftsräume bei Vertragen mit Gewerbetreibenden, die Widerrufsfrist verlängern soll. Damit jedoch Rechtssicherheit hinsichtlich der Dauer der Widerrufsfrist gewährleistet ist, wurde eine Beschränkung der Frist auf zwölf Monate eingeführt.[66] Die in der RL 2011/83/EU vorgesehene Befristung des Widerrufsrechts stellte insofern einen Paradigmenwechsel im Unionsrecht dar, dass auch hinsichtlich des Rechts der Verbraucher sich zu einem bestimmten Zeitpunkt vom Vertrag zu lösen, Rechtssicherheit herrschen muss.[67] Dies hat der Unionsgesetzgeber damit auch anerkannt.[68]

Diese Entscheidung des Unionsgesetzgebers ist nach dem Wortlaut des Erwägungsgrunds 32 der RL 2011/83/EU dem Grunde nach auch im Finanzdienstleistungssektor zu berücksichtigen. Bislang gibt es noch keine ausdrücklichen Vorschriften zur Befristung von Widerrufsrechten auf europäischer Ebene für den Finanzdienstleistungsbereich, es steht den nationalen Gesetzgebern also bisher offen, eine zeitliche Beschränkung des Widerrufsrechts selbst vorzunehmen.[69]

g) Umsetzung der RL 2011/83/EU in deutsches Recht

Das Gesetz zur Umsetzung der RL 2011/83/EU sowie das Gesetz zur Änderung der Regelungen zur Wohnungsvermittlung führten mit Wirkung vom 13. Juni 2014 zu einer umfassenden Neuregelung der §§ 355 bis 361 BGB.[70] Inhaltlich hat der

---

64 *Wendt*, Zum Widerruf im Versicherungsvertragsrecht, S. 214–216.
65 *Wendt*, Zum Widerruf im Versicherungsvertragsrecht, S. 214.
66 Erwägungsgrund der RL 2011/83.
67 *Wendt*, Zum Widerruf im Versicherungsvertragsrecht, S. 215.
68 *Wendt*, Zum Widerruf im Versicherungsvertragsrecht, S. 215.
69 *Wendt*, Zum Widerruf im Versicherungsvertragsrecht, S. 215.
70 BeckOK BGB/*Müller-Christamm*, § 355 BGB, Rn. 1.

deutsche Gesetzgeber im Rahmen der Umsetzung der Richtlinie versucht, richtlinienspezifische Einzelregelungen wie das Widerrufsrecht und seine Rechtsfolgen in das vorliegende Gesamtkonzept privatrechtlicher Verbrauchervorschriften zu integrieren.[71] Einzelheiten der Umsetzung der RL 2011/83/EU werden an dieser Stelle nicht näher erläutert, da dies nicht Gegenstand der vorliegenden Arbeit ist.

h) RL 2011/83/EU und der Versicherungssektor

Für die Versicherungsbranche hat die RL 2011/83/EU keine unmittelbare Bedeutung. Gemäß Art. 3 Abs. 3 Buchst. d i.V.m. Art. 2 Nr. 12 RL 2011/83/EU sind Dienstleistungen im Zusammenhang mit einer Versicherung ausdrücklich vom Anwendungsbereich der Richtlinie ausgenommen.[72]

5. Richtlinie 2002/65/EG

a) Gründe für Einführung des Widerrufsrechts in RL 2002/65/EU

Die Informationspflichten stellen den zentralen Verbraucher schützenden Mechanismus des Widerrufsrechts in RL 2002/65/EU dar, das nach Art. 6 der RL den Verbrauchern nach einem Vertragsschluss zusteht. Die Einführung des Widerrufsrechts in RL 2002/65/EU wurde heftig diskutiert. Während die Möglichkeit einer Lösung vom Vertrag im allgemeinen Fernabsatzrecht damit begründet wurde, dass der Waren bestellende Verbraucher in der Regel erst nach deren Erhalt eine endgültige Beurteilung des Kaufgegenstandes vornehmen kann,[73] traf diese Überlegung für Finanzdienstleistungen nicht zu. Sie können nur aufgrund von Beschreibungen beurteilt und überprüft werden.[74] Erfüllen die Finanzdienstleister ihre Informations- und Auskunftspflichten gegenüber den Kunden vor Vertragsschluss, so kann ein Widerrufsrecht für Finanzdienstleistungen nicht grundsätzlich damit begründet werden, dass die Kunden neue Erkenntnisse über die Finanzdienstleistung erlangen könnten.[75] Außerdem wurde eingewandt, dass der Kunde ein ihm zustehendes Widerrufsrecht zu spekulativen Zielen missbrauchen könnte,[76] wie dies etwa bei Versicherungsprodukten denkbar ist, die bei kurzfristigen Verträgen allein deswegen nicht widerrufen werden, weil der Versicherungsfall nicht eingetreten ist. Von diesen, gegen eine Einführung eines Rechts auf Lösung vom Vertrag sprechenden Argumenten, war also der erste offizielle Vorschlag zur RL 2002/65/EU geprägt. Es wurde dem Kunden eine Mindestbedenkfrist vor Vertragsabschluss eingeräumt und

---

71 BeckOK BGB/*Müller-Christamm*, § 355 BGB, Rn. 2.
72 Beckmann/Matusche-Beckmann/*Mönnich*, § 2, Rn. 126.
73 Vgl. Erwägungsgrund 14 der RL 97/7/EG.
74 *Schneider*, Der Vertrieb von Versicherungen über das Internet, S. 272.
75 *Schirnding*, FLF 1998, 16; *Arnold*, CR 1997, 531.
76 *Schirnding*, FLF 1998, 16.

ein Widerrufsrecht nur dann zugelassen, wenn die notwendigen Informationen bei Vertragsschluss übermittelt worden waren.[77]

Die Endfassung der RL 2002/65/EG sieht aber nunmehr ein einheitliches Widerrufsrecht vor. Der Grund dafür ist aber weniger in der Kompensation des für den Fernabsatz spezifischen Defizits an vorvertraglichen Informationsmöglichkeiten zu sehen, sondern liegt vielmehr darin, dass die einfache Möglichkeit zur vorherigen Auskunft nicht ausreichend ist, um eine rationale Verbraucherentscheidung zu gewährleisten. In der Praxis kommt es oft zu einem beschleunigenden Verfahren aufseiten des Anbieters, der auf die Vertragsentscheidung des Verbrauchers einwirkt und ihn durch Werbung zu einem schnellen Vertragsschluss verleitet, ohne dessen Bedarf und die auf dem Markt angebotenen Leistungen gründlich abzuwägen. Fehlentscheidungen kommen aber auch deswegen zustande, weil im Fernabsatz die Beratungsmöglichkeiten reduziert sind.[78] Die meist langfristigen Bindungen zusammen mit den finanziellen Belastungen des Kunden im Rahmen von Finanzdienstleistungsgeschäften sprechen umso deutlicher für die Einführung einer obligatorischen Prüfungsfrist nach Vertragsschluss. Der erste offizielle Entwurf der RL 2002/65/EU sah diese Gefahr vor einem zu schnellen Vertragsschluss trotz vorvertraglicher Informationsmöglichkeiten und schrieb ein vierzehntägiges Widerrufsrecht vor, wenn der Verbraucher auf unlautere Weise vom Unternehmer zum Vertragsschluss verleitet worden war.[79] Es blieb aber ungeklärt, worin ein solches unlauteres Verleiten zu sehen wäre. Darüber Nachweis zu erbringen, hätte den Kunden unangenehm belastet. Außerdem besteht auch dann Bedarf nach einem Lösungsrecht für den Verbraucher, wenn er für die unzureichende Nutzung der Informationen und der Entscheidungsbildung vor allem selbst verantwortlich ist.[80] Die Gründe für die Einführung des Widerrufsrechts in der RL 2002/65/EU sind also nicht nur fernabsatzspezifischer Natur. Die Gefahr einer vorschnellen Entscheidung und die damit einhergehende Belastung des Kunden trifft den Verbraucher auch dann, wenn ein Vertrag im Rahmen eines Verkaufsgesprächs mit persönlichem Kontakt geschlossen wurde.[81] Zur Vermeidung von Missbrauch seitens der Kunden ist ein Widerrufsrecht bei solchen Verträgen ausgeschlossen, die kurzfristigen Preisschwankungen auf dem Markt unterliegen sowie bei Versicherungsverträgen mit kurzer Laufzeit. Ferner werden auch dann Vergütungspflichten ausgelöst, wenn der Kunde von seinem Widerrufsrecht Gebrauch macht.[82]

77 Vorschlag vom 19.11.1998, ABl C (1998) 385/10, 13 f.
78 *Schneider*, Der Vertrieb von Versicherungen über das Internet, S. 273.
79 Art. 4 Abs. 2 des Vorschlages vom 19.01.1998, ABl C 385/10, S. 14.
80 *Schneider*, Der Vertrieb von Versicherungen über das Internet, S. 274.
81 *Schneider*, Der Vertrieb von Versicherungen über das Internet, S. 274.
82 *Schneider*, Der Vertrieb von Versicherungen über das Internet, S. 274.

b) Fristen des Widerrufsrechts in RL 2002/65/EU

Nach Art. 6 Abs. 1 der RL 2002/65/EU beträgt die Widerrufsfrist grundsätzlich 14 Kalendertage. Nur für Lebensversicherungen im Sinne der Zweiten Richtlinie 90/619/EWG des Rates vom 8. November 1990 zur Koordinierung der Rechts- und Verwaltungsvorschriften für die Direktversicherung (Lebensversicherung) und zur Erleichterung der tatsächlichen Ausübung des freien Dienstleistungsverkehrs sowie zur Änderung der Richtlinie 79/267/EWG ist eine längere Widerrufsfrist von 30 Tagen vorgesehen. Diese Frist gilt auch für Verträge über die Altersversorgung von Einzelpersonen. Damit ist jedoch nicht das Motiv des Kunden gemeint, da jede beliebige Vertragsart der Altersvorsorge dienen kann, sondern nur solche Verträge, die ihrem Zuschnitt und der Parteivereinbarung nach ausschließlich der Alterssicherung zu dienen bestimmt sind.[83] Die in der RL 2002/65/EG vorgesehenen Fristen sind absolut, was bedeutet, dass nationale Gesetzgeber keine von der Richtlinie abweichenden Vorschriften erlassen dürfen.[84]

c) Ausschluss aus dem Widerrufsbereich

Art. 6 Abs. 2 der RL 2002/65/EU bestimmt die Verträge, die vom Anwendungsbereich des Widerrufsrechts ausgeschlossen sind. Die für Versicherungsverträge relevanten Fälle sind unter Buchstabe b und c geregelt und unterteilen sich in zwei Gruppen.

aa) Kurzfristige Versicherungsverträge

Gemäß Art. 6 Abs. 2 lit. b der RL 2002/65/EU ist bei Reise- und Gepäckversicherungen oder ähnlichen kurzfristigen Versicherungen mit einer Laufzeit von weniger als einem Monat das Widerrufsrecht ausgeschlossen. Kritisch zu betrachten ist in erste Linie die unpräzise Formulierung dieser Vorschrift. Da die Regelung abschließender Natur ist und der nationale Gesetzeber von ihr nicht abweichen darf, besteht die Gefahr einer richtlinienwidrigen Umsetzung, wenn dieser nicht den Wortlaut der Richtlinie übernimmt und die Konkretisierung der Regelung der Rechtsprechung überlässt.[85]

Wichtigstes Merkmal der Vorschrift Art. 6 Abs. 2 lit. b der RL 2002/65/EU ist, dass die Laufzeit des Versicherungsvertrages weniger als einen Monat betragen muss. Fraglich ist hier jedoch, ob es sich bei den genannten Verträgen um ähnlich „kurzfristige" Verträge handeln muss, bei denen allein die Laufzeit entscheidend ist, oder ob der Versicherungsvertrag seinem Inhalt nach mit einer Reise- oder Gepäckversicherung vergleichbar sein muss. Sprachlich am Wortlaut orientiert betrachtet ist anzunehmen, dass sich das Wort „ähnlich" auf den Versicherungstyp und nicht

83 Anders offenbar *Micklitz/Ebers*, VersR 2002, S. 652.
84 *Schneider*, Der Vertrieb von Versicherungen über das Internet, S. 277.
85 *Schneider*, Der Vertrieb von Versicherungen über das Internet, S. 278.

auf die Laufzeit bezieht. Wäre nur die Kurzfristigkeit entscheidend, wäre die beispielhafte Anführung der Reise- und Gepäckversicherung unnötig.[86]

Bei einer ähnlichen Regelung im Entwurf zu RL 2002/65/EU von 1999 wurde das Widerrufsrecht bei Nichtlebensversicherungen mit einer Laufzeit von weniger als 2 Monaten[87] ausgeschlossen. Im Vergleich zur endgültigen Norm lässt sich Folgendes für Art. 6 Abs. 2 lit. b der RL 2002/65/EU ableiten: Abzustellen ist hier nicht nur auf die konkrete Laufzeit des Versicherungsvertrags von weniger als einem Monat, sondern auch darauf, ob der Versicherungsvertrag seinem Inhalt nach typischerweise für einen kurzen Zeitraum abgeschlossen wurde. Hier werden vor allem solche Versicherungsverträge erfasst, die als Zusatzgeschäfte zu anderen Verträgen abgeschlossen werden. Es ist also erforderlich, dass die fällige Versicherungsprämie dem in der Vorschrift genannten Versicherungstyp entspricht.[88] Auf Versicherungsverträge mit einer automatischen Laufzeitverlängerung ist Art. 6 Abs. 2 RL 2002/65/EU nicht anwendbar.[89]

bb) Voll erfüllte Verträge

Art. 6 Abs. 2 lit. c der RL 2002/65/EU beschreibt den Fall des Ausschlusses des Widerrufsrechts bei Versicherungsverträgen, die auf ausdrücklichen Wunsch des Verbrauchers von beiden Seiten bereits voll erfüllt worden sind, bevor der Kunde ein ihm zustehendes Widerrufsrecht geltend macht. Tatbestandsvoraussetzung ist zunächst, dass die Laufzeit des Vertrages vor der regelmäßigen Widerrufsfrist endet. Dies kann nur bei sehr kurzen Versicherungsverträgen eintreten, vor allem bei vorläufigen Deckungszusagen.[90] Ferner muss die Versicherungsprämie bezahlt worden sein, da der Vertrag von beiden Seiten erfüllt werden musste.[91] Allein die Ermächtigung im Lastschriftverfahren reicht dafür nicht aus. Vielmehr muss die Versicherungsprämie auch tatsächlich eingezogen worden sein. Elektronische Bezahlung mittels EC- oder Kreditkarte im Rahmen eines Internetkontakts darf derzeit allenfalls bei solchen Versicherungsverträgen vorkommen, die als Zusatzgeschäft zu einem anderen Vertrag abgeschlossen werden. Häufig wird dann der Tatbestand des Art. 6 Abs. 2 lit. b RL 2002/65/EU vorliegen.[92]

---

86 *Schneider*, Der Vertrieb von Versicherungen über das Internet, S. 278.

87 Vgl. Art. 4 Abs. 1a lit. c, ABl C (2000) 177 E/21, S. 25.

88 *Schneider*, Der Vertrieb von Versicherungen über das Internet, S. 279.

89 *Schneider*, Der Vertrieb von Versicherungen über das Internet, S. 279.

90 Vgl. *Präve*, VW 1999, 1516. Durch die in der endgültigen Fassung vorgenommenen Änderung ist dies keinesfalls mehr der Regelfall, wie dies *Präve* noch für den Entwurf von 1999 annimmt.

91 Anders noch die RL 97/7/EG, bei der das Widerrufsrecht nicht mehr ausgeübt werden kann, sobald der Unternehmer mit Zustimmung des Verbrauchers mit der Ausführung des Vertrages begonnen hat (Art. 6 Abs. 3); eine solche Regelung hätte bei Finanzgeschäften aber wohl regelmäßig zu einem Ausschluss des Widerrufsrechtes geführt.

92 *Schneider*, Der Vertrieb von Versicherungen über das Internet, S. 280.

Das Eingreifen des Art. 6 Abs. 2 lit. c RL 2002/65/EU ist von den Erfüllungshandlungen der Vertragsparteien nach Vertragsschluss abhängig. Daher wird der Fall des Art. 6 Abs. 2 lit. c RL 2002/65/EU nicht als Tatbestand, der das Widerrufsrecht ausschließt, betrachtet, sondern als Tatbestand, der die Möglichkeit einer Lösung vom Vertrag lediglich nachträglich entfallen lässt. Grundsätzlich liegt also ein Recht auf Lösung vom Vertrag vor, wovon allerdings bei Vorliegen der Voraussetzungen des Art. 6 Abs. 2 lit. c kein Gebrauch mehr gemacht werden kann. Der Versicherer ist dabei nicht von seiner Pflicht befreit, den Kunden über die Widerrufsmöglichkeit zu belehren. Denn grundsätzlich ist der Verbraucher für die gesamte Dauer des Versicherungsvertrages berechtigt, sein Widerrufsrecht auszuüben, egal wie kurz der Vertrag ist.[93]

d) Fristbeginn und Fristlauf des Widerrufsrechts

aa) Beginn der Widerrufsfrist im Regelfall

Nach Art. 6 Abs. 1 RL 2002/65/EU beginnt die Widerrufsfrist grundsätzlich am Tag des Vertragsschlusses. Für den Fall, dass Vertragsinformationen erst zu einem späteren Zeitpunkt übermittelt werden, beginnt die Frist erst am Tag, an dem der Kunde alle Auskünfte und Unterlagen vollständig erhalten hat.[94] Für Lebensversicherungen gilt dabei eine Sonderregel. Gemäß Art. 6 Abs. 2 1. Spiegelstrich RL 2002/65/EU soll bei Lebensversicherungen die Widerrufsfrist nicht am Tag des Vertragsabschlusses beginnen, sondern erst zu dem Zeitpunkt, an dem der Kunde über den Vertragsschluss informiert ist. Dies würde bedeuten, dass eine zusätzliche Mitteilung des Versicherungsunternehmens erforderlich wäre, um die Widerrufsfrist in Gang zu setzen. Diese Auslegung der Vorschrift ist abzulehnen. Die Formulierung ist in Anlehnung an die ähnliche Regelung des Art. 15 Abs. 1 der Zweiten Richtlinie Leben 90/619/EWG geschaffen worden, die den Beginn des Lösungsrechts für das dort geregelte Rücktrittsrecht genauso beschreibt. Wahrscheinlich wollte der Gesetzgeber einen Gleichlauf beim Regelungsgehalt der Richtlinien erreichen. Eine weitere Überlegung zum Hintergrund der Formulierung der Vorschrift könnte Folgende sein: Der Abschluss eines Fernabsatzvertrages erfolgt durch die Unterbreitung eines Angebots seitens des Unternehmers und der Annahme desselben durch den Verbraucher.[95] Im Rahmen von Lebensversicherungsverträgen findet allerdings eine Prüfung durch die Versicherer statt und der endgültige Versicherungsvertrag kommt erst durch die spätere Annahmeerklärung zustande. Diesen Fall wollte der Gesetzgeber genau erfassen und damit betonen, dass auch die Widerrufsfrist erst mit Zugang der späteren Erklärung des Versicherers beginnt.[96]

---

93 *Schneider*, Der Vertrieb von Versicherungen über das Internet, S. 280.
94 *Schneider*, Der Vertrieb von Versicherungen über das Internet, S. 281.
95 *Schneider*, Der Vertrieb von Versicherungen über das Internet, S. 281.
96 *Schneider*, Der Vertrieb von Versicherungen über das Internet, S. 281.

bb) Fristbeginn bei unterbliebener Information

In der RL 2002/65/EU ist nicht ausdrücklich geregelt, welche Rechtsfolgen sich an eine inhaltlich mangelhafte oder unterbliebene Übermittlung der Auskünfte knüpfen. Grundsätzlich wird der Tatbestand des Art. 6 Abs. 1 der RL 2002/65/EU nicht erfüllt und daher auch die Widerrufsfrist nicht in Gang gesetzt. Eine Höchstfrist, die das Widerrufsrecht endgültig erlöschen lässt, sieht die genannte Richtlinie nicht vor.

cc) Nachgeholte Informationsübermittlung

Mit der nachträglichen Übermittlung der Informationen kann der Unternehmer den Lauf der regulären Widerrufsfrist in Gang setzen. Die in Art. 5 Abs. 1 und 2 RL 2002/65/EU vorgeschriebenen Fristen für die Auskunftsübermittlung, also vor Vertragsschluss bzw. unverzüglich nach dem Abschluss, sind in diesem Sinne nicht abschließend, als die Erfüllung der Pflichten des Unternehmers mit Verstreichen einer dieser Termine unmöglich wäre.[97] Art. 6 Abs. 1 2. Spiegelstrich RL 2002/65/EU erlaubt es, die vorgeschriebenen Widerrufsfristen ohne einschränkende Zusätze zur Übermittlung der Informationen beginnen zu lassen.[98] Es besteht auch kein Anlass dafür, dem Kunden eine längere Widerrufsfrist einzuräumen, sobald er die notwendigen Auskünfte vorliegen hat. Die Übermittlung von Informationen durch den Unternehmer hat im Regelfall also vor oder bei Vertragsschluss zu erfolgen, anderenfalls wäre dies eine richtlinienwidrige Geschäftspraxis.[99]

dd) Vollbeendigung des Vertrages

Nach Art. 6 Abs. 2 lit. c RL 2002/65/EU kann vom Widerrufsrecht kein Gebrauch mehr gemacht werden, wenn der Vertrag von beiden Vertragsparteien voll erfüllt worden ist. Wird der Versicherungsvertrag beendet und sind alle Forderungen beglichen, kann kein Widerrufsrecht mehr ausgeübt werden.

ee) Sonstige Fälle

Problematisch sind Fälle zu entscheiden, in denen die Verträge noch nicht abgewickelt worden sind, aber auch noch keine bzw. keine ordnungsgemäße Übermittlung der notwendigen Informationen erfolgt ist. Wegen teilweise langer Laufzeiten von Versicherungsverträgen ist diese Frage von großer Bedeutung.

Die RL 2002/65/EU sieht ein Erlöschen des Widerrufsrechts bei fehlender oder unvollständiger Information nicht vor. Es fragt sich, ob sich dies nur auf die fehlenden Informationen über die Ausübung des Widerrufsrechts bezieht oder ob das Recht auf Lösung vom Vertrag auch dann bestehen bleibt, wenn die übermittelten

---

97 *Dörner*, AcP 202 (2002), 381.

98 Vgl. RL 97/7/EG, die in Art. 6 Abs. 1 ausdrücklich vorsieht, dass die regelmäßige Widerrufsfrist zu laufen beginnt, wenn der Unternehmer die Informationen nachträglich übermittelt.

99 *Schneider*, Der Vertrieb von Versicherungen über das Internet, S. 282.

Informationen in anderen Punkten unvollständig sind. Im Rahmen der Erarbeitung der RL 2002/65/EU hätte erstmals eine solche Unterscheidung getroffen werden sollen.[100] Im Gegenteil macht Art. 6 Abs. 1 der genannten Richtlinie den Beginn der Widerrufsfrist nicht nur von der Widerrufsbelehrung abhängig, sondern knüpft den Fristbeginn der Widerrufsmöglichkeit an die Übermittlung in Art. 3 vorgeschriebenen Informationen.[101] In der RL 2002/65/EU fehlt es somit an einem zeitlich begrenzten Widerrufsrecht. Es ist also davon auszugehen, dass eine Begrenzung der Ausübung des Widerrufsrechts im Rahmen der Umsetzung der Richtlinie in nationales Recht unzulässig ist.[102]

e) Rechtsfolgen des Widerrufs

Nach Art. 7 Abs. 4 und 5 der RL 2002/65/EU haben sich die Vertragsparteien bereits ausgetauschte Leistungen unverzüglich und spätestens innerhalb von 30 Kalendertagen zu erstatten, wenn der Vertrag durch Widerruf beendet worden ist. Diese Pflicht trifft vor allem den Versicherer, soweit er bereits Versicherungsprämien vom Versicherungsnehmer erhalten hat. Art. 7 Abs. 1 und 4 der RL 2002/65/EU ermöglichen grundsätzlich, einen Teilbetrag als Vergütung für bereits erbrachte Dienstleistungen einzubehalten. Erscheint dies nicht nötig, so sind die geleisteten Prämien vollständig zurückzugewähren. Dass der Versicherungsnehmer Zahlungen zurückzuerstatten hat, wird hingegen selten eintreten, da nach Leistungserbringung des Versicherers anlässlich eines Versicherungsfalls der Versicherungsnehmer den Vertrag nicht mehr widerrufen kann.[103]

Der Versicherungsnehmer hat gemäß Art. 7 Abs. 5 der RL 2002/65/EU alle sonstigen Gegenstände zurückzugeben, die er vom Versicherer erhalten hat. Davon erfasst sind jedoch nicht die Unterlagen, die der Versicherungsnehmer im Rahmen der vorvertraglichen Informationserteilung erhalten hat, sondern nur die Gegenstände, die der Versicherer in Erfüllung seiner sich aus dem Vertrag ergebenden Pflichten übermittelt hat.[104] Damit wollte der Unionsgesetzgeber unter anderem die betrügerische Benutzung von an Kunden ausgehändigten Urkunden verhindern.[105]

---

100 *Schneider*, Der Vertrieb von Versicherungen über das Internet, S. 283.

101 *Schneider*, Der Vertrieb von Versicherungen über das Internet, S. 284.

102 *Schneider*, Der Vertrieb von Versicherungen über das Internet, S. 284.

103 *Schneider*, Der Vertrieb von Versicherungen über das Internet, S. 288.

104 Von dieser Rückgabepflicht sind auch alle sonstigen Daten auszunehmen, die nicht auf einem gesonderten Datenträger (CD-ROM, Diskette) überlassen, sondern über das Internet übermittelt wurden. Von solchen Daten können unbegrenzt identische digitale Kopien hergestellt werden und eine „Rückgabe“ wäre ebenso unpraktikabel wie sinnlos.

105 Vgl. die Begründung zum Vorschlag von 1999, KOM (1999) 385, S. 10. In diesem Vorschlag war eine Vorschrift über die „Rückgabe von Originalen“ vorgesehen (Art. 8b), die in dem weiter gefassten Art. 7 Abs. 5 der RL 2002/65 EU in endgültiger Fassung aufgegangen ist.

Art. 7 Abs. 5 der RL 2002/65/EU gewährt entsprechend einen Anspruch auf Rückgabe.

6. Zusammenfassung

Die deutschen versicherungsrechtlichen Regelungen zum Widerrufsrecht und seinen Rechtsfolgen sind stark von den legislativen Entschließungen des Unionsgesetzgebers geprägt. Das dem Versicherungsnehmer im § 8 VVG eingeräumte Widerrufsrecht ist in Anlehnung an Art. 6 Abs. 1 der RL 2002/65/EU geschaffen. Diese Richtlinie enthält die Vorschriften für den Vertrieb von Versicherungsdienstleistungen über den Fernabsatz. Die ihr vorangegangene Richtlinie, die RL 97/7/EG sog. Fernabsatzrichtlinie I, erfasste nicht den Finanzdienstleistungssektor. Die RL 2002/65/EU hat eine lange und umstrittene Entstehungsgeschichte, da insbesondere eine harte Diskussion um den Harmonisierungsgrad der Richtlinie geführt wurde. Während die RL 97/7/EG in Art. 14 S. 1 ausdrücklich eine Mindestharmonisierung regelte, sieht RL 2002/65/EU das Konzept der Vollharmonisierung vor, wie in den Erwägungsgründen der Richtlinie zum Ausdruck gebracht wird. Es gilt somit ein an die EU-Länder adressiertes Verbot, einerseits mildere andererseits strengere Vorschriften, als es die Richtlinie vorschreibt zu erlassen. Die vorgeschriebenen Anforderungen dürfen also weder über- noch unterschritten werden.

Mit der RL 2011/83/EU wollte der Unionsgesetzgeber eine Verwirklichung eines echten Binnenmarktes und Verbesserung der Verbraucherrechte erreichen. Ein Bedarf für die Harmonisierung weiterer gesetzlicher Regularien bestand innerhalb der Europäischen Union fort. Die vorliegende Zersplitterung einzelner EU-Vorgaben im Verbraucherrecht resultierte aus dem bisher verfolgten Ziel der Mindestharmonisierung, also die Mitgliedstaaten konnten unterschiedliche Verbraucherschutzniveaus schaffen, was sich negativ auf den Binnenmarkt auswirkte. Mit dem Vorschlag für eine neue Richtlinie sollte die Mindestharmonisierung aufgegeben und durch vollständige Harmonisierung ersetzt werden. In diesem Zusammenhang wurde auch das Konzept der gezielten Harmonisierung diskutiert. Ein wesentlicher Schwerpunkt der RL 2011/83/EU ist ein umfassendes und erweitertes Widerrufsrecht. Der Finanzdienstleistungssektor ist vom Anwendungsbereich der Richtlinie ausgenommen, soll jedoch nach Erwägungsgrund 32 der RL 2011/83/EU bei der Erarbeitung deutscher Rechtsvorschriften als Orientierungshilfe dienen. Eine wesentliche Neuigkeit im neu geschaffenen Widerrufsrecht ist eine Korrigierung der Schwachstelle der früheren Rechtslage hinsichtlich des ewigen Widerrufsrechts. Die in der Richtlinie vorgesehene Befristung des Widerrufsrechts stellt einen Paradigmenwechsel dar. Danach endet die Widerrufsfrist 12 Monate nach Ablauf der ursprünglichen Widerrufsfrist von 14 Tagen, wenn der Verbraucher nicht über das ihm zustehende Widerrufsrecht aufgeklärt wurde. Im deutschen Recht wurde die RL 2011/83/EU mit Wirkung vom 13. Juni 2014 im BGB umgesetzt.

Gemeinsam mit den Informationspflichten ist das Widerrufsrecht der zentrale Verbraucherschutzmechanismus in der RL 2002/65/EU. Die Einführung eines Lösungsrechts vom Vertrag ist nicht nur fernabsatzspezifischer Natur. Die Gefahr einer vorschnellen Vertragsentscheidung und die daraus folgenden Belastungen treffen den Verbraucher auch bei Abschluss von Versicherungsverträgen in einem Verkaufsgespräch mit persönlichem Kontakt zu einem Versicherungsberater. Nach dem Art. 6 Abs. 1 der RL 2002/65/EU beträgt die Widerrufsfrist grundsätzlich 14 Tage, bei Lebensversicherungen 30 Tage. Vom Widerrufsrecht ausgenommen sind kurzfristige Versicherungsverträge, also Reise- und Gepäckversicherungen oder ähnliche Versicherungen mit einer Laufzeit von weniger als einem Monat sowie voll erfüllte Verträge. Grundsätzlich beginnt die Widerrufsfrist nach Art. 6 Abs. 1 der RL 2002/65/EU am Tag des Vertragsschlusses. Im Falle der Übermittlung der Vertragsinformationen zu einem späteren Zeitpunkt beginnt die Widerrufsfrist erst mit dem Tag, an dem der Verbraucher die Auskünfte erhalten hat. Für Lebensversicherungen gilt das nicht. Erfolgt keine Übermittlung der Informationen oder entsprechen die übermittelten Informationen nicht den Anforderungen der Richtlinie ist der Tatbestand der Vorschrift nicht erfüllt, und die Widerrufsfrist wird nicht in Gang gesetzt. Die RL 2002/65/EU sieht keine Regelungen für diesen Fall vor. Es ist auch keine Befristung des Widerrufsrechts in der Richtlinie angedacht, für den Fall, dass das Widerrufsrecht erlöschen sollte. Erfolgt die Übermittlung der vertraglichen Informationen erst nachträglich, beginnt die reguläre Widerrufsfrist. Es besteht auch kein Anlass, dem Kunden eine längere Widerrufsfrist einzuräumen. Wird der Versicherungsvertrag von beiden Vertragsparteien voll erfüllt, muss ein Widerrufsrecht nicht mehr ausgeübt werden. Läuft die Widerrufsfrist, macht die Richtlinie keinen Unterschied, ob es sich um eine fehlende Belehrungsmöglichkeit handelte oder sonstige unvollständige vertragliche Informationen. Wird ein Vertrag widerrufen, so haben die Vertragsparteien bereits ausgetauschte Leistungen unverzüglich und spätestens innerhalb von 30 Kalendertagen zu erstatten.

III. Deutsches Recht

In diesem Abschnitt wird die Einführung des Widerrufsrechts im deutschen Recht dargestellt. Die dabei entstandenen Probleme des § 8 VVG werden untersucht und im Anschluss die Rechtsfolgen des Widerrufsrechts gemäß § 9 VVG skizziert.

1. Gesetzeslage bis 2008

Die wesentlichen Entwicklungen des Widerrufsrechts im VVG lassen sich in vier Etappen unterteilen, die jeweils in den Jahren 1990, 1994, 2004 und 2008 zu deutlichen Veränderungen führten. Im Folgenden wird die Entwicklungsgeschichte des Widerrufsrechts des Versicherungsnehmers kurz dargestellt.

a) Lösungsrechte bis 1994

Mit Inkrafttreten des VVG am 1. Januar 1910[106] wurde ein grundsätzliches Recht zur Lösung vom Versicherungsvertrag in Form einer Kündigung oder Anfechtung vorgesehen. Mit dem Gesetz zur Änderung versicherungsrechtlicher Vorschriften vom 17. Dezember 1990[107] wurde das VVG um § 8 Abs. 4 VVG a. F. 1990 ergänzt und ein Widerrufsrecht des Versicherungsnehmers eingeführt.[108] Danach konnte der Versicherungsnehmer seine auf Abschluss des Versicherungsvertrags gerichtete Willenserklärung innerhalb von zehn Tagen ab Unterzeichnung des Vertrages schriftlich widerrufen.[109] Nach § 8 Abs. 4 S. 4 VVG a. F. 1990 war der Versicherungsnehmer über das Widerrufsrecht vom Versicherungsvertrag zu belehren. Unterblieb die Belehrung, begann die Widerrufsfrist nicht zu laufen.[110]

b) Überarbeitung des Lösungsrechtes im 1994

Die Regelung des § 8 Abs. 4 VVG a. F. wurde durch das Dritte Durchführungsgesetz zum Versicherungsaufsichtsgesetz vom 21. Juli 1994 geändert. Ferner wurde ein Rücktrittsrecht für Lebensversicherungsverträge in § 8 Abs. 5 VVG ergänzt und eine Widerspruchsmöglichkeit in § 5a VVG eingeführt.

aa) § 8 Abs. 4 VVG a.F. 1994

Die Frist zur Ausübung des Widerrufsrechts gemäß § 8 Abs. 4 VVG a. F. 1994 wurde von 10 auf 14 Tage verlängert. Nach § 8 Abs. 4 S. 4 VVG a.F. 1994 erlosch das Widerrufsrecht einen Monat nach Zahlung der Erstprämie auch dann, wenn die Belehrung über das Widerrufsrecht unterblieben war.[111]

bb) § 8 Abs. 5 VVG a.F. 1994

Für Verträge über Lebensversicherungen wurde in § 8 Abs. 5 VVG a. F. 1994 anstelle des Widerrufsrechts ein 14-tägiges Rücktrittsrecht eingeführt, womit den Vorgaben des Art. 15 Abs. 1 der Zweiten Lebensrichtlinie 90/619/EWG[112] Rechnung getragen wurde.[113]

---

106 RGBl. 1908 I S. 263; Art. 1 EGVVG des Gesetztes von 1908.

107 BGBl. I S. 2864 f.

108 *Teske*, ZRP 1990, 412 ff.; *ders.*, NJW 1991, 2793 ff.; *Claussen*, JR 1991, 360 ff.; *Koch*, VersR 1991, 726 ff.; *Strohmaier*, JA1995, S. 935 ff.

109 *Koch*, VersR 1971, 725 ff.

110 *Präve*, VW 1991, 488–489; *Koch*, VersR 1971, 725–726; *Teske*, ZRP 1990, 412–413; *ders.*, NJW 1991, 2793–2798 ff.

111 Basedow/Fock/*Lemmel* S. 354.

112 Aufgegangen in Art. 35 Abs. 1 der RL 2002/83/EG.

113 BT-Drucks. 12/7595 S. 111.

cc) § 5a VVG a.F. 1994

In § 5 a VVG a.F. 1994 wurden erstmals die Rechtsfolgen des Widerspruchs geregelt.[114] Kam ein Versicherungsvertrag im Sinne des sog. Policenmodells zustande, wurde also die Vorschrift des § 10a VAG[115] missachtet, galt § 5a VVG a.F. 1994. Wurden dem Versicherungsnehmer die erforderlichen Verbraucherinformationen sowie die AVB mit dem ausführlichen Antragsformular nicht übermittelt, so galt der Vertrag gemäß § 5a VVG a.F. 1994 als geschlossen, wenn der Versicherungsnehmer nach der Übermittlung der vollständigen Informationen nicht binnen 14 Tagen widersprochen hatte.

2. Gesetzeslage von 2004

Die Vorgaben der Fernabsatzrichtlinie für Finanzdienstleistungen wurden im VVG durch das Gesetz zur Änderung der Vorschriften über Fernabsatzverträge von Finanzdienstleistungen vom Dezember 2004[116] umgesetzt.[117] Wesentliche Änderungen waren die Verlängerung des Widerspruchs bzw. der Widerrufsfrist für Lebensversicherungsverträge in §§ 5a Abs. 1 S. 2, 8 Abs. 5 S. 1 VVG a.F. 2004 auf 30 Tage. Für Fernabsatzversicherungsverträge mit Verbrauchern wurden Sonderregelungen in § 48a Abs. 1 VVG a.F. 2004 geschaffen.[118] Das spezielle Widerrufsrecht wurde in § 48c VVG 2004 geregelt.[119]

3. Gesetzeslage nach der VVG-Reform 2008

Mit der VVG-Reform im Jahr 2008 wurde das Widerrufsrecht nochmals anders strukturiert. In § 8 VVG ist nunmehr ein einheitliches allgemeines Widerrufsrecht des Versicherungsnehmers für Versicherungsverträge geregelt.[120] Die früher bestehende Unterteilung der Gestaltungsrechte des Versicherungsnehmers in Widerspruch,[121] Widerruf und Rücktritt wurde vereinheitlicht,[122] um die Rechtszersplitterung bei den Lösungsrechten des Versicherungsnehmers aufzuheben.[123]

Die Neuregelung des § 8 VVG orientiert sich an § 48c Abs. 1 bis Abs. 4 VVG a.F. 2004. Die Regelung gilt nicht mehr länger nur für Verbraucherverträge, die als Fernabsatzgeschäft zustande kommen. Sie erstreckt sich vielmehr grundsätzlich auf alle

114 Basedow/Fock/*Lemmel* S. 354.
115 *Präve* VW 1995, 90 ff.
116 BGBl. I S. 3102.
117 *Schneider*, VersR 2004, 696 ff.
118 *Dörner*, VersR 2006, 1621.
119 *Püttgen*, Europäisierter Versicherungsvertragsschluss S. 257 ff.
120 *Hess/Burmann*, NJW-Spezial 2007, 111 f.
121 Vgl. zu den Überlegungen der Reformkommission zu § 5a VVG 1994, Zwischenbericht S. 36.
122 Bruck/Möller/*Knops*, § 8 Rn. 1; *Präve*, VW 2002, 1836 ff.
123 Schwintowski/Brömmelmeyer/*Ebers*, § 8 Rn. 2.

Versicherungsverträge, unabhängig von der Eigenschaft des Verbrauchers nach § 13 BGB und der Vertriebsform.[124]

a) Rechtliche Natur des Widerrufs

Das Widerrufsrecht ist als Gestaltungsrecht in Form eines besonders ausgestalteten Rücktrittsrechts einzuordnen. Es beseitigt einen schon geschlossenen Vertrag bzw. die auf Abschluss eines Versicherungsvertrags gerichtete Vertragserklärung.[125] Darüber herrscht in der Literatur Einigkeit.[126] Die Wirksamkeit eines Vertrages bis zum Ablauf der Widerrufsfrist wird unter Anerkennung eines „Schwebezustandes" des Versicherungsvertrages bejaht.[127] Zweifelhaft ist jedoch die dogmatische Einordnung des „Schwebezustandes".

aa) „Schwebend wirksamer Vertrag"

Der Versicherungsvertrag ist „schwebend wirksam" bis er durch das Widerrufsrecht einseitig aufgehoben oder mit Ablauf der Widerrufsfrist voll wirksam wird.[128] Im Verlauf des Zustands der „schwebenden Wirksamkeit" des Vertrages können die Vertragsparteien ihre Erfüllungsansprüche nach § 271 Abs. 1 BGB sofort durchsetzten. Im Ergebnis hat der Versicherungsnehmer bis zur Ausübung des Widerrufs einen Anspruch auf die Versicherungsleistung. Wird das Widerrufsrecht ausgeübt, so entfällt für beide Vertragsparteien die jeweils vereinbarte Hauptleistungspflicht. Der Vertrag wird durch den ex nunc wirkenden Widerruf rückabgewickelt.[129]

bb) Widerruf als auflösende Bedingung

Nach anderer Meinung in der Literatur[130] soll der Versicherungsvertrag bis zum Ablauf der Widerrufsfrist bzw. bis zur Ausübung eines Widerrufs bereits wirksam sein und dessen Wirksamkeit durch die Widerrufserklärung enden. In der Zwischenzeit bestehe ein Schwebezustand, der aber eher als „rechtsdogmatisch unbefriedigend"[131] statt „schwebend wirksam" zu bezeichnen sei. Dem Zivilrecht ist diese Konstellation nicht bekannt. Es stünde mit § 158 Abs. 2 BGB sowieso eine gesetzliche Regelung in

---

124 Schwintowski/Brömmelmeyer/*Ebers*, § 8 Rn. 3.
125 Bruck/Möller/*Knops* § 8 Rn. 3.
126 *Reiner* AcP 203 (2003), 1 ff (Widerrufsrecht ähnelt der Anfechtung).
127 Bruck/Möller/*Knops* § 8 Rn. 4; Beckmann/Matusche-Beckmann/*Johannsen*, § 8 Rn. 18.
128 Vgl. Bruck/Möller/*Knops* § 8 Rn. 4; Prölss/Martin/*Prölss* § 8 Rn. 6; Schwintowski/Brömmelmeyer/*Ebers*, § 8 Rn. 50; Beckmann/Matusche-Beckmann/*Johannsen*, § 8 Rn. 18.
129 Bruck/Möller/*Knops* § 8 Rn. 4;
130 MünchKommVVG/*Eberhardt* § 8 Rn. 5; Hk-VVG/*Schimikowski*, § 8 Rn. 12; *ders.* Versicherungsvertragsrecht S. 31.
131 MünchKommVVG/*Eberhardt* § 8 Rn. 5.

Form der auflösenden Bedingung zur Verfügung. Für eine neue Konstruktion ergibt sich kein Bedarf. Nach dieser Auffassung würde der Versicherungsvertrag also unter einer auflösenden Bedingung geschlossen.[132] Die Ausübung des Widerrufsrechts stellt eine Bedingung i. S. d. § 158 Abs. 2 BGB dar, die den Schwebezustand ex nunc beseitigt.[133]

b) Bewertung

Dieser Meinungsstreit hat nicht nur rechtsdogmatische Bedeutung. Der dahinter stehende rechtliche Gedanke einer wirksamen Widerrufserklärung führt im Ergebnis zu unterschiedlichen Rechtsfolgen.[134]

Die Bezeichnung „schwebend wirksam" beschreibt zutreffend das Vertragsverhältnis während des Zeitraums nach der Einigung der Vertragsparteien und vor Ablauf der Widerrufsfrist. Der Vertrag befindet sich tatsächlich in einem Schwebezustand: Die Vertragsparteien wollen die Hauptleistungen sofort in Anspruch nehmen. Das bedarf zunächst der Wirksamkeit des Versicherungsvertrages. Gleichzeitig ist dieser aber nur vorläufig geschlossen, da die Möglichkeit eines Widerrufs besteht. Die Beschreibung dieses Zustandes als „schwebend wirksam" ist damit zutreffend. Dass als Rechtsfolge des wirksam erklärten Widerrufs der Versicherungsvertrag ex nunc rückabgewickelt würde, trägt den allgemeinen und speziellen Grundsätzen der Rechtsfolgen nach § 9 VVG Rechnung und § 355 BGB.[135]

Die zweite Auffassung überzeugt dagegen nicht ausreichend. Das Zivilrecht sieht für ein Rechtsgeschäft, dessen Wirksamkeit durch ein weiteres Ereignis beendet werden kann oder soll, eine allgemeine Regelung in § 158 Abs. 2 BGB vor. Die dort geregelte auflösende Bedingung kann auch vom Willen der Parteien abhängig werden. Im Fall einer auflösenden Bedingung tritt die Rechtsänderung ex nunc ein[136] und wirkt wie das Widerrufsrecht im Grunde nicht zurück.[137] Rechtsdogmatisch gesehen aber unterscheidet sich ein Gestaltungsrecht zur Lösung vom Vertrag von einer auflösenden Bedingung. Dies wird anhand des zivilrechtlich geregelten Rücktrittsrechts deutlich.[138] Wird von einer Vertragspartei Rücktritt vom Vertrag erklärt, wird eine schuldrechtliche Rückgewährpflicht ausgelöst.[139] Im Gegensatz dazu tritt bei Verwirklichung einer auflösenden Bedingung nach § 158 Abs. 2 BGB der frühere Rechtszustand wieder ein. Ein vom Versicherungsnehmer wirksam erklärtes Widerrufsrecht als eine auflösende Bedingung i. S. d. 158 Abs. 2 BGB zu sehen, würde dazu führen, dass keine vertragliche Beziehung mehr besteht. In der Folge bliebe

---

132 MünchKommVVG/*Eberhardt* § 8 Rn. 5; Hk-VVG/*Schimikowski,* § 8 Rn. 12.
133 MünchKommVVG/*Eberhardt* § 8 Rn. 5.
134 *Wendt,* zum Widerruf im Versicherungsvertragsrecht, S. 41.
135 *Wendt,* Zum Widerruf im Versicherungsvertragsrecht, S. 41.
136 Vgl. BGHZ 133, 331, 334 =NJW 1997, 1706; *BGH* NJW 2011, 143, 144.
137 *Wendt,* Zum Widerruf im Versicherungsvertragsrecht, S. 41.
138 Erman/*Armbrüster* § 158 Rn. 6.
139 Vgl. MünchKommBGB/*Westermann* § 158 Rn. 57; Erman/*Armbrüster* § 158 Rn. 6.

kein Raum mehr für Rückgewährpflichten i. S. d. § 9 VVG und § 355 BGB. Wird das Widerrufsrecht als Gestaltungsrecht in Form eines besonders ausgestalteten Rücktrittsrechts eingeordnet,[140] dessen Ausübung zu einem Rückgewährschuldverhältnis führen muss, kann die Einordnung des Widerrufsrechts als auflösende Bedingung i. S. d. § 158 Abs. 2 BGB nicht überzeugen.[141]

4. Persönlicher Anwendungsbereich des § 8 VVG

Der deutsche Gesetzgeber hat in § 8 VVG, im Unterschied zur RL 2002/65/EU, den Kreis der geschützten Personen, die das Widerrufsrecht in Anspruch nehmen können, wie bei den Vorabinformationspflichten nach § 7 VVG, abschließend festgelegt.[142] Danach beschränkt sich das Widerrufsrecht nicht auf Versicherungsverträge mit Verbrauchern i. S. d. § 13 BGB. Das im § 8 VVG vorgesehene Widerrufsrecht gilt nach dem eindeutigen Wortlaut desselben für sämtliche Versicherungsnehmer.[143]

5. Sachlicher Anwendungsbereich des § 8 VVG

Gemäß § 8 Abs. 1 S. 1 VVG kann ein Versicherungsnehmer seine Vertragserklärung grundsätzlich binnen 14 Tagen widerrufen. Nach dieser Formulierung gilt das Lösungsrecht im Grundsatz für alle Versicherungsverträge.[144]

§ 8 Abs. 3 VVG regelt die Ausnahmetatbestände vom Widerrufsrecht. Für Lebensversicherungen gilt danach die spezielle Regelung des § 152 VVG.

a) Verträge mit Laufzeiten von weniger als einem Monat

Gemäß § 8 Abs. 3 Nr. 1 VVG steht dem Versicherungsnehmer für Versicherungsverträge mit einer Laufzeit von weniger als einem Monat kein Recht auf Lösung vom Vertrag zu. Die Vorschrift basiert auf Art. 6 Abs. 2 lit. b der RL 2002/65/EU und gilt vor allem für kurzfristige Versicherungsverträge wie Reise- oder Gepäckversicherungen.[145]

b) Vorläufige Deckung

§ 8 Abs. 3 Nr. 2 VVG schließt ferner Verträge über vorläufige Deckung vom Anwendungsbereich des VVG aus, solange sie nicht als Fernabsatzverträge nach § 312c

140 Bruck/Möller/*Knops* § 8 Rn. 3.
141 *Wendt*, Zum Widerruf im Versicherungsvertragsrecht, S. 42.
142 *Wendt*, Zum Widerruf im Versicherungsvertragsrecht, S. 43.
143 *Wendt*, Zum Widerruf im Versicherungsvertragsrecht, S. 43.
144 Looschelders/Pohlmann/*Looschelders/Heinig*, § 8 Rn. 5.
145 *Wendt*, Zum Widerruf im Versicherungsvertragsrecht, S. 66.

BGB einzuordnen sind.[146] Der Gesetzgeber orientierte sich bei Einführung dieser Regelung in erster Linie am Sinn und Zweck des vorläufigen Deckungsschutzes.[147]

c) Versicherungsverträge bei Pensionskassen

Kein Widerrufsrecht besteht für Versicherungsverträge bei Pensionskassen, die auf arbeitsvertraglichen Regelungen beruhen. Die Vorschrift entspricht dem früheren § 5a Abs. 1 S. 2 VVG a. F. allerdings mit einer Ausnahme: In Übereinstimmung mit den Vorgaben der RL 2002/65/EU im Fernabsatz geschlossene Pensionskassenverträge nach § 312c BGB sind widerrufbar.[148]

d) Versicherungsverträge über ein Großrisiko

Versicherungsverträge über ein Großrisiko nach § 210 Abs. 2 VVG sind aufgrund der europarechtlichen Bestimmungen[149] von den Regelungen des Widerrufsrechts ausgenommen. Das entspricht auch § 7 Abs. 5 S. 1 VVG.

e) Vollständig erfüllte Verträge

Wird der Versicherungsvertrag auf ausdrücklichen Wunsch des Versicherungsnehmers beiderseitig vollständig erfüllt, bevor der Kunde ein Lösungsrecht ausgeübt hat, erlischt das Widerrufsrecht. Hier müssen alle gegenseitigen Haupt- und Nebenpflichten erfüllt worden sein.[150]

6. Ewiges Widerrufsrecht

Löst sich der Versicherungsnehmer durch die Ausübung des Widerrufsrechts von seinem mit einem Versicherer geschlossenen Versicherungsvertrag, hat dies komplexe rechtliche Folgen. Nach dem Widerruf der Willenserklärung entsteht ein Rückgewährschuldverhältnis. Es ist in den Versicherungsverträgen für besonderes Interesse nach dem Zustandekommen des Vertrages möglichst abschließend zu klären, ob der Kunde an den von ihm abgeschlossenen Vertrag gebunden sein will oder nicht. Dies hat sowohl der Unionsgesetzgeber erkannt als auch der deutsche Gesetzgeber umgesetzt. Grundsätzlich kann der Versicherungsnehmer das ihm zustehende Widerrufsrecht in einem begrenzten Zeitraum binnen 14 Tagen, bei Lebensversicherungen innerhalb von 30 Tagen ausüben. Beginnt jedoch diese Frist, wie auch immer, nicht zu laufen, bleibt das Lösungsrecht weiter bestehen. In diesem Fall verfristet es nicht. Hier wird von einem „ewigen“ Widerrufsrecht gesprochen.[151]

---

146 Siehe bereits §§ 5a Abs. 3 Satz 3, 8 Abs. 4 S. 5 VVG 1994.
147 BT Drucks. 16/3945, S. 62.
148 BT Drucks. 16/3945 S. 62.
149 BT Drucks. 16/3945 S. 62.
150 MünchKommVVG/*Eberhardt* § 8 Rn. 44.
151 *Wendt*, Zum Widerruf im Versicherungsvertragsrecht, S. 74.

a) *Fristbeginn des Widerrufsrechts*

Der Beginn der Widerrufsfrist richtet sich nach der Regelung des § 8 Abs. 2 S. 1 VVG. Der deutsche Gesetzgeber knüpft damit den Beginn der Widerrufsfrist an eine Reihe kumulativ zu erfüllender Informationspflichten. Maßgeblicher Zeitpunkt des Fristbeginns ist der Zugang der erforderlichen Informationen beim Versicherungsnehmer.

b) *Abgeschlossener Versicherungsvertrag*

Es stellt sich die Frage, ob ein abgeschlossener Versicherungsvertrag vorliegen muss, um die Widerrufsfrist beginnen zu lassen.[152] Dies sieht Art. 6 Abs. 1 S. 3 der RL 2002/65/EU vor.[153] Die ähnlich lautende Regelung § 8 VVG im deutschen Recht wird von einem Teil der Literatur so ausgelegt, dass darin die Voraussetzung des Versicherungsvertragsschlusses zu sehen ist.[154]

Dem Wortlaut des § 8 Abs. 2 S. 1 VVG folgend, gibt es Interpretationsspielraum für eine solche Anregung. Die Regelung spricht zwar von dem Zugang der erforderlichen Unterlagen, dies schließt jedoch nicht aus, den Versicherungsvertragsschluss als zusätzliche Voraussetzung zu verstehen.[155]

Die Entstehungsgeschichte der Bestimmung spricht ebenfalls dafür. § 48c Abs. 2 S. 1 und 2 VVG a.F. 2004 und auch der Referentenentwurf zum neuen VVG sahen ausdrücklich vor, dass die Frist am Tag des Versicherungsvertragsschlusses beginne, jedoch nicht vor dem Zugang der durch die Bestimmung vorgesehenen Unterlagen.[156] Vermutlich hat der Gesetzgeber in § 8 Abs. 2 S. 1 Nr. 1 VVG 2008 mit dem Fristbeginn des Widerrufs auf den Zugang des Versicherungsscheins abstellen wollen, um mehr Klarheit für die Vertragsparteien zu schaffen.[157] Ob dies anders bedeuten kann, dass der deutsche Gesetzgeber eine richtlinienwidrige Umsetzung europäischen Vorschriften gewollt hat, scheint zweifelhaft.[158] Die Gesetzesbegründung stellt zweifelsfrei fest, dass der Versicherungsvertragsschluss für den Beginn der Widerrufsfrist ebenso erforderlich sein soll.[159] Hier wurde jedoch eingewandt,[160] dass der Gesetzgeber einerseits davon ausgehe, dass der Zugang des Versicherungsscheins mit dem Abschluss des Versicherungsvertrags zusammenfalle und andererseits aber festlegt, dass sich hieran auch nichts durch die Tatsache ändere, dass im Fall des § 5 VVG erst nach der Übermittlung des Versicherungsscheins der Ver-

---

152 Looschelders/Pohlmann/*Looschelders/Heinig*, § 8 Rn. 64.
153 Looschelders/Pohlmann/*Looschelders/Heinig*, § 8 Rn. 64.
154 Looschelders/Pohlmann/*Looschelders/Heinig*, § 8 Rn. 64.
155 *Wendt*, zum Widerruf im Versicherungsvertragsrecht, S. 75.
156 Looschelders/Pohlmann/*Looschelders/Heinig*, § 8 Rn. 64.
157 Looschelders/Pohlmann/*Looschelders/Heinig*, § 8 Rn. 64.
158 Looschelders/Pohlmann/*Looschelders/Heinig*, § 8 Rn. 64.
159 Looschelders/Pohlmann/*Looschelders/Heinig*, § 8 Rn. 64.
160 Looschelders/Pohlmann/*Looschelders/Heinig*, § 8 Rn. 64.

sicherungsvertrag zustande kommen könne.[161] Dies dürfte so verstanden werden, dass der Gesetzgeber nur für den Fall des § 5 VVG am Zeitpunkt des Zugangs des Versicherungsscheins festzuhalten beabsichtigt. Im Übrigen würde dann die deutsche richtlinienwidrige Regelung des § 8 Abs. 2 S. 1 VVG gelten, jedoch mit klaren Bestimmungen für die Vertragsparteien.[162]

Aus dem Sinn und Zweck des Widerrufsrechts ergibt sich weiter, dass das Lösungsrecht dem Versicherungsnehmer die Möglichkeit geben soll, seinen Willen zum Abschluss des Versicherungsvertrages noch einmal zu überdenken.[163] Das setzt in der Konsequenz einen Vertragsschluss voraus. Andernfalls gäbe es keinen Anlass zum Überdenken. Beginnt die Widerrufsfrist vor dem Abschluss des Versicherungsvertrages, könnte sie abgelaufen sein, bevor der Vertrag überhaupt zustande gekommen ist. In einem solchen Fall wäre eine Bedenkzeit überflüssig.[164]

Aus diesen Überlegungen ergibt sich, dass der Vertragsschluss zwischen Versicherer und Versicherungsnehmer eine ungeschriebene Voraussetzung des § 8 Abs. 2 S. 1 VVG ist.[165] Im Rahmen der unterschiedlichen Vertragsschlussmodelle wird dieses zusätzliche Tatbestandsmerkmal jedoch unterschiedlich Wirkung entfalten.

aa) Antragsmodell

Kommt der Versicherungsvertrag nach dem Antragsmodell zustande, wird zunächst ein Angebot vom Versicherungsnehmer abgegeben.[166] Das Angebot wird vom Versicherer grundsätzlich durch die Übersendung des Versicherungsscheins angenommen. Die Anwendung des § 8 Abs. 2 VVG wird in diesem Fall problemlos laufen. Mit Zugang der Annahmeerklärung bei dem Kunden wird der Versicherungsvertrag geschlossen und daher die Widerrufsfrist zu laufen beginnen.[167]

bb) Invitatio-Modell

Der Beginn der Widerrufsfrist beim Invitatio-Modell ist jedoch umstritten. Im Rahmen des Vertragsschlusses nach dem Invitatio-Modell teilt der Versicherungsnehmer dem Versicherer zunächst seine Wünsche und Bedürfnisse mit, ohne sich jedoch zu binden.[168] Anschließend bereitet der Versicherer ein entsprechendes Angebot vor und übermittelt es zusammen mit den im § 8 Abs. 2 VVG vorgesehenen Unterlagen dem Kunden. Damit gehen die erforderlichen Informationen dem Ver-

161 Looschelders/Pohlmann/*Looschelders*/*Heinig*, § 8 Rn. 64.
162 *Wendt*, Zum Widerruf im Versicherungsvertragsrecht, S. 76.
163 *Wendt*, Zum Widerruf im Versicherungsvertragsrecht, S. 76.
164 *Wendt*, Zum Widerruf im Versicherungsvertragsrecht, S. 76.
165 *Wendt*, Zum Widerruf im Versicherungsvertragsrecht, S. 76.
166 Looschelders/Pohlmann/*Pohlmann* § 7 Rn. 85.
167 Looschelders/Pohlmann/*Looschelders*/*Heinig*, § 8 Rn. 69.
168 Looschelders/Pohlmann/*Pohlmann*, § 7 Rn. 88.

sicherungsnehmer zu einem Zeitpunkt zu, zu dem der Versicherungsvertrag noch nicht abgeschlossen wurde.[169]

Die Frage ist, ob beim Invitatio-Modell die Widerrufsfrist bereits dann beginnt zu laufen, wenn der Versicherungsnehmer seine Annahmeerklärung auf Vertragsschluss abgibt[170] bzw. wenn diese Annahmeerklärung dem Versicherer zugeht.[171] Nach den §§ 145 ff. BGB ist auf den Zugang der Erklärung und nicht auf den Zeitpunkt der Abgabe abzustellen. Die Fälle des Invitatio-Modells dürfen hier keine Ausnahme sein.[172]

Problematisch ist, dass der Kunde nicht absehen kann, wann genau die Annahmeerklärung dem Versicherer zugeht. Ein teilweise geforderter „Sicherheitszuschlag" i. S. e. erweiterten Zeitrahmens des Abwartens[173] oder eines verlängerten Widerrufsrechts[174] ist aber nicht erforderlich. Im Gesetz findet jedenfalls keine Stütze dafür. § 8 Abs. 2 VVG gibt keine Anhaltspunkte dafür vor, dass für den Beginn der Widerrufsfrist die Abgabe der Annahmeerklärung des Kunden entscheidend ist.[175] In den Richtlinienvorgaben finden sich ebenfalls keine entsprechenden Bestimmungen, es bedarf aber auch keiner Widerrufsfristverlängerung. Innerhalb der gesetzlich vorgesehenen Frist von 14 bzw. 30 Tagen soll der Kunde über den Wunsch zum Fortbestehen des Versicherungsvertrages befinden können. Die Widerrufsfrist wird durch einen späteren Zugang der Annahmeerklärung beim Versicherer aber nicht verlängert. Der Kunde kann letztlich selbst bestimmen,[176] wie und wann er die Annahmeerklärung übersendet.[177] Somit hat er den Beginn der Bedenkzeit selbst in der Hand. Daher ist ein weitgehender Schutz nicht notwendig.[178]

c) Zugang der erforderlichen Unterlagen

Nach § 8 Abs. 2 Nr. 1 und 2 VVG müssen dem Versicherungsnehmer der Versicherungsschein, die Vertragsbestimmungen, die Informationen nach § 7 Abs. 1 und Abs. 2 VVG und die ordnungsgemäße Widerrufsbelehrung zugehen.

aa) Zugang der Vertragsbestimmungen

Im Falle einer fehlerhaften oder nach den § 305 ff. BGB unwirksamen Übermittlung der Vertragsbestimmungen, gelten die Unterlagen dennoch als zugegangen. Die Unwirksamkeit der Klauseln in den AVB ist nicht von der Unvollständigkeit

---

169 *Wendt*, Zum Widerruf im Versicherungsvertragsrecht, S. 77.
170 Bruck/Möller/*Knops*, § 8 Rn. 34.
171 Looschelders/Pohlmann/*Looschelders/Heinig*, § 8 Rn. 66.
172 *Wendt*, Zum Widerruf im Versicherungsvertragsrecht, S. 77.
173 *Gaul*, VersR 2007, 21,26.
174 Schwintowski/Brömmelmeyer/*Ebers*, § 8 Rn. 32.
175 Looschelders/Pohlmann/*Looschelders/Heinig*, § 8 Rn. 67.
176 Looschelders/Pohlmann/*Looschelders/Heinig*, § 8 Rn. 67.
177 Looschelders/Pohlmann/*Looschelders/Heinig*, § 8 Rn. 67.
178 *Wendt*, Zum Widerruf im Versicherungsvertragsrecht, S. 78.

der Unterlagen abhängig. Dies gilt auch dann, wenn die Unwirksamkeit auf einen Verstoß gegen das Transparenzgebot beruht. Die Rechtsfolgen solcher Klauseln ergeben sich aus § 307 ff. BGB.[179] Eines erweiterten Schutzes in Form eines ewigen Widerrufsrechts[180] bei Übermittlung von unwirksamen AVB bedarf es daher nicht.[181]

bb) Widerrufsbelehrung

Zu überprüfen ist, ob die Belehrung über das Widerrufsrecht eine echte Rechtspflicht aufseiten des Versicherers darstellt.[182] Im Zusammenhang mit dieser Frage wird ferner diskutiert, ob aus der unterbliebenen Widerrufsbelehrung ein Schadensersatzanspruch des Verbrauchers abgeleitet werden kann.[183]

Art. 3 Abs. 1 Nr. 3 lit. a der RL 2002/65/EU sieht ein rechtzeitiges Informieren u. a. über das Bestehen oder Nichtbestehen eines Widerrufsrechts des Verbrauchers vor Vertragsbindung vor.

Diese europäische Vorgabe ist in § 7 Abs. 1 und 2 VVG i. V. m. § 1 Abs. 1 Nr. 13 VVG-InfoV umgesetzt.[184] Der deutsche Gesetzgeber kann nur dann eine Rechtspflicht zur Widerrufsbelehrung im VVG verankern, wenn eine entsprechende europäische Bestimmung dazu vorliegt. Dies ist für das VVG jedoch nach Art. 3 der RL 2002/65/EU nicht der Fall. Die RL 2002/65/EU bringt lediglich zum Ausdruck, dass der Verbraucher über sein Recht zur Lösung vom Vertrag zu informieren ist. Der deutsche Gesetzgeber hat am 11. Juni 2010 den § 312 Abs. 2 S. 1 BGB a.F. entsprechend geändert, dass nunmehr eine Belehrung zum Widerrufsrecht als Rechtspflicht festlegte. Eine Änderung des § 8 VVG erfolgte im Rahmen dieser legislativen Entschließung nicht.[185] Der Wortlaut des § 8 VVG sieht nicht vor, dass der Versicherer verpflichtet ist, den Versicherungsnehmer über das Lösungsrecht zu informieren.[186] Die Regelung des § 312 Abs. 2 S. 1 BGB a.F. dürfte nach Art. 3 der RL 2002/65/EU sogar richtlinienwidrig sein. Die oben dargestellte Auffassung spricht dafür, dass keine Pflicht zur Widerrufsbelehrung und demzufolge auch keine echte Pflicht zur Belehrung besteht.[187]

cc) Musterwiderrufsbelehrung

Ursprünglich wurde vom Gesetzgeber vorgesehen, dass nach § 8 Abs. 5 VVG eine Musterbelehrung hinsichtlich des Inhalts und der Gestaltung des Widerrufs von Verträgen durch Erlass einer Verordnung des Bundesministeriums der Justiz (BMJ)

---

179 Looschelders/Pohlmann/*Looschelders/Heinig*, § 8 Rn. 43.
180 Schwintowski/Brömmelmeyer/*Ebers*, § 8 Rn. 27.
181 *Wendt*, Zum Widerruf im Versicherungsvertragsrecht, S. 85.
182 Looschelders/Pohlmann/*Looschelders/Heinig*, § 8 Rn. 45.
183 Looschelders/Pohlmann/*Looschelders/Heinig*, § 8 Rn. 45.
184 Looschelders/Pohlmann/*Looschelders/Heinig*, § 8 Rn. 45, *Heinig*, JR 2010, 461, 465.
185 Looschelders/Pohlmann/*Looschelders/Heinig*, § 8 Rn. 45.
186 Looschelders/Pohlmann/*Looschelders/Heinig*, § 8 Rn. 45.
187 *Wendt*, Zum Widerruf im Versicherungsvertragsrecht, S. 87.

erstellt werden soll.[188] Ziel war, Rechtssicherheit zu schaffen, um dem Versicherungsnehmer die Formulierung einer Widerrufsbelehrung zu erleichtern.[189] Die Literatur hatte Zweifel am Gelingen dieses Vorhabens.[190] Die Gerichte waren der gleichen Meinung.[191] In der Folge wurde keine Belehrung in Form einer Verordnung vom BMJ erlassen. Stattdessen hat der Gesetzgeber eine Musterwiderrufsbelehrung als Anlage in das VVG aufgenommen.[192] Dadurch sollte „uneingeschränkte Rechtssicherheit im Zusammenhang mit ihrer Verwendung geschaffen werden".[193]

Die Idee einer Musterwiderrufsbelehrung mit Gesetzesrang ist sehr effektiv.[194] Ihr Ziel ist, die gesetzlichen Anforderungen an die Belehrung praxisorientiert zu konkretisieren und dem Verwender ein leicht zu handhabendes Muster anzubieten, das der Versicherer ohne Risiko einer wettbewerbsrechtlichen Abmahnung verwenden kann.[195] Das Konzept der Musterwiderrufsbelehrung trägt dem genannten Ziel insoweit bestmöglich Rechnung. Mehr Sicherheit würde ein entsprechendes Muster auf sekundärrechtlicher Ebene bieten. Diese Idee wurde etwa in der Verbraucherrechte-Richtlinie eingebracht. Für die Versicherungsbranche ist die Umsetzung dieses Vorhabens aber noch nicht in Sicht.[196]

dd) Widerrufsbelehrung bei Nichtanwendung des Musters

Der Versicherer kann auf die Fiktionswirkung des § 8 Abs. 5 VVG verzichten. Verwendet er die Musterwiderrufsbelehrung nicht, muss immer im Wege der Einzelfallprüfung über deren Wirksamkeit entschieden werden.[197] Im Gesetz finden sich jedoch allgemeine Anforderungen für diesen Fall, die mit großer Sorgfalt zu beachten sind.[198]

ee) Deutlichkeitsgebot

Gemäß § 8 Abs. 2 Nr. 2 VVG handelt es sich um eine „deutlich gestaltete Belehrung". Damit wird das Gebot der deutlichen Gestaltung der Belehrung betont.[199] Die Widerrufsbelehrung macht dem Kunden seine Rechte entsprechend den Erforder-

188 Vgl. *Grote/Schneider*, BB 2007, 2689, 2694.
189 *Wendt*, Zum Widerruf im Versicherungsvertragsrecht, S. 89.
190 *Martis/Meinhof*, MDR 2004, 4, 11.
191 *LG Halle* BB 2006, 1817; *LG Koblenz* BB 2007, 239.
192 *Wendt*, Zum Widerruf im Versicherungsvertragsrecht, S. 89.
193 BT Drucks. 16/11643 S. 149.
194 *Buchmann/Fölisch*, K&R 2011, 433 ff.
195 BT Drucks. 16/11643 S. 149.
196 *Wendt*, Zum Widerruf im Versicherungsvertragsrecht, S. 97.
197 BT Drucks. 16/11643 S. 149.
198 *Wendt*, Zum Widerruf im Versicherungsvertragsrecht, S. 99.
199 BT Drucks. 16/11643 S. 146; Looschelders/Pohlmann/*Looschelders/Heinig* § 8 Rn. 47, 53.

nissen des eingesetzten Kommunikationsmittels[200] deutlich.[201] Die erforderlichen Angaben zur Belehrung müssen in klarer Sprache verfasst und verständlich sein. Zu unterlassen sind verwirrende und ablenkende Zusätze,[202] Erläuterungen dagegen sind zulässig.[203] Im Falle von fremdsprachigen Vertragsverhandlungen ist über die Widerrufsbelehrung auch in der Fremdsprache aufzuklären.[204]

ff) Anforderungen an die Belehrung über den Beginn der Widerrufsfrist

Der Kunde ist über den Fristbeginn des Widerrufs zu belehren. Eine Belehrung zum genauen Datum des Fristbeginns im Massengeschäft ist schwer vorstellbar.[205] Als Alternative wird vorgeschlagen, dass der Versicherer das Ereignis benennt, das den Fristbeginn auslöst.[206] Im Bezug auf die Musterwiderrufsbelehrung wird dies immer dann erfolgreich erfolgt sein, wenn auf den Erhalt des Versicherungsscheins, der Vertragsbestimmungen einschließlich der AVB, der weiteren Informationen nach § 7 Abs. 1 und 2 VVG i. V. m. §§ 1 bis 4 VVG-InfoV und der Widerrufsbelehrung in Textform hingewiesen wurde.[207]

gg) Anforderungen an die Belehrung über die Ausübung des Widerrufsrechtes

Nach § 8 Abs. 1 S. 2 VVG muss aus der Belehrung über die Ausübung des Widerrufsrechts insbesondere hervorgehen, dass der Widerruf ohne Angabe von Gründen, in Textform zu erfolgen hat und eine rechtzeitige Absendung des Widerrufs zur Fristwahrung genügt.[208]

hh) Belehrung über die Rechtsfolgen des Widerrufs

In der Literatur herrscht Einigkeit darüber, dass die Widerrufsbelehrung nicht nur den genauen Wortlaut des § 9 VVG wiedergeben darf,[209] da dies nicht ausreichend wäre.[210] Die Widerrufsbelehrung muss mindestens auch die Erläuterung enthalten, dass der Kunde die bereits geleisteten Prämien gegebenenfalls nicht zurückerhalten wird.[211]

Ferner sind Name und Anschrift des Widerrufsempfängers in der Belehrung anzugeben.

---

200 *Ebert,* NJW 2001, 1029, 1032.
201 *Martis/Meinhof,* MDR 2004, 4, 8.
202 *Ebert,* NJW 2001, 1029, 1032.
203 Prütting/Wegen/Weinreich/*Medicus,* § 355 Rn. 11 m.w.N.
204 *LG Köln* NJW-RR 2002, 1491 zum HWiG.
205 Looschelders/Pohlmann/*Looschelders/Heinig,* § 8 Rn. 50.
206 Schwintowski/Brömmelmeyer/*Ebers,* § 8 Rn. 31.
207 BT-Drucks. 16/11643 S. 149.
208 *BGH* VersR 2004, 497, zu § 5a VVG 1994.
209 Schwintowski/Brömmelmeyer/*Ebers,* § 8 Rn. 34.
210 Vgl. nur Prölls/Martin/*Prölls,* § 9 Rn. 8.
211 Vgl. nur Prölls/Martin/*Prölls,* § 9 Rn. 8.

d) Beendigung der Widerrufsfrist

Wurde der Versicherungsnehmer ordnungsgemäß über seine Rechte den Versicherungsvertrag zu widerrufen belehrt, so wird mit Verstreichen der Widerrufsfrist der Versicherungsvertrag endgültig wirksam,[212] mit der Folge, dass das Widerrufsrecht nicht mehr besteht und der Vertrag als wirksam geschlossen gilt.[213] Wird umgekehrt der Versicherungsnehmer nicht oder nicht ordnungsgemäß belehrt, kann ein „ewiges Widerrufsrecht" bestehen. Es fragt sich, ob dieses dem Kunden zustehende Widerrufsrecht zeitlich begrenzt werden kann.

aa) Möglichkeit eines „ewigen" Widerrufsrechtes

Die Widerrufsfrist nach § 8 VVG beginnt zu dem Zeitpunkt, in dem der Kunde die gesetzlich vorgesehenen Informationen erhält. Liegen dem Versicherungsnehmer die in § 8 Abs. 2 VVG vorgeschriebenen Unterlagen nicht vor, beginnt demzufolge die Widerrufsfrist nicht zu laufen. Das ihm gesetzlich zustehende Widerrufsrecht bleibt dem Versicherungsnehmer somit bei nicht oder nicht ordnungsgemäß erfolgter Belehrung, nicht erfolgter Zurverfügungstellung der AVB, des Versicherungsscheins oder der Unterlagen nach § 7 Abs. 1 und Abs. 2 VVG erhalten.[214] Die unterbliebene Widerrufsbelehrung steht der nicht ordnungsgemäßen Belehrung gleich.[215] Für diese Fälle wird entsprechend ein „ewiges Widerrufsrecht" im VVG vorgesehen.[216]

Bereits die zuvor geltende Regelung zum Widerrufsrecht in § 48c VVG a.F. 2004 ermöglichte ein ewiges Widerrufsrecht. Eine Höchstfrist für den Widerruf wurde dabei gesetzlich nicht vorgesehen. Die Vorschrift war auf Fernabsatzverträge mit Verbrauchern beschränkt, was sie zur Ausnahmeregelung machte. Es kann festgestellt werden, dass aufgrund der aktuellen Gesetzeslage ein „ewiges Widerrufsrecht" noch immer grundsätzlich möglich ist.[217]

bb) Kritik am „ewigen Widerrufsrecht" und seiner Verwirkung

In der Literatur wird darüber diskutiert, ob ein Widerrufsrecht zeitlich begrenzt werden darf. Zu Recht wurde bemerkt, dass eine zeitlich unbeschränkte Möglichkeit sich vom Versicherungsvertrag zu lösen, ein hohes Missbrauchspotenzial mit sich bringt. Dies insbesondere auch deshalb, weil es dem Versicherer obliegt, den Zugang der erforderlichen Informationen zu beweisen.[218] Ausgehend vom Sinn und Zweck der Widerrufsmöglichkeit, sollte dem Versicherungsnehmer grundsätzlich

---

212 BT Drucks. 14/2658 S. 41, 47.
213 *Wendt*, Zum Widerruf im Versicherungsvertragsrecht, S. 104.
214 *Wendt*, Zum Widerruf im Versicherungsvertragsrecht, S. 104.
215 BGHZ 129, 371, 374.
216 *Armbrüster*, r+s 2008, 493, 494; *ders.*, VersR 2012, 513 ff.
217 *Wendt*, Zum Widerruf im Versicherungsvertragsrecht, S. 105.
218 *Armbrüster*, r+s 2008, 493, 494; *ders.*, VersR 2012, 513 ff.

eine Bedenkezeit eingeräumt werden, um ihn vor einem unüberlegten Versicherungsvertragsschluss zu schützen. Es sollte ihm aber nicht ermöglicht werden, sich jederzeit und ohne Begründung, auch in ferner Zukunft, vom Versicherungsvertrag zu lösen. Damit würde das Recht der Kündigung leerlaufen.[219] Das Widerrufsrecht darf nicht der Sanktionierung des Versicherers dienen.[220]

Fraglich ist daher, ob bei nicht erfolgter oder nicht ordnungsgemäßer Belehrung bzw. fehlender oder fehlerhafter Übergabe der erforderlichen Informationen eine Verwirkung des Widerrufsrechts möglich ist.

cc) Meinungsstand in der Literatur

In der Literatur gibt es verschiedene Meinungen zu der Frage, ob die Verwirkung eines Widerrufsrechts möglich ist oder nicht. Gegen eine Verwirkung spricht vor allem, dass der Versicherer die Widerrufsbelehrung nachholen kann, um dadurch wieder „klare Verhältnisse" zu schaffen.[221] Dieses Argument hat auch der EuGH aufgegriffen.[222] Der zur Belehrung Verpflichtete kann der Rechtssicherheit jederzeit damit Rechnung tragen, indem er ohne Schwierigkeiten seiner Rechtspflicht zur Belehrung nachkommt.[223] Einer Verwirkung des Widerrufsrechts kann aus europäischem Blickwinkel aufgrund des Richtlinienrechts nicht bejaht werden,[224] da die RL 2002/65/EU keine zeitlichen Grenzen zur Ausübung des Widerrufsrechts vorsieht. Dieser Wertungswiderspruch spielt auch hier eine Rolle. Es wäre Paradox, wenn der Kunde einerseits nicht auf sein Widerrufsrecht verzichten kann, er andererseits aber sein Recht auf Widerruf verwirken könnte.[225]

Die herrschende Meinung spricht sich allerdings dennoch für eine Beschränkung des Widerrufsrechts aus. Danach wird einer Begrenzung unter Anwendung der Vorschriften zu Treu und Glauben gemäß § 242 BGB grundsätzlich zugestimmt,[226] da das Widerrufsrecht ein Gestaltungsrecht sei.[227] Für eine Verwirkung eines Widerrufsrechts bedürfte es auch keiner speziellen Vorschrift im VVG.[228] Allerdings sei die Verwirkung des Widerrufsrechts nur restriktiv anzunehmen, da der Verpflichtete seiner Rechtspflicht nachkommen kann und dadurch die Widerrufsfrist beginnen kann zu laufen.[229] Teilweise wird auch für die Verwirkung des Lösungsrechts gefordert, dass der Kunde mit seinem Verhalten bei dem Versicherer ein schutzwür-

219 *Wendt*, Zum Widerruf im Versicherungsvertragsrecht, S. 106.
220 *Wendt*, Zum Widerruf im Versicherungsvertragsrecht, S. 106.
221 Bruck/Möller/*Knops*, § 8 Rn. 50; Schwintowski/Brömmelmeyer/*Ebers*, § 8 Rn. 38a.
222 *EuGH* NJW 2002, 281.
223 Schwintowski/Brömmelmeyer/*Ebers*, § 8 Rn. 38a.
224 Schwintowski/Brömmelmeyer/*Ebers*, § 8 Rn. 38a unter Hinweis auf *EuGH* NJW 2002, 281, 282 f.
225 Schwintowski/Brömmelmeyer/*Ebers*, § 8 Rn. 38a.
226 Looschelders/Pohlmann/*Looschelders*/*Heinig*, § 8 Rn. 62.
227 Looschelders/Pohlmann/*Looschelders*/*Heinig*, § 8 Rn. 62.
228 Looschelders/Pohlmann/*Looschelders*/*Heinig* § 8 Rn. 62.
229 Looschelders/Pohlmann/*Looschelders*/*Heinig*, § 8 Rn. 62.

diges Vertrauen erwecke, dass der Versicherungsnehmer den Versicherungsvertrag nicht mehr widerrufen will. Dazu bedarf es jedoch der Erfüllung zusätzlicher erforderlicher Umstände.[230] In diesem Fall wird gefordert, dass für die Verwirkung ordnungsgemäß über das Lösungsrecht belehrt werden müsse, da ansonsten ein schutzwürdiges Vertrauen, dass der Kunde ihm zustehendes Widerrufsrecht nicht mehr ausüben wolle, nicht angenommen werden könne.[231] Andererseits kann eine Verwirkung des Widerrufsrechts aber auch dann angenommen werden, wenn der Versicherungsnehmer anderweitig über sein Recht auf Widerruf informiert worden ist und auch der Versicherer dies zur Kenntnis genommen hatte.[232]

Für eine Begrenzung des Lösungsrechts könnte schließlich auch Art. 10 Ziff. 1 der Verbraucherrechte-Richtlinie sprechen. Danach ist für den Fall einer unterbliebenen Belehrung eine Höchstfrist für die Ausübung des 14-tägigen Widerrufsrechts von einem Jahr vorgesehen. Diese Entscheidung des Unionsgesetzgebers ist zu berücksichtigen. Im 32. Erwägungsgrund zu dieser Richtlinie ist vorgeschrieben, dass sich die Mitgliedstaaten hinsichtlich Finanzdienstleistungen bei der Anwendung neuer Rechtsvorschriften für nicht auf Unionsebene geregelte Bereiche an den maßgeblich bestehenden Rechtsvorschriften der Union zu orientieren haben. Dies ist ein Aufruf an die nationalen Gesetzgeber, gleiche Ausgangsbedingungen für alle Verbraucher zu schaffen, der allerdings nicht unmittelbar verpflichtet. Der deutsche Gesetzgeber wird dies bei künftigen Entschließungen im Versicherungssektor zumindest im Ansatz zu berücksichtigen haben. Den Gerichten steht in dieser Zeit frei, darüber unterschiedlich zu urteilen. Die Verwirkung des Widerrufsrechts lässt genug Spielraum. Es spricht aber viel dafür, dem Versicherungsnehmer maximale Bedenkzeit einzuräumen, aber auch eine Beschränkung des Widerrufsrechts von maximal einem Jahr umzusetzen.[233]

dd) Bewertung

Das Argument, dass die Möglichkeit einer Verwirkung des Widerrufsrechts aus dem Grundsatz von Treu und Glauben abgeleitet werden kann, überzeugt. Es ist zwischen zwei Arten von Verwirkung zu unterscheiden: Verwirkung infolge treuwidrigen Verhaltens und Verwirkung aufgrund Zeitablaufs.[234] Hier kommt vor allem die Verwirkung aufgrund von Zeitablauf in Betracht, die im Grunde auf alle Rechte anzuwenden ist.[235] Demzufolge ist sie zweifelsfrei auch auf das Gestaltungsrecht des Widerrufs anwendbar, das ein Zeitmoment und Umstandsmoment innehat.[236]

---

230 Looschelders/Pohlmann/*Looschelders/Heinig*, § 8 Rn. 62.
231 Looschelders/Pohlmann/*Looschelders/Heinig*, § 8 Rn. 62.
232 Looschelders/Pohlmann/*Looschelders/Heinig*, § 8 Rn. 62.
233 *Wendt*, Zum Widerruf im Versicherungsvertragsrecht, S. 112.
234 *Wendt*, Zum Widerruf im Versicherungsvertragsrecht, S. 110.
235 BGHZ 35, 185, 199; BGHZ 42, 289, 292=*BGH* MDR 1965, 564.
236 *Wendt*, Zum Widerruf im Versicherungsvertragsrecht, S. 111.

Das Zeitmoment liegt in der Tatsache, dass der Berechtigte sein Recht zur Lösung vom Versicherungsvertrag über lange Zeit nicht geltend machte, obwohl er in der Lage gewesen wäre, sein Widerrufsrecht in Anspruch zu nehmen. Das Umstandsmoment ist dann gegeben, wenn der Verpflichtete infolge des Verhaltens des Berechtigten darauf vertraut hat und dies aus objektiven Gesichtspunkten auch durfte, dass der Berechtigte sein Widerrufsrecht nicht mehr ausüben würde. Liegen diese Voraussetzungen vor, würde eine Geltendmachung des Widerrufsrechts gegen Treu und Glauben verstoßen.[237] Dieser allgemeine Grundsatz von Treu und Glauben bedarf keiner weiteren speziellen Regelung. Wegen der strengen Anforderungen an die Verwirkung des Lösungsrechtes wird auch der Grundsatz von Treu und Glauben hier sehr restriktiv ausgelegt.[238] Selbst wenn die RL 2002/65/EU keine Verwirkung des Lösungsrechtes vom Vertrag vorsieht, stellt der Grundsatz von Treu und Glauben einen allgemeinen Rechtssatz dar, der nicht durch Richtlinienvorgaben verdrängt werden kann,[239] und mit Blick auf die in Art. 10 Ziff. 1 der Verbraucherrechte-Richtlinie verankerte Höchstfrist der Ausübung des Widerrufsrechts, für die Annahme einer beschränkten Widerrufsfrist im VVG überzeugt.

e) Beweislast

Das Problem des „ewigen Widerrufsrechts" ist auch im Bereich des Beweisrechts relevant. Nach allgemeinen Grundsätzen trägt jede Vertragspartei die Beweislast für den Inhalt und die Vollständigkeit der von ihr stammenden Erklärungen. In diesem Zusammenhang sieht § 8 Abs. 2 S. 3 VVG vor, dass der Versicherer den Zugang sämtlicher Unterlagen nach § 8 Abs. 1 S. 1 VVG zu beweisen hat. Es wird deutlich, dass hierin ein erhebliches Missbrauchsrisiko liegt.[240] Bestreitet der Kunde beispielsweise den Zugang sämtlicher oder einzelner Informationen und kann der Versicherer den Zugang der Unterlagen nicht beweisen, wird die Widerrufsfrist nicht in Gang gesetzt.[241]

f) Bestätigungslösung

Der deutsche Gesetzgeber hat diese Problematik bereits gesehen und vorgeschlagen, der Versicherer solle sich den Zugang der Unterlagen durch den Kunden bestätigen lassen.[242] Dies kommt durch die Formulierung „Bestätigungslösung" zum Ausdruck. Nach Begründung im Regierungsentwurf könne dem Versicherer im Bezug auf die Widerrufsbelehrung der Zugangsnachweis gelingen, wenn sich der Versicherer

---

237 BGHZ 105, 290, 298 =*BGH* NJW 1989, 836.
238 *Wendt,* Zum Widerruf im Versicherungsvertragsrecht, S. 111.
239 *Wendt,* zum Widerruf im Versicherungsvertragsrecht, S. 113.
240 *Armbrüster,* r+s 2008, 493, 499; *ders.*, VersR 2012, 513.
241 *Wendt,* Zum Widerruf im Versicherungsvertragsrecht, S. 113.
242 BT Drucks. 16/3945 S. 62.

die Widerrufsbelehrung unterschreiben lasse.[243] Dieser Ansatz löst allerdings nicht zwingend das Problem, dass der Versicherer auch den Zugang der weiteren Unterlagen gemäß § 8 Abs. 2 S. 1 VVG zu beweisen hat.

Die „Bestätigungslösung“ ist jedoch rechtlich problematisch, da sie gegen die von der Rechtsprechung vertretene Auffassung,[244] eine allgemeine, vorformulierte Bestätigungsklausel verstoße gegen AGB-Recht,[245] verstößt. Dies gilt insbesondere für die Klausel, wonach der Kunde bestätigt, dass ihm „die für die beantragten Versicherungen maßgebenden Verbraucherinformationen einschließlich der Versicherungsbedingungen vor Antragstellung ausgehändigt wurden“. Diese Klausel verlagere die Beweislast zum Nachteil des Kunden.[246] Diese Entscheidung lässt aber die Möglichkeit einer anders gestalteten Bestätigungsklausel zu. Der genannte Verstoß gegen AGB-Recht ergibt sich daraus, dass die Erklärung die maßgeblichen Unterlagen in Bezug nimmt.[247] Hierin liegt eine Rechtsfrage und keine Frage nach Tatsachen.[248] Eine Beschränkung der Erklärung auf bestimmte, nämlich bezeichnete Papiere hingegen, sollte grundsätzlich möglich sein.[249]

7. Zusammenfassung

Die wesentlichen Entwicklungen des Widerrufsrechts im deutschen VVG lassen sich in vier Etappen unterteilen, die jeweils in den Jahren 1990, 1994, 2004 und 2008 zu deutlichen Veränderungen führten. Mit der VVG-Reform im Jahr 2008 wurde das Widerrufsrecht neuerlich strukturiert. In § 8 VVG ist nunmehr ein einheitliches allgemeines Widerrufsrecht des Versicherungsnehmers für Versicherungsverträge geregelt.

Das Widerrufsrecht ist als Gestaltungsrecht in Form eines besonders ausgestalteten Rücktrittsrechts einzuordnen. Es beseitigt einen schon geschlossenen Vertrag bzw. die auf Abschluss eines Versicherungsvertrags gerichtete Vertragserklärung. Die Bezeichnung „schwebend wirksam“ beschreibt zutreffend das Vertragsverhältnis während des Zeitraums nach der Einigung der Vertragsparteien und vor Ablauf der Widerrufsfrist.

Das im § 8 VVG vorgesehene Widerrufsrecht gilt nach dem eindeutigen Wortlaut desselben für sämtliche Versicherungsnehmer. Es beschränkt sich nicht auf Versicherungsverträge mit Verbrauchern i. S. d. § 13 BGB.

Gemäß § 8 Abs. 1 S. 1 VVG kann ein Versicherungsnehmer seine Vertragserklärung grundsätzlich binnen 14 Tagen widerrufen. Nach dieser Formulierung gilt das Lösungsrecht im Grundsatz für alle Versicherungsverträge. § 8 Abs. 3 VVG regelt die

---

243 Vgl. BT Drucks. 16/3945 S. 62.
244 *OLG Köln* VersR 2000, 169 zu § 5a VVG 1994.
245 Hier § 11 Nr. 15 Satz 1 b AGBG a.F., nunmehr geregelt in § 309 Nr. 12 b BGB.
246 *OLG Köln,* VersR 2000, 169, 171.
247 *OLG Köln,* VersR 2000, 169, 171.
248 *OLG Köln,* VersR 2000, 169, 171.
249 *Wendt,* Zum Widerruf im Versicherungsvertragsrecht, S. 115.

Ausnahmetatbestände vom Widerrufsrecht. Für Lebensversicherungen gilt danach die spezielle Regelung des § 152 VVG.

Der Beginn der Widerrufsfrist richtet sich nach der Regelung des § 8 Abs. 2 S. 1 VVG. Maßgeblicher Zeitpunkt des Fristbeginns ist der Zugang der erforderlichen Informationen beim Versicherungsnehmer. Der Vertragsschluss zwischen Versicherer und Versicherungsnehmer ist eine ungeschriebene Voraussetzung des § 8 Abs. 2 S. 1 VVG.

Nach § 8 Abs. 2 Nr. 1 und 2 VVG müssen dem Versicherungsnehmer der Versicherungsschein, die Vertragsbestimmungen, die Informationen nach § 7 Abs. 1 und Abs. 2 VVG und die ordnungsgemäße Widerrufsbelehrung zugehen. Die Belehrung über das Widerrufsrecht stellt keine echte Rechtspflicht aufseiten des Versicherers dar. Die Idee einer Musterwiderrufsbelehrung mit Gesetzesrang ist sehr effektiv. Der Versicherer kann auf die Fiktionswirkung des § 8 Abs. 5 VVG verzichten. Verwendet er die Musterwiderrufsbelehrung nicht, muss immer im Wege der Einzelfallprüfung über deren Wirksamkeit entschieden werden. Im Gesetz befinden sich allgemeine Anforderungen für diesen Fall.

Wurde der Versicherungsnehmer ordnungsgemäß über sein Recht den Versicherungsvertrag zu widerrufen belehrt, so wird mit Verstreichen der Widerrufsfrist der Versicherungsvertrag endgültig wirksam. Das hat zur Folge, dass das Widerrufsrecht nicht mehr besteht und der Vertrag als wirksam geschlossen gilt. Wird umgekehrt der Versicherungsnehmer nicht oder nicht ordnungsgemäß belehrt, kann ein „ewiges Widerrufsrecht" bestehen.

Selbst wenn die RL 2002/65/EU keine Verwirkung des Lösungsrechtes vom Vertrag vorsieht, stellt der Grundsatz von Treu und Glauben einen allgemeinen Rechtssatz dar, der nicht durch Richtlinienvorgaben verdrängt werden kann, und mit Blick auf die in Art. 10 Ziff. 1 der RL 2011/83 EU verankerte Höchstfrist der Ausübung des Widerrufsrechts, die Annahme einer beschränkten Widerrufsfrist im VVG kann jedoch überzeugen.

Der Versicherer hat den Zugang sämtlicher Unterlagen nach § 8 Abs. 1 S. 1 VVG zu beweisen.

IV. Rechtsfolgen des Widerrufsrechts

In diesem Abschnitt werden die Rechtsfolgen des allgemeinen Widerrufsrechts gemäß § 9 VVG behandelt. Nach einer kurzen Darstellung der relevanten europäischen Vorgaben werden Sinn und Zweck der deutschen Regelung behandelt, gefolgt von der Schilderung der Problematik des § 9 VVG.

1. Allgemeines zum § 9 VVG

Die Rechtsfolgeregelung des Widerrufs nach § 9 VVG erfasst keinesfalls alle Fälle, in denen ein Versicherungsvertrag widerrufen werden kann. § 9 VVG enthält vielmehr nur die Regelungen für den Fall, in dem der Versicherer vor Ablauf der

Widerrufsfrist Versicherungsschutz gewährt[250] und der Versicherungsnehmer dem zugestimmt hat. In allen anderen Fällen findet die spezialgesetzliche Regelung keine Anwendung. Die amtliche Überschrift „Rechtsfolgen des Widerrufsrechts" des § 9 VVG lässt dies aber weitgehend so verstehen.[251] Der § 9 VVG soll im Folgenden näher untersucht werden.

2. Relevante Vorgaben der RL 2002/65/EU

Die deutschen Regelungen zu den Rechtsfolgen des Widerrufsrechts basieren auf Normen, die stark durch die europäischen Vorgaben geprägt sind. In diesem Zusammenhang wird daher auf Art. 7 der RL 2002/65/EU näher eingegangen, der in hohem Maße ausführliche Regelungen zu den Rechtsfolgen des Widerrufs erfasst.[252]

Art. 7 Abs. 1 und 3 der RL 2002/65/EU beschreiben, unter welchen Voraussetzungen Anbieter von Finanzdienstleistungen welche Leistungen von Verbrauchern fordern können. Voraussetzung jeglicher Zahlungen ist, dass gemäß Art. 7 Abs. 3 S. 1 und 2 der RL 2002/65/EU der Anbieter nachweisen kann, dass der Verbraucher über den zu zahlenden Betrag ordnungsgemäß unterrichtet worden war und er ausdrücklich zugestimmt hat, dass vor Ende der Widerrufsfrist mit den Vertragsausführungen begonnen werden soll. Der Unternehmer darf nach Art. 7 Abs. 1 S. 1 der RL 2002/65/EU nur Zahlungen für tatsächlich erbrachte Dienstleistungen verlangen.

Die Vorgaben des Art. 7 Abs. 4 der RL 2002/65/EU geben dem Verbraucher das Recht, sich vom Unternehmer jeden Betrag erstatten zu lassen, den er aufgrund der vertraglichen Übereinkunft vom Verbraucher erhalten hat. Davon abzuziehen ist ein nach Art. 7 Abs. 1 der Richtlinie zu bestimmender Betrag.

3. Umsetzung in deutsches Recht

Die recht spät erfolgte Festsetzung der Rechtsfolgen des Widerrufs im VVG zeigt den hohen Einfluss der europäischen Vorgaben auf das deutsche Recht. Erst mit der RL 2002/65/EU war der deutsche Gesetzgeber aufgefordert, weitgehende Rechtsfolgen des Widerrufsrechts im Gesetz festzuschreiben.[253] Die Vorschriften zu den Rechtsfolgen der Ausübung des Widerrufsrechts wurden erst mit dem Gesetz zur Änderung der Vorschriften über Fernabsatzverträge von Finanzdienstleistungen vom 2. Dezember 2004[254] in VVG eingeführt.[255] Damit trug § 48c Abs. 5 VVG a. F. 2004 den Vorgaben des Art. 7 der RL 2002/65/EU Rechnung.[256] Die Regelung des § 9

---

250 Looschelders/Pohlmann/*Looschelders/Heinig*, § 9 Rn. 2.
251 *Armbrüster*, r+s 2008, 493, 500; Prölss/Martin/*Prölss*, § 9 Rn. 2.
252 *Wendt*, Zum Widerruf im Versicherungsvertragsrecht, S. 128.
253 *Wendt*, Zum Widerruf im Versicherungsvertragsrecht, S. 137.
254 BGBl. I S. 3102.
255 *Schneider*, VersR 2004, 696.
256 BT Drucks. 16/3945 S. 62.

VVG übernahm den Wortlaut der Vorschrift des § 48c Abs. 5 VVG a.F. 2004 weitgehend unverändert, die nun allerdings nicht nur die Fernabsatzverträge erfasst.[257]

Die Vorschrift des § 9 VVG regelt aber lediglich Vorgaben zur Erstattungspflicht für Zahlungen, die der Kunde vor Ausübung seines Lösungsrechts erbracht hat. Gemäß § 9 S. 1 VVG bleibt die vom Versicherungsnehmer gezahlte Versicherungsprämie beim Versicherer. Umgekehrt ist vom Versicherer gewährter Versicherungsschutz nicht ersetzbar.

Unterbleibt der nach § 9 Abs. 1 S. 1 VVG vorgesehene Hinweis, so hat der Versicherer nach § 9 S. 2 VVG zusätzlich die für das erste Jahr des Versicherungsvertrages gezahlten Prämien zu erstatten. Eine Ausnahme von dieser Regelung ist im § 9 Abs. 1 S. 2 HS. 2 vorgesehen, wenn der Kunde Versicherungsleistungen aus dem Versicherungsvertrag bereits in Anspruch genommen hat.

4. Sinn des § 9 VVG

Mit dem § 9 VVG ergänzt der deutsche Gesetzgeber den § 8 VVG. Diese Rechtsfolgenvorschrift begrenzt zum einen die Rückzahlungsansprüche des Versicherungsnehmers im Verhältnis zu den geleisteten Prämien, was im Interesse des Versicherers,[258] aber auch im Interesse der Versicherungsgemeinschaft ist. Den Interessen der Beteiligten zuwiderlaufende Rückzahlungsansprüche würden immer auch die im Versicherungskollektiv[259] verbleibenden Versicherungsnehmer beeinträchtigen.

Zum anderen ist aber auch die Rückerstattungspflicht des Versicherungsnehmers begrenzt. Die empfangenen Versicherungsleistungen darf er behalten.[260] Dies ergibt sich aus § 9 Abs. 1 S. 2 HS. 2 VVG, wonach eine Erstattungspflicht des Versicherers entfällt, wenn der Kunde vor der Ausübung des Widerrufsrechts bereits Versicherungsleistungen erhalten hat. Diese Ausnahme scheint nur dann sinnvoll, wenn der Kunde keine Versicherungsleistungen zurückerstatten muss.[261] Durch den § 9 VVG wollte der Gesetzgeber gerade nachteilige Folgen vermeiden.[262]

Entsprechend der Regelung des § 9 VVG wirkt damit der Widerruf grundsätzlich[263] ex nunc wie eine Kündigung. Dies schafft ein dem Versicherungsvertrag adäquates Abwicklungsverhältnis, das die besonderen Informationsinteressen des Versicherungsnehmers[264] und die Solvenzwahrungsinteressen des Versicherers berücksichtigt.[265]

---

257 *Wendt*, Zum Widerruf im Versicherungsvertragsrecht, S. 136.
258 BT Drucks. 15/2946 S. 30 f.; Looschelders/Pohlmann/*Looschelders/Heinig*, § 9 Rn. 1.
259 *Präve*, VersR 2012, 657, 660.
260 Looschelders/Pohlmann/*Looschelders/Heinig*, § 9 Rn. 22; Prölss/Martin/*Prölss*, § 9 Rn. 6, 35.
261 Looschelders/Pohlmann/*Looschelders/Heinig*, § 9 Rn. 22.
262 BT Drucks. 16/3945 S. 62.
263 Die Ausnahme bildet § 9 S. 2 VVG; BT Drucks. 16/11643 S. 251 f.
264 MünchKommVVG/*Eberhardt* § 9 Rn. 2.
265 *Wendt*, Zum Widerruf im Versicherungsvertragsrecht, S. 140.

5. Rechtsfolgen des Widerrufs nach allgemeinen gesetzlichen Vorgaben

Wie bereits oben dargestellt erfasst § 9 VVG nur den Fall, wenn der Versicherer vor Ablauf der Widerrufsfrist dem Versicherungsnehmer bereits Versicherungsschutz gewährt hatte.[266] Für Fälle, die außerhalb des Anwendungsbereichs des § 9 VVG liegen, gelten in Übereinstimmung mit der Vorstellung des deutschen Gesetzgebers[267] die allgemeinen Vorgaben des § 357a i. V m. § 346 BGB.[268] Letztlich entspricht dies auch dem Grundsatz lex specialis legi generati. Dort, wo der Gesetzgeber keine speziellen Regelungen vorgesehen hat,[269] finden die allgemeinen Vorgaben Anwendung. Das ist hier entsprechend der Gesetzesbegründung der Fall.[270]

Bei der Anwendung des §§ 357a, 346 BGB scheint es problematisch, dass diese Vorschriften nur für mit dem Verbraucher geschlossene Verträge gelten. Dagegen gilt § 9 VVG für sämtliche Versicherungsnehmer. Eine analoge Anwendung der genannten Vorschriften über die Rechtsfolgen des BGB ist ein sinnvoller Vorschlag.[271] Damit wäre die Lücke des § 9 VVG geschlossen. Dieser Vorschlag überzeugt. Es besteht eine vergleichbare Interessenlage und eine planwidrig entstandene Regelungslücke. Außerdem hatte der deutsche Gesetztgeber im Rahmen der Gesetzesbegründung eben die Vorschriften des §§ 357a, 346 BGB im Blick.[272] Der Gesetzgeber hat den Fall des Widerrufs von „Nichtverbrauchern" bereits gesehen, sodass insoweit in der Eingangserwägung zur Begründung des § 9 VVG bereits von einem „Versicherungsnehmer" und nicht etwa von einem Verbraucher die Rede ist. Durch die analoge Anwendung der §§ 357a, 346 BGB wird der Wandlung in ein Rückgewährschuldverhältnis des Versicherungsvertrags zutreffend Rechnung getragen.[273] Aufgrund oben dargestellter Umstände gelten die Vorgaben der §§ 357a, 346 BGB auch für Versicherungsverträge, wenn die Voraussetzungen des § 9 VVG nicht gegeben sind.[274]

Aus dem ursprünglichen Schuldverhältnis entsteht ein Abwicklungsrückgewährschuldverhältnis, wenn die Vorgaben der §§ 357a, 346 BGB Anwendung finden.[275] Es soll der ursprüngliche oder ein wirtschaftlich gleichwertiger Zustand hergestellt werden.[276] Alle Leistungen sind grundsätzlich zurückzugewähren.[277] Gemäß § 346

266 Looschelders/Pohlmann/*Looschelders/Heinig,* § 9 Rn. 2.
267 BT Drucks. 16/3945 S. 62.
268 MünchKommVVG/*Eberhardt* § 9 Rn. 3.
269 MünchKommVVG/*Eberhardt* § 9 Rn. 3.
270 BT Drucks. 16/3945 S. 62.
271 Prölss/Martin/*Prölss,* § 9 Rn. 2.
272 *Wendt,* Zum Widerruf im Versicherungsvertragsrecht, S. 141.
273 *Wendt,* Zum Widerruf im Versicherungsvertragsrecht, S. 141.
274 *Wendt,* Zum Widerruf im Versicherungsvertragsrecht, S. 142.
275 Prölss/Martin/*Prölss,* § 9 Rn. 3; Looschelders/Pohlmann/*Looschelders/Heinig,* § 9 Rn. 37.
276 Schwintowski/Brömmelmeyer/*Ebers,* § 9 Rn. 10.
277 Prölss/Martin/*Prölss,* § 9 Rn. 3.

Abs. 1 BGB hat der Versicherungsnehmer alle erhaltenen Leistungen zurückzugewähren, der Versicherer seinerseits die eingenommenen Versicherungsprämien.[278] Ein „Wertersatz“ i. S. d. § 346 Abs. 2 BGB wird nur dann möglich sein, wenn der Kunde eine Versicherungsleistung als „gegenständlich“ erhalten hat.[279] Dies dürfte auch dann gelten, wenn der Versicherer eine Assistance-Leistung erbracht hat. Zu Recht verneint wird eine Wertersatzpflicht des Versicherungsnehmers gemäß § 346 Abs. 2 BGB i. S. d. vom Versicherer gewährten Versicherungsschutz.[280]

6. Erfolgte Belehrung und Zustimmung

Die Rechtsfolgeregelungen des § 9 Abs. S. 1 HS. 1 VVG sind an besondere Voraussetzungen gebunden: Der Versicherungsnehmer war in der Belehrung nach § 8 Abs. 2 S. 1 Nr. 2 auf seine Widerrufsmöglichkeit, die Rechtsfolgen des Widerrufs und den zu zahlenden Betrag hinzugewiesen und er muss zugestimmt haben, dass der Versicherungsschutz vor Ende der Widerrufsfrist beginnt.

a) Vom Versicherer zu erfolgender Hinweis

Die Regelung des § 9 S. 1 VVG in Bezug auf den zu erteilenden Hinweis knüpft an die Vorgaben des § 8 VVG an. Dazu ist vor allem an die Regelung des § 8 Abs. 2 S. 1 Nr. 2 VVG zu erinnern, wo ausdrücklich eine deutlich gestaltete Belehrung geregelt ist.[281] Fraglich ist allerdings, ob im Rahmen des § 9 Abs. 1 VVG die gleichen Anforderungen zu stellen sind, wie bei § 8 Abs. 2 VVG.

aa) Analoge Anwendung der Musterwiderrufsbelehrung nach § 8 Abs. 5 VVG

Der Gesetzgeber selbst schweigt zu der Frage, ob die im VVG als Anlage aufgenommene Musterwiderrufsbelehrung hinsichtlich der Vorgaben des § 9 S. 1 VVG zu berücksichtigen ist. Dafür spricht die Tatsache, dass die nach § 9 Abs. 1 VVG geforderten Informationen zum Widerruf in der Musterwiderrufsbelehrung enthalten sind.[282]

In der Literatur wird auch die analoge Anwendung des § 8 Abs. 5 VVG im Hinblick auf die Anforderungen des § 9 Abs. 1 VVG vorgeschlagen[283] und dies auch zu Recht, weil nach den Anforderungen des § 9 Abs. 1 VVG der Hinweis auf den Widerruf bei Verwendung des Musters als gegeben anzusehen ist. Daher wird auch die Fiktion des § 8 Abs. 5 VVG insoweit analog gelten.[284]

---

278 MünchKommVVG/*Eberhardt*, § 9 Rn. 7; Prölss/Martin/*Prölss*, § 9 Rn. 3, 36.
279 Looschelders/Pohlmann/*Looschelders*/*Heinig*, § 9 Rn. 37.
280 Schwintowski/Brömmelmeyer/*Ebers*, § 9 Rn. 10; Prölss/Martin/*Prölss*, § 9 Rn. 3, 34.
281 *Wendt*, Zum Widerruf im Versicherungsvertragsrecht, S. *144*.
282 *Wendt*, Zum Widerruf im Versicherungsvertragsrecht, S. 145.
283 Looschelders/Pohlmann/*Looschelders*/*Heinig*, § 9 Rn. 8.
284 Looschelders/Pohlmann/*Looschelders*/*Heinig*, § 9 Rn. 8.

Dieser Ansicht ist zu folgen. In § 9 Abs. 1 S. 1 VVG finden sich keine Regelungen zu den inhaltlichen Anforderungen an den Hinweis auf das Widerrufsrecht. Daher scheint es sinnvoll, die bestehende Lücke mit den Vorgaben des Gesetzgebers in Form der Musterwiderrufsbelehrung i. V. m. § 8 Abs. 5 VVG zu schließen. Dieser Ansatz trägt dem mit der Musterwiderrufsbelehrung verfolgten Zweck der Rechtssicherheit[285] Rechnung. Damit sind die Voraussetzungen des Hinweises auf das Widerrufsrecht analog § 8 Abs. 5 VVG auch im Rahmen des § 9 Abs. 1 S. 1 VVG gegeben, wenn der Versicherer seinen Hinweis auf Grundlage der Musterwiderrufsbelehrung erbracht hat.[286]

bb) Gleiche inhaltliche Anforderungen des § 8 Abs. 2 VVG und § 9 Abs. 1 S. 1 VVG

Es fragt sich, ob die Voraussetzungen des § 9 Abs. S. 1 HS. 1 VVG auch dann erfüllt sind, wenn der zu erbringende Hinweis des Versicherers nicht vollumgänglich den Anforderungen des § 8 Abs. 2 VVG entspricht.

Für das Erfordernis gleicher Maßstäbe im Hinblick auf die Hinweise nach § 8 Abs. 2 VVG und § 9 Abs. 1 S. 1 VVG wird vor allem der Wortlaut der genannten Normen vorgetragen.[287] In beiden Regelungen ist die Rede davon, dass über das Widerrufsrecht und die Rechtsfolgen zu belehren sei. Der Inhalt der Belehrung ist in § 9 Abs. 1 S. 1 VVG nur spezifiziert worden, inhaltlich handelt es sich um den gleichen Hinweis, den auch § 8 Abs. 2 VVG fordert.[288] Durch die ausdrückliche Bezugnahme auf die Belehrung des § 8 Abs. 2 S. 1 Nr. 2 VVG wird deutlich, dass es sich hier um gleiche inhaltliche Anforderungen handelt.[289] Dies ist auch sinnvoll, weil der Zweck des § 9 VVG ist, im Zusammenspiel mit § 8 VVG ein adäquates Abwicklungsverhältnis zu schaffen, wobei zu einem Gleichlauf der Hinweispflichten beigetragen werden soll.[290]

b) Weitere Belehrungspflichten im Hinblick auf den unterbliebenen Hinweis

Es stellt sich die Frage, ob der Hinweis auf die Rechtsfolgen nach § 9 Abs. 1 S. 1 VVG weitgehende Informationen über die Rechtsfolgen bei unterbleibendem Hinweis enthalten muss. Mit Blick auf den Sinn der Vorschrift sowie aufgrund von Billigkeitsgesichtspunkten ist eine solche erweiterte Informationspflicht abzulehnen.[291] Der Versicherer kann nicht verpflichtet werden, bei der Belehrung eigenes pflicht-

285 BT Drucks. 16/11643 S. 145 ff.
286 *Wendt*, Zum Widerruf im Versicherungsvertragsrecht, S. 145.
287 Looschelders/Pohlmann/*Looschelders/Heinig*, § 9 Rn. 10.
288 *Wendt*, Zum Widerruf im Versicherungsvertragsrecht, S. 147.
289 *Wendt*, Zum Widerruf im Versicherungsvertragsrecht, S. 147.
290 Vgl. *Präve*, VersR 2012, 657, 660.
291 MünchKommVVG/*Eberhardt*, § 9 Rn. 14.

widriges Verhalten zu unterstellen, um über die daraus folgenden Rechtsfolgen zu informieren.[292]

c) *Zustimmung des Versicherungsnehmers*

Weitere Voraussetzung des § 9 Abs. 1 S. 1 VVG ist die Zustimmung des Versicherungsnehmers, dass der Versicherungsschutz vor Ende der Widerrufsfrist beginnt.[293] Fehlt diese Zustimmung, so richten sich die Rechtsfolgen des Widerrufs nach allgemeinen Vorschriften des §§ 357a, 346 BGB.[294] Es ist allerdings umstritten, ob die Zustimmung ausdrücklich[295] oder konkludent[296] zu erfolgen hat. Für die Annahme einer ausdrücklichen Zustimmung spricht lediglich Art. 7 Abs. 3 S. 2 RL 2002/65/EU,[297] dagegen, dass für die Voraussetzungen des § 9 Abs. 1 S. 1 VVG nach dessen Wortlaut eine konkludente Zustimmung ausreicht. Anders als § 8 Abs. 3 S. 2 VVG ist im § 9 Abs. 1 VVG keine Rede von einer ausdrücklichen Erklärung.[298] Damit macht der Gesetzgeber deutlich, dass er zwischen dem Erfordernis einer ausdrücklichen und einer konkludenten Erklärung zu unterscheiden weiß.[299] Für § 9 Abs. 1 VVG gelte etwas anderes. Hier besteht kein Bedürfnis für ein Zustimmungserfordernis, wenn der Versicherungsnehmer bereits Prämien gezahlt hat, da er damit seine vertragliche Pflicht erfüllt hat.[300]

Hinsichtlich der richtlinienkonformen Auslegung ist es umstritten, ob es sich im Art. 7 Abs. 3 S. 2 RL 2002/65/EU um eine ausdrückliche Zustimmung handelt.[301] Es wird in diesem Zusammenhang darauf hingewiesen, dass die genannte Vorschrift keine ausdrückliche Zustimmung mit Beginn der Vertragsausführung und vor Ende der Widerrufsfrist fordert, sondern nur mit Beginn der Vertragsausführung an sich.[302] Die ausdrückliche Zustimmung ist lediglich Bezug nehmend auf das Tatbestandsmerkmal Vertragsausführung zu verstehen.[303] Diese letztere Zustimmung ergibt sich allerdings immer aus der Vertragserklärung.[304] Der Beginn des Versicherungsschutzes setzt eine Vereinbarung über den materiellen Versicherungsbeginn voraus.[305] Diese ist aber im Vertrag bereits enthalten, indem der

---

292 MünchKommVVG/*Eberhardt,* § 9 Rn. 14.
293 Prölss/Martin/*Prölss,* § 9 Rn. 13.
294 Looschelders/Pohlmann/*Looschelders/Heinig,* § 9 Rn. 16.
295 Schwintowski/Brömmelmeyer/*Ebers,* § 9 Rn. 16.
296 Looschelders/Pohlmann/*Looschelders/Heinig,* § 9 Rn. 13.
297 Schwintowski/Brömmelmeyer/*Ebers,* § 9 Rn. 16.
298 Looschelders/Pohlmann/*Looschelders/Heinig,* § 9 Rn. 13.
299 *Wendt,* Zum Widerruf im Versicherungsvertragsrecht, S. 155.
300 *Wendt,* Zum Widerruf im Versicherungsvertragsrecht, S. 156.
301 Looschelders/Pohlmann/*Looschelders/Heinig,* § 9 Rn. 13 unter Hinweis auf *Wandt/Ganster* VersR 2008, 425, 427 ff.
302 Prölss/Martin/*Prölss,* § 9 Rn. 12.
303 Wendt, Zum Widerruf im Versicherungsvertragsrecht, S. 156.
304 Prölss/Martin/*Prölss,* § 9 Rn. 12.
305 Prölss/Martin/*Prölss,* § 9 Rn. 12.

Versicherungsnehmer der Vertragserklärung seinerseits zustimmt.[306] Im Antrag des Versicherungsnehmers auf eine Versicherung für einen bestimmten, vor Ablauf der Widerrufsfrist liegenden Zeitraum liegt zugleich die nach § 9 Abs. 1 S. 1 VVG erforderliche Zustimmung.[307] Die Feststellung des Versicherungsbeginns ergibt sich immer ausdrücklich. Ausreichend ist auch, wenn sich der Beginn des Versicherungsschutzes nach § 10 VVG ergibt,[308] also im Zweifel der Versicherungsschutz an dem Tag eintritt, an dem der Versicherungsvertrag geschlossen wurde.

7. Schicksal der Versicherungsprämie

Gemäß § 9 Abs. 1 S. 1 VVG beschränkt sich die Erstattungspflicht des Versicherers auf den auf die Zeit nach Zugang des Widerrufs entfallenden Teil der Versicherungsprämie. Die allgemeinen Vorschriften für Rückabwicklungsverhältnisse kommen nicht infrage, sie werden durch die spezielle Vorschrift des § 9 Abs. 1 S. 1 VVG gedrängt.[309] Dem Versicherer stehen sämtliche vom Versicherungsnehmer erbrachten Prämien zu, die bis zum Zugang des Widerrufs angefallen sind. Daher sind bei bereits begonnener Vertragsausführung vor Ablauf der Widerrufsfrist für die Zeit bis zum Widerruf grundsätzlich keine Leistungen zurückzugewähren.[310] Der Versicherer behält insoweit die angefallenen Prämien.[311] Dies entspricht auch den Vorgaben des Art. 7 Abs. 1 S. 3 1. Spiegelstrich RL 2002/65/EU, wonach der zu zahlende Betrag einen Wert nicht überschreiten darf, der dem Anteil der bereits erbrachten Dienstleistung im Vergleich zum Gesamtumfang der im Fernabsatzvertrag vorgesehenen Dienstleistung entspricht.[312] Nach dem Willen des Gesetzgebers hat der Erstattungsbetrag ohne Abzug von Kosten zu erfolgen.[313]

Gemäß § 9 Abs. 1 S. 1 HS. 2 VVG hat der Versicherer die Prämienanteile unverzüglich, spätestens 30 Tage nach Zugang des Widerrufs zu erstatten. Zur näheren Definition des Begriffs „unverzüglich“ kann § 121 Abs. 1 S. 1 BGB hinzugezogen werden.[314] Rückerstattung muss daher nicht sofort erfolgen, allerdings ohne schuldhaftes Zögern, innerhalb einer nach den Umständen des Einzelfalls zu bemessenen Frist,[315] spätestens jedoch innerhalb von 30 Tagen.

306 Prölss/Martin/*Prölss*, § 9 Rn. 12.
307 BT Drucks. 16/11643 S. 150.
308 Prölss/Martin/*Prölss*, § 9 Rn. 12.
309 Prölss/Martin/*Prölss*, § 9 Rn. 16.
310 BT Drucks. 16/11643 S. 150.
311 Looschelders/Pohlmann/*Looschelders/Heinig*, § 9 Rn. 18; MünchKommVVG/*Eberhardt*, § 9 Rn. 12.
312 Prölss/Martin/*Prölss*, § 9 Rn. 16.
313 BT Drucks. 15/2946 S. 31 zu § 48c VVG a. F.
314 Looschelders/Pohlmann/*Looschelders/Heinig*, § 9 Rn. 18.
315 *BGH* NJW 2005, 1869.

8. Rechtsfolgenkonzept und die modifizierte Gefahrtragungstheorie

Es stellt sich die Frage, ob sich aus dem Konzept der Widerrufsfolgen des § 9 Abs. 1 S. 1 VVG auch Rückschlüsse auf die dem Versicherungsgeschäft zugrunde liegende Rechtsnatur ableiten lassen. Zur Klärung der Frage ist es notwendig zu untersuchen, was der Versicherer im Rahmen des geschlossenen Versicherungsvertrags zu leisten hat.

Nach der modifizierten Gefahrtragungstheorie besteht die Hauptleistungspflicht des Versicherers in der Gefahrtragung, die in der Übernahme der Verpflichtung zur bedingten Zahlung liegt, die er aufgrund des Versicherungsvertrags möglicherweise erbringen muss.[316] Danach besteht der Versicherungsvertrag aus der Pflicht, sich zu einer bedingten Leistung zu verpflichten und zugleich aus der Obligation zur Erfüllung dieser Pflicht, indem das bedingte Zahlungsversprechen abgegeben wird. Die spätere Zahlung bei Eintritt des Versicherungsfalles ist danach nicht die Gegenleistung, sondern eine Zahlung aufgrund des als Gegenleistung gegebenen Schuldversprechens.[317] Der Versicherer gibt also ein bedingtes Leistungsversprechen ab.[318] Die von dem Versicherer abgegebene Rechtsgrundabrede und die Leistung fallen hier zusammen.[319] Selbst in der Verpflichtung zur Zahlung bei Eintritt des Versicherungsfalles liegt aber eine Leistung, die im synallagmatischen Verhältnis zu der Prämienzahlung steht. Die spätere Zahlung im Versicherungsfall ist jedoch nur die zweite Leistung, die der Versicherer erbringt, die ihren Rechtsgrund in dem im Versicherungsvertrag abgegebenen Leistungsversprechen findet.[320] Dieses Konzept steht aber der punktuell synallagmatischen Verknüpfung mit der Prämienzahlung nicht entgegen. Die Versicherungsprämien werden durch den Versicherungsnehmer aus zwei Gründen gezahlt, einerseits um eine Sicherung zu erhalten und gegebenenfalls die Leistung im Versicherungsfall. Daher stehen sowohl das bedingte Versprechen der Zahlung bei Eintritt des Versicherungsfalles als auch die dann später erfolgte Zahlung im Synallagma mit der Prämienzahlung durch den Versicherungsnehmer.[321] Die Sicherungspflicht des Versicherers wandelt sich nicht in eine Ausgleichspflicht um,[322] da er auch nach dem Eintritt des Versicherungsfalles zur Sicherung verpflichtet bleibt.[323]

Die dargestellte modifizierte Gefahrtragungstheorie passt am besten den gesetzlichen Vorgaben des § 1 VVG, wo die vertragstypischen Pflichten im Versicherungsvertrag festgelegt sind.[324] Gemäß § 1 VVG verpflichtet sich der Versicherer mit dem

316 MünchKommVVG/*Looschelders,* § 1 Rn. 40; Beckmann/Matusche-Beckmann/*Lorenz,* § 1 Rn. 134.
317 Beckmann/Matusche-Beckmann/*Lorenz,* § 1 Rn. 135, 136.
318 Looschelders/Pohlmann/*Pohlmann,* § 1 Rn. 19.
319 Beckmann/Matusche-Beckmann/*Lorenz,* § 1 Rn. 135.
320 Beckmann/Matusche-Beckmann/*Lorenz,* § 1 Rn. 136.
321 *Wendt,* Zum Widerruf im Versicherungsvertragsrecht, S. 170.
322 MünchKommVVG/*Looschelders,* § 1 Rn. 42.
323 *Wendt,* Zum Widerruf im Versicherungsvertragsrecht, S. 170.
324 *Wendt,* Zum Widerruf im Versicherungsvertragsrecht, S. 170.

Versicherungsvertrag, ein bestimmtes Risiko des Versicherungsnehmers oder eines Dritten durch eine Leistung abzusichern, die er im Versicherungsfall zu erbringen hat. Im Unterschied zum § 1 VVG a.F., der nur auf die Leistungspflicht des Versicherers nach Eintritt des Versicherungsfalles anknüpfte, schreibt nun die Regelung ausdrücklich zwei Handlungen des Versicherers vor: die Absicherung eines bestimmten Risikos durch die Leistung und das Erbringen dieser Leistung bei Eintritt des vereinbarten Versicherungsfalles.[325]

Diese Ansicht wird mit Blick auf die gesetzlich vorgesehene Rechtsfolge des Widerrufs verstärkt. Das Widerrufsrecht führt den Vertrag in ein Rückgewährschuldverhältnis. Nach der speziellen Regelung des § 9 Abs. 1 VVG ist der Versicherer nur für den auf die Zeit nach Zugang des Widerrufs entfallenden Teil der Prämie zur Erstattung verpflichtet. Damit sind bei begonnener Vertragsausführung vor Ablauf der Widerrufsfrist für die Zeit bis zum Widerruf keine Leistungen zurückzugewähren. Da in diesem Fall Versicherungsschutz bestand, soll der Versicherer bei wirksamem Widerruf nur den auf die Zeit nach Zugang des Widerrufs entfallenden Teil der Versicherungsprämie erstatten.[326] Die übrigen Prämien behält der Versicherer in seinem Kapitalbestand.[327] § 9 Abs. 1 S. 1 VVG erkennt damit, dass der Versicherer bereits vor Eintritt eines Versicherungsfalls eine Leistung erbringt, die in der Übernahme der Sicherung des Risikos liegt. Daraus lässt sich schließen, dass das in § 9 Abs. 1 S. 1 VVG beschriebene Konzept der Widerrufsfolgen Ausdruck der modifizierten Gefahrtragungstheorie ist, die das dem § 1 VVG zugrunde liegende Leistungskonzept zutreffend beschreibt.[328]

9. Fehlerhafte Belehrung des Versicherungsnehmers

Die Rechtsfolgeregelungen des § 9 Abs. 1 S. 2 VVG greifen, wenn der Versicherer die erforderlichen Hinweise i. S. d. § 9 Abs. 1 S. 1 VVG dem Versicherungsnehmer nicht übermittelt hat. In diesem Fall hat der Versicherer gemäß § 9 Abs. 2 S. 2 HS. 1 VVG zusätzlich zum auf die Zeit nach Zugang des Widerrufs entfallenden Teil der Versicherungsprämie auch die für das erste Jahr des Versicherungsschutzes erhaltene Prämie zu erstatten. Dies gilt aber nur dann, wenn der Versicherungsnehmer keine Leistungen nach § 9 Abs. 1 S. 2 HS. 2 VVG in Anspruch genommen hat.[329]

a) Fall der nicht in Anspruch genommenen Leistung

Der Versicherer hat nach § 9 Abs. 1 S. 1 VVG den Versicherungsnehmer zu belehren. Es kommt in der Praxis vor, dass die Belehrung nicht oder nicht vollständig erfolgt. Der Kunde kann entsprechend § 8 Abs. 2 S. 1 Nr. 2 VVG entweder nicht über

325 *Wendt*, Zum Widerruf im Versicherungsvertragsrecht, S. 170.
326 Vgl. BT Drucks. 16/11643 S. 150.
327 Beckmann/Matusche-Beckmann/*Höke*, § 19 Rn. 3.
328 MünchKommVVG/*Looschelders*, § 1 Rn. 45.
329 MünchKommVVG/*Eberhardt*, § 9 Rn. 21.

sein Widerrufsrecht und/oder die Rechtsfolgen und/oder den zu zahlenden Betrag belehrt worden sein. Davon zu unterscheiden sind weiter die Fälle, in denen der Versicherer den Versicherungsnehmer nicht ordnungsgemäß belehrt hat. Denkbar ist auch die Konstellation, dass der Versicherer nicht oder nicht ordnungsgemäß belehrt hat und der Kunde auch nicht zugestimmt hat, dass der Versicherungsschutz bereits vor Ablauf der Widerrufsfrist beginnen soll.[330]

b) Unterbliebene Belehrung

Fraglich ist, ob der Versicherer nur dann von Sanktionen bedroht ist, wenn er den Kunden gar nicht belehrt hat oder auch dann, wenn die Belehrung nicht ordnungsgemäß erfolgt ist. Das Gesetz gibt dazu keine klare Antwort, im § 9 Abs. 1 S. 2 HS. 1 VVG ist lediglich die Rede von einem „unterbliebenen Hinweis“.

Nach der h. M. muss der enge Wortlaut des § 9 Abs. 1 S. 2 HS. 1 VVG nach dem Sinn und Zweck der Vorschrift ausgelegt werden. Da sich aus dem Wortlaut des Gesetzes nicht eindeutig ergibt, ob tatsächlich nur ein gänzlich fehlender Hinweis oder auch ein fehlerhafter, ein nicht vollständiger oder ein nicht rechtzeitiger Hinweis die Anwendung der Vorschrift erfordert, spricht nach teleologischer Auslegung der Vorschrift einiges dafür, den § 9 Abs. 1 S. 2 VVG für sämtliche Fälle anzuwenden.[331] Sinn der Regelung ist, den nicht ordnungsgemäß handelnden Versicherer zu sanktionieren. Dies ist aber nur dann möglich, wenn die Regelung als Rechtsfolge für sämtliche ordnungswidrige Handlungsweisen verstanden wird.[332]

c) Keine Zustimmung des Versicherungsnehmers

Ferner ist unklar, ob zu den weiteren Voraussetzungen des § 9 Abs. 1 S. 2 HS. 1 VVG auch die Zustimmung des Versicherungsnehmers i. S. d. § 9 Abs. 1 S. 1 VVG zu zählen ist, dass der Versicherungsschutz vor Ende der Widerrufsfrist beginnen soll.

Nach überwiegender Auffassung findet § 9 Abs. 1 S. 2 HS. 1 VVG nur Anwendung, wenn der Kunde i. S. d. § 9 Abs. 1 S. 1 VVG zugestimmt hat.[333] Hierfür spricht das der Regelung zugrunde liegende Motiv der Sanktionierung nicht ordnungsgemäßen Verhaltens des Versicherers.[334] Fehlt es an einer Zustimmung des Kunden, hat der Versicherer auch keine Veranlassung, innerhalb der normalen Widerrufsfrist von 14 Tagen Versicherungsschutz zu gewähren.[335] Für diese Ansicht spricht weiter die systematische Auslegung des § 9 Abs. 1 S. 2 VVG hinsichtlich des § 9 Abs. 1 S. 1 VVG, dessen Voraussetzung unter anderem die Zustimmung des Kunden ist. § 9 Abs. 1 S. 2 VVG regelt eine gegenüber § 9 Abs. 1 S. 1 VVG veränderte Rechts-

---

330 *Wendt*, Zum Widerruf im Versicherungsvertragsrecht, S. 176.
331 *Wendt*, Zum Widerruf im Versicherungsvertragsrecht, S. 177.
332 *Wendt*, Zum Widerruf im Versicherungsvertragsrecht, S. 177.
333 Looschelders/Pohlmann/*Looschelders/Heinig*, § 9, Rn. 27.
334 *Wandt/Ganster*, VersR 2008 425, 433.
335 *Wandt/Ganster*, VersR 2008 425, 433.

folge für den Fall, wenn die in Satz 1 genannte Belehrung unterblieben ist. Damit entfällt aber nicht das Erfordernis einer Zustimmung des Versicherungsnehmers.[336]

d) Widerrufsfolgen

Liegen die Voraussetzungen des § 9 Abs. 1 S. 2 HS. 1 VVG vor, greift ein spezielles Rechtsfolgenkonzept. Der Versicherer hat dann gemäß § 9 Abs. 1 S. 2 HS. 1 VVG im Widerrufsfall zusätzlich zu den nach § 9 Abs. 1 S. 1 VVG zurückzuerstattenden Prämien auch die für das erste Jahr des Versicherungsschutzes gezahlten Versicherungsprämien zu ersetzen. Damit wird der Versicherer sanktioniert, der den Versicherungsnehmer nicht ordnungsgemäß belehrt hat.[337] Die bereits erbrachten Versicherungsleistungen können nicht zurückgefordert werden.

e) Verstoß gegen EU-Richtlinien

Gemäß Art. 7 Abs. 1 und 3 RL 2002/65/EU kann der Anbieter von Finanzdienstleistungen nur dann in bestimmtem Umfang die Zahlungen des Versicherers einbehalten, wenn er den Verbraucher zuvor über den zu zahlenden Betrag belehrt hat. Nach deutscher Regelung ist der Versicherer nach § 9 Abs. 1 S. 2 VVG bei unterbliebener Belehrung verpflichtet, zusätzlich zu den nach § 9 S. 1 VVG zurückzuerstattenden Prämien, die für das erste Jahr des Versicherungsschutzes gezahlten Prämien zu erstatten. Für den Fall, dass der Versicherungsnehmer den Versicherungsvertrag zu einem späteren Zeitpunkt, als nach einem Jahr widerruft, bekommt er dennoch stets nur die Versicherungsprämie für das erste Jahr erstattet.[338] In der RL 2002/65/EU ist diese Rechtsfolge nicht vorgesehen. Es stellt sich deshalb die Frage, ob der deutsche Gesetzgeber bei der Regelung des § 9 Abs. S. 2 VVG den europäischen Vorgaben entsprechend gehandelt hat.

f) Kritik an der deutschen Regelung

Nach ganz h. M. ist die deutsche Regelung des § 9 Abs. 1 S. 2 VVG richtlinienwidrig.[339] Die Kritik bezieht sich dabei hauptsächlich auf die Begrenzung des Rückgewähranspruchs des Kunden.[340] Es wird vorgebracht, dass nach Art. 7 Abs. 1 und 3 RL 2002/65/EU sämtliche geleisteten Zahlungen zurückzugewähren sind, wenn die Belehrung unterblieben ist.[341] Damit sind keinerlei Ansprüche des Anbieters der Dienstleistung vorgesehen, wenn eine ordnungsgemäße Belehrung

---

336 *Wendt*, Zum Widerruf im Versicherungsvertragsrecht, S. 178.
337 *Wendt*, Zum Widerruf im Versicherungsvertragsrecht, S. 179.
338 *Wendt*, Zum Widerruf im Versicherungsvertragsrecht, S. 180.
339 *Wandt/Ganster*, VersR 2008 425, 434; Beckmann/Matusche-Beckmann/*Dörner*, § 9 Rn. 19.
340 *Wandt/Ganster*, VersR 2008 425, 434.
341 *Armbrüster*, r+s 2008, 493, 502.

unterblieben ist.[342] Dies ergibt sich auch aus der Formulierung des Art. 7 Abs. 4 RL 2002/65/EU, wonach der Anbieter alle Zahlungen innerhalb von 30 Tagen zu erstatten hat, außer des im Art. 7 Abs 2 RL 2002/65/EU genannten Betrages.[343] Da Art. 7 Abs. 1 RL 2002/65/EU nur das Behaltendürfen des Betrages vor dem Widerruf vorsieht, wenn eine ordnungsgemäße Unterrichtung des Kunden erfolgt ist, wird damit konkludent ausgeschlossen, dass bei unzureichender Belehrung dem Anbieter keine Zahlungsansprüche zustehen.[344] Das Konzept des Art. 7 RL 2002/65/EU regelt damit nicht nur die Gegenleistungspflicht des Verbrauchers, sondern schützt ihn auch vor Wertersatzansprüchen, da es ihm unmöglich ist, die Sache als solche, wegen ihrer Natur als Dienstleistung, zurückzugewähren[345] und er auch nicht durch ein bedingtes Geldleistungsversprechen für den Versicherungsfall bereichert ist.[346]

Der deutsche Gesetzgeber hat versucht die Richtlinienkonformität des § 9 Abs. 1 S. 2 HS. 1 VVG mit den Vorgaben des Art. 7 Abs. 2 der RL 2002/65/EU zu begründen.[347] Darin heißt es, dass die Mitgliedstaaten bestimmen können, dass bei einem Widerruf[348] der Verbraucher keinen Betrag schuldet. In dieser Argumentation irrt der Gesetzgeber, hat er doch an anderer Stelle deutlich gemacht, dass er von dieser Möglichkeit keinen Gebrauch gemacht hat. Tatsache ist, der deutsche Gesetzgeber hat sich dazu entschlossen, eine Erstattungspflicht im Gesetz aufzunehmen, mit der Begründung, dass der Verbraucher die Leistung auch bis zum Widerruf des Versicherungsvertrages in Anspruch genommen hat.[349]

Es wird darauf hingewiesen, dass die deutsche Vorschrift nicht nur dem europarechtlichen Grundsatz des *effet utile*, wonach ein Verstoß gegen die Unterrichtungspflicht eine Sanktion erfordert, widerspricht.[350] Die Regelung steht auch im Widerspruch zur Konzeption der RL 2002/65/EU, weil der Versicherungsnehmer bei Nichtvorliegen der Voraussetzungen des Art. 7 Abs. 1 und 3 RL 2002/65/EU frei von Wertersatzpflichten bleiben muss. Die Vorschrift des Art. 7 RL 2002/65/EU sollte den Gesetzgebern der Mitgliedstaaten die Möglichkeit geben, eine Regelung zu schaffen, die sogar die Wertersatzpflicht des Versicherungsnehmers ausschließt, wenn die Voraussetzungen des Art. 7 Abs. 1 und 3 RL 2002/65/EU nicht vorliegen.[351]

---

342 *Wandt/Ganster*, VersR 2008, 425, 429.
343 Bruck/Möller/*Knops*, § 9 Rn. 21.
344 Bruck/Möller/*Knops*, § 9 Rn. 21; *Wandt/Ganster*, VersR 2008, 425, 427.
345 Bruck/Möller/*Knops*, § 9 Rn. 21.
346 Prölss/Martin/*Prölss*, § 1 Rn. 21 ff.
347 Bruck/Möller/*Knops*, § 9 Rn. 21 unter Hinweis auf BT Drucks. 15/2946 S. 30 ff.
348 *Wendt*, Zum Widerruf im Versicherungsvertragsrecht, S. 182.
349 BT Drucks. 15/2946 S. 30.
350 Bruck/Möller/*Knops*, § 9 Rn. 21 unter Hinweis auf *Dörner/Staudinger*, WM 2006, 1710, 1714.
351 Bruck/Möller/*Knops*, § 9 Rn. 21 unter Hinweis auf *Wandt/Ganster*, VersR 2008, 425, 426, 429.

Weiter wird vorgebracht, dass dem Anbieter nach Art. 3 Abs. 3 und 4 RL 2022/65/EU gegenüber dem Verbraucher ohne dessen ordnungsgemäße Unterrichtung keine Zahlungsansprüche zustehen.[352] Daher unterschreiten die deutschen Regelungen der Widerrufsfolgen das durch die Richtlinie festgelegte Mindestschutzniveau.[353]

In der Literatur wird vorgeschlagen, dass § 9 Abs. 1 S. 2 HS. 1 VVG richtlinienkonform anzuwenden sei, soweit die Rechtsfolgen eines Widerrufs betroffen, der bis zum Ende des ersten Versicherungsjahres ausgeübt wurde. Damit erhielte der Versicherungsnehmer die gezahlten Prämien vollständig zurück und das durch die Richtlinie vorgegebene Schutzniveau entfaltet vollständig die vorgesehene Wirkung.[354] Dieser Ansicht ist zuzustimmen. Eine Richtlinienwidrigkeit des § 9 Abs. 1 S. 2 HS. 1 VVG steht also vor allem infrage, wenn der Beginn des Versicherungsverhältnisses bereits länger als ein Jahr zurückliegt.[355]

g) Bewertung

Art. 7 Abs. 1 und 3 RL 2002/65/EU sehen vor, dass alle geleisteten Zahlungen zurückzuerstatten sind, wenn die geforderte Belehrung unterblieben ist. Der Anbieter der Finanzdienstleistungen behält damit keine Leistung, wenn er den Verbraucher nicht ordnungsgemäß unterrichtet hat. Art. 7 Abs. 4 RL 2002/65/EU bestätigt diese Regelung. Der Wortlaut des § 9 Abs. 1 S. 2 HS. 1 VVG ist dem Wortlaut nach damit richtlinienwidrig formuliert. Dieses Ergebnis ergibt sich auch aus dem Sinn der Vorgaben, weil Art. 7 RL 2002/65/EU den Verbraucher vor Wertersatzansprüchen schützen soll. Die Regelung des § 9 Abs. 1 S. 2 HS. 1 VVG entspricht damit nicht der analogen Regelung der Richtlinie.[356]

§ 9 Abs. 1 S. 2 HS. 2 VVG bietet dem Versicherungsnehmer jedoch interessengerechten Schutz für den Fall, dass er nicht ordnungsgemäß über sein Widerrufsrecht belehrt wurde. Er bietet gleichzeitig interessengerechten Schutz vor dem vollständigen Verlust der Gegenleistung.[357]

10. Rechtsfolgen des Widerrufs bei in Anspruch genommener Leistung

Wenn der Versicherungsnehmer die Versicherungsleistungen in Anspruch genommen hat, findet die Regelung des § 9 Abs. 1 S. 2 HS. 1 VVG keine Anwendung. In § 9 Abs. 1 S. 2 HS. 2 VVG ist eine Rückausnahme vorgesehen.[358]

---

352 *Dörner*, FS Lorenz 195, 208.
353 *Wandt/Ganster*, VersR 2008, 425, 430 ff.
354 MünchKommVVG/*Eberhardt*, § 9 Rn. 22.
355 *Wendt*, Zum Widerruf im Versicherungsvertragsrecht, S. 183.
356 *Wendt*, Zum Widerruf im Versicherungsvertragsrecht, S. 184.
357 *Wendt*, Zum Widerruf im Versicherungsvertragsrecht, S. 184.
358 Looschelders/Pohlmann/*Looschelders/Heinig*, § 9, Rn. 32.

a) *Voraussetzungen des § 9 Abs. 1 S. 2 HS. 2 VVG*

Voraussetzung des § 9 Abs. 1 S. 2 HS. 2 VVG ist, dass der Versicherungsnehmer bereits Leistungen aus dem Versicherungsverhältnis erhalten hat. Mit Versicherungsleistung sind hier Versicherungsleistungen im Versicherungsfall gemeint,[359] so ergibt es sich auch aus der Gesetzesbegründung. Ausdrücklich wird darauf hingewiesen, dass durch die Regelung des § 9 VVG insofern Nachteile für die Kunden vermieden werden sollten, dass bereits erhaltene „Versicherungsleistungen" zurückerstattet werden müssten.[360] Hinsichtlich des § 9 Abs. 1 S. 2 HS. 2 VVG hat der deutsche Gesetzgeber nicht die abstrakte Gefahrtragung, sondern die im Versicherungsfall anfallende Versicherungsleistung im Blick gehabt. Liefe § 9 Abs. 1 S. 2 HS. 1 VVG ins Leere, würde die Gefahrtragung des Versicherers dann eine Leistung i. S. d. § 9 Abs. 1 S. 2 HS. 2 VVG vorsehen.[361] § 9 Abs. 1 S. 1 HS. 1 VVG ist nach dem Willen des Gesetzgebers als Sanktion für sein Fehlverhalten zu betrachten.[362] Das ist aber nur dann möglich, wenn die Rückausnahme in § 9 Abs. 1 S. 2 HS. 2 VVG nicht schon dann greift, wenn der Versicherer die abstrakte Gefahr trägt. Dann wäre § 9 Abs. 1 S. 2 HS. 1 VVG immer ausgeschlossen.[363]

b) *Die rechtlichen Folgen des Widerrufs*

Liegen die Voraussetzungen des § 9 Abs. 1 S. 2 HS. 2 VVG vor, greift § 9 Abs. 1 S. 1 VVG.[364] Der Versicherungsnehmer hat also den bis zum Widerruf angefallenen Prämienanteil an den Versicherer zu leisten und kann umgekehrt die entsprechenden oder bereits geleisteten Zahlungen behalten.[365]

c) *Richtlinienwidrigkeit der Regelung*

Es ist fraglich, ob § 9 Abs. 1 S. 2 HS. 2 VVG richtlinienwidrig ausgestaltet ist, da Art. 7 Abs. 1 und 3 RL 2002/65/EU vorsehen, dass der Versicherer im Fall eines unterbliebenen Hinweises auf das Widerrufsrecht keinerlei Leistungen behalten darf.

Gemäß § 9 Abs. 1 S. 2 HS. 2 VVG verbleiben auch bei unterbliebener Belehrung in Anspruch genommene Versicherungsleistungen beim Versicherungsnehmer. Wenn die Versicherungsleistung den Wert der geleisteten Versicherungsprämie erreicht oder übersteigt, trifft den Versicherungsnehmer daher keine finanzielle Belastung.

---

359 Looschelders/Pohlmann/*Looschelders/Heinig*, § 9, Rn. 32; Prölss/Martin/*Prölss*, § 9 Rn. 27; *Wandt/Ganster*, VersR 2008, 425, 435.

360 BT Drucks. 16/3945 S. 62.

361 *Wandt/Ganster*, VersR 2008, 425, 435; MünchKommVVG/*Eberhardt*, § 9 Rn. 25.

362 BT Drucks. 15&2946 S. 31; *Wandt/Ganster*, VersR 2008 425, 435.

363 *Wendt*, Zum Widerruf im Versicherungsvertragsrecht, S. 190.

364 Looschelders/Pohlmann/*Looschelders/Heinig*, § 9, Rn. 33.

365 Looschelders/Pohlmann/*Looschelders/Heinig*, § 9, Rn. 33.

Damit wird auch dem Zweck des Art. 7 Abs. 1, 3 und 4 RL 2002/65/EU Rechnung getragen.[366]

Übersteigt aber die gezahlte Versicherungsprämie den Wert der geleisteten Versicherungsleistung, ist die Aufrechterhaltung des Ergebnisses nicht mit den Vorgaben der Richtlinie in Einklang zu bringen.[367] In diesem Fall ist die deutsche Regelung richtlinienkonform auszulegen[368] oder zu korrigieren.[369] Sie ist nur insoweit anzuwenden, als die gezahlten Prämien die geleisteten Versicherungsleistungen unterschreiten und im Übrigen nicht greifen. Ferner soll die Rückabwicklung dann nach allgemeinen zivilrechtlichen Vorgaben erfolgen,[370] wonach alle Leistungen zurückzugewähren sind, womit der finanzielle Nachteil des Versicherungsnehmers auf den Versicherer verlagert wird.[371]

Diese Ansicht der Literatur entspricht auch dem Schutzzweck des Art. 7 Abs. 1, 3 und 4 RL 2002/65/EU, weil § 9 Abs. 1 S. 2 HS. 2 VVG in der vorgeschlagenen Auslegung mit seinem Wortlaut nicht entgegensteht. § 9 Abs. 1 S. 2 HS. 2 VVG wird insoweit nur dann angewendet, wenn die geleisteten Prämienzahlungen die geleisteten Versicherungszahlungen unterschreiten. Andernfalls erfolgt die Rückabwicklung über die allgemeinen zivilrechtlichen Regelungen.[372]

Diese so ausgelegte Regelung des § 9 Abs. 1 S. 2 HS. 2 VVG bietet dem Versicherungsnehmer angemessenen Schutz für den Fall, dass er nicht ordnungsgemäß informiert war. Sie bietet auch interessengerechten Schutz vor dem vollständigen Verlust der Gegenleistung.[373]

11. Zusammenfassung

§ 9 VVG enthält nur die Regelungen für den Fall, in dem der Versicherer vor Ablauf der Widerrufsfrist Versicherungsschutz gewährt und der Versicherungsnehmer dem zugestimmt hat.

Die deutschen Regelungen zu den Rechtsfolgen des Widerrufsrechts basieren auf Normen, die stark durch die europäischen Vorgaben geprägt sind. In diesem Zusammenhang ist Art. 7 der RL 2002/65/EU zu nennen. Mit dem § 9 VVG ergänzt der deutsche Gesetzgeber den § 8 VVG. Entsprechend der Regelung des § 9 VVG wirkt der Widerruf grundsätzlich ex nunc wie eine Kündigung. Dies schafft ein dem Versicherungsvertrag adäquates Abwicklungsverhältnis, das die besonderen Informationsinteressen des Versicherungsnehmers und die Solvenzwahrungsinteressen

---

366 Looschelders/Pohlmann/*Looschelders/Heinig,* § 9, Rn. 34; Prölss/Martin/*Prölss,* § 9 Rn. 29; *Wandt/Ganster,* VersR 2008, 425, 435.
367 Looschelders/Pohlmann/*Looschelders/Heinig,* § 9, Rn. 35.
368 MünchKommVVG/*Eberhardt,* § 9 Rn. 28; *Wandt/Ganster,* VersR 2008, 425, 436.
369 Looschelders/Pohlmann/*Looschelders/Heinig,* § 9, Rn. 35.
370 *Wandt/Ganster,* VersR 2008, 425, 436.
371 Looschelders/Pohlmann/*Looschelders/Heinig,* § 9, Rn. 34.
372 Looschelders/Pohlmann/*Looschelders/Heinig,* § 9, Rn. 35.
373 *Wendt,* Zum Widerruf im Versicherungsvertragsrecht, S. 192.

des Versicherers berücksichtigt. Für Fälle, die außerhalb des Anwendungsbereichs des § 9 VVG liegen, gelten die allgemeinen Vorgaben des § 357a i. V. m. § 346 BGB. Aus dem ursprünglichen Schuldverhältnis entsteht ein Abwicklungsrückgewährschuldverhältnis. Es soll der ursprüngliche oder ein wirtschaftlich gleichwertiger Zustand hergestellt werden. Alle Leistungen sind grundsätzlich zurückzugewähren.

Die Rechtsfolgeregelungen des § 9 Abs. S. 1 HS. 1 VVG sind an besondere Voraussetzungen gebunden: Der Versicherungsnehmer war in der Belehrung nach § 8 Abs. 2 S. 1 Nr. 2 auf seine Widerrufsmöglichkeit, die Rechtsfolgen des Widerrufs und den zu zahlenden Betrag hingewiesen und er muss zugestimmt haben, dass der Versicherungsschutz vor Ende der Widerrufsfrist beginnt.

Hat der Versicherer seinen Hinweis auf Grundlage der Musterwiderrufsbelehrung erbracht, sind die Voraussetzungen des Hinweises auf das Widerrufsrecht auch im Rahmen des § 9 Abs. 1 S. 1 VVG erfüllt. Es besteht kein Bedürfnis für ein Zustimmungserfordernis nach § 9 Abs. 1 VVG, wenn der Versicherungsnehmer bereits Prämien gezahlt hat.

Nach § 9 Abs. 1 S. 1 VVG beschränkt sich die Erstattungspflicht des Versicherers auf den auf die Zeit nach Zugang des Widerrufs entfallenden Teil der Versicherungsprämie. Dem Versicherer stehen sämtliche vom Versicherungsnehmer erbrachten Prämien zu, die bis zum Zugang des Widerrufs angefallen sind. Daher sind bei bereits begonnener Vertragsausführung vor Ablauf der Widerrufsfrist für die Zeit bis zum Widerruf grundsätzlich keine Leistungen zurückzugewähren.

§ 9 Abs. 1 S. 1 VVG erkennt, dass der Versicherer bereits vor Eintritt eines Versicherungsfalls eine Leistung erbringt, die in der Übernahme der Sicherung des Risikos liegt. Daraus lässt sich schließen, dass das in § 9 Abs. 1 S. 1 VVG beschriebene Konzept der Widerrufsfolgen Ausdruck der modifizierten Gefahrtragungstheorie ist, die das dem § 1 VVG zugrunde liegende Leistungskonzept zutreffend beschreibt.

Die Rechtsfolgeregelungen des § 9 Abs. 1 S. 2 VVG greifen, wenn der Versicherer die erforderlichen Hinweise i. S. d. § 9 Abs. 1 S. 1 VVG dem Versicherungsnehmer nicht übermittelt hat. Dies gilt aber nur dann, wenn der Versicherungsnehmer keine Leistungen nach § 9 Abs. 1 S. 2 HS. 2 VVG in Anspruch genommen hat.

Liegen die Voraussetzungen des § 9 Abs. 1 S. 2 HS. 1 VVG vor, greift ein spezielles Rechtsfolgenkonzept. Der Versicherer hat dann gemäß § 9 Abs. 1 S. 2 HS. 1 VVG im Widerrufsfall zusätzlich zu den nach § 9 Abs. 1 S. 1 VVG zurückzuerstattenden Prämien auch die für das erste Jahr des Versicherungsschutzes gezahlten Versicherungsprämien zu ersetzen.

Für den Fall, dass der Versicherungsnehmer den Versicherungsvertrag zu einem späteren Zeitpunkt als nach einem Jahr widerruft hat, kommt eine Richtlinienwidrigkeit des § 9 Abs. 1 S. 2 HS. 1 VVG infrage.

Liegen die Voraussetzungen des § 9 Abs. 1 S. 2 HS. 2 VVG vor, greift § 9 Abs. 1 S. 1 VVG.

V. Aktuelle legislative Entwicklungen im Georgischen Recht

Im georgischen Versicherungsrecht gibt es keine gesetzliche Normierung eines Vertragslösungsrechts, das speziell dem Schutz eines Verbrauchers bzw. Versicherungsnehmers gegenüber einem Unternehmer dient.

Allerdings hat am 15. Juli 2015 das georgische Parlament einen Entwurf des neuen Verbraucherrechtschutzgesetzes vorbereitet. In dem Entwurf sind Informationspflichten des Unternehmers und ein Widerrufsrecht des Verbrauchers vorgesehen. Der georgische Gesetzgeber orientiert sich damit an den Vorgaben der RL 2011/83 EU und erklärt auch in der Begründung zum Entwurf des Verbraucherrechtschutzgesetzes die Rechte der Verbraucher verbessern zu wollen.[1] Die Vorgaben zum Lösungsrecht des Verbrauchers aus dem Entwurf des Verbraucherschutzgesetzes weichen jedoch erheblich von denen der Verbraucherrecht-Richtlinie ab. Trotzdem ist dies im Hinblick auf die Angleichung des georgischen Verbraucherrechts an das EU-Recht im Rahmen des Assoziierungsabkommens zwischen der EU und Georgien sehr zu begrüßen. Dabei sind Finanzdienstleistungsverträge vom Anwendungsbereich des künftigen Gesetzes ausgenommen. Über den Entwurf des Gesetzes wird immer noch diskutiert, eine Verabschiedung ist künftig zu erfolgen.

Zur Veranschaulichung der georgischen legislativen Entwicklung wird die Systematik des § 9 des Entwurfes des Verbraucherrechtschutzgesetzes sowie der Wortlaut dargestellt.

In § 9 Abs. 1 des Verbraucherrechtschutzgesetzes wird das Widerrufsrecht des Verbrauchers, der Beginn und das Ende der Widerrufsfrist normiert. In den Buchstaben a. und b. wird der Beginn der Widerrufsfrist bei Mehr- und Teillieferungen geregelt.

In § 9 Abs. 2 sind die Rechte und Pflichten der Parteien nach Ausübung des Widerrufsrechts festgelegt.

In § 9 Abs. 3 sind die Ausnahmen normiert, bei denen dem Verbraucher kein Widerrufsrecht zusteht.

Der Wortlaut des § 9 lautet dabei im Einzelnen wie folgt:

„(1) *Sofern nicht eine der Ausnahmen gemäß § 9 Abs. 3 dieses Gesetzes Anwendung findet, steht dem Verbraucher nach dem er die Ware im Empfang genommen hat, oder bei Dienstleistungsverträgen nach dem Vertragsschluss, eine Frist von 7 Tagen zu, den Vertrag ohne Angabe von Gründen zu widerrufen. Bei Fernabsatz oder außerhalb von Geschäftsräumen geschlossenen Verträgen beträgt die Widerrufsfrist 14 Tage. Bei Kaufverträgen fängt die Widerrufsfrist an zu laufen:*

---

1 Begründung zum Entwurfe des Verbraucherrechtschutzgesetztes, S. 1, im Internet abrufbar unter: http://info.parliament.ge/file/1/BillReviewContent/113041.

a. Ab dem Tag, an dem der Verbraucher die letzte Ware in Empfang genommen hat, im Falle von Verträgen über den Kauf mehreren Waren, die getrennt geliefert werden.
b. Ab dem Tag, an dem der Verbraucher die letzte Teilsendung in Empfang genommen hat, im Falle von Verträgen, nach denen Waren in mehreren Teilsendungen geliefert werden.
(2) Mit der Ausübung des Widerrufsrechts erlöschen die Verpflichtungen der Vertragsparteien, dabei:
a. hat der Unternehmer alle Zahlungen, die er vom Verbraucher erhalten hat, mit Ausnahme der Lieferkosten, binnen 14 Tagen ab dem Tag zurückzuzahlen, an dem er über den Entschluss des Verbrauchers informiert wird, den Vertrag zu widerrufen.
b. kann der Unternehmer bei Kaufverträgen die Rückzahlung verweigern, bis er die Ware vom Verbraucher wieder zurückerhalten hat.
c. hat der Verbraucher die Ware unverzüglich und in jedem Fall spätestens nach 14 Tagen ab dem Tag, an dem er dem Unternehmer seinen Entschluss mitgeteilt hat, den Vertrag zu widerrufen, an den Unternehmer oder eine von diesem zur Entgegennahme der Waren ermächtigte Person zu übergeben, es sei denn, der Unternehmer hat angeboten, die Ware selbst abzuholen.
(3) Dem Verbraucher steht kein Widerrufsrecht zu, wenn:
a. Bei Dienstleistungsverträgen die Dienstleistung vollständig erbracht worden ist, wenn der Unternehmer die Erbringung mit der vorherigen ausdrücklichen Zustimmung des Verbrauchers und dessen Kenntnisnahme, dass er sein Widerrufsrecht bei vollständiger Vertragserfüllung durch den Unternehmer verliert, begonnen hatte.
b. Waren geliefert werden, die nach Kundenspezifikation angefertigt werden oder eindeutig auf die persönlichen Bedürfnisse zugeschnitten sind.
c. Waren geliefert werden, die schnell verderben können oder deren Verfallsdatum schnell überschritten würde.
d. Versiegelte Waren geliefert werden, die aus Gründen des Gesundheitsschutzes oder aus Hygienegründen nicht zur Rückgabe geeignet sind und deren Versiegelung nach der Lieferung entfernt wurde.
e. Waren geliefert werden, die nach der Lieferung aufgrund ihrer Beschaffenheit untrennbar mit anderen Gütern vermischt wurden.
f. Zeitungen, Zeitschriften oder Illustrierte geliefert werden, mit Ausnahme von Abonnement-Verträgen über die Lieferung solcher Publikationen.
g. Verträge auf einer öffentlichen Versteigerung geschlossen werden.
h. Digitale Inhalte geliefert werden, die nicht auf einem körperlichen Datenträger geliefert werden, wenn die Ausführung mit vorheriger ausdrücklicher Zustimmung des Verbrauchers und seiner Kenntnisnahme, dass er hierdurch sein Widerrufsrecht verliert, begonnen hat.
i. Waren geliefert werden, deren Versieglung, Etikett, Kassenbon oder Nachweis über den Erwerb verloren gegangen sind.
j. Waren geliefert oder Dienstleistungen erbracht werden, deren Preis 25 Lari nicht überschreitet."

Zusammenfassung in Thesen

1. Das sowjetische Versicherungswesen stellte eine Denaturierung der in westlichen Ländern betriebenen Privatversicherung dar. Es wurde als Instrument der wirtschaftlichen und gesellschaftlichen Politik der Sowjetunion benutzt und versuchte sich an den Erfordernissen der Union anzupassen. Kernstück der sowjetischen Versicherungen war die Zwangs-Norm-Versicherung, die ihre Wurzeln in der vorrevolutionären Zwangs-Norm-Versicherung hatte, die durch die landwirtschaftliche Selbstverwaltungskörperschaft Semstwo betrieben wurde. Diese Art der Versicherung war stark durch den Vorsorge- und Fürsorgegedanken des Russischen Zarenreichs geprägt, der seinerseits auf byzantinische Tendenzen der universellen Fürsorge zurückführte. Den wahren Geist der sowjetischen Versicherungen bestimmte der sowjetische Staat zur Durchsetzung seiner wirtschaftlichen und politischen Ziele.
2. Mit dem Zusammenbruch der Sowjetunion sind Grundlagen für Beziehungen der EU und Georgien geschaffen worden. Im Rahmen dieser Beziehungen kommt der Frage der Rechtsangleichung eine besondere Bedeutung zu, wonach Georgien sich verpflichtet seine Gesetzgebung an das EU-Recht schrittweise anzupassen. Unzureichende Rechtsangleichung der nationalen Rechtsvorschriften kann Georgien den Weg zur EU-Integration verbauen.
3. In Georgien forderte der Übergang von Sozialismus zur Marktwirtschaft eine grundsätzliche Rechtsreform. Nach der Überwindung des Bürgerkriegs und der Wirtschaftskrise haben in Tbilissi die Vorbereitungen für die Verabschiedung des georgischen ZGB begonnen. Am 25. November 1997 trat es in Kraft. Das georgische ZGB ist der sowjetischen Tradition gefolgt und hat die versicherungsrechtlichen Vorschriften wieder ins ZGB aufgenommen. Das Versicherungsvertragsrecht ist in Art. 799–858 ZGB geregelt. Daneben gilt das Gesetz über die Versicherung aus dem Jahr 1997, das die rechtlichen Beziehungen sowohl zwischen den am Versicherungsmarkt beteiligten Subjekten als auch mit dem Staat regelt, und damit öffentlich-rechtliche Elemente enthält.
4. Das Versicherungswesen erlangt in einer Marktwirtschaft eine andere neue Bedeutung und erfüllt andere Aufgaben als im Rahmen der Zentralverwaltungsordnung. In der Marktwirtschaft wird das Kollektivierungsprinzip durch das Individualprinzip ersetzt.
5. Systeme des Verbraucherschutzes haben im georgischen ZGB wenig Bedeutung erlangt. Dies kann vor allem mit dem Argument begründet werden, dass ein Verbraucherrecht einen gewissen Wohlstand in der Gesellschaft voraussetzt. Allerdings besteht gerade eine hohe Schutzbedürftigkeit in den Ländern, die keinen hohen Lebensstandard aufweisen, da dort in großem Maße Leichtgläubigkeit und Unerfahrenheit herrscht.
6 Zwischen Versicherer und Versicherungsnehmer besteht eine erhebliche Ungleichgewichtslage, wenn sie auf dem Versicherungsmarkt aufeinandertreffen. Diese wird unter anderem dadurch verstärkt, dass das Versicherungsprodukt

abstrakt und für den Versicherungsnehmer nicht leicht greifbar ist. Im Gegensatz dazu kennt sich der Versicherer in der Versicherungsbranche und mit den angebotenen Produkten sehr gut aus. Durch diese Ungleichgewichtslage ist der Versicherungsnehmer in seiner Privatautonomie beeinträchtigt, dies führt zu einer Störung der Vertragsparität zwischen Versicherer und künftigem Versicherungsnehmer. Daher besteht eine informationelle Ungleichgewichtslage bei Versicherungsvertragsschluss, zu dessen Ausgleich es der Begründung von Ausgleichsmechanismen bedarf. In Betracht kommt die Einführung von Informationspflichten für den Versicherer.

7 Informationspflichten sind auf europarechtliche Grundlagen und das dort etablierte Verbraucherschutzkonzept des „Informationsmodells" zurückzuführen. Durch die VVG-Reform aus dem Jahr 2008 in Deutschland wurden Informationspflichten neu in § 7 VVG geregelt und in § 6 VVG als Ergänzung dazu Beratungspflichten neu eingeführt. Die Einführung der Informationspflichten im deutschen Versicherungsrecht ist auf die RL 92/49/EWG, RL 2002/83/EG und RL 2002/65/EG zurückzuführen.

8 Das georgische Versicherungsrecht regelt keine vorvertraglichen Informationspflichten der Versicherer. Eine mit § 7 des deutschen VVG vergleichbare Regel findet sich im georgischen Bankrecht in einer Verhaltensregel, die von der Nationalbank von Georgien im Jahr 2011 für kommerzielle Banken erlassen wurde. Zweifelhaft ist allerdings die Frage, ob diese Informationspflichten öffentlichrechtlicher, zivilrechtlicher oder doppelter Natur sind. Die Einführung der Informationspflichten im Bankrecht hatte ähnlich wie im Versicherungsrecht das Ziel, Wissenslücken wegen fehlender Erfahrung und Mangel an Sachkunde aufseiten der Kunden zu schließen.

9 Um eine konzeptionelle Schwäche der vorvertraglichen Informationspflichten nach § 7 Abs. 1 VVG zu beseitigen, hat der deutsche Gesetzgeber in § 6 Abs. 1 und 2 VVG Beratungspflichten des Versicherers gesetzlich normiert. Zu dem vorvertraglichen Pflichtkreis gehören Befragungs-, Beratungs-, Begründungs- und Beratungspflichten.

10 § 6 VVG war nicht als Folge einer unmittelbaren Umsetzung der RL 2002/92/EG entstanden. Vielmehr hatte der Gesetzgeber schon im alten VVG aufgrund der RL 2002/92/EG die Umsetzung der für Versicherungsvermittler eingeführten Beratungspflichten auch für Versicherer normiert, womit er die Rechte des Versicherungsnehmers stärken wollte. Die Richtlinie selbst enthält nur Dokumentationspflichten. Im deutschen Recht hat der Gesetzgeber jedoch die europäische Vorgabe auf Befragungs- und Beratungspflichten ausgedehnt.

11 Die modernen Produkte der Privatversicherung in Georgien sind im Vergleich zu westlichen Ländern relativ neu. Daher wird den vorvertraglichen Informations-, Aufklärungs- und Beratungspflichten besondere Bedeutung geschenkt. Ein effektives Funktionieren der Versicherungsbranche setzt besonderes Vertrauen aufseiten der Kunden voraus, was nur durch umfassend aufklärende und informative Versicherungsdeckung zu erreichen ist. In Georgien hat sich eine Praxis im Versicherungsbereich eingeschlichen, die keine Beratung der künftigen Versicherungsnehmer vor dem Vertragsschluss vorsieht, was zwangsweise zu einer Beeinträchtigung der Rechte der Kunden führt. Die Lage wird dabei durch mangelnde gesetzliche Regulierung der vorvertraglichen Pflichten im Versicherungsrecht noch verschlechtert. Im georgischen Recht wurde die Möglichkeit eines Schadensersatzanspruchs wegen vorvertraglicher Pflichtverletzung gemäß § 317 Abs. 2 i. V. m. § 316 Abs. 2 GZGB geschaffen. Die Haftung wurde aus dem Rechtsinstitut der c.i.c. abgeleitet. Die c.i.c. ist seit 1997 im GZGB aufgenommen und zielt auf den Vertrauensschutz im vorvertraglichen Zeitraum.

12 Eine gesetzliche Regulierung des Vertragsschlusses der Versicherungsbranche in Georgien entspricht nicht mehr den modernen Anforderungen an das Vertragsrecht. Es zeigt konzeptionelle Schwächen im Vergleich zum EU-Recht und bedarf deshalb einer Modernisierung.

13 Die deutschen versicherungsrechtlichen Regelungen zum Widerrufsrecht und seinen Rechtsfolgen sind stark von den legislativen Entschließungen des Unionsgesetzgebers geprägt. Das dem Versicherungsnehmer im § 8 VVG eingeräumte Widerrufsrecht ist in Anlehnung an Art. 6 Abs. 1 der RL 2002/65/EU geschaffen. Gemeinsam mit den Informationspflichten ist das Widerrufsrecht der zentrale Verbraucherschutzmechanismus in der RL 2002/65/EU.

14 Mit der RL 2011/83/EU wollte der Unionsgesetzgeber eine Verwirklichung eines echten Binnenmarktes und Verbesserung der Verbraucherrechte erreichen. Ein Bedarf für die Harmonisierung weiterer gesetzlicher Regularien bestand innerhalb der Europäischen Union fort. Die vorliegende Zersplitterung einzelner EU-Vorgaben im Verbraucherrecht resultierte aus dem bisher verfolgten Ziel der Mindestharmonisierung, also die Mitgliedstaaten konnten unterschiedliche Verbraucherschutzniveaus schaffen, was sich negativ auf den Binnenmarkt auswirkte. Mit dem Vorschlag für eine neue Richtlinie sollte die Mindestharmonisierung aufgegeben und durch vollständige Harmonisierung ersetzt werden. In diesem Zusammenhang wurde auch das Konzept der gezielten Harmonisierung diskutiert. Ein wesentlicher Schwerpunkt der RL 2011/83/EU ist ein umfassendes und erweitertes Widerrufsrecht.

15 Im georgischen Versicherungsrecht gibt es keine gesetzliche Normierung eines Vertragslösungsrechts, das speziell dem Schutz eines Verbrauchers bzw. Versicherungsnehmers gegenüber einem Unternehmer dient.

16 Am 15. Juli 2015 hat das georgische Parlament einen Entwurf des neuen Verbraucherrechtschutzgesetzes vorbereitet. In dem Entwurf sind Informationspflichten des Unternehmers und ein Widerrufsrecht des Verbrauchers vorgesehen. Der georgische Gesetzgeber orientiert sich damit an den Vorgaben der RL 2011/83 EU und erklärt auch in der Begründung zum Entwurf des Verbraucherrechtschutzgesetzes die Rechte der Verbraucher verbessern zu wollen. Die Vorgaben zum Lösungsrecht des Verbrauchers aus dem Entwurf des Verbraucherschutzgesetzes weichen jedoch erheblich von denen der Verbraucherrechte-Richtlinie ab. Trotzdem ist dies im Hinblick auf die Angleichung des georgischen Verbraucherrechts an das EU-Recht im Rahmen des Assoziierungsabkommens zwischen der EU und Georgien sehr zu begrüßen.

Schlussbetrachtung

Der Zusammenbruch der Sowjetunion ist als Grundlage der georgisch-europäischen Beziehungen anzusehen. Der Übergang von der Zentralverwaltungswirtschaft zur Marktwirtschaft bedeutete für Georgien unter anderem, dass viele Wirtschaftszweige in der neuen Gesellschaftsform entwickelt werden mussten. Das galt auch für Privatversicherungsanstalten. Das durch sowjetische Prägung denaturierte Versicherungswesen hat lange Zeit auch die Mentalität der Menschen beeinflusst. Ein gutes Verbraucherschutzkonzept sollte dabei positiv zum Umdenken beitragen.

Im Jahr 1996 wurde zwischen EU und Georgien das Abkommen über Partnerschaft und Zusammenarbeit geschlossen. Im Jahr 2003 wurde Georgien in die europäische Nachbarschaftspolitik einbezogen und seit 2009 ist das Land im Projekt Östliche Partnerschaft aktiv. Im Rahmen dieser Beziehung kommt der Frage der Rechtsangleichung eine besondere Bedeutung zu, wonach Georgien sich verpflichtet seine Gesetzgebung an das EU-Recht schrittweise anzupassen. Mit der Unterzeichnung des Assoziierungsabkommens, der „Investition in die Zukunft" zwischen der EU und Georgien wurde dieses Gebot der EU noch mehr „verschärft," da das Hauptziel des Abkommens eine langfristige, schrittweise Integration Georgiens in den europäischen Binnenmarkt ist. Die Öffnung der Märkte in verschiedenen Bereichen des Handels und handelsbezogener Fragen erfolgt stufenweise und wird mit einer schrittweisen Rechtsangleichung der georgischen Rechtsvorschriften an EU-Recht sowie an institutionellen Reformen in Georgien ausgeführt. Der Grad der Marktöffnung seitens der EU hängt daher von der Umsetzung der dafür vorgesehenen Maßnahmen ab. Umgekehrt unzureichende Rechtsangleichung der nationalen Rechtsvorschriften kann Georgien den Weg zur EU-Integration verbauen. Die Angleichung der Rechtsvorschriften betrifft auch die Versicherungsregeln. Der Art. 122 des Assoziierungsabkommens sieht die schrittweise Rechtsanpassung im Bereich der Finanzdienstleitungen vor, worunter auch Versicherungen zu zählen sind.

Wie bereits in der Arbeit dargestellt, entsprechen die gesetzlichen Regulierungen des Vertragsschlusses der Versicherungsbranche in Georgien nicht mehr den modernen Anforderungen des Vertragsrechts. Da es sich konzeptionelle Schwächen im georgischen Versicherungsrecht im Vergleich zum EU-Recht ergeben haben, ist es notwendig, dass eine Erneuerung der Regelungen stattfindet, um Verbraucherschutz zu gewährleisten und künftige Versicherungsnehmer in ihren Rechten beim Vertragsschluss zu stärken.

Es ist daher empfehlenswert, dass der georgische Gesetzgeber die Verbraucherschutzmechanismen wie die vorvertraglichen Informations- und Beratungspflichten, sowie das Widerrufsrecht des Versicherungsnehmers im Versicherungsvertragsrecht einführt. Als Vorbild hierfür könnten die deutschen Vorschriften des VVGs dienen.

Anhang Nr. 1

Insurance Law of Georgia[1]

As amended 20 December 2011

S.T. Tariel Davitashvili

Insurance Law of Georgia

Chapter I

General Provisions

Article 1. Relations Governed by the Law

1. This Law governs relations in the sphere of insurance between insurance organizations and legal and natural persons as well as between insurance organizations proper, establishing basic principles of the state regulation of insurance business.
2. Relations in the sphere of insurance are regulated under the Constitution of Georgia, the Civil Code, the present Law, other Georgian laws and bylaws.
3. Provided an international treaty or agreement to which Georgia is a party sets rules other than those specified in this Law, the provisions of the international treaty or agreement shall prevail.
4. (Deleted) ***(24.09.2009, N1679-IIS).***

Article 2. Basic Definitions Used in the Law

The definitions used in this Law have the meaning as follows:

a) ***Insurance*** is the relations established for the protection of personal and property interests of natural and legal persons at the expense of cash funds formed by insurance contributions (insurance premiums) and other sources allowed under law upon occurrence of certain circumstances (insurance incident);
b) ***Insurance business*** – the insurer's business associated with the signature and fulfilment of insurance and reinsurance contracts; ***(24.09.2009, N1679-IIS)***
c) ***Insurer*** is
*c.a)*a legal person in the organizational and legal form of a limited liability or a joint stock company that has been set up to implement insurance business and which

1 Die englische Fassung des Gesetzes wurde von „*Davitashvili Translation*", S.T. *Tariel Davitashvili* übersetzt.

has under the provisions of the present Law secured a license to a certain type of insurance;*(29.12.2004, N 940)*

*c.b)*a branch (representation) set up in Georgia by insurance and reinsurance organizations registered in the member states of the Organization of Economic Cooperation and Development (OECD) and licensed by the relevant authorities, which is registered under the procedure established by the Georgian legislation for registration of branch (representation). ***(29.12.2004, N 940)***

d) ***Policyholder*** is a natural or legal person who has signed an insurance contract with an insurer;

e) ***Insured*** is a natural or legal person for whose benefit the insurance contract has been concluded. The insured may concurrently be the policyholder unless otherwise provided by the insurance contract;

f) ***Beneficiary*** is a natural or legal person who, in compliance with the insurance contract or insurance legislation, receives the insurance indemnity;

g) ***Insurance agent*** – a natural or legal person who acts on assignment and on behalf of the insurer within the powers assigned to him/her by the insurer;

h) ***Insurance broker*** – a natural or legal person organized in accordance with the laws of Georgia, registered with National Bank of Georgia (hereinafter – National Bank) and carrying out brokerage in the sphere of insurance as a type of his/her entrepreneurship activity; ***(24.09.2009, N1679-IIS)***

i) ***Insurance risk*** is an event comprising the features of its occurrence possibility and fortuity and against which the insurance is taken;

j) ***Insured accident*** is an event, in the occurrence of which the insurance contract provides for payment of insurance indemnity;

k) ***Insurance policy*** – a signed document – certificate of insurance contract issued by the insurer; ***(24.09.2009, N1679-IIS)***

l) ***Reinsurance*** – a transaction, in which the insurer fully or partly assigns under the reinsurance contract and in view of the specifics of each of such contracts, insurance risk or the loss related thereto to reinsurance companies; ***(24.09.2009, N1679-IIS)***

m) ***Founder of non-public pension scheme*** is a legal person specified by Georgian law On Non-Public Pension Insurance and Security; ***(20.06.2001, No. 961);Deleted; (24.09.2009, N1679-IIS) Deleted; (24.09.2009, N1679-IIS)***

n) ***Material share*** – a 10 % or greater share of the insurer's stated or paid-in capital held by a person by direct or indirect participation; ***(24.09.2009, N1679-IIS)***

o) ***Administrator*** – a member of the insurer's management body; ***(24.09.2009, N1679-IIS)***

p) ***Indirect participation*** – holding a share in the capital of a legal entity through the relevant third person; ***(24.09.2009, N1679-IIS)***

q) ***Beneficial owner*** – the person defined by the Commercial Banking Law of Georgia;

r) ***Affiliated company (affiliated organization)*** – the legal entities, in which the insurer holds 50 or more percent share (voting shares, share) and in the event of an organizational formation not having a legal status – controls it; ***(23.03.2010, N1832-IS)***

s) ***Branch*** – the insurer's structural unit that based on the decision of the insurer's management body conducts insurance business in connection with the signature and fulfilment of insurance and reinsurance contracts. ***(23.03.2010, N1832-IS)***

Article 3. Concept of Insurance

1. Insurance is the relations for the purpose of protection of personal and property interests of natural and legal persons upon occurrence of a certain circumstance (insurance incident) at the expense of cash funds formed by the insurance contributions (insurance premiums) paid by these persons or other sources allowed under Law.
2. Insurance business is the insurer's activity associated with the conclusion and implementation of insurance and reinsurance contracts.

Article 4. Object of Insurance

1. The object of insurance may be any property or personal non-property interests which do not contradicts the legislation of Georgia, including:
   a) insurance associated with the insured's life, health, ability to work, pension security and other personal interests (personal insurance);
   b) insurance associated with he property ownership, alienation and use (property insurance);
   c) insurance associated with the damage incurred to a third (natural or legal) party or his/her property (liability insurance).

Article 5. Forms of Insurance

1. Insurance is provided in the form of either mandatory or voluntary insurance.
2. Voluntary insurance is implemented on the basis of a contract concluded between the insurer and the policyholder. Types, terms and rules of voluntary insurance implementation are established under a contract concluded between the insurer and the policyholder.
3. Voluntary insurance is carried out by any licensed insurance organization of Georgia.
4. Compulsory insurance is such a form of insurance where an object of insurance, its types and implementation rules are established under a relevant law on compulsory insurance. ***(30.10.1998, N1672)***
5. During mandatory insurance the insurer shall be liable to conclude a contract with the policyholder under established legislation. The insurer is entitled to offer the policyholder more advantageous terms than the ones established under law for the latter.
6. Mandatory insurance is carried out by any licensed insurance organization of Georgia.

Article 6. Results of Violation of Mandatory Insurance Rules

1. If a person subject to mandatory insurance on the strength of law is not insured, he has the right to demand in legal form the implementation of insurance from the insurer who has assumed liabilities for his insurance.
2. If the policyholder failed to conclude the insurance contract or concluded it on terms aggravating the insured's situation as compared with the terms established under law, the policyholder shall be liable upon occurrence of the insurance incident to compensate to the policyholder the damage in the amount which the policyholder would have received in the presence of said insurance.
3. The policyholder has the right to demand in legal form from the insurer the implementation of insurance pursuant to item 5 of Article 5 of this Law.

Article 7. Activities of Foreign Natural or Legal Persons in the Sphere of Insurance on the Territory of Georgia

1. A foreign national, a stateless person, a legal person established on the territory of Georgia with the participation of foreign capital, foreign legal person's subsidiary and representation conducting their activity in Georgia shall implement insurance in compliance with laws of Georgia.
2. The persons as per item one of this Article shall have the same rights and liabilities in the sphere of insurance on the territory of Georgia as Georgian nationals and legal persons.
3. A foreign natural person, a stateless person, a foreign legal person (including foreign insurance and reinsurance companies) shall be entitled to being a founder of insurance and reinsurance companies in Georgia. ***(30.10.1998, N1672)***
4. Activity of a foreign insurance company as immediate insurer on the territory of Georgia shall be authorized only through a branch (representation) specified in sub-item c. b) of Article 2 of this Law. ***(29.12.2004, N 940)***

4^1. Branch (representation) specified in sub-item c. b) of Article 2 of this Law shall carry out its activity on the territory of Georgian under the Georgian legislation and shall have the right to sue and be sued in court. ***(29.12.2004, N 940)***

5. Activities of a foreign insurance company in Georgia as an immediate insurer shall be prohibited.
6. A foreign legal entity conducts insurance brokerage in Georgia through a duly registered branch (representation) under a contract with Georgian legal entities. ***(24.09.2009, N1679-IIS)***
7. The implementation of an insurance broker's functions by a foreign legal person on the territory of Georgia shall be allowed only to an insurance company of Georgia in the sphere of reinsurance of its risk assumed abroad. A foreign legal person may carry out functions of an insurance broker in Georgia through a subsidiary or representation, which has been registered under established procedure, or directly on the basis of a contract signed with legal persons of Georgia.
8. An insurance company of Georgia in connection with the reinsurance of its risk abroad may make direct use of a foreign broker company's services.

Chapter II

Participants in Insurance Relations

Article 8. Policyholder

1. Policyholder is a person who enters into n insurance contract with an insurer.
2. The policyholder may be both a legal and natural person.
3. Legal persons registered in Georgia may conclude insurance contracts related to activities carried out and property located within the territory of Georgia, except for reinsurance contracts, only with insurance organizations licensed by National Bank. Citizens of Georgia may sign insurance contracts within the territory of Georgia only with insurance organizations licensed by National Bank. ***(30.10.1998, N1672), (14.03.2008, N5914) (24.09.2009, N1679-IIS)***

Article 9. Insurer

1. Insurer is a legal person established to implement insurance business having under the provisions of the present Law received the right to write appropriate insurance. Registration of the insurer as an organization shall be carried out under the procedure established in Georgia for registration of a legal person.
2. Insurance company may operate only as a limited liability company or a joint stock company. Budgetary organizations are not allowed to found an insurance company and act as founders of an insurance company.
3. The name of a licensed insurance company must include the word "insurance" or any other word combination using this word. No one whosoever may use in the name the word "insurance" or any other word combination using the word without the insurance business license issued by National Bank (except where such use has been established or recognized by any Georgian law or international agreement or where the context using the word "insurance" or any word combination using the word shows that such person is not conducting the insurance business defined by this Law). ***(24.09.2009, N1679-IIS)***
4. The liquidation of an insurance company shall be carried out in accordance with this Law, other laws and the rules approved by National Bank. ***(24.09.2009, N1679-IIS)***
5. Insurance companies shall enjoy equal rights in implementing their activities.
6. The monopoly and any other activity aimed at the limitation of competition on the definite insurance market, the provision or gaining advantage by the insurer (insurers) over other insurer (insurers) shall be prohibited.
7. The insurer is managed and its business is conducted in accordance with the regulations, rules and instructions of National Bank. Where there is no National Bank rule governing this or that area of insurance business, the insurer may act in accordance with international insurance standards and practices. ***(24.09.2009, N1679-IIS)***

Article 10. Insured

1. Insured is a person for whose benefit the insurance contract is concluded. The insured may concurrently be the policyholder unless otherwise provided by the insurance contract.
2. The policyholder may become liable under the mandatory insurance legislation to insure a third party. In the case of voluntary insurance, the policyholder may indicate a third party in the insurance contract as the insured; in such case, the object of insurance will be the insurance and his/her associated interests (personal insurance) or the insured's property and its associated interests (property insurance).
3. In insuring property, the insured who is not the policyholder shall have the property presentation interest.
4. During mandatory insurance the third party's consent for conclusion of the contract where he is to be indicated as the insured shall not be necessary. During voluntary insurance the refusal of the party to conclude said contract will lead to the impossibility of its conclusion or to its alteration or termination if the contract has been already concluded.
5. In insuring property, the policyholder shall be liable to inform his intention to a third party, insure his property or its associated interests with the precise indication of the objects of insurance.
6. If the policyholder is liable to insure a third party, the latter may demand from the policyholder the submission of his liability performance report or a document evidencing insurance in the cases provided for in law. If the policyholder fails to perform his liability or performs it improperly with regard to a third party's insurance, the latter may resort to the rights as provided in items one and two of Article 6 of the present Law.
7. The implementation of a minor insured's rights shall be carried out under the procedure established by law.
8. The conclusion of the contract in favour of the insured shall not release the policyholder from meeting the liabilities under the contract.
9. Insurance of a third party shall be implemented at the policyholder's expense. Liabilities of the insured who is not the policyholder as well as the liabilities of the policyholder arising upon occurrence of the insurance incident shall be specified under the insurance contract. The policyholder shall be liable to notify the insured about the liabilities as specified under the insurance contract.
10. Should the insured refuse from getting the insurance indemnification which belongs to him under the insurance contract, the right to the indemnification shall be transferred to the policyholder.
11. Upon death of the insured, unless he is the policyholder, the insurance contract shall be terminated if the replacement of the insured is not specified under law or the insurance contract.
12. Should the insured's death be the insured accident provided for in the insurance contract, the contract shall be terminated upon its completion.

13. Upon death of the insured, unless he is the policyholder, and in whose favour the property insurance contract has been signed, the rights and liabilities of the insured which are the object of insurance shall, at the policyholder's consent, be transferred to the late insured's heir unless otherwise provided by law and the contract.
14. If the policyholder is against the replacement of the late insured, or if the heirs are against assuming the late insured's rights and liabilities, the contract shall be terminated.

Article 11. Beneficiary

1. Beneficiary is a natural or legal person who, in compliance with the insurance contract or insurance legislation, receives the insurance indemnification.
2. Beneficiary may be determined during both the personal and property insurance.
3. Determination of the beneficiary during mandatory insurance shall take place under legislation governing the given type of insurance, while the voluntary insurance beneficiary is determined by he policyholder.
4. The insured is the beneficiary unless otherwise provide under mandatory insurance legislation or the insurance contract.
5. The beneficiary is the insured unless the beneficiary is specified in the contract.
6. The property insurance contract in favour of the beneficiary may be concluded without indication of the beneficiary's name or title. In concluding such contract the insurer shall be given the bearer insurance certificate (policy, etc.). In this case the beneficiary will be the one who submits said document to the policyholder.
7. If the policyholder is not the insured, then upon the death or renouncement of his rights the latter's rights shall be transferred to the policyholder with the consequences as per item 10 of Article 11 of this Law.
8. The conclusion of a contract in favour of the beneficiary shall not release the policyholder from performance of the liabilities under the contract.

Article 12. Insurance Agent and Insurance Broker

1. The policyholder may implement insurance business through insurance agents and insurance brokers.
2. An insurance agent is a legal or natural person who acts by order and in the name of the insurer within the powers vested in him by the insurer. The insurance premium received by the insurance agent shall be deemed to be the insurance premium received by the insurance contract. ***(24.09.2009, N1679-IIS)***
3. An insurance broker is a legal or natural person who is organized in accordance with the laws of Georgia, registered with National Bank and independently conducts brokerage in insurance as a type of his entrepreneurial activity. The insurance broker shall apply to and get registered with National Bank. ***(24.09.2009, N1679-IIS)***

4. Relations of the insurance broker with the insurer and the policyholder shall be defined by the contract concluded between them.
5. The insurer, the insurance agent or the insurance broker shall not be authorized to enter into insurance contracts on behalf of a foreign insurance company, except the car owner's civil liability insurance contract which is used only beyond Georgia.
6. The insurance broker and insurance agent shall be liable, while concluding the insurance contract, to notify the insurer about all the circumstances known to them which are important for the terms specified under the insurance contract.

Chapter III

Securing Insurer's Financial Stability

Article 13. Terms of Securing Insurer's Financial Stability (24.09.2009, N1679-IIS)

1. The basis for securing the insurer's financial stability is the availability of its capital, insurance reserves and reinsurance system.
2. Irrespective of the reinsurance contract made, the insurer shall be liable before the insured to the extent of all the obligations under the insurance contract.
3. If National Bank so requests, the insurer shall furnish it with information on the foreign insurance organization, with which the insurer has signed a reinsurance contract. The information shall contain details on the financial condition of the reinsurance company.
4. The insurer shall be prohibited from:
   a) Issuing a loan for the acquisition of its own shares;
   b) Issuing a loan for the acquisition of the shares of the insurer's material share holder of administrator;
   c) Issuing a loan for the acquisition of the shares of an affiliated company. ***(1.07.2011, N5003-RS)***

Article 14. Economic Limits and Ratios (29.12.2004, N 940) (24.09.2009, N1679-IIS)

1. The insurer and the insurance broker shall maintain the economic limits established by National Bank as follows: ***(14.03.2008, N5914)***
   a) the minimum amount of capital at all stages of insurance business;
   b) the amount of insurance reserves as per types;
   c) thresholds of equity to liabilities ratio;
   d) thresholds of assets to assumed liabilities ratio
2. Item 1 of this Article shall not apply to the branch (representation) specified in sub-item c.b.) of Article 2 of this Law.
3. From the end of each calendar year to 15 day of May of the following year, the insurer shall submit to National Bank the audited financial statements for the past year prepared in accordance with International Financial Reporting Standards (IFRS) approved by International Financial Reporting Standards Board,

which were audited in accordance with International Standards on Auditing issued by International Accounting and Assurance Standards Board of International Federation of Accountants.
4. The branch (representation) specified in sub-item c.b.) of Article 2 of this Law shall produce the annual audited financial statements of the founding insurance organization or/and reinsurance company or/and founding holding company upon their publication in the country of origin.
5. The insurer and the branch (representation) specified in sub-item c.b.) of Article 2 of this Law shall publish the statements and external audit opinion in the form and manner approved by National Bank.

Article 15. Insurance Reserves of Insurer (24.09.2009, N1679-IIS)

1. For the purpose of fulfilling the assumed liabilities, the insurer shall form reserves. The types of insurance reserves as well as the rules for their formation shall be determined by National Bank. ***(14.03.2008, N5914)***
2. The assets eligible for the formation of insurance reserves and the structure of such assets shall be determined by National Bank.
4. During the whole period of its operation, the branch (representation) specified in sub-item c.b.) of Article 2 of this Law shall have national or foreign currency or deposited with National Bank, the amount of which shall be determined according to the minimum amount of capital required by the laws of Georgia for insurance organizations registered in Georgia. ***(29.12.2004, N 940)***

Article 16. Insurer's Solvency Guarantees (14.03.2008, N5914) (24.09.2009, N1679-IIS)

1. In order to safeguard his solvency, the insurer shall be liable to maintain the economic ratios and limits determined by this Law, the method of correlation and standard amount of which shall be established by National Bank.
2. The allocation of insurance reserves by the insurer shall be carried out on the basis of diversification, recoverability, applicability and liquidity.

Article 17. Deleted (24.09.2009, N1679-IIS)

Chapter IV

State Supervision of Insurance Operations

Article 18. Deleted (24.09.2009, N1679-IIS)

Article 19. State Insurance Supervision Authority (24.09.2009, N1679-IIS)

1. State supervision of insurance business shall be provided by National Bank.

Article 20. Functions of National Bank (14.03.2008, N5914) (24.09.2009, N1679-IIS)

For the purposes of this Law, the functions of National Bank are as follows: implementation of the national policy in the sphere of insurance, promotion of the financial stability of insurance market, protection of consumers' rights within the scope of its competence, ensuring the capability and solvency of insurance organizations, for which it shall carry out: generalizing insurance business, creating a base of standards and methodologies and providing control over their observance within the scope of its competence, drafting new laws and other enactments as well as drafting changes and amendments in the existing ones:

Article 21. Powers of National Bank (14.03.2008, N5914) (24.09.2009, N1679-IIS)

National Bank may:

a) Issue and revoke insurance business license; register and deregister insurance brokers;
b) Provide oversight upon the insurer's compliance with the requirements under regulatory and methodological documents and check them, check accounting records, components of financial statements and other materials, for which National Bank may request and obtain from the insurer any information within the scope of its competence;
c) Administer the sanctions contemplated by this Law against the insurer;
d) Maintain the register of insurers and insurance brokers;
e) Identify the types of insurer's equity, their minimum amounts on all the stages of insurance business and rules of their estimation;
f) Lay down the rule for identification and formation of the types of insurance reserves as well as of the assets eligible for the coverage of insurance reserves and their structure;
g) Establish internal accounting requirements for insurance organizations;
h) Establish the thresholds of the insurer's assets to liabilities ratio;
i) Establish the thresholds of the insurer's equity to liabilities ratio;
j) Lay down the rule for calculation of the insurer's solvency margin;
k) Create methodological and reference documents on insurance matters;
l) Develop and approve regulations governing insurance business;
m) Request and obtain information on the insurer's immediate as well as Beneficial owners;
n) Request and obtain information on the insurer's equity origin;
o) Approve the insurer's financial and statistical report forms and the procedure for their submission;
p) Cooperate with the supervision authority of a foreign country within the scope of its competence by exchanging information and signing memorandum of understanding;
q) Publish statistical information on insurance market;
r) Lay down the procedure for registration of insurance brokers;

s) Lay down the procedures for conducting the insurer's liquidation and bankruptcy proceedings.

21[1]. Violations and Sanctions (24.09.2009, N1679-IIS)

1. National Bank may impose upon the insurer or/and its administrators the sanctions set forth below if the insurer or any of its administrators:
   d) Has violated one of the provisions of this Law or any regulation, instruction, procedure, requirement or written instruction of National Bank;
   e) Has violated the term for submission of reports or has submitted misstatements or any other wrong information;
   f) Has violated the requirements of the Law of Georgia on Promoting Prevention of Legalization of Illicit Income.
2. In detecting the violations referred to in Item 1 of this Article, National Bank may administer the following sanctions by observing or, depending on potential risks involved – by not observing the following order:
   a) Send a written notice of warning;
   b) Impose special measures or issue an instruction requesting that the insurer discontinue and not allow any violation in the future and within the term fixed by National Bank take actions to eliminate the violation;
   c) Impose a pecuniary penalty in manner and to the extent prescribed by National Bank;
   d) Suspend the insurer's administrator's right of signature and request that the insurer's Supervisory Council/General Meeting remove him from office temporarily or dismiss him altogether;
   e) Suspend or limit distribution of profit, payment of dividends and material incentives and assumption of new liabilities;
   f) In special cases when the insured's or policyholder's interests are at stake, suspend their right to perform particular operations, introduce compulsory administration regime;
   g) Revoke the insurance business license.
3. The sanctions imposed under this article shall correspond to the gravity and possible risks of the violation involved.
4. The pecuniary penalty imposed under this article shall be transferred to the national budget of Georgia.
5. The sanction imposed on the insurer under an administrative-legal act is enforced based on the writ of execution issued pursuant to the final administrative-legal act, in manner provided by the Law of Georgia on Enforcement Proceedings.

Article 22. Insurance Licensing (14.03.2008, N5914) (24.09.2009, N1679-IIS)

1. Insurance business license is issued by National Bank in manner provided by the Law of Georgia on Licenses and Permits.
2. Insurance business license may be issued only to the legal entities organized with the business entity of a joint-stock or limited liability company.

3. Insurance business license is issued only for the following activities:
   a) Life insurance;
   b) Insurance (non-life);
   c) Reinsurance.
4. If the insurer wishes to conduct the activity referred to in Sub-item c) of Item 3 of this article and has already obtained the license for any other type of insurance, such insurer may conduct the activity referred to in Sub-item c) of Item 3 of this article in the particular type, the right to conduct which has been granted to him under the relevant license. In such case, it is not necessary to obtain an additional license. The insurer shall give National Bank a written notice thereon within 10 business days from the commencement of reinsurance business.
5. In addition to the license terms contemplated by the Law of Georgia on Licenses and Permits, the license seeker shall fulfil the following conditions:
   a) Produce foundation documents (including the charter);
   b) Produce state/tax registration certificates;
   c) Produce the relevant document from the bank institution(s) licensed in Georgia on the minimum capital required by National Bank fully paid in cash by founders;
   d) Produce the relevant document from the bank institution(s) licensed in Georgia on the minimum funds required by National Bank deposited to the bank account(s);
   e) Produce the identification details of the immediate as well as Beneficial owners of the insurer's significant share;
   f) Produce the documents of the insurer's administrator and significant shareholder evidencing that these persons:
      f. a) Have not been found incapable by court; ***(23.09.2010, N2832-IS)***
      f. b) Deleted **(20.12.2011, N5528-RS)**
      f.c) Have not been convicted of a grave or especially grave crime, terrorism financing or/and money laundering or any other economic crime; ***(23.09.2010, N2832-IS); (20.12.2011, N5528-RS)***
      f.d) Are not concurrently the administrators of any other insurer except where they hold an administrator's office in the insurance organization/reinsurance company under the control of the given insurance organization/reinsurance company or/and in the insurance organization/reinsurance company that controls the given insurance organization/reinsurance company. ***(23.09.2010, N2832-IS)***
      f.e) Have adequate education or/and experience. **(20.12.2011, N5528-RS)**
   g) The insurer shall comply with the economic limits and rations set by National Bank on all the stages of insurance business;
   h) The Insurer shall use the insurance business license within 6 months from the date of issue.
6. The license seeker wishing to conduct private pension insurance and reinsurance shall additionally produce and register private pension plan rules in accordance with the Law of Georgia on Private Pension Insurance and Security.

7. The license seeker shall produce the documents set forth in Item 5 of this article in original or duly certified copies. ***(1.07.2011, N5003-RS)***
8. The licensable activity under Item 3 of this article shall be conducted by the branch (representation) indicated in Sub-item c. b) of Article 2 of this Law under the license (state regulation) of its founding insurance organization without being obligated to obtain the relevant license. The license held by the founding insurance organization shall have the same legal status as the license issued under the laws of Georgia, and no one whosoever may request that the branch (representation) obtain the relevant license.
9. 10 business days prior to commencement of the activity under Item 3 of this article, the branch (representation) indicated in Sub-item c. b) of Article 2 of this Law shall produce to National Bank the documents issued by the competent supervision authority to evidence that in the country of registration the founding insurance organization has the right to conduct the relevant insurance business and open the branch (representation) in Georgia.
10. The insurance business license shall be issued indefinitely.
11. The insurance business license shall be issued to the particular insurer and cannot be reassigned to any other legal entity.
12. Licensing shall not be required for the activities of an insurance agent or insurance broker or the activities related to the assessment of insurance risks, losses and authenticity of accidents or the consulting and research services in insurance.
13. Only the legal entity licensed by National Bank and the branch (representation) indicated in Sub-item c. b) of Article 2 of this Law may conduct insurance business in Georgia.
14. The insurer (license seeker) shall be responsible for the accuracy of the information submitted for licensing.
15. In the event of making a change in the documents submitted for obtaining the insurance business license, the insurer shall give National Bank a written notice and produce the relevant documents within 7 business days of making such change.
16. The insurance business license form shall be determined by National Bank.

Article 23. Deleted (14.03.2008, N5914) Article 24. License Fee

The procedure for payment and amount of the license fee shall be determined under laws of Georgia.

Article 25. Denial to Issue License

1. A license will not be issued if:
   a) the documents submitted for obtaining a license do not meet the requirements of Article 22 of this Law; ***(26.08.2003, No. 3062) (24.09.2009, N1679-IIS)***
   b) a license is requested by the legal person, who, according to this Law, is not entitled to insurance business on the territory of Georgia;

c) in regard to the insurance organization's administrator, there is a court decision prohibiting his insurance business; ***(24.09.2009, N1679-IIS)***
d) the license obtained by the license seeker in the same licensing sphere was revoked and the grounds for the license revocation have not been eliminated. ***(26.08.2003, No. 3062) (24.09.2009, N1679-IIS)***
e) the insurer's administrators and significant shareholders do not meet the conditions under Sub-item f) of Item 5 of Article 22 of this Law. ***(24.09.2009, N1679-IIS)***

1. In the case of refusal to issue a license the applicant will be provided with the substantiated reply in writing with indication of the refusal grounds.
2. In the case of refusal to issue a license the applicant may appeal against the decision.

Article 26. Deleted (14.03.2008, N5914)

Article 27. Deleted (14.03.2008, N5914)

Article 27[1]. Revocation of Insurance Business License (24.09.2009, N1679-IIS)

1. Insurance business license may be revoked only by decision of National Bank:
   a) By request of the insurance organization when the license holder applies in writing to National bank for revocation of license;
   b) In the event of systematic violation of the economic limits and ratios set by National Bank;
   c) If the insurer has not used the license for 6 months of its effective date;
   d) The insurer engages or has engaged in the insurance practices jeopardizing his financial position or in unwholesome insurance practices that may materially affect his insureds/policyholders;
   e) The insurer is insolvent.
2. The branch (representation) under Sub-item c. b) of Article 2 of this Law winds up if:
   a) Gross and systematic violation of the laws of Georgia is involved;
   b) Its founding insurance organization has made a decision thereon, in respect of which the branch (representation) shall forthwith notify National Bank;
   c) Its founding insurance organization or reinsurance company has been deprived of the right to insurance business in the country of registration, in respect of which the branch (representation) shall forthwith notify National Bank.
   d) Insolvency (bankruptcy) proceedings or liquidation for any other reason has been initiation against founding insurance organization or reinsurance company, in respect of which the branch (representation) shall forthwith notify National Bank.
3. The moment National Bank makes a decision on revocation of insurance business license or the moment the decision on winding up the branch (representation) under Sub-item c. b) of Article 2 of this Law is made, the insurer has no right to

conduct the insurance business under the relevant insurance business license other than fulfilling he obligations it had hitherto assumed under the insurance contract, until the expiry of its effective term.

4. Within 3 days from the effective date of the decision of revocation of insurance business license, the insurer shall hand over the insurance business license to National Bank.
5. The process of liquidation of the insurer commences from revocation of its insurance business license in accordance with this Law, other laws and the procedure established by National Bank.

Article 28. Results of Insurance Company's Reorganizations and Making Amendments to Its Charter

1. In the event of merger, takeover or separation of a legal entity holding an insurance business license, its right to the license shall transfer to its legal successor. If need be, the relevant license shall be issued to the legal successor in lieu of the old one. ***(24.09.2009, N1679-IIS)***
2. The application for license replacement shall be accompanied with:
   a) a decision on the legal person's reorganization;
   b) a copy of the state registration document of the insurer's successor in title.
3. If amendments are made to the foundation documents of a legal person, which do not require the legal person's re-registration, the copies of the said documents shall be forwarded to National Bank. ***(14.03.2008, N5914) (24.09.2009, N1679-IIS)***
4. In the event of any change in the firm name, location or changes in foundation documents, the insurer shall advise National Bank in writing and submit the relevant documents within 7 business days after making such changes. ***(26.08.2003, No. 3062), (14.03.2008, N5914) (24.09.2009, N1679-IIS)***
5. In the event of transfer of a significant share, change in business entity, reorganization or foundation of a branch (representation), the insurer shall give National Bank a prior notice thereon and furnish the same with the relevant documents (information on the person intending to purchase the share, terms and conditions stipulated by Sub-item f) of Item 5 of Article 22 of this Law, substantiation and terms of change in legal form, merger or separation). Within 10 days from receipt of the written request, National Bank shall give a substantiated refusal to the insurer. In the substantiated refusal is not received within 10 days, the consent shall be deemed granted. ***(24.09.2009, N1679-IIS)***

5[1]. In the event of a change in administrator, the insurer shall furnish National Bank with the documents set forth in Sub-item f) of Item 5 of Article 22 of his Law. ***(24.09.2009, N1679- IIS)***

6. The transaction of acquisition of significant share shall be void if the relevant information was not submitted to National Bank or the substantiated refusal was received from National bank but the transaction has still been signed. ***(24.09.2009, N1679-IIS)***

Article 28[1]. Insurer's Foundation of Branch or Creation or Acquisition of Affiliated Company Abroad *(24.09.2009, N1679-IIS)*

1. Within 14 days from the foundation of a branch or creation or acquisition of an affiliated company abroad for conducting the activities under the laws of Georgia for the persons subject to monitoring under the Law of Georgia on Promoting Prevention of Legalization of Illicit Income, the insurer shall produce the following documents to National Bank:
   a) The decision of the insurer's management body on foundation of the branch or creation or acquisition of the affiliated company;
   b) The statement of the insurer's management body that to fight money laundering and terrorism financing and fulfil FATF recommendations, the branch or affiliated company devised a money laundering and terrorism financing control program upon commencement of operation.
2. If the laws and regulations of the country of location of the branch or affiliated company do not require that the the branch or affiliated company fulfil FATF recommendations or such country does not fight money laundering or terrorism financing and does not fulfil, at all or to a sufficient extent, FATF recommendations:
   a) The insurer's management body must undertake in writing that the insurer shall ensure the implementation by its branch or affiliated company of the established money laundering and terrorism financing control efforts in accordance with the requirements set for the insurer in Georgia and FATF recommendations;
   b) The insurer shall provide National Bank with information on the fact that its branch or affiliated company cannot implement the money laundering and terrorism financing control efforts required by the laws of Georgia due to the fact that doing so it prohibited or limited by the laws of the foreign country of location of the branch or affiliated company.

Article 29. Protection of Commercial and Insurance Secrets (20.12.2011, N5528-RS)

1. Information on the operations and transactions (including attempted contracts) performed by the insured, policyholder, beneficiary may be released only to the respective insured, policyholder, beneficiary and his representative, National Bank within its competence and to the extent provided by the laws of Georgia – Georgian Financial Monitoring Agency.
2. A National Bank employee shall not be entitled to release in any form the data constituting the insurer's trade secret as well as the data on the the insured, policyholder, beneficiary, which belong to the insurance secrets, which became known to him in the course of discharging his duties, irrespective of whether the person currently holds the above-mentioned office or not.
3. For violation of the requirements of this article, the National Bank employee shall be held liable in compliance with the laws of Georgia.

Article 30. Deleted (24.09.2009, N1679-IIS)

Article 31. Deleted (14.03.2008, N5914)

Chapter V

Responsibility for Violation of Insurance Legislation (deleted by the Civil Code, 26.06.1997)

Chapter VI[1]

Compulsory Administration, Liquidation and Bankruptcy Proceedings of Insurer (24.09.2009, N1679-IIS)

Article 33[1]. Compulsory Administration of Insurer

1. In the event of violation of National Bank ratios or/and significant deterioration of financial position or/and risk of non-fulfilment of insurance obligations, National Bank may make a decision on appointment of compulsory administration of the insurer, by immediately publishing such decision in Sakartvelos Sakanonmdeblo Matsne.
2. The decision on appointment of compulsory administration of the insurer shall contain information on the grounds of appointment of compulsory administration, temporary administrator, length and possible measures of compulsory administration process.
3. Lodging an appeal against the decision on appointment of compulsory administration of the insurer shall not suspend the compulsory administration process.
4. The temporary administrator of the insurer shall start discharging his duties from the date indicated in the decision on appointment of compulsory administration.
5. From the date of making the decision on appointment of compulsory administration, it shall be impermissible to perform any act on behalf and at the expense of the insurer without the written consent of the temporary administrator of the insurer.
6. The full rights and authorities of all the management bodies of the insurer shall devolve on the temporary administrator of the insurer and shall be duly discharged by the latter in agreement with National Bank.
7. The temporary administrator of the insurer shall as soon as possible lodge a petition of the necessary changes in the list of the insurer's officers submitted to National Bank.
8. The temporary administrator of the insurer shall discharge his rights and authorities faithfully, in the interests of policyholder/insurer/beneficiary and the insurer proper;

9. The temporary administrator of the insurer appointed by National Bank shall comply with the eligibility criteria for the administrator of the insurer.
10. The temporary administrator of the insurer shall take the necessary actions to improve the insurer's financial position, including by selling it, paying, or suspending payment of, funds.
11. The temporary administrator of the insurer may: reorganize the insurer managed by the temporary administrator, transfer its assets and liabilities (including insurance portfolio) or part thereof to any other legal entity. The temporary administrator may appoint and remove insurer's personnel to and from office.

Article 33². Cancellation of Compulsory Administration

1. Compulsory administration shall be cancelled:
   a) After expiry of its effective period;
   b) By a substantiated decision of National Bank;
   c) In the event of revocation of the insurer's insurance business license.
2. The decision on cancellation of compulsory administration shall be duly published by National Bank in Sakartvelos Sakanonmdeblo Matsne.

Article 33³. Liquidation of Insurer

1 The insurer is liquidated in the event of revocation of the insurer's insurance business license. The receiver's functions shall be discharged by the person appointed by National Bank who shall comply with the eligibility criteria set for the insurer's administrator. It shall be impermissible to appoint as receiver the person related to the insurer. Compulsory enforcement shall be suspended upon commencement of the liquidation process.
2. Within 3 months from his appointment, the receiver shall compile a list of assets and liabilities and give a copy thereof to National Bank for publication. The receiver shall be accountable before National Bank in manner provided by National Bank.
3. The receiver may sell the insurer's assets through a public auction or in any other convenient form, assign the right to claim regarding insurance policies to any other insurer, assign the right to claim regarding the insurer's assets to any other legal entity and organize the transfer of liabilities.
4. From the day of appointment, the receiver may:
   a) Terminate the labour contract of the insurer's employee;
   b) Terminate the service contract, in the fulfilment of which the insurer has participated;
   c) Terminate any obligation of the insurer as a lessee to real estate if the lessor (who must be give a 60 days prior notice of the insurer's intention to exercise the right to cancel the lease agreement) has no claim of lease charge other than the amount that has been charged by the agreement cancellation date, and does not claim the damages arising from such cancellation;

d) Transfer the insurer's assets and liabilities (including the insurance portfolio) or any part thereof to any other legal entity (including to any other insurer).
5. The insurer's temporary administrator, receiver and bankruptcy commissioner may, by lodging an action in court, dispute any act performed or transaction made by the insurer's administrator 12 months prior to the temporary administrator, receiver and bankruptcy commissioner, if as a result of the above the persons related to the insurer received at the expense of the insurer material gain or any other advantage, privilege or benefit, thereby incurring damage to the insurer (its creditors).
6. Within 15 days from his appointment, the receiver shall make public the decision of liquidation of the insurer in Sakartvelos Sakanonmdeblo Matsne and at the official website of National Bank.
7. In the event of the insurer's liquidation, claims shall be fulfilled based on the creditors' written applications, 20 days after the receiver has submitted the list of assets and liabilities to National Bank.
8. Any unclaimed cash and assets of the insurer shall be deemed unclaimed resources and transfer to the possession of National Bank for identification of their owner.
9. The receiver shall act faithfully, in the interests of the policyholder/insured/beneficiary and other creditors.
10. In conducting liquidation and bankruptcy proceedings, the assets eligible for the coverage of reserves can be used after the obligations arising from insurance contracts have been fulfilled.

Article 33^4. Insurer's Bankruptcy Proceeding

1. If the compilation of the list of assets and liabilities under Item 2 of Article 33^3 of this Law reveals the insurer's insolvency, the insurer's receiver shall notify National Bank thereon, based on which National Bank makes a decision on terminating the insurer's liquidation process and initiating the insurer's bankruptcy proceeding.
2. In establishing the insurer's insolvency, National Bank may start the insurer's bankruptcy proceeding without starting the liquidation process. In such case, the bankruptcy commission shall in the first place discharge the rights and duties set for the receiver under Article 33^3 of this Law.
3. Compulsory enforcement shall be suspended upon commencement of the insurer's bankruptcy proceeding.
4. The bankruptcy commissioner is appointed by decision of National Bank and shall meet the eligibility criteria fixed for the insurer's administrator.
5. The bankruptcy commissioner shall:
   a) Publish, in Sakartvelos Sakanonmdeblo Matsne and at the official website of National Bank, the announcement of the decision of initiation of the insurer's bankruptcy proceeding within 14 days from making such decision; such announcement shall be republished within 1 month from the first publication. The same announcement shall identify the insurer's obliga-

tion before creditors. The insurer's creditors shall, within 1 month after the republication of the announcement, produce to the bankruptcy commissioner a substantiated written claim regarding he amount and grounds of their claims;
   b) Give the competent tax authority a notice of commencement of the insurer's bankruptcy proceeding.
6. The bankruptcy commissioner may sell the insurer's assets through a public auction or in any other convenient form, assign the right to claim regarding insurance policies to any other insurer, assign the right to claim regarding the insurer's assets to any other legal entity and organize the transfer of liabilities.
7. From the day of appointment, the bankruptcy commissioner may:
   a) Terminate the labour contract of the insurer's employee;
   b) Terminate the service contract, in the fulfilment of which the insurer has participated;
   c) Transfer the insurer's assets and liabilities (including the insurance portfolio) or any part thereof to any other legal entity'
   d) Clear the insurer's creditors' claims in the established order by making lump-sum or partial payments.
8. The compensation to the bankruptcy commissioner shall be adequate to the duties discharged by him. The amount of compensation to the bankruptcy commissioner shall be determined by National Bank. National Bank may at its own expense pay all the costs and compensations related to the appointment of the bankruptcy commissioner and fulfilment by the latter of his duties.
9. In the course of the insurer's bankruptcy proceeding, claims shall be fulfilled in the following order:
   a) Order I – all the costs and compensations related to the appointment of the bankruptcy commissioner and fulfilment by the latter of his duties as well as the insurer's obligations arising after the revocation of the insurance business obligations;
   b) Order II – secured creditors other than claims secured with tax lien;
   c) Order III – the creditors' claims, the basis of which is life and private pension insurance. The amount of life insurance obligations shall be determined for cumulative and refundable types of life insurance – to the extent of the life insurance reserve;
   d) Order IV – the creditors' claims based on accident insurance contracts;
   e) Order V – all the creditors' claims arising from all the other insurance contracts;
   f) Order VI – budget liabilities, including the claims secured with tax lien;
   g) Order VII – the rest of the claims before the insurer and creditors' claims submitted late.
10. If the funds available are not enough to fully clear the claims set forth in Item 7 of this article, then all the due claims of the respective order shall be fulfilled pro rata to the amount of the claim of each particular creditor of the given order

other than the claim indicated in Sub-item a) of Item 7 of this article that shall be paid fully.

11. The claim of each subsequent order shall be fulfilled after the fulfilment of the claims of the preceding order.

Article 33^5. Insurer's Bankruptcy Proceeding

1. The insurer's bankruptcy proceeding shall be completed after the bankruptcy commissioner has sold the insurer's assets and duly distributed the sales proceeds.
2. After completion of the insurer's bankruptcy proceeding, the bankruptcy commissioner shall compile and submit to National Bank a final report of the sale of the insurer's assets and distribution of the sales proceeds, based on which National Bank issues an administrative-legal act on completion of the insurer's bankruptcy proceeding. The decision shall be published in Sakartvelos Sakanonmdeblo Matsne.
3. The insurer's unidentified funds and assets shall be deemed unclaimed funds and transfer to the possession of National Bank for identification of the owner.
4. As soon as the insurer's bankruptcy proceeding is completed, the insurer shall stricken off the relevant register.

Chapter VII

Conclusive Provisions

Article 57. List of Invalid Acts

1. Upon the entry into force of this Law the following legislation become invalid:
   a) Georgian Code of Civil Proceedings, 2nd part of Article 193, 4th of Article 195 and Chapter 32 (Bulletin of the Georgian SSR Supreme Soviet, Art. 662, No. 36, 1964);
   b) Resolution of the Cabinet of Ministers of the Republic of Georgia «On Mandatory Insurance of Passengers», No. 747, 20 October 1993;
   c) Resolution of the Cabinet of Ministers of the Republic of Georgia «On Mandatory Insurance from Industrial Accidents of Factory and Office Workers at the Expense of Enterprises and Organizations (Except Budgetary Ones)», No. 941, 27 December 1993;
   d) Resolution of the Cabinet of Ministers of the Republic of Georgia «On Introduction of State Mandatory Insurance of the Property of the State Enterprises, Associations and Organizations», No. 154, 16 March 1994;
   e) Resolution of the Cabinet of Ministers of the Republic of Georgia «On Introduction of Mandatory Insurance of Agricultural Crops», No. 523, 26 August 1995;
   f) Resolution of the Cabinet of Ministers of the Republic of Georgia «On Launching a Campaign for Registration for Registration of the Population

of Georgia, Foreign Nationals and Stateless Persons Permanently Residing in Georgia and Issuing to them Identify Cards, Residence Certificates and Georgian Passports to Travel Abroad, Accordingly», paragraph 12, No. 512, 5 August 1994.

2. Upon the entry into force of the present Law all legal acts or part thereof shall be invalid.

Article 58. Entry into Force of Law

This Law shall enter into force upon its promulgation.

President of Georgia **Eduard Shevardnadze**
Tbilisi
2 May 1997 No 690-IIS

Anhang Nr. 2

Einschlägige Artikel des georgischen Zivilgesetzbuches[1]

Abschnitt 20 Versicherung

I. Allgemeine Bestimmungen

Art. 799 Begriff

(1) Durch den Versicherungsvertrag ist der Versicherer verpflichtet, dem Versicherungsnehmer den durch den Eintritt des Versicherungsfalls zugefügten Schaden gemäß den Vertragsbestimmungen zu ersetzen. Bei Versicherungen über einen fest bestimmten Betrag, ist der Versicherer verpflichtet, den Versicherungsbetrag zu zahlen oder die sonst vereinbarte Leistung zu bewirken.
(2) Der Versicherungsnehmer hat die Zahlung für die Versicherung (Prämie) zu entrichten.

Art. 800 Verpflichtung zum Abschluss eines Versicherungsvertrages

Eine Person, die öffentlich den Abschluss von Versicherungsverträgen anbietet, ist zum Abschluss eines Versicherungsvertrages, sofern ein wichtiger Grund zur Absage nicht besteht, verpflichtet.

Art. 801 Pflichtversicherung

Durch Gesetz kann eine Pflichtversicherung vorgesehen werden, auf die die Vorschriften dieses Abschnittes Anwendung finden, soweit diese nicht gegen die Gesetzgebung über Pflichtversicherungen verstoßen. Die Rückversicherungsverhältnisse werden durch gesetzliche Vorschriften geregelt.

Art. 802 Versicherungsschein

(1) Der Versicherer ist verpflichtet, dem Versicherungsnehmer eine von ihm unterzeichnete Urkunde über den Versicherungsvertrag (Versicherungsschein) auszuhändigen.
(2) Der Versicherungsschein muss enthalten:
   a Den Namen und den Aufenthaltsort (den Wohnort oder die juristische Anschrift) der Vertragsparteien;

---

1 Die georgische Fassung des georgischen Zivilgesetzbuches wurde von *„Die Deutsche Gesellschaft für Technische Zusammenarbeit“* (GTZ) übersetzt.

b die Bezeichnung des versicherten Gegenstandes oder der versicherten Person;
c die Bestimmung des versicherten Risikos;
d den Beginn und die Dauer der Versicherung;
e die Höhe der Versicherungssumme;
f den Umfang der Versicherungsprämie, dessen Zahlungsort und Zahlungsfrist.

(3) Hat die Versicherung das Leben einer Person zum Gegenstand, dann sind ferner die Angaben über die Berechnungsregeln des Gewinns des Versicherers und über die Verteilungsbedingungen dieses Gewinns erforderlich.

Art. 803 Arten des Versicherungsscheins

Soweit ein Versicherungsschein auf den Inhaber als ein Schein auf Namen oder als Orderschein ausgestellt wird, kann der Versicherer dem Inhaber dieses Versicherungsscheins alle Einwendungen entgegensetzen, die er gegen den ursprünglichen Versicherungsnehmer hat. Dies gilt nicht, wenn der Inhaber des Versicherungsscheins dem Versicherer die Übertragung der Rechte aus der Versicherung auf ihn anzeigt und der Versicherer diesem nicht unverzüglich seine Einwendungen entgegensetzt.

Art. 804 Folgen des Verlustes des Versicherungsscheines

(1) Ist im Vertrag bestimmt, dass der Versicherer nur gegen Vorlage des Versicherungsscheins seine Pflicht zu erfüllen hat und ist der Versicherungsschein abhanden gekommen oder vernichtet worden, dann kann der Versicherungsnehmer Leistung nur für den Fall verlangen, dass der Versicherungsschein im Wege des besonderen Verfahrens für unwirksam erklärt worden ist.
(2) Im Falle des Verlustes oder der Vernichtung des Versicherungsscheins kann der Versicherungsnehmer vom Versicherer die Ausstellung einer Kopie verlangen. Die Kosten der Ausstellung der Kopie hat der Versicherungsnehmer zu tragen.

Art. 805 Rechte des Versicherungsagenten

(1) Ist ein Versicherungsagent (Versicherungsvertreter) bevollmächtigt, Versicherungsverträge abzuschließen, so ist er auch befugt, die Vertragsbedingungen zu ändern, die Vertragsdauer zu verlängern sowie den Vertrag zu kündigen.
(2) Ein Versicherungsagent, der die Vermittlungsbefugnisse bei Versicherungsvertragsabschlüssen ausführt, ist zum Abschluss des Versicherungsvertrags bevollmächtigt.

Art. 806 Beginn der Versicherung

(1) Die Versicherung beginnt um 24 Uhr des Tages, an dem der Vertrag abgeschlossen wurde und endet um 24 Uhr des letzten Tages der vertraglich vereinbarten Dauer.

(2) Ist der Versicherungsvertrag für eine längere Zeit als 5 Jahre geschlossen, so kann jeder Teil den Vertrag nach dem Ablauf von drei Monaten nach der Mitteilung über die Kündigung kündigen.

Art. 807 Folgen der Erhöhung der Versicherungsprämien

Erhöht der Versicherer die Versicherungsprämie, so kann der Versicherungsnehmer unter Einhaltung einer Frist von einem Monat den Vertrag kündigen. Eine unerhebliche Erhöhung der Versicherungsprämie hat die Entstehung eines solchen Rechtes nicht zur Folge.

Art. 808 Anzeigepflicht

(1) Der Versicherungsnehmer hat bei Abschluss des Vertrages alle ihm bekannten Umstände, die für die Entstehung einer Gefahr oder eines Versicherungsfalles erhebliche Bedeutung haben, dem Versicherer anzuzeigen. Erheblich sind solche Umstände, die den Entschluss des Versicherers, den Vertrag überhaupt oder zu dem vereinbarten Inhalt abzuschließen, beeinflussen können.
(2) Als erheblich wird auch der Umstand angesehen, nach welchem der Versicherer den Versicherungsnehmer ausdrücklich und eindeutig schriftlich befragt hat.
(3) Sind den Vorschriften des ersten Absatzes dieses Artikels zuwider dem Versicherer erhebliche Umstände nicht angezeigt worden, so kann der Versicherer vom Vertrage zurücktreten. Das gleiche gilt, wenn der Versicherungsnehmer eine Anzeige über die erheblichen Umstände arglistig unterlassen hat.
(4) Der Rücktritt ist ausgeschlossen, wenn der Versicherer die verschwiegenen Umstände kannte oder wenn der Versicherungsnehmer das Unterlassen der Anzeige nicht zu vertreten hat.

Art. 809 Folgen der Anzeige falscher Angaben

(1) Der Versicherer kann vom Vertrag auch dann zurücktreten, wenn die Anzeige über die erheblichen Umstände falsche Angaben enthält.
(2) Der Rücktritt ist ausgeschlossen, wenn die Unrichtigkeit der Angaben dem Versicherer bekannt waren oder der Versicherungsnehmer die Anzeige der falschen Angaben nicht zu vertreten hat. Der Versicherer kann den Rücktritt vom Vertrag innerhalb eines Monats nach der Anzeige dieser Angaben erklären.

Art. 810 Kündigung des Versicherungsvertrages wegen unterlassener Anzeige

Hatte der Versicherungsnehmer aufgrund schriftlicher Fragen über die Gefahrenumstände zu beantworten, so kann der Versicherer wegen der unterlassenen Anzeige der Umstände, nach welchen zwar nicht gefragt worden ist, die der Versicherungsnehmer aber arglistig verschwiegen hat, zurücktreten.

Art. 811 Kündigungsfrist bei Kündigung wegen unterlassener Anzeige

(1) Innerhalb eines Monats, nach dem der Versicherungsnehmer die Angaben im Sinne dieses Abschnittes nicht angezeigt hat, kann der Versicherer vom Vertrag

zurücktreten. Diese Frist beginnt mit dem Zeitpunkt, in welchem der Versicherer von der Verletzung der Anzeigepflicht Kenntnis erlangt.
(2) Der Rücktritt ist gegenüber dem Versicherungsnehmer zu erklären.

Art. 812 Kündigung nach Eintritt des Versicherungsfalles

Kündigt der Versicherer den Vertrag nach Eintritt des Versicherungsfalles, so wird er von seiner Leistung nicht befreit, soweit der Umstand, in Ansehung dessen die Anzeigepflicht verletzt worden ist, keinen Einfluss auf den Eintritt des Versicherungsfalls und auf die Erbringung der Leistung des Versicherers gehabt hat.

Art. 813 Pflicht zur Anzeige einer Gefahrerhöhung

(1) Der Versicherungsnehmer ist verpflichtet, den Versicherer unverzüglich über eine nach dem Abschluss des Vertrages eingetretene Gefahrerhöhung zu benachrichtigen, wenn dies auf den Vertragsabschluss erheblichen Einfluss hätte.
(2) In dem im Absatz 1 dieses Artikels vorgesehenen Fall, ist der Versicherer berechtigt, den Vertrag unter Einhaltung einer Kündigungsfrist von einem Monat zu kündigen oder eine angemessene Erhöhung der Prämie zu verlangen. Hat der Versicherungsnehmer die Gefahrerhöhung arglistig herbeigeführt, so kann der Versicherer den Vertrag ohne Einhaltung einer Frist kündigen.

Art. 814 Pflicht zur Anzeige des Eintritts des Versicherungsfalles

(1) Der Versicherungsnehmer hat bereits nach Kenntnisnahme von dem Eintritt des Versicherungsfalls dem Versicherer Anzeige zu machen.
(2) Der Versicherer kann nach dem Eintritt des Versicherungsfalls verlangen, dass der Versicherungsnehmer jede Auskunft erteilt, die zur Feststellung des Versicherungsfalls oder des Umfanges der Verpflichtung des Versicherers erforderlich ist.
(3) Auf eine Vereinbarung, nach welcher der Versicherer von seiner Verpflichtung für den Fall befreit wird, dass der Versicherungsnehmer der Anzeigepflicht nicht nachkommt, kann sich der Versicherer nicht berufen, wenn durch diese Pflichtverletzung die Interessen des Versicherers nicht wesentlich beeinträchtigt werden.
(4) Der Versicherer hat seine Leistung nach Feststellung des Versicherungsfalls und des Entschädigungsumfanges zu erbringen.

II. Prämie

Art. 815 Pflicht zur Prämienzahlung

(1) Der Versicherungsnehmer ist zur Zahlung der Prämie nur gegen Erhalt des Versicherungsscheins verpflichtet.
(2) Fällt das versicherte Interesse weg, so kann der Versicherer nur den Teil der Prämie verlangen, welcher der Dauer der vereinbarten Gefahrtragung entspricht. Der Versicherer kann eine angemessene Geschäftsgebühr verlangen.

Art. 816 Die erste Prämie

Bis zur rechtzeitigen Zahlung einer ersten oder einmaligen Prämie ist der Versicherer von seiner Verpflichtung zur Leistung frei.

Art. 817 Nicht rechtzeitige Zahlung einer Prämie

(1) Wird eine Prämie nicht rechtzeitig gezahlt, so kann der Versicherer schriftlich eine Zahlungsfrist von zwei Wochen bestimmen, und dabei die Rechtsfolgen angeben, die nach dem Ablauf der Frist eintreten werden.
(2) Tritt der Versicherungsfall nach dem Ablauf der Frist ein und ist der Versicherungsnehmer zur Zeit des Eintritts mit der Zahlung der Prämie oder der Zinsen in Verzug, so wird der Versicherer von der Verpflichtung frei.

Art. 818 Vertragskündigung wegen nicht rechtzeitiger Zahlung der Prämie

Hat der Versicherungsnehmer die Prämie nicht rechtzeitig gezahlt, so kann der Versicherer dem Versicherungsnehmer androhen, den Vertrag nach erfolglosem Ablauf eines Monats zu kündigen.

Art. 819 Einstellung der Prämienzahlung

Der Versicherungsnehmer kann die Zahlung der Versicherungsprämie einstellen, wenn sich nach Vertragsabschluss herausstellt, dass sich die wirtschaftliche Lage des Versicherers derart verschlechtert hat, dass die gegenwärtige Gefahr besteht, dass dieser bei Eintritt des Versicherungsfalls seinen Pflichten aus dem Vertrag nicht nachkommen wird.

III. Schadensversicherung

a) Inhalt des Vertrages

Art. 820 Verpflichtung zum Schadensersatz in Geld

Bei der Schadensversicherung hat der Versicherer den Schadensersatz in Geld zu leisten.

Art. 821 Schadensersatzumfang

Der Versicherer hat den Schaden nur bis zur Höhe des Umfanges der Versicherungssumme zu ersetzen.

Art. 822 Versicherungsvergleich

(1) Ergibt sich, dass die Versicherungssumme den Wert des versicherten Interesses (Versicherungswert) erheblich übersteigt, so kann sowohl der Versicherer als auch der Versicherungsnehmer verlangen, dass zur Beseitigung der Überversicherung die Versicherungssumme unter verhältnismäßiger Minderung der Prämie mit sofortiger Wirkung herabgesetzt wird.

(2) Schließt der Versicherungsnehmer den Vertrag in der Absicht, sich aus der Überversicherung einen rechtswidrigen Vermögensvorteil zu verschaffen, so ist dieser Vertrag nichtig. Dem Versicherer gebühren die ihm vor der Vertragsnichtigkeit gezahlten Prämien, soweit er nicht im Zeitpunkt des Vertragsschlusses von der Nichtigkeit Kenntnis hatte.

Art. 823 Besonderheiten der Vermögensversicherung

Ist das Vermögen versichert, so gilt der Wert des Vermögens als Versicherungswert, soweit sich nicht aus den Umständen ein anderes ergibt.

Art. 824 Versicherung eines entgangenen Gewinns

Die Versicherung umfasst auch den durch den Eintritt des Versicherungsfalls entgangenen Gewinn, soweit dies durch eine Vereinbarung vorgesehen ist.

Art. 825 Inbegriff von Sachen

Ist die Versicherung für einen Inbegriff von Sachen abgeschlossen, so umfasst sie alle jeweils zu dem Inbegriff gehörigen Sachen.

Art. 826 Versicherungswert

Der Versicherer ist, auch wenn die Versicherungssumme höher ist als der Versicherungswert zur Zeit des Eintritts des Versicherungsfalls, nicht verpflichtet, dem Versicherungsnehmer eine höhere Summe als den Betrag des entstandenen Schadens zu zahlen.

Art. 827 Zu geringe oder nicht volle Versicherung. Doppelversicherung

(1) Ist die Versicherungssumme niedriger als der Versicherungswert zum Zeitpunkt des Eintritts des Versicherungsfalls (zu geringe oder nicht volle Versicherung), so hat der Versicherer den Schaden nur nach dem Verhältnisse der Versicherungssumme zu dem Versicherungswert zu ersetzen.

(2) Eine Person, die ein und dasselbe Interesse gleichzeitig bei mehreren Versicherern versichert hat, ist verpflichtet, jedem Versicherer davon unverzüglich Mitteilung zu machen. Die Mitteilung muss die Namen aller Versicherer und die Höhe der Versicherungssummen enthalten.

(3) Ist das Interesse gegen dieselbe Gefahr bei mehreren Versicherern versichert und übersteigen die Versicherungssummen zusammen den Versicherungswert oder übersteigt aus anderen Gründen die gesamte Summe der Entschädigungen, die von jedem einzelnen Versicherer ohne Bestehen der anderen Versicherung zu zahlen wären, den Gesamtschaden (Doppelversicherung), so sind die Versicherer in der Weise als Gesamtschuldner verpflichtet, als dem Versicherungsnehmer jeder Versicherer für den Betrag haftet, dessen Zahlung ihm nach seinem Vertrag obliegt, der Versicherungsnehmer aber im ganzen nicht mehr als den Betrag des Schadens verlangen kann.

Art. 828 Nichtigkeit der Doppelversicherung

Hat der Versicherungsnehmer eine Doppelversicherung in der Absicht abgeschlossen, sich dadurch einen rechtswidrigen Vermögensvorteil zu verschaffen, so ist jeder in dieser Absicht geschlossene Vertrag nichtig.

Art. 829 Verschulden des Versicherungsnehmers bei Herbeiführung des Versicherungsfalles

Der Versicherer ist von der Erbringung der Leistung frei, wenn der Versicherungsnehmer den Versicherungsfall vorsätzlich oder durch grobe Fahrlässigkeit herbeiführt.

Art. 830 Pflicht zur Erfüllung der Weisungen des Versicherers

(1) Der Versicherungsnehmer ist verpflichtet, bei Eintritt des Versicherungsfalls den Schaden nach Möglichkeit abzuwenden oder zu mindern und zu diesem Zweck die Weisungen des Versicherers zu befolgen.
(2) Der Versicherer hat Aufwendungen, die gemäß seiner Weisungen gemacht worden sind, zu ersetzen.

Art. 831 Versicherung der infolge von Krieg oder andere durch höhere Gewalt herbeigeführten Schäden

Der Versicherer haftet für Schäden, die infolge von Krieg oder anderer höherer Gewalt herbeigeführt worden sind nur, wenn dies durch besondere Vereinbarung vorgesehen wurde.

Art. 832 Schadensersatzforderung gegen den Dritten

(1) Steht dem Versicherungsnehmer ein Anspruch auf Ersatz des Schadens gegen einen Dritten zu, so geht dieser Anspruch auf den Versicherer über, soweit dieser dem Versicherungsnehmer den Schaden ersetzt. Gibt der Versicherungsnehmer seinen Anspruch gegen den Dritten oder ein zur Sicherung des Anspruchs dienendes Recht auf, so wird der Versicherer von seiner Ersatzpflicht insoweit frei, als er aus dem Anspruch oder dem Recht hätte Ersatz seiner Kosten erlangen können.
(2) Richtet sich der Schadensersatzanspruch des Versicherungsnehmers gegen die mit ihm lebenden Familienangehörigen, so ist der Anspruchsübergang ausgeschlossen, wenn der Familienangehörige den Schaden vorsätzlich verursacht hat.

Art. 833 Folgen der Veräußerung eines versicherten Vermögens

Wird das versicherte Vermögen veräußert, so gehen die Rechte und Pflichten des Versicherungsnehmers auf den Erwerber über.

Art. 834 Anzeigepflicht bei Veräußerung des versicherten Vermögens

Die Veräußerung des versicherten Vermögens ist dem Versicherer unverzüglich anzuzeigen. Wird die Anzeige weder vom Erwerber noch vom Veräußerer unverzüglich abgegeben, so ist der Versicherer von der Ersatzpflicht frei, wenn der Versicherungsfall später als zwei Wochen ab dem Zeitpunkt eintritt, in welchem die Anzeige dem Versicherer hätte zugehen müssen.

Art. 835 Kündigung der Versicherung bei Vermögensveräußerung

(1) Der Versicherer ist berechtigt, dem Erwerber das Versicherungsverhältnis unter Einhaltung einer Vertragskündigungsfrist von einem Monat zu kündigen. Das Kündigungsrecht erlischt, wenn der Versicherer es nicht innerhalb eines Monats von dem Zeitpunkt an ausübt, ab welchem er von der Vermögensveräußerung Kenntnis erlangt.
(2) Der Erwerber ist berechtigt, den Versicherungsvertrag zu kündigen; er kann nur unverzüglich oder zum Ende der laufenden Versicherungsperiode kündigen. Das Kündigungsrecht erlischt, wenn der Erwerber dieses Recht nicht innerhalb eines Monats nach dem Erwerb ausübt; hatte aber der Erwerber von der Versicherung keine Kenntnis, so bleibt das Kündigungsrecht bis zum Ablauf eines Monats von dem Zeitpunkt an bestehen, ab welchem der Erwerber von der Versicherung Kenntnis erlangt.
(3) Wird der Versicherungsvertrag auf Grund dieser Vorschriften gekündigt, so hat der Veräußerer dem Versicherer die Prämie zu zahlen, jedoch nicht mehr, als er während der Versicherungsperiode unter Beachtung des Vertragskündigungszeitpunktes zu zahlen hätte; in diesem Fall haftet der Erwerber für die Prämienzahlung nicht.

b) Versicherung für fremde Rechnung

Art. 836 Abschluss eines Versicherungsvertrages für fremde Rechnung

Der Versicherungsnehmer kann den Versicherungsvertrag mit dem Versicherer im eigenen Namen für fremde Rechnung abschließen. Die Bezeichnung dieser Person ist nicht erforderlich.

Art. 837 Rechte der anderen Person aus dem Versicherungsvertrag

(1) Bei der Versicherung für fremde Rechnung stehen die Rechte, die aus diesem Vertrag entstehen, dem Versicherten zu. Der Anspruch auf Aushändigung eines Versicherungsscheins steht nur dem Versicherungsnehmer zu.
(2) Der Versicherte kann ohne Vereinbarung mit dem Versicherungsnehmer über seine Rechte nur verfügen und diese Rechte nur gerichtlich geltend machen, wenn er im Besitz des Versicherungsscheins ist.

Art. 838 Rechte des Versicherungsnehmers

(1) Der Versicherungsnehmer kann über die Rechte, welche dem Versicherten aus dem Versicherungsvertrag zustehen, im eigenen Namen verfügen.
(2) Ist ein Versicherungsschein ausgestellt, so ist der Versicherungsnehmer ohne Zustimmung des Versicherten zur Annahme der Zahlung sowie zur Übertragung eines Rechts auf den Versicherten nur befugt, wenn er im Besitz des Versicherungsscheines ist.

(3) Der Versicherer ist zur Zahlung an den Versicherungsnehmer für Rechnung des Versicherten nur verpflichtet, wenn der Versicherungsnehmer nachweist, dass der Versicherte dem Versicherungsvertrag zugestimmt hat.

c) Haftpflichtversicherung

Art. 839 Begriff

Durch den Vertrag über eine Haftpflichtversicherung verpflichtet sich der Versicherer, den Versicherungsnehmer von einer Leistung zu befreien, welche aufgrund der während der Versicherungsperiode entstandenen Verantwortlichkeit gegenüber einem Dritten entstanden ist.

Art. 840 Anspruch auf Schadensersatz unmittelbar durch den Versicherer

Der Versicherer ist im Rahmen seiner Leistungspflicht dem Geschädigten unmittelbar zum Ersatz des Schadens verpflichtet, wenn der Geschädigte ihm gegenüber den Anspruch geltend macht.

Art. 841 Gerichtliche und außergerichtliche Kosten

Die Versicherung umfasst auch die gerichtlichen und außergerichtlichen Kosten, die durch die Verteidigung gegen den Anspruch eines Dritten entstehen, soweit die Aufwendung der Kosten den Umständen nach erforderlich ist.

Art. 842 Befreiung des Versicherers von der Haftung

Der Versicherer ist von der Haftung frei, wenn der Versicherungsnehmer vorsätzlich den Eintritt des Umstandes herbeigeführt hat, welcher seine Haftung gegenüber einem Dritten begründet.

Art. 843 Haftung bei Pflichtversicherung

(1) Ist der Versicherer von der Verpflichtung zur Leistung dem Versicherungsnehmer gegenüber ganz oder teilweise frei, so bleibt seine Verpflichtung gegenüber dem Dritten in den durch das Gesetz über die Pflichtversicherung vorgesehenen Fällen bestehen.
(2) Befriedigt der Versicherer die Forderung eines Dritten, so geht die Forderung des Dritten gegen den Versicherungsnehmer auf ihn über.

IV. Lebensversicherung

Art. 844 Begriff

(1) Die Lebensversicherung kann zugunsten der Person des Versicherungsnehmers oder eines anderen abgeschlossen werden.
(2) Wird die Lebensversicherung zugunsten einer anderen Person abgeschlossen, dann ist eine schriftliche Zustimmung dieser Person oder deren gesetzlichen Vertreters erforderlich.

Art. 845 Unzulässigkeit des Rücktritts

Verletzt der Versicherungsnehmer beim Vertragsabschluss eine ihm obliegende Anzeigepflicht, so kann der Versicherer vom Vertrag nicht zurücktreten, wenn seit dem Vertragsschluss fünf Jahre verstrichen sind. Das Rücktrittsrecht ist zulässig, wenn die Anzeigepflicht arglistig verletzt worden ist.

Art. 846 Vertragskündigung bei laufenden Prämien

Sind laufende Prämien zu entrichten, so kann der Versicherungsnehmer das Versicherungsverhältnis jederzeit zum Ende der laufenden Versicherungsperiode kündigen.

Art. 847 Übergabe des Ersatzrechtes auf einen Dritten

(1) Ist nicht vertraglich ein anderes bestimmt, so kann der Versicherungsnehmer bei einer Kapitalversicherung einen Dritten als Bezugsberechtigten bezeichnen sowie an die Stelle des Dritten einen anderen setzen.
(2) Ein als bezugsberechtigt bezeichneter Dritter kann, wenn der Versicherungsnehmer keine andere Weisung erteilt, das Recht auf die Leistung des Versicherers erst bei Eintritt des Versicherungsfalls ausüben.

Art. 848 Nichtberechtigter Dritter

(1) Entspricht bei einer Kapitalversicherung das Recht des Dritten nicht der Pflicht des Versicherers, so steht dieses Recht dem Versicherungsnehmer zu.
(2) Macht der Dritte im Falle einer Kapitalversicherung sein Recht auf die Leistung des Versicherers nicht geltend, so steht dieses Recht dem Versicherungsnehmer zu.

Art. 849 Befreiung des Versicherers von der Schadensersatzpflicht

(1) Ist der Versicherungsvertrag für den Fall des Todes einer anderen Person abgeschlossen worden, so wird der Versicherer von der Verpflichtung zur Leistung für den Fall befreit, dass der Versicherungsnehmer vorsätzlich durch eine gesetzwidrige Handlung den Tod einer solchen Person herbeigeführt hat.
(2) Ist bei einer Lebensversicherung ein Dritter als Bezugsberechtigter bezeichnet, so gilt die Bezeichnung als nicht erfolgt, wenn der Dritte vorsätzlich durch eine gesetzwidrige Handlung den Tod desjenigen, dessen Leben versichert worden ist, herbeiführt.

Art. 850 Befreiung von der Haftung bei Selbstmord

(1) Bei einer Lebensversicherung ist der Versicherer von seiner Verpflichtung zur Leistung frei, wenn die Person, deren Leben versichert war, Selbstmord begangen hat.
(2) Das Recht auf Rückerstattung der Prämien steht den Erben des Versicherungsnehmers zu.

Art. 851 Umwandlung des Versicherungsvertrages

(1) Der Versicherungsnehmer kann jederzeit für den Schluss der laufenden Versicherungsperiode die Umwandlung des Versicherungsvertrages in einen prämienfreien Versicherungsvertrag verlangen.
(2) Verlangt der Versicherungsnehmer eine solche Umwandlung, so tritt ab diesem Zeitpunkt an die Stelle des vereinbarten Kapital- oder Rentenbetrags der Betrag, der der Verpflichtung des Versicherers unter Beachtung des Alters der versicherten Person entspricht, wenn die Reserven der angesammelten Prämien als einmalige Prämie angesehen werden können.

Art. 852 Abzüge bei Vertragsbeendigung

Wird der Vertrag über die Lebensversicherung wegen Rücktritt, Kündigung oder Anfechtung aufgehoben, so hat der Versicherer die Prämie in Höhe des Betrages zu erstatten, den er durch diesen Vertrag erhalten hat. Der Versicherer ist zu angemessenen Abzügen berechtigt.

Art. 853 Folgen der Zwangsvollstreckung

(1) Wird auf die gerichtliche Entscheidung über den Versicherungsanspruch hin die Zwangsvollstreckung durchgeführt oder findet ein Gerichtsverfahren wegen Insolvenzeröffnung des Versicherers statt, so ist der namentlich bezeichnete Bezugsberechtigte befugt, an die Stelle des Versicherungsnehmers in den Versicherungsvertrag einzutreten. Tritt der Bezugsberechtigte in den Vertrag ein, so hat er alle Forderungen eines Gläubigers oder die Forderungen aus der Insolvenzmasse bis zu der Höhe des Betrages zu befriedigen, den der Versicherungsnehmer im Falle der Kündigung des Versicherungsvertrages durch den Versicherer erhalten könnte.
(2) Hat der Bezugsberechtigte kein Interesse an dem Empfang der Leistung oder ist er nicht namentlich bezeichnet, so erwerben ein solches Recht der Ehegatte und die Kinder des Versicherungsnehmers.

V. Unfallversicherung

Art. 854 Begriff

(1) Der Unfallversicherungsvertrag kann gegen Unfälle, die dem Versicherungsnehmer oder gegen Unfälle, die einem anderen zustoßen, abgeschlossen werden.
(2) Wird der Versicherungsvertrag nicht vom Versicherten, jedoch auf dessen Rechnung abgeschlossen, dann sind auf den Vertrag die Vorschriften über die Lebensversicherung anzuwenden.

Art. 855 Folgen der Gesundheitsbeschädigung

Hängt die Verpflichtung des Versicherers davon ab, ob die Gesundheit vorsätzlich geschädigt wurde, so wird das Nichtbestehen des Vorsatzes bis zum Beweis des Gegenteils vermutet.

Art. 856 Folgen der vorsätzlichen Herbeiführung eines Unfalls

(1) Bei einer Versicherung für einen anderen ist der Versicherer von der Verpflichtung zur Leistung für den Fall frei, dass der Bezugsberechtigte vorsätzlich durch eine gesetzwidrige Handlung den Unfall herbeigeführt hat.
(2) Ist ein Dritter als Bezugsberechtigter bezeichnet, so gilt die Bezeichnung als nicht erfolgt, wenn er vorsätzlich durch eine gesetzwidrige Handlung den Unfall herbeiführt.

Art. 857 Pflicht zur Anzeige des Unfalls

Sind die Verpflichtungen gegenüber dem Bezugsberechtigten zu erfüllen, dann ist dieser zur Anzeige des Unfalls verpflichtet. Das gleiche gilt von der Pflicht zur Auskunft und zur Beschaffung von Belegen.

Art. 858 Unzulässigkeit des Rückgriffsrechts

Dem Versicherten steht kein Rückgriffsrecht gegenüber einer solchen Person zu, die den Schaden zu vertreten hat.

Anhang Nr. 3

Sonstige einschlägige Artikel des georgischen Zivilgesetzbuches

Art. 8 Privatrechtssubjekte

(1) Subjekte von Privatrechtsverhältnissen können beliebige natürliche oder juristische Personen sein. Diese Regel wird sowohl auf die gewerblichen als auch auf die nicht gewerblichen georgischen und ausländischen Personen angewendet.
(2) Privatrechtliche Verhältnisse der staatlichen Organen und der juristischen Personen öffentlichen Rechts zu anderen Personen regeln sich ebenfalls nach den Zivilgesetzen, soweit diese Verhältnisse – ausgehend von staatlichen und gesellschaftlichen Interessen – nicht nach öffentlichen Recht geregelt werden müssen.
(3) Die Beteiligten der rechtlichen Verhältnisse sind verpflichtet, ihre Rechte und Pflichten nach Treu und Glauben auszuüben.

Art. 10 Unabhängigkeit der Zivilrechte von politischen Rechten. Imperative Normen des Zivilrechts

(1) Die Ausübung der Zivilrechte ist nicht von den durch die Verfassung und andere Gesetze des öffentlichen Rechts bestimmten politischen Rechten abhängig.
(2) Die Beteiligten der rechtlichen Verhältnisse haben das Recht, durch das Gesetz nicht verbotene, unter anderem gesetzlich nicht direkt vorgesehene beliebige Handlungen auszuüben.
(3) Vor dem Missbrauch der Rechte schützen die Freiheit des Anderen die imperativen Normen der Zivilgesetze. Handlungen, die gegen diese Normen verstoßen, sind nichtig, außer in Fällen, in denen das Gesetz direkt auf die anderen Folgen verweist. Die einzelnen Eingriffe durch Verwaltungsakte sind verboten, sofern diese Akte nicht aufgrund eines konkreten Gesetzes angewendet werden.

Allgemeine Bestimmungen über die Schuldverhältnisse

Art. 316 Begriff

(1) Kraft des Schuldverhältnisses ist der Gläubiger berechtigt, vom Schuldner eine Leistung zu fordern. Die Leistung kann auch in einem Unterlassen bestehen.
(2) Das Schuldverhältnis kann unter Berücksichtigung seines Inhalts und seiner Natur jeden Teil zur besonderen Rücksichtnahme auf die Rechte und auf das Vermögen des anderen Teils verpflichten.

Art. 317 Entstehungsgründe eines Schuldverhältnisses

(1) Zur Begründung eines Schuldverhältnisses ist ein Vertrag zwischen den Beteiligten erforderlich, es sei denn, dass das Schuldverhältnis durch Schadenszufü-

gung (Delikt), ungerechtfertigte Bereicherung oder durch sonstige gesetzlich vorgesehene Gründe entstanden ist.
(2) Ein Schuldverhältnis mit den Rechtsfolgen des Artikels 316 kann auch durch Anbahnung eines Vertrages entstehen.
(3) Ein Verhandlungspartner kann vom anderen Partner Ersatz der Aufwendungen verlangen, die er auf einen Vertragsschluss hin gemacht hat, welcher aber durch schuldhaftes Verhalten des anderen Partners nicht zustande gekommen ist.

Art. 318 Pflicht zur Auskunftserteilung

Aus dem Schuldverhältnis kann ein Anspruch auf eine bestimmte Auskunftserteilung entstehen. Eine Auskunft ist dann zu gewähren, wenn sie für die Bestimmung des Inhalts des Schuldverhältnisses von Bedeutung ist und der Anspruchsgegner sie ohne Verletzung seiner eigenen Rechte erteilen kann. Der Auskunftsempfänger hat dem Verpflichteten die Aufwendungen der Auskunftserteilung zu ersetzen.

Allgemeine Geschäftsbedingungen

Art. 342 Begriff

(1) Allgemeine Geschäftsbedingungen sind alle für den mehrmaligen Gebrauch vorformulierten Bedingungen, die eine Partei (Anbietende) der anderen bestimmt, durch die von den Gesetzesvorschriften abweichende oder diese ergänzende Regelungen vereinbart werden.
(2) Soweit die Geschäftsbedingungen von den Parteien einzeln bestimmt sind, liegt keine Allgemeine Geschäftsbedingung vor.
(3) Unmittelbar von den Parteien vereinbarte Bedingungen haben Vorrang vor den Allgemeinen Geschäftsbedingungen.

Art. 343 Allgemeine Geschäftsbedingungen als Vertragsbestandteil

(1) Allgemeine Geschäftsbedingungen werden bei einem Vertrag zwischen deren Anbietenden und der anderen Vertragspartei nur dann Vertragsbestandteil, wenn:
   a Der Anbietende am Ort des Vertragsabschlusses einen sichtbaren Aushang macht und auf diese Bedingungen hinweist und
   b die andere Vertragspartei die Möglichkeit hat, vom Inhalt dieser Bedingungen Kenntnis zu nehmen und im Falle ihres Einverständnisses sie anzunehmen.
(2) Ist die andere Vertragspartei ein Gewerbetreibender, so werden die Allgemeinen Geschäftsbedingungen bereits dann Vertragsbestandteil, wenn sie bei Anwendung der im Geschäftsverkehr erforderlichen Sorgfalt mit ihnen hätte rechnen müssen.

Art. 344 Ungewöhnliche Bestimmungen in den Allgemeinen Geschäftsbedingungen

Bestimmungen in Allgemeinen Geschäftsbedingungen, die ihrer Form nach so ungewöhnlich sind, dass die andere Vertragspartei mit ihnen nicht rechnen konnte, werden nicht Vertragsbestandteil.

Art. 345 Auslegung eines unklaren Textes zugunsten der anderen Partei

Ist der Text der Allgemeinen Geschäftsbedingungen unklar, so wird er zugunsten der anderen Partei ausgelegt.

Art. 346 Nichtigkeit der Bedingungen bei Verstoß gegen die Grundsätze von Treu und Glauben

Allgemeine Geschäftsbedingungen sind trotz Einbeziehung in den Vertrag nichtig, wenn sie entgegen den Grundsätzen von Treu und Glauben die andere Vertragspartei benachteiligen. Dabei sind unter anderem die Umstände, unter denen die Bedingungen in den Vertrag einbezogen wurden und die gegenseitigen Interessen der Parteien zu berücksichtigen.

Art. 347 Nichtigkeit Allgemeiner Geschäftsbedingungen

In Allgemeinen Geschäftsbedingungen, die der Anbietende gegenüber natürlichen Personen verwendet, die keine Gewerbetreibende sind, wird als nichtig angesehen:

a Eine Bestimmung, durch die sich der Anbietende unangemessen lange oder offensichtlich nicht hinreichende Fristen für die Annahme oder Ablehnung eines Angebots oder die Erbringung einer bestimmten Leistung setzt (Erklärungsannahme- und Leistungsfrist);
b eine Bestimmung, durch die sich der Anbietende für die von ihm zu bewirkende Leistung eine von gesetzlichen Vorschriften abweichende, unangemessen lange oder nicht hinreichend bestimmte Fristen setzt (Frist bei Pflichtverletzung);
c eine Bestimmung, die dem Anbietenden das Recht gewährt sich ungerechtfertigt und ohne im Vertrag angegebenen Grund von seiner Leistungspflicht zu lösen (Vorbehalt des Vertragsrücktritts);
d eine Bestimmung, die dem Anbietenden das Recht gewährt, die versprochene Leistung zu ändern oder von ihr abzuweichen, wenn die Vereinbarung darüber für die andere Vertragspartei unzumutbar ist (Vorbehalt der Änderungseinführung in den Vertrag);
e eine Bestimmung, die dem Anbietenden das Recht gewährt, einen unangemessen hohen Ersatz von Aufwendungen von der anderen Vertragspartei zu verlangen (Unangemessen hoher Aufwendungsersatz).

Art. 348 Andere Nichtigkeitsgründe von Allgemeinen Geschäftsbedingungen

In Allgemeinen Geschäftsbedingungen, die der Anbietende gegenüber natürlichen Personen verwendet, die keine Gewerbetreiber sind, ist auch nichtig:

a Eine Bestimmung, welche die Erhöhung des Preises in unangemessen kurzer Frist vorsieht (Kurzfristige Preiserhöhung);
b eine Bestimmung, durch die
 - das Leistungsverweigerungsrecht, das der Vertragspartei nach diesem Gesetz zusteht oder
 - ein der Vertragspartei zustehendes Zurückbehaltungsrecht (Leistungsverweigerungsrecht) eingeschränkt oder ausgeschlossen wird;
c eine Bestimmung, durch die dem Vertragsteil das Recht entzogen wird, eine unbestrittene oder durch gerichtliche Entscheidung festgestellte Forderung aufzurechnen (Aufrechnungsverbot);
d eine Bestimmung, durch die der Anbietende von der gesetzlichen Obliegenheit freigestellt wird, die Vertragspartei zu mahnen oder ihr eine Frist für die Leistung zu setzen (Mahnung zur Leistung; Fristsetzung);
e eine Vereinbarung über die Forderung einer den Schaden übersteigenden Summe (Überhöhte Schadensersatzforderung);
f eine Bestimmung, die die Haftung für einen durch grob fahrlässige Pflichtverletzung des Anbietenden oder dessen gesetzlichen Vertreters entstandenen Schaden ausschließt oder begrenzt (Haftung bei Fahrlässigkeit);
g eine Bestimmung, durch die für den Fall der Verletzung einer Hauptleistungspflicht des Anbietenden
 - das Recht der anderen Vertragspartei, sich vom Vertrag zu lösen, ausgeschlossen oder eingeschränkt oder
 - das Recht der anderen Vertragspartei, Schadensersatz wegen Nichterfüllung des Vertrages zu verlangen, ausgeschlossen oder entgegen Ziffer f eingeschränkt wird (Verletzung von Hauptleistungspflichten);
h eine Bestimmung, die für die Fälle der Teilleistung des Anbietenden das Recht der anderen Vertragspartei ausschließt, Schadensersatz wegen Nichterfüllung des ganzen Vertrages zu verlangen oder sich vom Vertrag zu lösen, wenn er kein Interesse an einer Teilleistung hat (Interessenwegfall bei Teilleistungen);
i Bestimmungen, durch die für die Lieferung neu hergestellter Sachen und Leistungen die Sachmängelhaftung des Anbietenden abweichend von den gesetzlichen Vorschriften eingeschränkt wird.

Art. 361 Vermutung des Bestehens einer Verbindlichkeit

(1) Jeder Leistung liegt eine Verbindlichkeit zugrunde.
(2) Die Verbindlichkeit ist wie geschuldet, nach Treu und Glauben, zur vereinbarten Zeit und am vereinbarten Ort zu erfüllen.

Art. 394 Anspruch auf Schadensersatz bei Pflichtverletzungen

(1) Verletzt der Schuldner eine Pflicht, so kann der Gläubiger Ersatz des hierdurch entstandenen Schadens verlangen. Dies gilt nicht, wenn der Schuldner die Pflichtverletzung nicht zu vertreten hat.

(2) Bei Schuldnerverzug kann der Gläubiger dem Schuldner eine für die Pflichterfüllung erforderliche Frist bestimmen. Leistet der Schuldner auch innerhalb dieser Frist nicht, so kann der Gläubiger statt der Leistung Schadensersatz verlangen.

(3) Der Bestimmung der zusätzlichen Frist bedarf es nicht, wenn offensichtlich ist, dass die zusätzliche Fristbestimmung keinen Erfolg hätte oder wenn besondere Umstände vorliegen, die unter Abwägung der beiderseitigen Interessen die sofortige Geltendmachung des Schadensersatzanspruchs rechtfertigen.

Saarbrücker Studien zum Privat- und Wirtschaftsrecht

herausgegeben von
Prof. Dr. Hannes Ludyga
Prof. Dr. Dr. Dr. h.c. mult. Michael Martinek
Prof. Dr. Dr. h.c. Helmut Rüßmann
Prof. Dr. Markus Würdinger

Die Schriftenreihe "Saarbrücker Studien zum Privat- und Wirtschaftsrecht" bildet in erster Linie ein Forum für rechtswissenschaftliche Doktorarbeiten der Universität des Saarlandes auf zwei juristischen Schwerpunktgebieten. Zum einen sollen Dissertationen im klassischen Privatrecht, vor allem im bürgerlichen Vermögensrecht der ersten drei Bücher des BGB und ihrer Nebengesetze vorgestellt werden. Zum anderen findet das Wirtschaftsrecht im Sinne des Wirtschaftsprivatrechts besondere Berücksichtigung, womit namentlich die Gebiete des Handelsrechts einschließlich des Bilanzrechts, des Personen- und Kapitalgesellschaftsrechts einschließlich des Konzernrechts, des Gewerblichen Rechtsschutzes sowie des Wettbewerbs- und Kartellrechts bezeichnet sind. Es versteht sich, dass nicht nur rechtsdogmatische Studien, sondern auch rechtstatsächlich, rechtspolitisch oder interdisziplinär angelegte Arbeiten in die Schriftenreihe Aufnahme finden. Denn die Rechts- und Wirtschaftswissenschaftliche Fakultät der Universität des Saarlandes vereinigt unter *einem* Dach die Fachbereiche Rechtswissenschaft und Wirtschaftswissenschaft und regt damit Studenten und Hochschullehrer in besonderer Weise zu fachübergreifender Lehre und Forschung an. Die Schriftenreihe steht aber nicht nur sehr guten und ausgezeichneten Dissertationen, sondern auch anderen "Studien" zu privat- und wirtschaftsrechtlichen Themen offen, bis hin zu Materialien und Skripten des akademischen Unterrichts. Die drei Herausgeber, die zugleich stellvertretend für ihre anderen Saarbrücker Fakultätskollegen des Privat- und Wirtschaftsrechts handeln, verbinden mit den "Saarbrücker Studien zum Privat- und Wirtschaftsrecht" den Wunsch, dass die hier veröffentlichten Arbeiten die verdiente Resonanz in der breiteren juristischen Fachöffentlichkeit finden.

Saarbrücker Studien zum Privat- und Wirtschaftsrecht

Herausgeber:
Hannes Ludyga, Michael Martinek, Helmut Rüßmann und Markus Würdinger

Band 1 Susanne Jaschinski: Die Haftung von Schwestergesellschaften im GmbH-Unterordnungskonzern. Ein Beitrag zum Konzernverfassungsrecht. 1997.

Band 2 Roman Sascha Ahnert: Die *actio individualis*. Ein Beitrag zur verfassungsrechtlichen Fundierung der Aktionärsklage bei sogenannten Aktien-Interessenverbänden. 1997.

Band 3 Torsten Peters: Der Cateringvertrag. Rechtstatsachen, Rechtsnatur und Rechtsprobleme eines modernen Dienstleistungsvertrags. 1998.

Band 4 Michael Meissner: Persönlichkeitsschutz juristischer Personen im deutschen und US-amerikanischen Recht. Eine rechtsvergleichende Untersuchung des allgemeinen Persönlichkeitsrechts juristischer Personen. 1998.

Band 5 Thomas Tegen: Joint Venture-Vertrag und Projektträgergesellschaft im amerikanischen und deutschen Recht. 1998.

Band 6 Gerhard Wolter: Treuhandrecht im Umbruch? Ein Blick nach Frankreich, Luxemburg, in die Schweiz und in den Libanon sowie auf das Haager Trust-Übereinkommen. 1999.

Band 7 Thomas Dehlfing: Das Recht der irreführenden Werbung in Deutschland, Großbritannien und Frankreich. 1999.

Band 8 Hanno Dornseifer: Börsentermingeschäfte und Börsentermingeschäftsfähigkeit. Zur börsengesetzlichen Behandlung von finanzwirtschaftlichen Festgeschäften, Options- und Optionsscheingeschäften. 1999.

Band 9 Patrick Lenz: Absatzförderung durch *zinssubventionierte* Darlehen. Eine wettbewerbs- und kartellrechtliche Studie zur Zulässigkeit von Niedrigzins-Kreditangeboten unter besonderer Berücksichtigung des Automobilmarktes. 1999.

Band 10 Mansur Pour Rafsendjani: Der Goodwill-Ausgleichsanspruch des Franchisenehmers. Ein Vergleich des deutschen, französischen und US-amerikanischen Franchiserechts. 1999.

Band 11 Jörg Hartmann: Juristische und ökonomische Regelungsprobleme des Insiderhandels. Eine rechtsvergleichende Darstellung USA – Deutschland. 1999.

Band 12 David Altmeier: Rückstellungsbilanzierung in Deutschland und Frankreich. Eine vergleichende Untersuchung der französischen Rückstellungsbilanzierung aus der Perspektive des deutschen Bilanzrechts. 1999.

Band 13 Barbara Günther: Aktivische Bilanzierungshilfen im deutschen und französischen Bilanzrecht. 1999.

Band 14 Bernhard Glasow: Vertikale Preisbindung, Wettbewerbstheorie und Wettbewerbsrecht in den USA, Deutschland und Europa. Bestandsaufnahmen, Kritik und Zukunftsperspektiven. 2000.

Band 15 Dorota Nowak-James: Der Börsenzugang für Anleger in Deutschland und Polen. Eine rechtsvergleichende Untersuchung zum deutschen Finanzkommissionsgeschäft und zum polnischen Brokerauftragsvertrag. 2000.

Band 16 Mathias Queck: Der Nießbrauch am Anteil einer offenen Handelsgesellschaft. Eine Form der (un-)mittelbaren Unternehmensbeteiligung. 2000.

Band 17 Ina Roth: Umweltbezogene Unternehmenskommunikation im deutschen und europäischen Wettbewerbsrecht. 2000.

Band 18 Jörg Preiss: Die Anwendung des markenrechtlichen Erschöpfungsgrundsatzes auf Dienstleistungsmarken. 2000.

Band 19 Kevin M. McDonald: Der Begriff der Dienstleistung im europäischen Binnenmarkt und WTO-System (GATS). 2001.

Band 20 Carolin Opgenhoff: Die europäische Fusionskontrolle zwischen Wettbewerbsrecht und Industriepolitik. 2001.

Band 21 Susanne Schäfer: Die Deliktsfähigkeit juristischer Personen. Eine rechtsvergleichende Untersuchung zur Übertragbarkeit des englischen Modells. 2001.

Band 22 Kay Diedrich: Die Interventionswirkung – Ausprägung eines einheitlichen Konzepts zivilprozessualer Bindungswirkung. 2001.

Band 23 Michael Fröhlich: Zentrale Institutionen des deutschen Urheberrechts und des französischen Droit d'auteur auf dem Prüfstand der elektronischen Netzwerke. 2001.

Band 24 Joël Benjamin Münch: Abtretungsverbote im deutschen und französischen Recht. Rechtsvergleichende Untersuchung der Übertragungshindernisse im deutschen und französischen Forderungsverkehr als Beitrag zu einer weiteren Schuldrechtsvereinheitlichung in Europa. 2001.

Band 25 Monika Prieß: Der Begriff des Sachmangels im deutschen und englischen Kaufrecht. Reformbedarf aufgrund der Verbrauchsgüterkauf-Richtlinie 1999/44/EG. 2001.

Band 26 Katharina Siegel: Produkthaftung im polnischen, tschechischen und slowenischen Recht. 2001.

Band 27 Carolin Kühne: Die gesetzliche Form der Rechtsgeschäfte im deutschen und italienischen Recht. Eine rechtsvergleichende Untersuchung. 2002.

Band 28 Nina Scherf: Die Nachschußpflicht im Gesellschaftsrecht. Eine rechtsformübergreifende Bestandsaufnahme, Analyse und Kritik. 2002.

Band 29 Marc Laukemann: Fernsehwerbung im Programm. Die zunehmende Kommerzialisierung des Fernsehprogramms im Zeitalter einer Ökonomisierung der Aufmerksamkeit als verfassungs-, wettbewerbs- und rundfunkrechtliches Problem. 2002.

Band 30 Michael Bo Jaspers: Nachträgliche Rechtswahl im internationalen Schuldvertragsrecht. Unter besonderer Berücksichtigung der Rechtspraxis in England, Frankreich, Dänemark und Deutschland. 2002.

Band 31 Christina Pernice: Die Insolvenzverschleppung durch das Geschäftsführungsorgan der kleinen Kapitalgesellschaft im deutschen, französischen und englischen Recht. Eine rechtsvergleichende Untersuchung zur Entwicklung eines europäischen Lösungsansatzes. 2002.

Band 32 Anne Christine Janert: Der sachliche und persönliche Anwendungsbereich des deutschen Verbraucherkreditrechts und des britischen Consumer Credit Act 1974. Ein Beitrag zu den Möglichkeiten und Grenzen verbraucherrechtlicher Harmonisierung in Europa. 2002.

Band 33 Annette Trost: Faktische Sitzverlegung unter Sitz- und Gründungstheorie im Vergleich. Unter besonderer Berücksichtigung ihrer gesellschafts- und zivilrechtlichen Folgewirkungen. 2003.

Band 34 Esther Cordula Hilpert: Die Gründerhaftung in der Gesellschaft mit beschränkter Haftung in Deutschland, Frankreich und England. 2003.

Band 35 Wei-ming Liao: Die Schiedsgerichtsbarkeit in Taiwan. Unter besonderer Berücksichtigung der internationalen Handelsschiedsgerichtsbarkeit und mit Hinweisen zu der Entwicklung in Deutschland. 2003.

Band 36 Stefan Stork: Sitzverlegung von Kapitalgesellschaften in der Europäischen Union. Zur Reichweite der Niederlassungsfreiheit unter Berücksichtigung der positiven und der negativen Integration. 2003.

Band 37 Marc Pfeffer: Interbrand-Kartellverbot und Intrabrand-Vereinbarungen. Die Ablösung horizontaler und vertikaler Eingriffsmerkmale im GWB zu Gunsten einer Betrachtung produktexterner und -interner Wettbewerbsfaktoren. 2003.

Band 38 Nicole Burkardt: Der arbeitsrechtliche Aufhebungsvertrag. Einvernehmliche Beendigung von Arbeitsverhältnissen unter Berücksichtigung der Rechtslage nach der Schuldrechtsreform. 2004.

Band 39 Christian Schmeling: Die Entlastung von Mitgliedern geschäftsführender Organe im Recht der Kapitalgesellschaften. Eine rechtsvergleichende Studie zum deutschen, schweizerischen und französischen Recht. 2004.

Band 40 Andreas Wolf: Wege zur virtuellen Haupt- und Gesellschafterversammlung. Eine vergleichende Untersuchung über die Einbeziehung elektronischer Medien in die Hauptversammlung einer Aktiengesellschaft und die Gesellschafterversammlung einer GmbH. 2004.

Band 41 Bianca Natalie Baldus: Der elektronisch geschlossene Vertrag mit Schiedsabrede. Zulässigkeit und anwendbares Recht in nationalen und internationalen Schiedsverfahren. 2004.

Band 42 Vania Dilek: Der Wettbewerbsschutz in Bulgarien und in der Russischen Föderation während des Übergangs vom Dirigismus zur Privatautonomie. 2004.

Band 43 Rudolf Lenders: Treuhand am Gesellschaftsanteil. Die Einbindung des Treugebers in das gesellschaftsrechtliche Organisationsgefüge. 2004.

Band 44 Weizuo Chen: Rück- und Weiterverweisung (Renvoi) in staatsvertraglichen Kollisionsnormen. 2004.

Band 45 Stefan Hahn: Neue Ansätze im Anlegerschutz durch die Ad-hoc-Publizität des § 15 WpHG. 2004.

Band 46 Pietro Graf Fringuelli: Internet TV. Filmurheberrecht im Internet. 2004.

Band 47 Caspar Frhr. v. Schnurbein: Missbrauch von Minderheitsrechten im deutschen und italienischen Aktienrecht. 2005.

Band 48 David Kereselidze: Der allgemeine Teil des Georgischen Zivilgesetzbuches von 1997. Eine rechtsvergleichende Untersuchung. 2005.

Band 49 Miguel A. García Mateos: Das neue Recht der Namensaktie. Bestandsaufnahme, Analyse und Kritik. 2005.

Band 50 Christine Eckstein-Puhl: Prozessbetrug im Schiedsverfahren. Eine Studie zu den vom erschlichenen Schiedsspruch aufgeworfenen Fragen des Aufhebungsverfahrens gemäß § 1059 ZPO. 2005.

Band 51 Steffen Paulmann: Wirksamkeit von Haftungsausschlüssen und -begrenzungen im deutsch-französischen Warengeschäftsverkehr. Unter besonderer Berücksichtigung der UNIDROIT-Principles und der Principles of European Contract Law. 2005.

Band 52 Ina Krischek: Wirtschaftsmediation als alternatives Streitbeilegungsverfahren. Gerichtsverfahren, Schiedsverfahren und Mediation im Vergleich. 2005.

Band 53 Olaf Pick: Verkehrspflichten und Handlungsfreiheit des „Schädigers". 2005.

Band 54 Thomas Paul: Die Gesellschafterfähigkeit von Gesamthandsgemeinschaften. 2005.

Band 55 Dieter Friedrich Unger: Das Recht der Kapitalaufbringung und -erhaltung bei der Aktiengesellschaft im Rechtsvergleich Deutschland, Österreich und Schweiz. Eine Analyse des Kapitalsicherungsrechts in Deutschland, Österreich und der Schweiz. 2006.

Band 56 Nicole Schröder: Perspektiven der Europäisierung des GmbH-Rechts und der Europäischen Privatgesellschaft vor dem Hintergrund der Europäischen Aktiengesellschaft. 2007.

Band 57 Ivo du Mont: Die Kombination von Rücktritt und Schadensersatz im neuen Schuldrecht. Eine ökonomische und rechtsvergleichende Analyse am Beispiel des Kaufvertrags. 2007.

Band 58 Matthias Kühn: Umweltschutz durch Privatrecht. Eine Studie zur ökologischen Analyse der privatrechtlichen Schutzrechte und des Vertragsrechts in Deutschland und England. 2007.

Band 59 Komninos Komnios: Die elektronische Signatur im deutschen und griechischen Recht. 2007.

Band 60 Matthias Kühl: Die Gewinnzusage nach § 661a BGB. Dogmatische Einordnung und rechtsvergleichende Untersuchung. 2007.

Band 61 Barbara Jeanne Attinger: Der Mittelpunkt der hauptsächlichen Interessen nach der EuInsVO – erfolgreiches Konzept oder Quelle der Rechtsunsicherheit? Eine Auseinandersetzung mit dem Zuständigkeitskriterium der Europäischen Insolvenzverordnung unter Heranziehung der Erkenntnisse der ökonomischen Analyse des Rechts. 2008.

Band 62 Dorothee Stober: Der deutsch-schweizerische Erbfall. Eine rechtsvergleichende und international-privatrechtliche Analyse. 2009.

Band 63 Daniel Marc Protz: Das zivilrechtliche Anforderungsprofil mezzaniner Strukturen der Unternehmensfinanzierung. 2009.

Band 64 Manuela Schäfer: Die Verträge zur Durchführung des Schiedsverfahrens. Analyse und Vergleich zweier Lösungsmodelle am Beispiel des deutschen und US-amerikanischen Rechtsraums. Teil I und Teil II. 2010.

Band 65 Ionut Raduletu: Der Schutz von Minderheitsaktionären nach rumänischem und deutschem Aktienrecht unter Berücksichtigung des EU-Acquis. 2010.

Band 66 Christoph Köhler: Lastschriftverfahren in der Insolvenz des Schuldners. Im Lichte der neuen BGH-Rechtsprechung. 2010.

Band 67 Stefan Weiland: *Par condicio creditorum*. Der insolvenzrechtliche Gleichbehandlungsgrundsatz und seine Durchbrechungen zugunsten öffentlich-rechtlicher Gläubiger. 2010.

Band 68 Philipp Ehring: Die Due Diligence im Spannungsverhältnis zwischen kaufrechtlichem Haftungssystem und vertraglicher Gestaltung. 2010.

Band 69 Jochen Hell: GmbH-Mantelverwendung. Haftung und Verantwortlichkeit jenseits der „wirtschaftlichen Neugründung". 2010.

Band 70 Ge Jiang: Das GmbH-Recht in China aus rechtsvergleichender Sicht. Analyse, Kritik und Verbesserungsvorschläge. 2011.

Band 71 Michael Helmut Wildscheck: Das Recht des Unternehmenskaufs in Deutschland und Frankreich unter besonderer Berücksichtigung von Garantieklauseln. Eine rechtsvergleichende Studie zur deutschen und französischen Kautelarpraxis. 2011.

Band 72 Britta Wagner: Haftungsrisiken aus Liquiditätszusagen und Patronatserklärungen in der Unternehmenskrise. 2011.

Band 73 Manuel Karb: Energiepreiskontrolle. Eine Untersuchung der Entgeltkontrolle auf den verschiedenen Energiemärkten nach Energiewirtschaftsrecht, deutschem und europäischem Wettbewerbsbeschränkungsrecht und allgemeinem Zivilrecht. 2011.

Band 74 Bernd Steffen Bertelmann: Das BGB-Zahlungsdiensterecht im Kontext der Single Euro Payments Area. Leitlinien zur richtlinienkonformen Auslegung unter vergleichender Berücksichtigung des britischen und französischen Rechts. 2011.

Band 75 Susanne Niesse: Die leistungsstörungsrechtlichen Grundstrukturen des deutschen, französischen und englischen Unternehmenskaufrechts im Vergleich. 2012.

Band 76 Zhong Ren: Wahrheitspflicht und Kooperationsmaxime im Zivilprozess in Deutschland, Japan und China. 2013.

Band 77 Giga Gabrichidze: Der Prozess der Angleichung des georgischen Wettbewerbsrechts an das Recht der Europäischen Union. 2013.

Band 78 Stephan Wachs: Flucht aus der kartellrechtlichen Bußgeldverantwortung? Unternehmensrestrukturierung und Haftungsnachfolge im deutschen und europäischen Bußgeldrecht. 2013.

Band 79 Max Jakob Rösch: Gesellschafterfremdfinanzierung, Gläubigerschutz und Gläubigerrisikoverantwortung. Die insolvenzrechtliche Sonderbehandlung der Gesellschafterfremdfinanzierung als Ausdruck von Gläubigerschutz und Gläubigerrisikoverantwortung der Gesellschafter. 2013.

Band 80 Sinan Okur: Eine kritische Untersuchung zu den Rechtsbehelfen des Käufers im alten und im neuen türkischen Warenkaufrecht. Zugleich ein Beitrag zu der Harmonisierung des türkischen Warenkaufrechts im Lichte des CISG, BGB und der europäischen Vertragsrechtsharmonisierung. 2013.

Band 81 Dagmar Julia Mathieu: Der Kampf des Rechts gegen erpresserische Aktionäre. Bestandsaufnahme, Kritik und Perspektiven. 2014.

Band 82 Matthias Michael Kappel: Der Grundschuldsicherungsvertrag als Wandlung eines Treuhandverhältnisses. Ein Beitrag zur Überwindung der Dichotomie von Sicherung und Treuhand. 2014.

Band 83 Norman Konecny: Der Verordnungsentwurf über ein Gemeinsames Europäisches Kaufrecht. Meilenstein der europäischen Integration oder Irrlicht der europäischen Politik? 2014.

Band 84 Anna Feilen: Verträge über die Lieferung herzustellender beweglicher Sachen und deren rechtliche Einordnung – eine rechtsvergleichende Untersuchung. 2015.

Band 85 Zeynep Dönmez: Das Widerrufsrecht bei Fernabsatzverträgen. Online-Verträge im türkischen und deutschen Recht. 2015.

Band 86 Martin Kienzler: Die Partnerschaftsgesellschaft mit beschränkter Berufshaftung (PartG mbB) als gesetzgeberische Zwischenstation der Liberalisierung des Gesellschaftsrechts Freier Berufe. 2015.

Band 87 Philipp J. Gergen: Rechtsfragen der Regulierung außerbörslicher derivativer Finanzinstrumente. Zur neuen Marktinfrastruktur in der Europäischen Union, den Vereinigten Staaten von Amerika und Singapur. 2015.

Band 88 Birgit Schmeyer: Franchising als wettbewerbs- und verbraucherrechtliche Regelungsaufgabe in Europa und Südafrika. 2016.

Band 89 Julia Lorenz: Die Abgrenzung von Marken. Eine Untersuchung zur Wirksamkeit und Gestaltung markenrechtlicher Abgrenzungsvereinbarungen. 2016.

Band 90 Sven C. Stumm: Die Kapitalverfassung der Unternehmergesellschaft (haftungsbeschränkt). 2016.

Band 91 Hanno Gorius: Kollektive Kartelldeliktsrechtsdurchsetzung in den USA, Frankreich und Deutschland. 2016.

Band 92 Daniel Schrembs: Die Haftung des Kunstexperten. 2017.

Band 93 Hans-Joachim Berner: Die Pflicht des Aufsichtsrats zur Offenlegung von Interessenkonflikten. Betrachtet im Lichte der allgemeinen Dogmatik des Interessenkonflikts im Privatrecht. 2017.

Band 94 Michael Josef Braun: Rechtsfragen des Crowdfunding. 2018.

Band 95 Nino Gagua: Der Schutz des Versicherungsnehmers im deutschen Versicherungsvertragsgesetz als Leitmodell für das georgische Privatversicherungsrecht. 2018.

www.ingramcontent.com/pod-product-compliance
Ingram Content Group UK Ltd.
Pitfield, Milton Keynes, MK11 3LW, UK
UKHW021846290926
8980IPUK00005B/676